우리 시대 철학자

아리스토텔레스

1. Auflage. 1996
2. überarbeitete Auflage. 1999
3. überarbeitete Auflage. 2006
Originalausgabe

Gesamtherstellung: Druckerei C. H. Beck, Nördlingen
Printed in Germany

우리 시대 철학자

아리스토텔레스

오트프리트 회페 지음
주광순 옮김

시와진실

우리 시대 철학자, **아리스토텔레스**

초판인쇄 2019년 3월 10일
초판발행 2019년 3월 15일

지은이 오트프리트 회페
옮긴이 주광순
펴낸이 최두환

펴낸곳 시와진실
출판등록 1997년 6월 11일 제2-2389
주소 06912 서울 동작구 강남초등4길 14번 시와진실 601호
전화 02-813-8388
팩스 02-813-8377
이메일 ambros2013@naver.com
블로그 httn://blog.naver.com/ambros2013

ISBN 978-89-90890-58-0 93100
*책값은 뒤표지에 있습니다.
*잘못 만든 책은 사신 곳에서 바꿔드립니다.

이 도서의 국립중앙도서관 출판예정도서목록(CIP)은 서지정보유통지원시스템 홈페이지(http://seoji.nl.go.kr)와 국가자료공동목록시스템(http://www.nl.go.kr/kolisnet)에서 이용하실 수 있습니다(CIP제어번호: CIP2016018659).

아리스토텔레스와 함께 시작했다 …

에벨린(Evelyn)을 위하여

| 차례 |

아리스토텔레스 저작물 축약과 인용 방식

An.	De Anima[1](*Peri psychês*): 《영혼에 관하여》
An. post.	Analytica posteriora(*Analytika hystera*): 《분석론 후서》
An. pr.	Analytica priora(*Analytika protera*): 《분석론 전서》
Ath. pol.	*Athênaiôn politeia*: 《아테네인들의 정치체제》
Cael.	De Caelo(*Peri ouranou*): 《천체에 관하여》[2]
Cat.	Categoriae(*Katêgoriai*): 《범주들》
EE	Ethica Eudemia(*Ethika Eudêmeia*): 《에우데모스 윤리학》
EN 또는 Ethik	Ethica Nicomachea(*Ethika Nikomacheia*): 《니코마코스 윤리학》
Gen. an.	De Generatione Animalium(*Peri zôôn geneseôs*): 《동물의 발생에 관하여》
Gen. corr.	De Generatione et Corruptione(*Peri geneseôs kai phthoras*): 《생성과 소멸에 관하여》
Hist. an.	Historia animalium(*Peri tôn zôôn historiai*): 《동물학》[3]

1) 이것은 라틴어 제목이다. 서구 학자들은 아리스토텔레스 저작들에 대해 라틴어 제목을 기본으로 삼는다. 그러나 저자는 여기처럼 괄호 속에 그리스어(Peri psychês)도 병기한다.

2) 관례에 따라 '천체'로 번역하지만 그리스어나 독일어는 '하늘'이 맞다.

3) 원래는 '동물의 역사'로 번역해야 하지만, 동물에 역사라는 말을 쓰기가 어색해서인지 저자도 'Tierkunde(동물학)'로 번역하고 있다.

Int.	De Interpretatione(*Peri hermêneias*): 《해석학》[4]
Mem.	De Memoria et Reminiscentia(*Peri mnêmês kai anamnêseôs*): 《기억과 상기에 관하여》
Met.	Metaphysica(*Ta meta ta physika*): 《형이상학》
Meteor.	Meteorologica(*Meteôrologika*): 《기상학》
MM	Magna Moralia(*Ethikôn megalôn*): 《대(大)윤리학》
Mot. an.	De motu animalium(*Peri zôôn kinêseôs*): 《동물의 움직임에 관하여》
Part. an.	De partibus animalium(*Peri zôôn moriôn*): 《동물의 부분들에 관하여》
Phys.	Physica(*Physikê akroasis*): 《자연학》[5]
Poet.	Poetica(*Peri poiêtikês*): 《시학》
Pol.	Politica(*Politika*): 《정치학》
Prot.	Protrepticus(*Protreptikos*): 《입문서》[6]
Rhet.	Rhetorica(*Rhêtorikê technê*): 《수사학》
Soph. el.	Sophistici Elenchi(*Peri sophistikôn elenchôn*): 《소피스트적 논박》(=《변증론》 IX)
Top.	Topica(*Topika*): 《변증론》[7]

4) 라틴어로 '이해에 관하여', 그리스어로 '해석에 관하여'인데, 저자가 '해석학'으로 번역해서 역자도 이를 따랐으나, 김진성은 '명제에 관하여'로 번역했다.

5) 저자는 '물리학'으로 번역했으나, 이는 오해를 불러일으킬 수 있어서 '자연학'으로 번역한다.

6) 이는 철학을 소개하고, 철학하기를 권유하기 위한 저서이다. 저자에 따라 '입문서'로 번역한다.

7) 저자는 그대로 'Topik(총체론, 전제론)'으로 번역했으나, 역자는 김재홍을 따라 '변증론'으로 번역한다.

헬라어(그리스어) 원문은 《옥스퍼드 고전 텍스트(*Oxford Classical Texts*)》 판본에서 인용한 것인데, 세부 출전 사항은 다음 양식을 따른다. Met. Ⅰ 1, 981a15=《형이상학》 Ⅰ권, 1장, 981a쪽(권위 있는 베커판), 15행.

서론

이 책은 위대한 사상가들로 묶을 수 있는 작은 그룹 내에서도 그 자체로 특별한 위치를 차지하는 한 철학자를 소개한다. 고대 후기에는 그를 '신적인 아리스토텔레스'라고 했다(프로클로스). 알 파라비에서 알베르투스 마그누스를 지나 토마스 아퀴나스에 이르기까지 중세에는 그를 단적으로 '그 철학자'라고 불렀다. 더욱이 라이프니츠는 아리스토텔레스의 자연철학적 기본 개념들이 "많은 부분 완전한 진실이다"라고 했다.

아리스토텔레스의 권위에 대한 진지한 비판은 그 당시 몇 십 년 뒤가 아닌 2천 년이 지난 후, 특히 17~18세기부터 광범위한 영역에서 전면적으로 이루어졌다. 그 비판은 (갈릴레이로 대변되는) 물리학 진영에서 시작한다. 그러고 나서 기초 철학(데카르트)과 정치철학(홉즈)으로 이어지고, 선험철학(칸트)으로 말미암아 거세진다. 이와 동시에 그 비판은 윤리학과 미학 역시 포함하고, 드디어 19세기 말에 이르면 논리학에까지 미친다. 그렇다고 해서 한마디로 아리스토텔레스가 낡았다는 것이 아니다. 헤겔이 그에게 대단한 경의를 표했다는 사실은 잘 알려져 있다. 이는 브렌타노와 하이데거, 루카시에비치(Lukasiewicz)

도 유사하며, 분석철학에서도 이와 비슷한 태도를 찾아볼 수 있다. 심지어 다윈 이외 생물학자들 사이에서도 아리스토텔레스는 높은 명성을 누린다. 그리고 최근까지는 본질주의에서 목적론뿐 아니라 행복이라는 원리에 이르는 아리스토텔레스의 입장을 비판하는 관점이 많았지만, 철학적 행위 이론과 윤리학, 변증론과 수사학, 정치철학, 사회 이론은 물론이고 심지어 존재론 영역에서조차 아리스토텔레스를 옹호하는 이들이 새롭게 등장한다.

그렇지만 모든 철학도에게 아리스토텔레스에 대한 지식을 기대할 수는 없기에, 이 책은 아리스토텔레스를 포괄하면서도 잘 알릴 수 있는 입문서가 되도록 시도할 것이다. 또한 역사적 거리를 뛰어넘어 아리스토텔레스와의 철학적인 대화에도 관심을 기울일 것이다. 왜냐하면 사태에 대한 질문을 배제하고 단순히 학설만을 제공한다면, 그것은 생산적이지 않을 것이기 때문이다.

여기에 덧붙여 사람들은 항상 아리스토텔레스가 철학하고자 했던 대상에도 흥미를 갖는다. 그래서 그가 말한 대상, 그가 논증한 방법, 그의 직관과 개념 및 논거 중에서, 혹은 최소한 그가 철학했던 방식 중에서 아직 남아 있는 것은 사람들의 흥미를 끈다. 또한 아리스토텔레스와 토론하는 것은 양측, 즉 고대뿐 아니라 현대 모두와 비교해서도 그의 개성을 선명하게 부각하는 데 도움을 준다. 그리고 그 토론은 때때로 현대를 위해 논할 가치가 있는 대안을 열어줄 수도 있다.

아리스토텔레스 같은 저자에 대해 학자들의 주석이 아주 많다는 사실은 전혀 놀랍지 않다. 우리는 적지 않은 텍스트를 손쉽게 구할 수 있다. 거기에 나오는 생각들은 이따금 꽤 참신하고 새로운데, 단지 호기심과 약간의 인내만 있으면 이해할 수 있다. 어떤 [아리스토텔레스][8] 텍스트는 마치 소설처럼 '단숨에' 읽힌다. 그렇지만 추리소설을 읽듯 한 장 한 장 [순차적으로] '삼킬' 필요는 없다. 아마도 초심자가 《동물학》의 시작부(Hist. an. Ⅰ 1)나 범주에 관한 저술의 첫 장과 《자연학》의 시작부를 읽으려면, 《형이상학》(특히 Ⅰ 1-2)과 《니코마코스 윤리학》의 개론 부분(특히 Ⅰ 1-6)에서 시작해야 할 것이다. 또한 좀 더 어려운 텍스트(예컨대 An. Ⅲ 5, Met. Ⅶ-Ⅸ, Int. 12-14, EN Ⅶ 1-11)도 있고, 어떤 것(예컨대 Met. ⅩⅢ-ⅩⅣ)은 사전 지식이 있어야만 해독할 수 있으며, 애매한 부분이나 모순되는 부분도 부닥칠 수 있음은–거의–자명하다.

이 책은 일련의 강의에서 시작한 것이라 당시 다양한 생각을 제시해준 학생과 동료들 도움을 받았다. 특히 크리스토프 호른 박사(Dr. Christoph Horn)와 크리스토프 라프 박사(Dr. Christof Rapp), 롤프 가이거 석사(Rolf Geiger M.A.)가 많은 도움을 주었다. 그리고 3판에서는 슈테판 헤르츠베르크 석사(Stephan Herzberg M.A.)의 도움이 컸다.

8) 대괄호([ ])로 묶은 부분은 이해를 돕기 위해 역자가 첨가한 것이다.

Ⅰ. "그 철학자"?

1. 인물과 저작

"모든 사람은 그 본성상 지식을 추구한다(*Pantes anthrôpoi tou eidenai oregontai physei*)." 이 문장으로 시작하는 서양에서 가장 유명한 책 가운데 하나인 아리스토텔레스의 《형이상학》은 책 첫머리에서 사람과 그 사람이 가진 지식에 대해 직접적으로 언급하고 있고, 또한 간접적으로 저자인 아리스토텔레스 자신에 관해서도 언급하고 있다. [앞서 인용한] 인간학적인 요구, 즉 알고자 하는 욕구가 정당한 바로 그만큼 아리스토텔레스는 단지 비범한 사상가일 뿐 아니라, 동시에 위대한 사람이기도 하다.

1.1 인물

놀랍게도 우리는 아리스토텔레스의 인간성과 삶의 궤적을 단지 대략적으로만 알고 있을 뿐이다. [우리가 가진] 빈약한 문서들은 그의 유언장과 다양한 편지 및 시를 포함한 스타게이라, 델피, 아테네의 비석들로 구성되어 있다. 이에 반해 고대 그의 전기들에 대해서는 단지 조금만 믿을 수 있을 뿐이다. 그 전기들은 여러 세대가 지난 뒤에야 비로소 작성되었기 때문에, 한때는 그에게 우호적이었다가 그다음에는 곧 적대적인 추세를 보인다. 디오게네스 라에르티오스의 《유명한 철학자들의 삶과 견해들(*Leben und Meinungen ber□hmter Philosophen*)》(220년경, V 1)이라고 하는 아주 유명한 텍스트는 사실들과 항상 호의적이지는 않은 허구를 뒤섞는다(Düring 1957 참고). 이 텍스트는 아리스토텔레스의 외모에 대해 다음과 같이 설명해 놓고 있다. "그는 말할 때 혀끝이 이에 닿았고 다리가 약했으며 눈이 작았다. 그런데 그는 옷을 위엄 있게 입었으며 손과 머리도 잘 손질했다."

아리스토텔레스가 실제로 멋쟁이였는지는 입증할 수 없으나, 다음과 같은 사실은 확실하다. 즉, 그의 생애 동안 많은 그리스인이 자유로운 폴리스와 개인적 자유를 상실했다. 아리스토텔레스는 필리포스 2세[9]가 카이로네이아에서 아테네인들과 테베인들을 정복(기원전 338년)하는 것을 경험했다. 또한 그는 필리포스 2세의 아들 알렉산더 대왕과 동시대인이었다. 그런데 아테네가 문화적 개화와 함께 정치적 지배력을 소유했던 시기나, 이크티노스와 파이디아스 같은 예술가들이 아크로폴리스를 건축했던 시기, 소포클레스가 예컨대 《안티고네》와 《오이디푸스 왕》 같은 비극들을 저술했던 시기, 아낙사고라스와 프로타고라스 같은 철학자들이 아테네에서 활약했던 시기, 페리클레스의 시기(기원전 443~429년)는 오래전에 지나갔다.

아리스토텔레스는 기원전 384년에 그리스 북동부의 작은 도시공

9) 마케도니아의 왕으로 아들 알렉산더 대왕의 정복을 예비했다.

화국인 스타게이라(스타로)에서 태어났다. 그는 플라톤과 같은 아테네의 고위 귀족 가문의 자손이 아니었고, 심지어 시민도 아닌 아테네의 '거류 외국인(Metöke)'이었다. 즉 체류 허가는 받았으나 정치적 권리는 없는 외국인이었다. 하지만 그는 무명 인사가 아니었다. 그는 명망 있는 가문—그의 아버지 니코마코스는 마케도니아 궁정의 종신직 의사였다—의 일원으로서 훌륭한 교육을 받았으며, 아버지가 일찍 사망한 후에는 후견인이 돌봐주었다. 아마도 궁정에서의 심한 긴장감 때문에 그는 기원전 367년 17세의 나이로 그리스 문화의 중심지 아테네로 가서 플라톤의 가르침을 받았다. 플라톤의 학교인 아카데미아는 단순한 공공 '고등학교'를 훨씬 뛰어넘었다. 그곳은 당시 학자들과 철학자들의 지성적 성지이자 국제적 집결지였으며, 오늘날까지도 다시없을 가르침과 연구가 하나 된 모범이었다.

20년 동안, 즉 '첫 번째 아테네 체류 기간 동안(기원전 367~347년)' 아리스토텔레스는 우리가 플라톤의 (후기 대화편들을 포함한) 대화편들로부터 알게 되는 문제들을 다뤘다. 그 밖에도 그는 스페우시포스와 크세노크라테스, 크니도스의 에우독소스 같은 아카데미[10] 회원들에게서도 배웠다. 물론 그가 오랫동안 '학생'으로만 머물러 있었던 것은 아니었다. 플라톤 및 그의 동료들과 대결하는 동안, 아리스토텔레스는 곧 스스로의 입장을 발전시켰다. 사울에서 바울로 변화하는 지성적인 체험 같은 것, 즉 플라톤 추종자를 플라톤 비판자로 만드는 급격한 깨달음 같은 것은 알려져 있지 않다. 이와 마찬가지로 우리는 후기(後期) 아리스토텔레스 혹은 아리스토텔레스 Ⅱ를 전기(前期) 아

10) Akademie(아카데미)는 플라톤의 '아카데미아'를 의미한다. 앞으로도 이 단어가 종종 나오는데, 그대로 음역으로 쓸 것이다.

리스토텔레스 내지 아리스토텔레스 Ⅰ로부터 구분시켜줄 만한 철학적 전환 혹은 돌이킴에 대해서도 들은 바 없다. 이런 점에서 그의 지적 전기는 특이하게도 직선적으로, 혹은 별로 기복이 없는 것처럼 보인다.

첫 번째 아테네 체류 기간 동안, 그 철학자는 칠판과 여러 장치들, 그리고 두 개의 벽화와 천문학적 목록이 갖춰진 강의실에서 이미 자신만의 강의를 했다(Int. 13, 22a22; EN Ⅱ 7, 1107a33; EE Ⅱ 3, 1220b37; An. pr. Ⅰ 27, 43a35; 그리고 Jackson 1920 참고). 이 시기에 많은 자료의 수집과 함께, 무엇보다도 자연철학(《자연학》)과 기초 철학(《형이상학》), 윤리학, 정치학, 수사학의 첫 초안들이 만들어진다. 사람들이 후에 'Organon(기관)'이라고 성리하게 되는 논리적이고 학문[11] 이론적인 저술들과 《시학》이 왜 이 시기에 나왔는지는 논란이 된다.

아카데미 창립자이자 그 지도자인 플라톤은 아리스토텔레스보다 마흔다섯 살 많은데, 이는 플라톤 자신이 소크라테스보다 어린 만큼의 나이 차이다. 그런데 '스승'에 대한 '제자들' 사이의 관계에 관한 믿을 만한 정보는 없다. 아마도 아리스토텔레스는 호머에 대한 플라톤의 태도와 비슷한 태도를 플라톤에 대해서 취했을 것이다. 《니코마코스 윤리학》(Ⅰ 4, 1096a11-17)에 나오는 플라톤 비판은 플라톤이 《국가》(X 595b; 소크라테스와 관련해서는 《파이돈》 91b 이하 참고)에서 호머와 시인들을 비판한 것과 거의 비슷하게 시작한다. "이데아들을 들여온 것은 친구들이었기 때문에 우리는 이런 연구를 싫어한다. 그

11) 'Wissenschaft'는 보통 '과학'으로 많이 번역한다. 그러나 역자는 그것이 아리스토텔레스에 관계되는 한 주로 '학문'으로 번역한다. 역자가 보기에 그의 작업은 오늘날 우리가 과학이라고 부르는 것과는 다른 성격의 지적 작업이었다고 믿기 때문이다.

러나 진리를 구출해내기 위해서는 우리의 감정에 거슬리는 것이 필요하다. 특히 우리가 철학자인 경우에는 …." 이것으로부터 나중에 "플라톤은 친구이다. 그런데 진리에 대해서는 더욱 친구이다(*amicus Plato, magis amica veritas*)"라는 격언이 나오게 되는데, 이를 좀 자유롭게 번역하면, "나는 플라톤을 사랑한다. 그러나 진리를 더 사랑한다"가 된다. 이와 유사한 [사람에 대한] 존중과 [학문에 대한] 비판은 소크라테스도 겨냥한다(예를 들면, Met. XIII 4, 1078b17-31; Pol. II 6, 1265b10-13). 처음에는 소크라테스에게 플라톤이, 그 뒤에는 플라톤에게 아리스토텔레스가, 그래서 두 번이나 계속해서 탁월한 철학자에게 탁월한 철학자가 가르침을 받고 스승들의 잘 숙고된 견해에서 자신의 견해를 완성해낸다는 것은 행운이라고 하겠다.

아리스토텔레스는 거류 외국인이라는 이유만으로도 폴리스 문제에 참여할 수 없었다. 그런데 그는 정치학이라고 하는 독자적인 학문을 기초(起草)했다. 물론 그는 정치적 실천에서 완전히 벗어나 있지는 않았다. 그는 마케도니아인과 여러 그리스 도시국가들을 중재하는 역할을 수행했으며, 그 때문에 '아테네 시민들'은 비문에서 감사하고 있다(Düring 1957 215를 보라). 그러나 플라톤이 경험해보았으나 결국에는 실패했던, 철학자가 정치에 뛰어드는 것에 반대한 아리스토텔레스는 그런 [실천적] 과제를 정치철학의 '자연스러운' 귀결이라고 여기지 않았다.

일반적으로 아리스토텔레스는 학습과 아울러, 자신만의 연구와 독자적인 강의에 몰두했다. 만약 그에 관한 정보를 신뢰한다면, 날카로운 재치를 지닌 연설가로서 그는 분명하고도 흥미 있는 강의를 했을 것이다. 근면한 독자이자, 더 나아가 수집가요 분석가로서 그는 세상에서 분리된 것이 아니라, 세상을 향한, 심지어 세상에 익숙한 형태로 학식 있는 교수의 전형이었다. '세상에 익숙함(Weltgewandtheit)'이 지성의 영역에서 시작된 것이다. 아리스토텔레스는 자신의 '학교', 즉 플라톤과 아카데미 회원들의 견해만을 잘 아는 것이 아니라, 소피스트들, 소크라테스 이전의 철학자들과 의사들의 작품들, 더 나아가서 그리스 서정시와 서사시 및 희곡들도 잘 알았으며, 또한 당시에 알려진 헌법들도 빼놓지 않았다.

기원전 347년 플라톤이 사망한 후 그의 조카이자 후계자인 스페우시포스(기원전 410~339년)가 아카데미 수장에 임명되었다. 화 같은 것이 나서가 아니라, 정치적 위험–아리스토텔레스는 그리스의 자유를 위협하는 마케도니아의 친구로 여겨졌다–으로 말미암아 이 철학자는 서른여덟의 나이로 아테네를 떠났다. 정치적 상황이 계속해서 장소를 옮기도록 만들었기 때문에 그의 모습은, 그가 그렇게 많은 작품을 남긴 것으로부터 기대할 수 있는 것처럼, 그렇게 고요하지는 않았다. 악조건 가운데서도 삶의 과제, 즉 연구에 몰두하는 아리스토텔레스의 능력은 놀랄 만하다.

이어지는 12년의 '유랑 기간(기원전 347~335/4년)'을 그는 아카데미의 다른 회원들과 보냈는데, 우선은 이전의 동료 학생이었던 아타르네우스 지역의 헤르미아스 집에서 보냈다. 아리스토텔레스는 소아시아의 도시 아소스의 영주인 이 사람에게 생활에 필요한 것들을 풍족하게 받으면서 방해받지 않고 철학과 학문에 몰두했다. 아마도 아소스에서 나중에 동료이자 친구가 되는 에레소스의 테오프라스트(대략 기원전 370~288년)를 알게 되었다. 아리스토텔레스는 헤르미아스의 여동생(혹은 조카)인 피티아스와 결혼하고, 그녀에게서 같은 이름의 딸을 얻었다. 그 뒤 니코마코스라는 아들을 또 얻었다. 아테네 밖에서의 여러 해 동안 아리스토텔레스는 수많은 동물학적 자료를 수집했는데, 이런 수집과 함께 그에 따른 탐구로 말미암아 그는 탁월한 동물학자라는 명성을 얻게 되었다.

기원전 345년 헤르미아스가 죽은 후에 그는 레스보스의 미틸레네로 갔다. 2년 뒤 그는 왕인 필리포스 2세의 부탁에 따라 열세 살이었던 알렉산더의 교육을 맡게 되었다. 가장 위대한 철학자 가운데 한 명이 나중에 아주 중요한 인물이 될 정치가를 책임진다는 것은 전례가 없는 경우였다. 그렇지만 아리스토텔레스는 전해져 내려오는 저작 그 어디에서도 그 특이한 학생에 대해 말하지 않았다. 그런데 《알렉산더 혹은 식민지에 대해서》라는 책을 썼던 그는 자신의 학생에게 무엇보다도 그리스 문화를 접하게 했을 것이다. 예컨대 그는 알렉산더에게 호머의 《일리아스》 사본을 만들게 했는데, 이 책의 주된 영웅인 아킬레우스를 존경했던 알렉산더는 그 사본을 자신의 원정에 가져갔다. 아리스토텔레스는 또한 알렉산더가 군사적 목표 이외에도 문화적·학문적 관심을 추구하도록 하기 위해 그리스의 학자들을 원정에 데려가도록 하는 데도 기여했을 것이다.

이에 반해 단지 아랍어로만 전해지는 알렉산더에게 보낸 편지는 위작일 것이다(Stein 1968). 이 편지는 가장 오래된 군주 지침서 가운데 하나다. 이 지침서들은 신하들을 향한 태도에 대해서, 그리고 그리스 도시들의 건설에 대해서, 또 페르시아의 귀족을 강제로 이주시켜야 하는지에 관한 질문에 대해서 알렉산더에게 충고한다. 그리고 그 최고봉은 세계국가의 비전, 코스모폴리스의 비전이다(15.3장을 보라).

'유랑 기간'을 마칠 즈음에 아리스토텔레스는 델피로부터 피티아 경기[12]의 승리자들 목록을 작성해달라는 주문을 받는다. 그가 이 영광스러운 주문을 받았다는 사실은 그의 학문적 명성을 대변해준다. 그는 이를 수행했는데, 이는 또한 그의 넓은 지적 호기심을 입증해준다. 그는 다른 연구들 이외에 역사도 저술하게 되었던 것이다. 그의 업적 때문에 그에게 비석이 수여되었으나, 기원전 323년에 일어난 반(反)마케도니아 소동 때 취소되었다.

테베의 파괴(기원전 335년)를 통해 마케도니아에 대한 그리스의 저항이 좌절된 이후, 거의 쉰 살이 된 아리스토텔레스는 이전에 교육받던 장소[아테네]로 되돌아갔다. 그것은 '두 번째 [아테네] 체류'였다(기원전 335/4~322년). 3~4년 전에 아카데미 수장으로 철학자 크세노크라테스가 뽑혔는데, 그는 지식이나 예리함, 정신적 활동성에서 아리스토텔레스에는 훨씬 못 미쳤다. 이로 말미암아 [그가] 아카데미에서 떠나게 되었는지는 입증할 수 없으나 생각은 해볼 만하다. 아무튼 아리스토텔레스는 그다음 12년 동안 누구에게나 열려진 연무장(Gymnasium)인 뤼카베토스 언덕의 뤼케이온('뤼케움(Lyceum)' 참조)에서 활약한다. 이곳은 건축 양식 때문에 페리파토스라고 불렸는데, 이는 원래 '산책'을 의미했으나 나중에는 '차양이 쳐진 복도', '거닐고 토론하기 위한 강당'을 의미했다.

아리스토텔레스를 중심으로 그곳에 모인 무리들이 가르침과 연구를 위한 고정된 단체 또는 조직으로 묶여 있었는지는 불확실하다. 아무튼 확정된 수업 계획과 시험, 학위를 갖춘 일종의 대학은 없었다. 심지어 형식적인 의미의 학교 설립도 없었다. 왜냐하면 아리스토텔레스

12) 피티아 경기는 델피의 경기라고도 하는데, 이는 아폴론 신을 기리기 위한 것으로 올림픽 경기 다음으로 중요한 범헬라적 경기였다.

같은 외국인은 토지를 취득할 수 없었기 때문이다. 어차피 그는 '민족적' 정서를 지닌 아테네에서는 항상 의심스러운 이방인이었고, 지적인 삶에서는 다른 많은 외국인 학자 가운데 한 명[일 뿐]이었다. 아리스토텔레스는 당시 상황으로는 지나치게 큰 도서관과 상당한 기계 설비들을 뤼케이온에 들여놓았다. 공개 강의—이 철학자는 이런 강의를 통해 아카데미에서 배운 가르침과 연구의 통일성을 이어간다—를 하면서 그는 처음에 대략 묘사한 자신의 생각들을 수정하였으며, 또한 자신의 교재들을 원숙한 형태로 만들었다. 그 이외에도 자신이 모아놓은 자료들을 검토했다. 특히 그는 특정 연구 분야들을 친구들과 동료들, 이를테면 테오프라스트 및 로도스의 에우데모스와 메논에게 분배함으로써 연구를 조직화했다.

기원전 323년 6월에 알렉산더가 죽고 나서 아리스토텔레스는 다시 아테네를 떠났다. 비록 자신의 정치철학이 마케도니아의 이해관계와 맞지 않음에도 반마케도니아적인 책동에 희생될 것을 두려워했기 때문이다. 그 밖에도 그는 한때 소크라테스가 희생당한 바로 그 불경죄(*asebeia*)로 기소된다. '당대인들 가운데 가장 탁월하고, 가장 지혜로우며, 가장 정의로운 사람[=소크라테스](플라톤, 《파이돈》 118a)'의 운명에 빗대어 그는 자신이 아테네를 떠나는 이유를 다음과 같은 말로 변명했다고 한다. "아테네인들이 철학에 두 번째로 죄를 짓는 것을 허락하지 않을 것이다(Aelian, *Varia historia* Ⅲ 36)." 아리스토텔레스는 칼키스에 있는 자신의 어머니 집으로 돌아간다. 그 직후인 기원전 322년 10월에 잘 알려지지 않은 병으로 예순두 살의 나이로 죽는다.

우리는 유언장(디오게네스 라에르티오스, Ⅴ 1, 11-16)에서 사려 깊고 가족들을 염려하는 한 인간을 만날 수 있다. 유언장의 집행인으로는 마케도니아의 총사령관이자 알렉산더의 그리스 총독인 안티파테르가, 그리고 뤼케이온의 후계자로는 테오프라스트가 지정된다. 자신의 부인 피티아스 곁에 묻히길 희망한 아리스토텔레스 곁에는 가족들과 하인들이 지키고 있었다.

로마 황제 시기 때부터 아리스토텔레스의 흉상들이 전해져 내려오는데, 이 흉상들은 알렉산더 대왕의 궁정 조각가 뤼시프가 그 군주의 주문으로 제작한 그리스 원본을 보고 만들어진 것이다. 예순 살 가량의 아리스토텔레스가 긴 수염과 넓은 입, 강력한 아랫입술과 눈에 띄게 두드러진 이마—탁월한 지성과 집중력의 표시로서—를 가진 것으로 묘사되었다. 고대의 전통적인 전기에서는 '책 읽는 사람(*anagnôstês*: *Vita Marciana* 6)'과 '(모범적인) 토론의 정신(*noûs têsdiatribês*: Philoponos, *De aeternitate mundi* VI 27)'이라는 별명을 발견할 수 있다.

1.2 작품

아리스토텔레스의 저작들에 대해서는 디오게네스가 정리한 146권의 목록이 전해져온다. 하지만 그 목록에는 우리에게 가장 중요한 두 저작인 《형이상학》과 《니코마코스 윤리학》이 빠져 있다. 저작의 양에 대한 진술을 믿어도 된다면 445,270행에 달할 뿐만 아니라, 빠져 있는 두 저작도 합친다면 양적으로 보아 거의 믿을 수 없는 권수, 즉 300쪽 정도로 쳐서 대략 45권이나 되는 저작에 달한다. 그러나 아리스토텔레스의 저작들은 플라톤의 저작들처럼 조심스럽게 보존되지 않았기 때문에 전체 저술의 사분의 일도 남아 있지 않은 것으로 보이는데, 그럼에도 꽤 두꺼운 열 권에 달한다(아리스토텔레스 저작의 고대 목록에 대해서는 Moraux 1951을 참고).

아리스토텔레스의 저작은 세 종류로 나누어진다. 잘 다듬어진 문체의 저술 몇몇은 교양 있는 일반인을 위한 것이다. 그 저작의 독자층이 학교 '외부(그리스어로 *exô*)'에 있기 때문에 그 저작들은 공개된(exoterisch) 저술들이라고 불리거나, 광범위한 대상(*kyklos*)을 겨냥하기에 회람용(回覽用, enkyklisch) 저술들이라고 불린다. 여기에는 철학을 권유하는 책인 《입문서(*Protreptikos*)》와 《철학에 관하여》, 《정의에 관하여》, 《정치가》, 《시인에 관하여》와 같은 대화편들이 속한다. 이런 '대중적인 저술들' 이외에도 '전문적인 서적들'인 이른바 '논의들(Pragmatien)'이 있는데, 이는 학교 '안의(그리스어로 *esô*)' 학생들이나 동료들을 겨냥했기에 내부적인(esoterisch) 저술들로 불리기도 한다. 놀랍게도 이 책들은 몇몇 중심 주제를 단지 아주 짧게만 다루고 만다. 이 점은 아리스토텔레스가 공개된 저술들에서 그에 관한 입장을 밝혔고, 그 지식을 전제하고 있다—아무튼 그것들은 '서점'에서 구할 수 있다—는 사실을 통해 해명될 수 있다. 세 번째 종류는 연구 자료 모음이다. 이전 철학자들의 학설과 (특히 동물학에 관한) 자연 연구, 정치학을 위한 속담들과 호머의 논쟁점 등에 대한 모음이다. '비극 경연 대회들'의 공연 날짜 모음, 이른바 '가르침들(Didaskalien)'은 소실되었다. 가장 유명한 158개의 그리스 헌법 모음 중에서는 불행히도 단지 《아테네의 헌법》만이 전해온다.

아리스토텔레스의 남아 있는 작품을 플라톤의 작품과 비교해본다면, 문학적으로 특별한 가치가 있는 그의 모든 작품이 이미 고대에 그 단편들까지 상실되었다는 점을 무시해서는 안 된다. 이와는 반대로 플라톤에 대해서는 언어 예술적 가치를 지닌 작품들, 즉 대화편들을 우리는 알고 있다.[13] 이런 전승상의 사정은 단지 역사의 부침(浮沈) 탓으로 돌릴 수도 있을 것이다.[14] 그렇지만 아리스토텔레스의 대화편들이 어쩌면 역시 [플라톤이라고 하는] 탁월한 모범을 이길 수 없었기 때문에라도 전승되지 않았을 것이다. 그리스 문화 전수에 대단히 중요한 키케로가 비록 아리스토텔레스의 대화편에 특별히 의지한 것처럼 보이지만, 그럼에도 철학사에서 플라톤의 대화편을 모방하려는 후대의 노력들 가운데 아리스토텔레스와 키케로를 제외하고서는, 예컨대 아우구스티누스 혹은 아벨라르, 오컴, 갈릴레이, 흄 혹은 라이프니츠 등 그 누구도 플라톤의 수준에 도달하지 못했다.

학교에서 사용하기 위한 저술들에 관해서는 사정이 달라 보인다. 이런 저술들은 '강의용 텍스트'와 구성상·문체상 잘 다듬어진 '작품' 사이의 중간 단계로, 그런 것들을 따라가기에 아무 문제없고 오늘날까지 학문과 철학에 적절한 형태를 지닌 바로 그러한[15] 텍스트의 종류를 예비했는데, 이것이 바로 '논문'[16]이다. 우리가 아는 바에 따르면 [스

13) 이는 대화편으로 쓰인 플라톤의 저작들은 현재까지 보존되어오지만, 아리스토텔레스의 대화편들은 상실되었다는 점을 대조적으로 말하는 것이다.

14) 독일어 번역의 어려움 가운데 하나가 접속법 2식이다. 여기는 'könnte … machen'이 나온다. 사실과 다르거나 그렇게까지는 아니더라도 저자가 조심스럽게 주장하고 있는 것이다. 그래서 이런 뉘앙스를 표현하기 위해 번역자는 '…할 수도 있을 것이다'와 같은 표현들을 사용한다.

15) 앞뒤를 쉼표(,)로 끊은 다음 '그러한'이 나오는 부분은 대부분 관계대명사/관계부사 등을 번역한 것이다. 그런데 이 '그러한'이 여기 같은 경우에는 본문에 들어 있는 jene이다(… jend Textgattung vor, die Abhandlung, die sich …). 그러나 우리말로 번역하기 어려운 관계대명사/관계부사절에서 번역자는 본문에는 없는 '그러한' 또는 '그런'을 넣어 우리말의 흐름을 좋게 만들기도 한다.

16) 저자는 아리스토텔레스의 저술들을 세 단계로 구분한다. 즉 (1)가장 급하게 생겨난 '강의용 텍스트', 그리고 (2)학문적 글쓰기인 '논문', 마지막으로 (3)구성상·문체상 잘 정돈된 '작품'으로 구분한다. 이후에도 '논문'이라는 개념이 자주 등장하는데, 바로 여기서 가리키는 논문을 말한다.

승인 플라톤이 대화편이라는 형식으로, 그리고 그 이전의 철학자들이 주로 운문의 형식으로 발표했던 것과는 달리] 아리스토텔레스는 자신의 주요 사상들을 이런 [논문] 형식으로 저술했다. 이것이 [아리스토텔레스 저작의] 전승[이 현재와 같은 형편이 된 것]에 대한 제3의 근거, 즉 지금은 더 이상 외면적이지 않은[=우리가 지금 확정하기는 곤란한 내적인] 근거였을 수도 있을 것이다. 대화편들도 남기겠다는 철학적 욕구는 존재하지 않았던 것이다. 그렇지만 대화편들이 사라진 것은 안타까워할 만한 일이다. 한편에서는 아리스토텔레스가 자신의 생각들 가운데 어떤 것들을 대중들에게 공개하려고 했는지를 아는 것이 흥미로울 수도 있을 것이다. 다른 한편으로 키케로는 대화편들에 나오는 '대화의 황금 같은 흐름(flumen orationis aureum: *Academica* Ⅱ 119)'을 칭찬했는데, 이것이 단지 조금 격상된 일상어로 이루어진, 리듬뿐 아니라 문장도 다듬어진 문체를 의미한다면, 사람들은 그 문학적 수준을 기꺼이 알고 싶어 할 수도 있을 것이다.

'논문들' 가운데 《동물의 역사(*Historia animalium*)》는 [낭독하는 것을] 듣는 것이 아닌, [눈으로] 읽는[17] 독자를 염두에 둔 유일한 것일 수도 있다. 《분석론 전서》와 《니코마코스 윤리학》 역시 다른 저서들에서 나타나는 사고의 비약이나 단순한 암시 없이 주도면밀하게 완성되었다. 아리스토텔레스의 전문 서적 가운데 훨씬 많은 부분을 차지하는 것이 강의 노트들이다. 즉 출판할 마음이 없는, 강의를 위한 노트나 강의 필기들이다. 추측하건대 아리스토텔레스 자신이, 혹은 부분적으로는 테오프라스트와 다른 학생들이 한 번 쓴 것 중 대부분을

17) 구술적 전통이 아직 남아 있던 그 당시에는 책을 지금처럼 눈으로 읽도록 썼다기보다는 소리 내어 읽기를 기대하고 썼다.

자주 여러 가지로 다시 고쳤을 것이다. [그래서 제대로 이해하기 위해서는] 서로 다른 층들, 더 나아가 서로 다른 분류들, 그리고 본론에서 벗어난 것들과 주석 및 참조들도 염두에 두어야만 한다. 그런데 《니코마코스 윤리학》 이외에도 《범주들》, 《변증론》, 《분석론》 같은 몇몇 텍스트는 아리스토텔레스 자신이 마지막으로 교정했을 수도 있을 것이다. 특이하게도 몇몇 주제에 대해서는 서로 다른 텍스트들이 있다. 특히 윤리학에 대해서는 《니코마코스 윤리학》, 《에우데모스 윤리학》, 《대(大) 윤리학》이 있다(이 윤리서들이 아리스토텔레스의 것인지에 대해서는 논란이 있다).

아리스토텔레스의 교육적 저서들이 전승되어온 상황은 통찰력과 적지 않은 논쟁 정신으로 잘 훈련된 문헌학으로 하여금, 출판된 시기를 확정해보려는 노력들과 사상의 발전에 대한 가설들 및 텍스트 개선들(교정들)을 무수히 제안하도록 부추긴다. 당연하게도 이런 작업에는 고유한 철학적 내용을 놓치게 될 수도 있는 위험이 따른다. 많은 학문적 노력에도 출판 연대를 확정하는 것은 오늘날까지 논란이 되고 있다. 그렇지만 다음 사실들은 널리 인정되고 있다. 가장 오래된 논문 가운데 하나인 《변증론》이 《범주들》뿐 아니라 《분석론 전서》보다 먼저 집필되었다. 《수사학》과 ―아마도― 《시학》도 초기 저작들이다. 《분석론》들이 논리학과 증명 이론의 비교적 원숙한 모습을 보인다면, 생물학과 형이상학에 관한 저술들은 (《변증론》에 들어 있는) 초기 형태와 관련되어 있다. 《동물의 발생에 관하여》는 생물학 내에서 마지막 저작이다. 존재론에 관해서는 《범주들》이 《형이상학》의 실체에 관한 책들보다 먼저 생겨났다. 실천철학 영역에서는 《니코마코스 윤리학》이 《정치학》이 생겨난 이후에 집필되었다.

아리스토텔레스에게는 선례(先例)가 별로 없었기 때문에, 그는 냉정하고 학문적인 산문을 창시한 몇몇 사람에 속한다. 그 이외에도 그는 나중에 라틴어 번역을 통해 철학적 전문용어의 확고한 부분들에 속하게 되는 전문 표현들을 많이 만들어냈다. 이 과정에서 나타난 경직성은 당연히 그에게 낯설었다. 그의 전문용어들은 다양한 질문에서 나왔다. 범주론에서 그는 '*ti*(무엇)', '*poson*(얼마나 큰)', '*poion*(어떤 종류의)', '*poû*(어디서)'에 대해 언급한다. 운동의 원리에서 그는 '무엇으로(이루어졌는가)', '무엇', '어디로부터' 그리고 '무엇을 위하여'에 대해 논한다. 그렇지만 아리스토텔레스는 결코 철학적 인공 언어를 추구한 것은 아니었고, 일상 언어로부터 알려진 표현들을 상세히 하고 구별하며 때때로 발전시키려고 노력했다. 이런 방식으로 그는 감동적이고 전혀 공리공론적이지 않은 표현 방법을 찾아냈다.

아리스토텔레스는 대부분, 분명하고 간결하며 신랄하고–특별히 형식적인 관용구를 제외한다면–다양한 표현 방식으로 저술한다. 때때로 우리는 키케로가 탄복한 문체를 발견할 수 있다. 예컨대 《형이상학》 XII와 《정치학》의 일부에서, 그리고 《동물의 부분들에 관하여》의 I 5(이런 문체에 관련해서는 644b22-645a36)에서 그런 문체를 발견할 수 있다. 그런데 강의 노트에서 다른 것을 기대할 수는 없는 것처럼, 텍스트들은 보통 간결하고 때때로 아주 생략적으로 쓰이고 있으며, 또한 거기에 다른 주제들이 끼어들면서 지리멸렬하게 이행된다. 그리고 많은 맥락이 불분명하다. 다른 철학자들의 텍스트는 문단별로, 심지어 장별로 읽을 수도 있겠지만, 아리스토텔레스 같은 그렇게 간결한 사상가는 한 줄 한 줄, 한 단어 한 단어 연구하게 마련이다. 사람들은 그의 저작을 읽고 분석하며 다시 읽을 능력이 있어야 할 뿐 아니라, [그와] 함께 사고할 능력이 있어야만 한다. 그래서 단지 암시만 된 논거를 따라갈 줄 알아야 하고, 많은 '아주 건조한 문구'들을 구체화시킬 줄 알아야 하며, 추가적으로 그 타당성을 따져봄으로써("도대체 이것이 무슨 말을 하고 있는가?") 철학적인 삶으로 불러낼 수 있어야만 한다. 이런 요구를 충족시키는 사람에게는 주제의 범위와 사태의 풍요로움, 개념적 날카로움과 사변적 힘에서 거의 비교할 바가 없는 철학이 자연스럽게 드러나게 된다.

아쉽게도 아리스토텔레스가 죽고 난 이후 이 유일무이한 저작—바로 통속적인 저술들까지—이 광범위하게 사라졌다. 3세기가 지나서야 비로소 주의 깊게 작업한 교육적 저서들의 판본이 로마에서 최초로 출판되었다. 고대의 전승에 따르면, 편집자인 로도스의 안드로니코스는 복잡한 길을 거쳐 로마에 도달한 초판본들(17.1장을 참고)을 근거로 작업했다. 이 판본이 그 이후의 아리스토텔레스 전승 전체의 밑바탕이 되었다. 우리가 가진 아리스토텔레스 전집(*Corpus Aristotelicum*)은 이 판본들과 동일하다. 안드로니코스의 편집을 통해 아리스토텔레스의 교육적 저작들이 급속하게 널리 알려지게 되었고 후대, 특히 기원후 2세기 이후와 마찬가지로 안드로니코스의 주변에서 이미 다양한 방식으로 주석이 달리게 되었다. 그런데 플라톤과는 달리 아리스토텔레스에 대해서는 지속적인 해석의 전통이 존재하지 않는다는 사실을 잊어서는 안 된다.

전승사는 또 다른 심각한 결과를 낳았다. 저작을 체계적으로 정리하고 텍스트들을 네 그룹으로 분류한 사람은 저자인 아리스토텔레스가 아니라 편집자인 안드로니코스였다. 수미일관하게 철학 체계를 세운다는 이념에 사로잡혀 있던 안드로니코스는 (1)논리적이고 학문 이론적인(wissenschaftstheoretisch) 저작들을 입문서로 이해했기 때문에 그 저작들을 맨 처음에 놓는다. 특이하게도 (2)《니코마코스 윤리학》과 《정치학》, 그리고 《수사학》과 《시학》이 그다음에 나온다. 그리고 나서야 (3)자연철학적인 저작들이 (심리학적인 것도 포함하여) 나온다. (4)자연철학[으로 보아야 마땅한 소위] 물리학 '다음에(nach, 그리스어로 *meta*)' 배치되었기 때문에 '형이상학(Meta-Physik)'이라 불리는 제일철학에 관한 텍스트들이 마지막을 장식한다. 다른 한편으로 이 분류는 논리학-윤리학-물리학이라는 고대의 표준 구분과 거의 일치하는데, 이는 당연히 아리스토텔레스가 물리학-윤리학-논리학 순서로 이미 생각했던 것이다(Top. I 14, 105b20 이하). 나중에 안드로니코스의 두 번째 그룹인 윤리학은 마지막에 배열되어 그 후에도 계속 그 마지막 배열에 남아 있게 되었고, 때때로 별로 중요하게 여겨지지도 않았다. 이런 사실은 많은 철학자를 지배하기도 했지만 아리스토텔레스는 공감하지 않는, 이론철학에 비해 실천철학의 무시[라고 하는 일상적인 사고]를 반영한 것이었다.

또한 이런 재배치를 따라서 안드로니코스의 체계 관념이 지속적으로 남게 되었는데, 이 체계 관념이 경직된 아리스토텔레스주의의 시작이 되는 경우도 드물지 않았다. 그리고 우선 15세기, 그다음에 19세기에 이루어진 획기적인 편집과 연구에도 불구하고, 아직도 그 체계 관념이 몇 세대 이전까지의 해석을 규정한다. 문헌학자인 베르너 예거(Werner Jaeger)의 두 권의 단행본(1912와 [2]1955)에서 시작된 발전사적인 해석이 비로소 이런 체계 관념을 날카롭게 거부한다. 19세기 역사주의에 영감을 받은 예거는 아리스토텔레스 저작 안에서, 정신적으로 시기가 서로 명백하게 구분될 수 있는 세 개의 발전이라는 결과를 찾아낸다. (예거에 따르면) 첫 번째 아카데미 체류, 즉 이른바 '아카데미 시기'인 지적인 청년기의 이 철학자는 플라톤적인 입장을 취한다. 다시 말하면 그는 '관념론자'다. '방랑하는 시기'인 아테네 밖에서의 시기에 그는 점점 더 플라톤적인 입장에서 벗어난다. 다시 아테네로 귀환한 후, '대가의 시기'에 그는 모든 사변에서 벗어나 오로지 현상학적이고 경험적인 연구를 한다. 요약하자면 관념론적인 형이상학이 실재론과 경험론으로 변한다.

[예거 이전에] K. F. 헤르만(K. F. Hermann, 《플라톤적인 철학의 역사와 체계(*Geschichte und System der Platonischen Philosophie*)》, Heidelberg, 1839)이 그 당시에 이미 [예거와] 동일한 모델로 플라톤을 해석했다. 그 해석은 심지어 3세기 때의 철학자이자 아리스토텔레스 주석가인 포르피리오스까지 소급될 수 있었다. 그러므로 [예거의] 기본적인 생각 자체는 그렇게 새롭지 않았다. 아무튼 오늘날 문헌학자들 사이에서는 "예거의 결론들이 많은 세부적 문제에서와 마찬가지로 전체 구상에서도 잘못된 것으로 여겨져야만 한다는 점이 폭넓은 공감"을 얻고 있다(Flashar 1983, 177). 예컨대 생물학과 동물계의 분류를 검토해본다면, 어떻게 시간이 지나감에 따라 점차적으로 더 복잡하고 임상적으로 더 풍부한 '체계'로 발전하는지를 볼 수 있게 된다. 그러나 목적론적 요소가 들어 있기 때문에, 오늘날의 관점에서 보면 여기에는 어떠한 경험적인 것도 언급되지 않는다. 단지, 고대 생물학적 자료와 단편들을 무비판적으로 받아들이는 것만으로도 이미 심지어 선적이고 거의 기계적인 발전이라는 도식은 의심스럽다. 그렇지만 아리스토텔레스가 자기 스승을 반대하려는 충동에 내몰린 것이라기보다는 잘 숙고된 통찰력에 근거해서 자신의 사상을 발전시켜나

갔음을 믿어야만 한다. 아무튼 철학적인 이해를 위해서라면 발전론적 사고로는 별로 얻는 게 없기 때문에, 하이데거가 한 강의에서 간결한 문장으로 표현한, 그와는 반대되는 다음과 같은 입장이 생겨난다. "그는 그러저러한 시간에 출생했고, 일을 하였으며, 그리고 죽었다(《아리스토텔레스 철학의 기본 개념들(*Grundbegriffe der aritotelischen Philosophie*)》, 출판되지 않은 수고, 1)."

2. 연구자, 학자, 철학자

아리스토텔레스는 당대의 거의 모든 연구 주제를 다뤘다. 그리고 그는 그 주제들에 《소피스트적 논박들》(=《변증론》 IX)을 포함하는 《변증론》과 같은 담론을 덧붙였다. 그 자신의 진술에 따른다면, 이것은 창시자로서의 그가 높은 수준에서 탐구한 주제 분야다(Top. Ⅸ 34, 183b16 이하). 그는 형식논리학, 담론 논리학, 그리고 학문적 증명 이론, 더 나아가 수사학과 문학 이론을 발전시켰다. 또한 그는 지식의 다양한 형태를 상론(詳論)하고 그것들의 완성된 형태, 즉 학문과 철학에 대한 이론을 세웠다. '그 외에도' 우리에게[는 이미] 전통이 되어버린 그가 발전시킨 주제들이 있다. 즉 인식론, 존재론, 자연신학, 그리고 철학적 심리학('philosophy of mind, 마음의 철학'), 행위 이론을 포함한 윤리학, 비교 헌법 이론(vergleichende Verfassungslehre)과 정치사회학을 포함한 정치철학이 그런 주제들이다.

칸트와 같은 근대의 위대한 사상가도 자연과학을 강의할 수 있고, 제한된 범위 내에서 그 분야에 주목할 만한 기여도 할 수 있다. 그렇지만 그는 위대한 자연 탐구자들 가운데 한 명은 아니다. 더 나아가 오늘날의 연구자들은 세분화된 연구를 한다. 그러나 아리스토텔레스는 다음과 같은 세 차원 모두에서 획기적인 업적을 남겼다. 그 세 차원은 ①경험적 탐구, ②개별 학문에 관한 이론, ③철학적인 프로토(proto-, 원형적, 근원적) 이론(이론의 원형 내지는 메타 이론)이다.[18] 아리스토텔레스는 자연에 관한 아주 미미한 현상에 대해서도 근거를 제시하려고 노력했기 때문에, "그의 탐구 열의는 다른 모든 사람보다 뛰어나다"는 디오게네스 라에르티오스의 주장은 타당하다(Ⅴ 1). 더 나아가 그는 학자로서 두각을 나타냈다. 즉 그는 철학사가, 헌법사가, 신탁의 사료 편찬자로서, 그리고 호머에 관한 과학적인 문헌학자로서 두각을 드러냈다. 이뿐만 아니라, 비록 수학적 방법론과 그 대상의 실재성에 관한 이론에 한해서이지만, 심지어 그는 수학에도 중요한 기여를 했다.

이런 주제들 중에는 오늘날의 논쟁에서 주목받지 못하는 것도 있다. 왜냐하면 [오늘날에는] 수사학이나 근대 연극 이론에 친숙한 철학자가 드물기 때문이다. 아리스토텔레스에게서 우리는 다음과 같은 사실을 발견할 수 있다. 즉, 주요 주제와 부수적인 주제가 [따로] 있는가 하는 질문과는 상관없이, 그리고 수준이 높거나 혹은 낮건 간에 무엇보다 중요한 점은 철학함의 질이라는 사실을 발견할 수 있다.

단 하나이지만 커다란 약점이 눈에 뜨인다. 의사 아들이었던 아리스토텔레스는 의사들이 가지고 있는 전문 지식과 당대의 생리학적·해부학적 이론들을 잘 알고 있었다(《니코마코스 윤리학》에 있는 언급

18) 표기해놓은 번호(①, ②, ③, …)는 저자가 표기한 것이 아니라, 독자의 이해를 돕기 위해 번역자가 표기한 것이다. 이후 번호 표기가 필요할 때는 따로 설명을 덧붙이지 않는다.

들 참고. 또한 Met. Ⅰ 1, 981a15-24; Pol. Ⅲ 11, 1281b40 이하, 그리고 곳곳에서의 서술 참고). 그런데 그는 그 지식들을 단지 학문 이론적으로, 그리고 자연과학적으로, 더 나아가 문학 이론적으로만 다뤘을 뿐이다. 이에 비해 의학 자체에 관한 이론 내지 의학 철학은[=메타 이론은] 그에게 결여되어 있다. 아마도 두 가지 상황 때문에 그렇게 되었을 것이다. 하나의 상황으로, 아리스토텔레스의 지적 환경이었던 플라톤의 아카데미 안에 의학 연구는 없었다. 또 다른 상황으로, 아리스토텔레스는 동물학에서처럼 다만 본질적인 약점이 있는 분야에서만 새로운 탐구 영역을 개척했다. 그런데 의학에 관한 이론은 이미 오래전 의사 자신들의 집단 안에서, 즉 히포크라테스적 전통 범위 안에서 [아리스토텔레스가 보기에 충분히] 탐구되고 있었다.

의학과 일상적인 수학을 예외로 한다면 아리스토텔레스의 저작은 참다운 지식 백과사전으로 자리매김할 수 있다. 그의 저작들을 살펴보면 오늘날에는 이미 오래전에 특정 분야로 나눠지고 때론 서로 대립하기까지 하는 분야, 즉 자연과학, 사회과학, 문학, 더 나아가 정신사가 아직 통일적으로 결합되어 있다. 그 철학자[=아리스토텔레스]는 기술(記述)적인 탐구뿐 아니라 규범적인 탐구도 한다. 또한 그는 경험적 탐구와 더불어 개별 학문의 이론들을 다루며, 특히 철학 고유의 상이한 분야들도 다룬다. 한마디로 말해 아리스토텔레스는 "이제까지 나타난 아주 풍요롭고 포괄적이며, (심층적인) 학문의 천재들 가운데 한 명"이다(헤겔, 《저작(*Werke*)》 19, 132).

사람들은 그의 백과사전식 탐구 이면에, 자체적으로 동질적인 단일 학문을 밑바탕으로 삼는 사고가 깔려 있다고 믿을 수도 있다. 그러나 아리스토텔레스는 그 두 전제, 즉 연구 목적이 단일하다는 사고와 대상이 동질적이라는 사고를 이미 비판하고 있다. 그가 비록 모든 학문에 공통적으로 해당하는 방법적인 요소들과 더 나아가 공통된 근본 개념 및 관점들에 대해 알고 있었지만, 그런 공통성들이 [그에게서] 동질적인 근본·기초 철학으로 발전되거나, 모든 앎을 하나의 폐쇄적인 맥락에 연결시키는 단 한 가지 원리로 향하지는 않았다. 그 철학자는 단지, 사고의 근본적인 원리에 대한 이론이라는 온건한 형태로 되어 있는 최종적인 근거 지음만을 인정한다. 그리고 그 밖의 경우, 즉 특정 분과 관련 원리를 비롯한 형이상학과 논리학, 학문 이론적인 사고, 그리고 어떤 면에서는 변증론, 자연철학, 윤리학의 부분들과 같은 경우에는 여러 분과에 해당되어 있는 공통된 원리들의 다양성을 주장한다.

통일된 학문에 대한 비판을 통해 아리스토텔레스는 다양한 연구 분야를 모든 '[통일성을] 강요하는 시스템'으로부터 해방시킨다. 그 결과 상대적으로 독립적인 개별 분과 학문들이 많이 생성된다. 몇몇 사람이 생각하고 있는 것과는 달리, 유럽적인 학문에서 명확하고 특화된 연구는 헤겔 이후, 즉 헤겔의 백과사전[적 집대성]의 좌절이라고 불리는 것 이후에 비로소 시작되는 것이 아니라, 그보다 훨씬 이전인 아리스토텔레스로부터 근본적으로 시작된다. '개별 분과 학문의 해방'이라는 틀 안에서 그는 학문을 세 개의 분야로 구별한다. [그에 따라] 칸트는 "고대 그리스 철학은 세 개의 학문으로 구분된다(〈'자연학', '윤리학' 그리고 '논리학'〉(《윤리형이상학의 정초》의 '서문'))"고 믿었다. 스페우시포스 때부터 아카데미 내에서 통례적이었던 이 구분을 아리스토텔레스 역시 알고 있음에도(1.2장) 그에게는 다른 구분이 더 중요했는데, 이론적이며 실천적인, 그리고 '제작적인' 지식[이라는 구분]이 그것이다(Met. Ⅵ 1; Top. Ⅵ 6, 145a15 이하). 해당 영역에 대한 질문이 인식을 주도하는 관심과 결부되어진다는 점에서 이런 구분은 매우 현대적이다(다음 페이지 도표 참조).

자연과 인식의 영구적이며 불변의 구조에 맞춰져 있는 세 개의 이론적 학문은 그 자체를 위해서 지식을 추구한다. (1)수학은 산술과 기하학으로 구성된 순수수학과 천문학, 기계학, 항해술, 광학, 그리고 화성학으로 구성된 응용수학으로 이뤄진다. (2)물리학(Physik)[19][=자연학]-여기서는 자연과학과 자연철학이라는 식으로 광범위하게 이해된 것-은 변화하는 세상에 존재하는 모든 영역 일반을 다룬다. 즉 천체와 지구, 식물, 동물, 인간, 그리고 신(神)을 포함하는, 한마디로 세계를 다룬다. 물리학[=자연학]은 철학의 토대인 좁은 의미의 물리학과 함께 시작한다. 그리고 하늘, 즉 우주론으로 나아가서 하늘과 땅 사이의 것들, 즉 기상학, 그리고 더 나아가 심리학, 동물학, 식물학을 다룬다. (3)제일철학은 철학적 신학과 추가적으로 존재론, 그리고 [올바른] 사고를 위한 근본적인 원리들로 구성된다. 변증법(토피카), 논리학(삼단논법), 그리고 학문 이론(Wissenscahftstheorie) 역시 어느 정도는 여기에 속한다.

실천적 학문에는 윤리학과 경제학을 포함한 정치학이 해당된다. 변화하는 인간 세상과 학문으로 도달할 수 있는 선(善)을 다루면서, 오로지 지식을 탐색할 뿐만 아니라 도덕적 실천을 위해서도 역시 노력한다(12.2장 참조). 최종적으로 제작적('생산해내는') 내지 기술적 능력은 작품 생산을 지향한다. 여기에는 무언가를 만드는 수공업자뿐만 아니

19) 저자가 여기서 'Physik'이라고 번역한 '물리학'은 우리가 오늘날 생각하는 경험과학으로서의 '물리학'이 아니라, 실은 '자연학'이라고 번역해야 맞지만, 서구 통례상 'Physik'으로 번역했을 뿐이다.

학문과 철학

- I. 이론적
  - 제일철학
    - 신학
    - 존재론
    - 사고의 원리들 (경우에 따라서는 논리학)
  - 수학
    - 순수한: 산술, 기하학
    - 응용된: 천문학, 화성학 등
  - 자연 연구
    - 철학적 기초
    - 우주론
    - 기상학
    - 심리학 Ⓐ

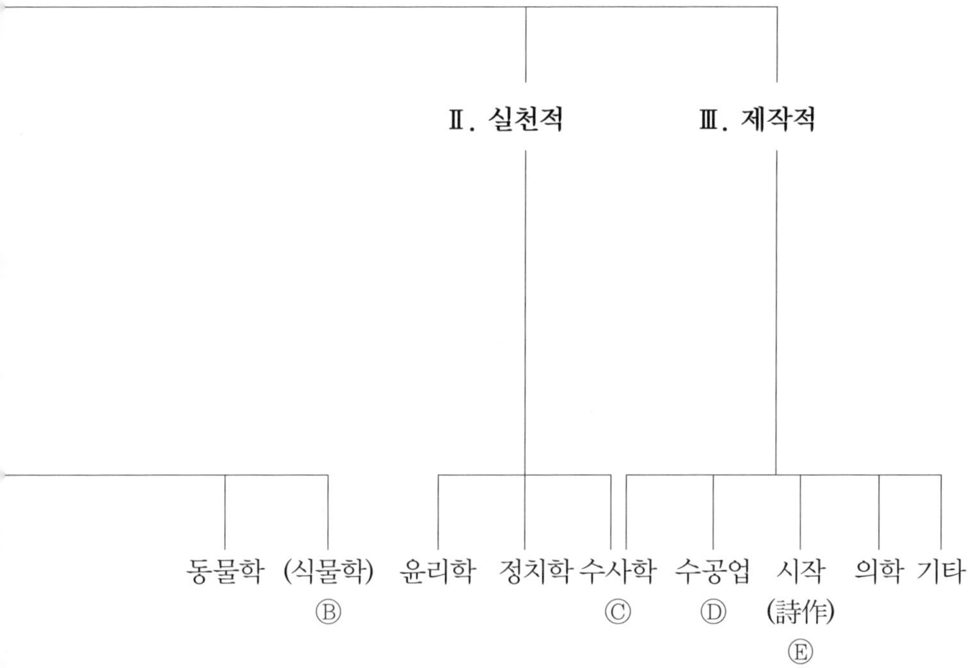

Ⓐ 부차적으로 심리학은 수학에 속하기도 하지만, 제일철학에 속하기도 한다.

Ⓑ 테오프라스트 때부터 행해진다.

Ⓒ 수사학은 아리스토텔레스의 가치중립성 때문에 Ⅱ에 속하기도 하지만 주로 Ⅲ에 속한다.

Ⓓ 아리스토텔레스가 직접 행하지는 않았다.

Ⓔ 아리스토텔레스에게는 단지 '이론'으로서만 남아 있다.

라, 건강을 유지시키려는 의사와 예술 작품을 만들려는 시인도 속한다. 반면 수사학은 전적으로는 아니지만 많은 경우 윤리학과 정치학의 보조 학문이다. 그것은 단지 설득을 지향할 뿐만 아니라 좋은 행위(*eupraxia*), 즉 선한 행위를 위해 도움을 주기도 한다. 응용을 지향하는 기술적인 학문들이 오늘날에는 훨씬 더 광범위할 뿐만 아니라 차별화된 영역들을 다룬다. 하지만 때로는 간접적으로, 때로는 직접적으로 작품 생산에 도움을 주기 때문에 그것의 기본 구조는 예전과 다르지 않다. 이 분류에서 아리스토텔레스의 자료 수집과 역사적 연구는 독립적인 위치를 가지고 있지 않다.

어떻게 하면 이러한 저작, 즉 보편적 성격을 띠고 있으며 학문적이고 철학적인 저작에 가장 잘 접근할 수 있는가 하는 질문이 제기된다. 여러 세기 동안 사람들은 그 대답으로 참되고 포괄적이며, 원칙적·연역적으로 만들어진 철학적 학설 체계를 찾아왔다. 아리스토텔레스의 저작이 특정한 역사적 상황에서 생겨났음에도 사람들은 그의 질문이 모든 시대에 유효하고, 그 대답이 철학의 거의 모든 수수께끼뿐 아니라 개별 학문이 지닌 대부분의 문제들을 해결할 수 있을 것이라고 [과도하게] 생각했다. 그런 관점에서 그들은 아리스토텔레스의 저작을 규율에 맞게/학교 교육에 맞게('scholastisch') 가르치기 위해 정의(定義)와 구분의 체계로, 그리고 논거와 그에 따른 삼단논법적인 연결의 체계로 독해한다. 또한 그들은 그의 저작을 개설서로, 심지어 철학적인 문답서로 요약할 수 있는, 교육을 위한 체계로 독해한다.

이런 식으로 접근하는 사람들은 큰 대가를 치르게 된다. 그들은 아리스토텔레스의 생각을 내면에서부터 이해하지 않기 때문에, 너무 자주 낯설게[=아리스토텔레스와는 다른 방식으로] 강조점을 옮겨놓는다. ①어떤 사람들은 수준이 높기는 하지만, 이전의[=지나가버린] 학문적 연구의 한 지점에 자신들을 고착시키기 때문에 모든 새로운 것으로부터 닫혀 있고, 이로 말미암아 살아 있는 철학은 죽은 학설이 되고 만다. 물론 이런 반응은 납득할 수 있다. ②[이와는 정반대로] 자의식이 강한 어떤 철학자들은 자신들의 사고를 아리스토텔레스 비판으로, 심지어 아리스토텔레스 거부로까지 발전시켜, 결과적으로는 아리스토텔레스를 현대의 방식(via moderna)을 통해 단번에 폐기해버릴 수 있는, 과거 방식(via antiqua)의 대표자로 여기고 만다.

이 두 가지 경우 모두 아리스토텔레스와 토론할 필요는 없다. ①에서는 토론이 필요 없다. 왜냐하면 아리스토텔레스가 우리에게 영원한 철학(Philosophia perennis)을, 영원한 진리라고 하는 보물을 선물했기 때문에 우리는 단지 경이로운 마음으로 그것을 읽으며, 해석하고 또 해석할 수밖에 없기 때문이다. [이와는 다르지만] ②에서도 아리스토텔레스가 오래전에 극복해버린 시기에 서 있기 때문에 그와의 토론을 포기할 수 있다. 갈릴레이 이후의 자연과학 속에서, 홉스의 정치철학 속에서, 칸트와 프레게의 이론철학과 논리학 속에서 [그랬던 것처럼] 말이다. 또한 사람들은 아리스토텔레스가 오늘날 진지하게 받아들여지고 있는 모든 철학으로부터 거부당하고 있는 사고인 형이상학을 추종한다고 믿는다.

[내가 앞으로 하게 될] 이후의 진술들은 [앞에서 논한 두 종류의 치우친 태도들과는] 다른 기대, 즉 선례와 모범이 될 사고에 대한 기대를 기본적으로 전제하고 있다. [선대의] 철학으로부터 단순한 정신의 역사가 아니라, ①경험을 개념적 정확성과 그리고 ②방법의 절대성을 사색의 능력과 그리고 ③이 두 가지를 지성적인 개방성과 결합하

는 방식의[=방식으로 수행된] 세계학(Weltkunde)[=세계에 대한 제대로 된 인식]을 기대하는 사람이라면 아리스토텔레스의 저작에서 뛰어난 본보기를 발견할 수 있을 것이다. 여기에는 적지 않은 그의 개념들이 몇 백 년 후, 심지어 많은 경우 오늘날에도 세계에 대한 태도 정립을 위한 많은 도움을 주고 있다는 사실도 추가된다. 아울러, 독자적으로 존재하는 것인 실체(Substanzen)와 독자적 사물 곁에 혹은 안에만 존재하는 것인 우연적 속성(Akzidentien)의 구별도 여기에 속한다. 또한 질료와 형상의 구별, 더 나아가 현실성(Akt, 동작)과 가능성(Potenz, 잠재성)의 구별 혹은 이론, 행위, 그리고 생산(Poiesis, '기술')의 구별도 포함한다. 오늘날에는 이런 구별이 당연하게 받아들여진다. 그래서인지 우리가 부분적으로는 이런 구별을 완성시키고, 또 부분적으로는 그것을 정확하게 규정할 수 있는 것이 아리스토텔레스 덕분이라는 점을 잊는다. 그리고 그의 철학은 단순히 선례를 제공하는 성격만을 가진 것이 아니다. 그 외에도 수많은 개념과 구조 및 방법에 대한 적지 않은 연구가 현재까지도 유효하다.

Ⅱ. 지식과 학문

'지식'이라고 불릴 수 있는 다른 모든 것의 가치를 떨어트리는 방식으로 학문과 철학이 지식의 최상층에 위치하기 쉽다. 하지만 아리스토텔레스는 이런 경향에 강력하게 반대한다. 그는 수사학뿐만 아니라 심지어 시작(詩作)도 지식으로 인정한다. 그는 학문의 순위를 정하기는 하지만, 다양한 판단 기준을 인정하기 때문에 그에게는 다양한 순위가 존재한다. 특히 그는 학문에 대해서 한 개 이상의 방법을 지지한다. 이러한 지식과 관련된 유연성과 관용은 본질적으로 특이한, 즉 여러 층으로 이루어진 만큼이나 광범위한 지평이다. 아리스토텔레스는 기준이 없는 자의성이나 학문 이론적인 무정부주의에 빠지지 않기 때문에, 엄밀한 절차뿐 아니라 형식논리학과 학문적 논증에 개방적이며, 언어 분석, 변증법, 정신의 역사, 수사학, 시작(詩作)에도 개방적이다.

3. 지식의 현상학

3.1 입문?

정리되어 전해져 내려오는 아리스토텔레스의 저작은 '오르가논(Organon)', 즉 기구 또는 도구라고 불리는 여섯 개의 논문들로 시작한다. 전통적인 의견에 따르면 [오르가논이라는] 유기적인 전체, 즉 논리학과 학문 이론(Wissenscahftstheorie)의 체계적인 교과서가 존재하는데, 그것의 내용은 연역적 논리, 귀납의 가르침, 변증법적 논리, 그리고 오류 추리와 허위 추리로 이루어져 있다. 이 교과서 자체는 학문이나 철학에 속하지 않지만, 학문이나 철학의 불가결한 전제 조건으로 일종의 선제(先制)적인 철학(Vor-Philosophie) 또는 논리적·방법론적 입문서가 된다.

처음 보면 [그래서] 당연히 단지 피상적으로 본다면, 오르가논의 텍스트들은 실제로 하나의 체계적인 통일성을 이루고 있다. [오르가논의] 부분들 가운데 첫 번째 부분인 《범주들》과 《해석학(라틴어로 *De interpretatione*)》은 겉보기에 (참일 가능성이 있는) 명제의 요소, 즉 개념 또는 전문용어를 다루고, 그 개념이나 전문용어를 단순한 명제 내지 진술로 만드는 결합을 다룬다. 그다음 부분인 《분석론 전서》는 논거의 가장 작은 구성단위, 즉 명제를 결합해 삼단논법이나 추론으로 만드는 것을 탐구한다. 논거들을 증명으로 결합시키는 것이 《분석론 후서》에서 논의되기 때문에, 전통적 관점에서 오르가논의 첫 번째 부분은 단순한 것에서 복합적인 것으로 발전하면서 네 부분으로 된 연역적 논리를 이룬다. 즉 개념 논리학(Cat.)에 이어 점차적으로 명제

논리학(Int.), 추론 논리학(An. pr.), 그리고 증명 논리학이나 논증 논리학(An. post.)이 따라 나온다. 단지 《분석론 후서》의 마지막 장만으로 이루어진 다섯 번째 부분이 아리스토텔레스가 귀납법(*epagôgê*)이라 부르던, 증명의 원리에 대한 이론을 다루고 있다. 그 뒤에 따라 나오는 《변증론》은 대안(代案)적 논증의 형태이거나, 아니면 보충적 논증의 형태로 된 변증법을 발전시킨다. 일곱 번째를 이루는 부분이 마지막, 즉 《변증론》의 아홉 번째 권에 들어 있으며, 《소피스트적 논박》으로 출간된, 오류 추론에 관한 이론이다.

전통적 해석, 즉 아리스토텔레스가 논리학 교과서 한 권을 저작했고 그 교과서를 단순한 도구로 이해했다는 해석은 비상한 영향력을 발휘한다. 이 해석은 17세기 때 이미 그 유명한 《포르 루아얄 논리학》(1662년, 파리)에 의해 강화되며, 20세기까지는 때때로 철학 수업에 들어 있는 논리학 강좌의 밑바탕이 된다. 하지만 이런 해석은 부분적으로 문헌학적인 많은 논거에 의해, 또한 부분적으로 철학적인 많은 논거에 의해 반박된다. 이 논거들은 논문들이 두 권의 《분석론》을 제외하고는 오르가논의 체계라는 의미에서 서로 관련되어 있지는 않다고 하는 사정으로부터 시작한다. 더 나아가 논문들의 분량이 균형이 잡혀 있지 않다. 다시 말하면 대안적 논증 이론 혹은 증명 이론, 즉 《변증론》이 거의 오르가논의 다른 부분을 합친 것만큼 많다. 게다가 첫 번째 논문의 제목에서 나타난 범주라는 개념이 아리스토텔레스의 삼단논법에서는 전혀 나타나지 않는다. 더 나아가 논문들이 [아리스토텔레스에 의해서는] 한 번도 하나의 통일체로 언급되지 않는다. 또한-나중에 소요학파 사람들처럼, 그리고 스토아학파의 철학자와 플라톤주의자 몇몇과는 반대로-아리스토텔레스는 논리학이 본래 철학에 속하지 않으며 단지 철학의 도구일 뿐이라고 설명하지 않는다. 그 대신 《변증론》(I 14, 105b20 이하)은 논리적 명제들을 윤리학이나 물리학처럼 [오르가논 전체로부터 독립된] 하나의 분야로 내세운다. 마지막으로 주제와 관련된 반박들도 제기된다. 《해석학》에서는 단지 논리적 질문들을 제대로 파악하려는 목적으로만 문법을 다룬다. 《범주들》은 [이를 넘어서] 존재론과 언어 이론을 다룬다. 즉, 이와 같이 구별을 해야 한다면, 도구가 아닌 철학 자체를 다루는 것이다. 무엇보다도 '개념 논리학'과 '명제 논리학' 같은 표현들이 그 사이에 더 이상 적절하지 않게 된다.

사람들이 만약 《범주들》을 오르가논에서 제외시키고, 《해석학》에 특별한 위치를 부여하며, 《소피스트적 논박》을 하나의 단순한 부록으로 본다고 하더라도, 즉 근본적인 수정을 한 이후에라도, 여전히 전통적 해석에 반대하는 두 가지 이유가 있다. 한편에서는 남아 있는 텍스트들, 즉 《분석론》 두 권과 《변증론》이 스스로 완결된, "자족적인, 즉 독자적이면서 다른 것의 도움을 필요로 하지 않는(autark)" 논문들임을 보여준다. 그 논문들은 고유의 개념 논리학이나 명제 논리학을 전제로 하지도 않을뿐더러, 서로 상대 텍스트들을 언급하지도 않는다. 《분석론》과 《변증론》이 두 개의 '평행하는' 종류가 다른 것은 아니지만, 다른 것을 목표로 하는 논리학들이 나타난다. 다른 한편, 논리학적이고 방법론적인 사상들이 [논리학 저서들만이 아니라] 전체 저작 안에서 분산되어 등장한다. [그러므로] 오르가논에 대해 언급하는 가운데, [아리스토텔레스가 아니라] 심지어 '아리스토텔레스는 체계적인 사상가'라는 안드로니코스 판본의 주된 동기가 드러나기도 한다.[20] 그 이외에

20) 안드로니코스가 아리스토텔레스의 저작을 모으고 정리해서 우리에게 전해준 것은 사실이지

도 이 생각은 중세에 생성되어 우리 시대까지 이어지게 되는 아리스토텔레스주의의 일부분이기도 하다. 하지만 이 생각은 독자적인 아리스토텔레스 연구에 어떠한 구속력도 발휘해서는 안 된다.

전체 저작에 걸쳐 분산되어 존재하는 논리적이고 방법론적인 논의들은 네 가지의 형태로 구분할 수 있다. 첫째, 방법론적 여론(餘論)들이 (자연철학, 윤리학, 정치학 등에 대한) 사태에 관한 성찰 속에 끼워 넣어진다. 이 방법론적 여론이란, 일반적인 학문 이론적인 원리들을 각각의 대상들에 '적용하는', 특별한 학문 이론에 [대한 성찰에] 기여하기 위한 것[=아리스토텔레스의 고민들]이다(예를 들면 EN Ⅰ 1, Ⅰ 2, Ⅰ 7, 그리고 Ⅱ 2; An. Ⅰ 1, 402a1-403a2).

둘째, 우리는 《자연학》(Ⅰ 1) 안에서, 그리고 특히 《니코마코스 윤리학》 안에서 학문 이론에 대한 일반적인 성찰들을 풍부하게 발견할 수 있다. 의지박약에 관한 논문의 시작부에서는 간결하지만 알기 쉬운 논평을 볼 수 있다(EN Ⅶ 1, 1145b2-7). 그리고 《니코마코스 윤리학》의 여섯 번째 권은 단지 도덕적 행동에 필요한 지식만, 즉 그와 유사한 모든 능력과 함께 사려 깊음[=도덕적 통찰력][21]만을 소개하고 있지도 않다. 《니코마코스 윤리학》은 이성(Logos)을 사람 고유의 위업(偉業)으로 보기 때문에, 그 이성의 거의 모든 변종을 바로 백과사전식으로 적절히 변형시킨다. 다음과 같은 다섯 개의 기본 형태가 있는

만, 이 과정에서 아리스토텔레스 자체의 것이라는 할 수 없는 편집 의도가 들어가 있으며, 이 의도가 편집된 저작에 영향을 미치고 있다는 것도 사실이다. 그렇기 때문에 오르가논에 대해서 그의 편집본에 있는 그대로 평가할 수는 없는 것이다.

21) 독일어 'Klugheit'는 '영리'로 번역하는 것이 일상적이지만, 여기서 Klugheit는 우리가 흔히 윤리적 통찰력이라고 번역하는 그리스어 '*phronêsis*'의 저자 나름의 번역어이기 때문에 사려 깊음으로 번역하며, 앞으로도 일괄적으로 그렇게 할 것이다. 저자는 13.2장에서 *phronêsis*를 'sittliche Einsicht' 혹은 'moral insight(도덕적 통찰력)'로 이해하는 것을 반박한다.

데, 기술(*technê*), 학문(*epistêmê*), 사려 깊음(*phronêsis*), [철학적] 지혜(*sophia*), 직관적 지성[22](*noûs*), 그리고 더 나아가 몇몇 변종이 그것들이다. 원래는 독자적이었으나 나중에 좀 더 큰 저서에 편입되지만, 그 자체만으로도 학문과 철학에 대한 독자적 입문으로서 가치를 가진 텍스트들을 두 번째 그룹에 분류할 수 있다. (a)《동물의 부분들에 관하여》의 서문은 (일반적인) 교육과 학문을 구별하는데, 이런 구별은《니코마코스 윤리학》(I 1)의 첫 번째 방법적 여론에서도 다루어진다. (b)《형이상학》의 서론(I 1-2)은 지식의 현상학으로 이어지는 인식론적인 가능성에 관한 연속적 단계를 보여준다. (c)《형이상학》의 두 번째 책은 철학과 (자연)과학 연구에 대해 짧게 소개한다. (d)《형이상학》 여섯 번째 책의 서론은 학문의 세계를 세 영역으로 나눈다(2장을 보라).

셋째,《수사학》과《시학》에서 아리스토텔레스는 학문과 다른 형태의 지식을 다룬다. 넷째, 독립적인 논문으로 전승되어오고 [안드로니코스에 의해] 오르가논으로 통합된, 그리고 논리학과 학문 이론에 대해 이미 언급된 텍스트들이 존재한다.

어떤 사람은 이런 이유로《범주들》을 차라리 제외시키기를 선호하기 때문에, 그리고《해석학》이 논리적 질문만을 탐구하는 것은 아니기 때문에 (물론 목표는 그것 하나뿐이지만) 무엇보다도 두 권의《분석론》과《소피스트적 논박》을 포함한《변증론》만이 남게 된다. 이 저작들 각각은 아리스토텔레스가 존재론, 물리학, 윤리학, 그리고 정치

22) *sophia*를 [철학적] 지혜로, 그리고 *noûs*를 직관적 지성으로 번역한 것은 이제이북스에서 출판한 이창우·김재홍·강상진 번역의《니코마코스 윤리학》(207쪽)을 따른 것이다. 왜냐하면 이 두 단어가 좀 더 막연하고 더 넓은 의미로 사용될 수도 있으나, 여기서는 인식의 단계 속에서 제일 상위인 *noûs*와 그다음인 *sophia*를 다루기 때문에 '지성'이나 일반적인 '지혜'보다 차별된 단어를 고르고 싶었기 때문이다.

학에서 그랬던 것처럼, 그만큼의 호기심과 철저함으로 하나의 고유한 연구 분야를 다루고 있는데, 형식논리학, 증명 이론, 담론 이론, 그리고 오류 추론의 이론이 그런 연구 분야다. 그러므로 이런 연구들이, '오르가논'이 말하는바, 다른 목적이 아닌 연구 자체를 위해서 이루어지기 때문에, 사람들은 그런 저작들을 단순한 입문서로 저평가할 수가 없다. 논리학과 학문 이론은 철학의 도구이자, 동시에 철학의 대상이기도 하다.

이전에는 논쟁의 여지가 없었던 오르가논에 대한 가치 평가가 근대에서는 나누어지고 있다. 《포르 루아얄 논리학》은 여전히 아리스토텔레스를 밑바탕으로 하지만, 베이컨의 책 제목이 보여주는 것처럼, 다른 곳에서는 '새로운 오르가논'을 찾는다(*Novum organum*, 1620). 증명의 기술(*ars demonstrandi*)에만 만족하는 삭막해진 스콜라 철학을 반대해 발견의 기술(*ars inveniendi*)이라는 대안(代案) 논리학이 근대 초기의 연구를 출발시킨다. 베이컨에서 데카르트, 라이프니츠를 거쳐 비코(Vico), 볼프(Wolff), 람베르트(Lambert)까지 철학은 전반적으로 새로운 '도구'를 찾고 있다. 그 철학에서는 삼단논법에[만] 주로 집중하는 논리학을 반대하는 불편한 심기가 표출되지만, 아리스토텔레스 자체에 대해서는 그렇지 않다. 아리스토텔레스 논리학의 일부인 변증법은-당연히 여럿 가운데 하나의 의미로-연구나 시험의 기술로 통용된다(*exetastikê*: Top. I 2, 101b3). 물론 아리스토텔레스에게는 삼단논법 이외에도 훨씬 많은 논증을 위한 무기들이 있다. 그의 논문들 속에는 특히 오늘날의 철학자들 사이에서는 찾아보기 힘든 가능한 인식들의 다양성·다원성에 대한 내용이 있으며, 자신 있게 사용할 있는 섬세한 정신(esprit de finesse)이 등장한다. 그런데 근대에는 스스로 배우고 [남에게도] 가르칠 수 있는 진정한 발명의 기술을 발견해본 적이 없다. 놀라울 정도로 넓은 아리스토텔레스의 성찰들에서 우리는 본보기로 몇 부분들을 끄집어낼 것이다. 12장에서는 윤리학에 대한 토론 역시 나올 것이다.

3.2 인식의 서열

《형이상학》(Ⅰ 1-2; An. post. Ⅱ 19 참고)은 그 위와 그 아래로부터 잘 구분되어 있기 때문에, 헤겔의 《정신 현상학》을 상기시키는 인식 능력들의 서열로 시작한다. 그 서열은 단적으로 첫 번째 지식, 즉 개별 사물에 대한 인지에서 시작하며, 최고의 지식과 최고의 원리에 대한 인식으로 여겨지는 철학에서 최고점에 이른다. 헤겔처럼 아리스토텔레스도 그 다양성에 길을 잃지 않으면서도, 인식 가능성의 풍요로움을 완성하는 데 성공한다. 하지만 헤겔과는 다르게 그의 요구는 더 겸손하다. 즉 결론적으로 그는 이론의 영역만을 다루며, 그의 [전체] 저작에서는 그렇지 않지만 그 이론의 영역에서는 사려 깊음, 더 나아가 수사학, 시작(詩作)이라는 실천적인 인식이 무시된다. 더 나아가 그는 거의 찾아보기 힘들 정도로, 예들 들면 헤겔에게서도 찾아보기 힘들 정도로 놀라운 인식적인[23] 관용을 가지고 지식의 낮은 형태들과 높은 형태들을 규범적으로 구분한다.

플라톤에서 헤겔을 거쳐 후설, 그리고 빈(Wiener)학파까지 학문과 (엄밀한 학문으로서의) 철학의 탁월함이 그 이외의 지식 형태들의 가

23) '인식적인(epistemisch)'이라는 용어는 '인식론적인(epistemologisch)'이라는 용어와 구분해야 한다.

치를 낮추는 반면, 아리스토텔레스는 지식의 각 단계 모두에 그 자체로 고유한 가치를 둔다. 하위 단계의 지식이 상위 단계에 흡수, 즉 포함(Inklusion)되거나, [더 이상] 효력이 없다거나 또는 상대적으로 거짓된 것으로 설명되는, 즉 폐기·지양(Aufhebung)되는 방식인 [오늘날] 유행하고 있는 인식의 흡수(Vereinnahmung) 모델과는 달리, 아리스토텔레스는 인식의 비교급(Steigerung) 모델을 주장한다. 예를 들면 감각이 얻어내는 것(*aisthêsis*, An. Ⅱ 5-Ⅲ 2, 그리고 8 참고)인 '개인의 중요한 앎(Met. Ⅰ 1, 981b10 이하)'은 더 높은 단계들을 통해 확장되지도, 인식의 순위 내에서 [낮기 때문에 인식적 가치가 없다고] 축소되지도 않는다. 그 대신에 그것은 점차적으로 새로운 인식의 성과로 말미암아 구조적으로 풍요로워지며, 단지 이 때문에 아리스토텔레스는 더 높은(*mallon eidenai*), 그리고 최종적으로 가장 높은 지식에 대해 언급한다(*hê malista epistêmê*: Met. Ⅰ 1, 982a32 이하, 또한 981a31 이하).

우선 감각을 통해 개별 사실들을 인지하고 이 감각 경험들이 기억(*mnêmê*)에 저장되며, 이런 경험(*empeiria*)을 통해 감각은 인과 관계들로 풍요로워진다. 참고로 처음 두 단계[사실 인지와 감각 경험 기억]는 동물들 사이에서도 발견할 수 있지만, 세 번째 단계부터는 인간에게만 국한된다. 풍부한 경험을 통해 단지 '원인과 결과의 관계들이 존재한다는 것(daβ, *hoti*)'만을 아는 것이 아니라 '왜(warum, *dihoti*) 그러한지'도 역시 아는 사람은, 기술과 학문을 특징짓는 것인 사태에 대한 개념뿐만 아니라, 그 사태의 근거들도 아는 보편[적인 것]에 대한 앎에 다다른다. 이런 네 번째 단계는 아직 지식의 최고 수준에 다다르지는 못하더라도, 《분석론 후서》(Ⅰ 2, 71b9 이하)에서 단적으로/절대적으로 아는 것(*epistasthai haplôs*)이라 불리는, [더] 높은 기대를 충족시킨다. 어떤 사람은 사태의 근거를 알기 때문에 사태가 단지 그런 상태일 수만 있지, 다르게 존재할 수는 없다는 것을 안다. 다시 말해 그 사람은 단지 우연히(*kata symbebêkos*) 아는 것이 아니라, 단적으로 아는 것이다.

네 번째 단계의 범위 안에는 아리스토텔레스가 들여온 서로 다른, 부분적으로는 서로 경쟁하는 '서로 다른 서열들(Rangunterschiede)'이 존재한다. [첫 번째 기준인] '원리에 가까운' 또는 '전제가 적은'[24)]이란 의미에서 '정확한(*akribes* 또는 *akribeia*)'이라는 기준에 따른다면, 서열의 꼭대기에는 수학이 있으며 그 조금 아래에 경험적 자연과학뿐만 아니라 윤리학과 정치학이 위치한다. 수학 내에서는 다시금 순수수학(die reine Mathematik)이 이를테면 물리적인 수학(die physikalische Mathematik, 광학, 기계학, 화성학과 천문학)보다 우선시되며, 순수수학 내에서는 기하학보다 산수가, 그리고 마지막으로 수학적 천문학이 항해 천문학보다 서열이 위다(An. post. Ⅰ 27; Ⅰ 13, 78b39-79a13; Met. Ⅰ 2, 982a25-28). 두 번째 기준에 따르면, 즉 대상의 존엄성(Part. an. Ⅰ 5, 644b22-645a4; An. Ⅰ 1, 402a1-4; Met. Ⅰ 2, 983a5 이하; Ⅵ 1, 1026a19-22)에 따르면 자연과학 내에서는 천문학 내지 우주론이 우위를 차지한다(10장 참고). 이 때문에 풍부한 지식을 지닌 생물학이 저평가되지 않도록 아리스토텔레스는 [세 번째 기준으로] 지식의 풍부함이라는 척도를 도입해 모든 자연 사물

24) 여기서 '전제가 적은(voraussetzungsarm)'이란 좀 더 기본적인 지식으로, 이를테면 자연과학보다는 수학이 더 전제가 적다. 수학과 기하학으로 이루어진 자연과학은 수학(이 참임)을 전제하고 나서 이루어진다. 그러므로 수학은 전제가 적고 자연과학은 수학이 가진 전제 위에 또한 자신의 전제도 가지므로 전제가 많다.

이 그 자체만의 놀라운 어떤 것을 지녔다고 덧붙인다(Part. an. Ⅰ 5, 645a32 이하). 또한 《니코마코스 윤리학》에서 그는 실천적인 분과 학문들을 평가하기 위해 [네 번째 기준으로] 대상에 어울리는 정확성의 원칙[25]을 주장한다.

개념과 근거에 대한 지식은 다시 한 번 제일의 근거와 원리의 지식으로 상승될 수 있다(Met. Ⅰ 1, 981b28 이하; 그리고 An. post. Ⅰ 9, 76a18-25 참고). 여기, 보편에 대한 인식이 강화되는 곳[=제일의 근거와 원리가 탐구되는 곳]에서 아리스토텔레스는 [철학적] 지혜(*sophia*: Met. Ⅰ 1, 981b28)에 대해 언급하지만, 다른 곳[26]에서는 제일철학 또는 중심(leitend) 학문에 대해 언급하고, 활동으로 이해된 *theôria*(관상(觀想), 이론적인 활동)에 대해서도 언급한다. 최상급, 즉 '제일의' 근거라는 특성 때문에 이 단계를 다시 한 번 뛰어넘을 수는 없다. 즉 (이론적) 지식이 [이제] 그 내재적인 완성에 도달한다.

지금까지 그 개요를 설명한 지식의 연속적 단계들은 목적론적으로 (목적을 향해) 구축되었으며, 목적론에 대한 근대의 회의적인 태도에도 상당한 설득력이 있다. 단순히 감각들만을 찾고 있지만 그것을 확정하지 않는 사람, 더 나아가 기억들에만 만족하고 그것들의 연관성을 인식하지 못하는 사람, 그리고 더 나아가 경험을 모으기만 하고 각각의 보편들(개념들과 근거들)에 관심을 가지지 않는 사람, 마지막으로 단순한 보편들에 만족하는 사람은 그때마다 인식의 [더 높

---

25) 《니코마코스 윤리학》의 유명한 '사태에 어울리는 정확성'의 예는 기하학 대 목수의 기술, 그리고 이론철학 대 실천철학이다. 즉 기하학자에게 적절한 정확성을 목수에게 강요하는 것이 불합리하듯이 순수 이론적 학문에 적절한 정확성을 실천적 학문에 강요하는 것은 불합리하다고 그는 주장한다.

26) 아리스토텔레스는 예컨대 Met. Ⅸ 7, 1072b24에서 '가장 즐겁고 좋은' 이론 활동인 '*theôria*'에 대해 말한다.

은] 가능성들을 저버리게 된다. 반면에 최상급의 보편들은 더 이상의 상승을 허락하지 않는다. 또한 최상의 두 단계를 위해서는 추가적인 주장을 내세울 수 있다. 근거를 아는 사람은 인식적인 주권을 가지고 있다. 이런 사람이야말로 가르치는 방법도 잘 안다(Met. Ⅰ 1, 981b5-10).

지식의 최상에 있는 두 단계들을 [다른 지식들을 흡수한다고 평가하지 않고] 단지 주도한다고만 평가함으로써, 아리스토텔레스는 학문 이전의 지식에 대한 평가절하를 반대한다. 흡수 모델에서처럼 낮은 단계의 지식이 필연적으로 [높은 단계의 지식 속으로] 흡수되지 않는다. 또한 낮은 단계들이 헤겔적인 의미로 높은 단계들 속으로 지양되지도 않는다. 경험이 인정하는 것처럼, 보편자에 대해 아는 사람이 동시에 그것에 포함된 모든 개별자에 대해 아는 것은 아니다. 학자에게 개별자에 대한 지식이 없을 수 있다는 의미에서, 예컨대 자연과학적 지식과 함께 추가적으로 진단과 치료 기술을 가지고 있는 사람이라도 그런 지식이나 기술로 말미암아 저절로 경험이 많은 의사가 되는 것은 아니다(Met. Ⅰ 1, 981a18 이하 참고; *empeiria*(경험)의 가치에 대해서는 또한 EN Ⅵ 8, 1141b18도 참고). 마찬가지로 철학적 능력이 [비록 상위의 능력이기는 하지만 단지 그것만으로] 개별 학문적 능력을 [자동적으로] 포함하는 것은 아니다. 그리고 ①행복이 실천에 대해 가진 지위를 철학이 지식에 대해 가지고 있는 것은 아니라는 사실과 ② 철학이 아무것도 부족한 게 없는 지식이 아니라는 사실은 개별 학문들이 인식론적으로 해방되는 데 기여한다.

단순화시켜 말해보면, 철학의 역사는 보편자에 대한 '경험주의자의' 경멸과 '이상주의자의' 과대평가라고 하는 학문 이론적 갈등을 보여주고 있다. 인식론적인 비교급에 대한 아리스토텔레스의 이론은 이런 두 가지 입장들 사이에 나 있는, 좋은 결실을 낼 것 같은 중도를 걷는다. 높은 단계의 지식은 보편적인 것을 지향하며 그 때문에 우월함에도 아래 단계는 자신만의 가치를 유지함으로써 더 높은 단계들을 겸손하게 만든다. 흡수(포함 또는 지양) 모델에서는 가장 보편적인 것에 대한 지식은 부족한 점이 없기 때문에, 인식이라는 관점에서 단지 철학자이기만 하면 그것으로 충분하다. 반면에 비교급(단순한 우월) 모델에 따르자면 아리스토텔레스 본인이 실제로 하고 있는 것과 같은 것이 필수적이다. 즉 사람이 단지 경험적으로만 연구할 수 있는 개별자의 다양성에 대한 관심이 필요하다.

학문의 정치와 학문의 역사에서 생겨나는 이중적인 논거 또한 아리스토텔레스를 지지한다. 철학이 그의 능률을 과대평가할 때 학문은 철학에서 해방되거나, 심지어 철학의 모든 의미를 부정하고 싶은 욕구가 생긴다. 그것에 의해 인식적으로 잘못된 판단은 역효과적이라는 것이 증명된다. 반면에 개별적인 학문들의 가치가 인정되면 그 학문들은 헤겔이 그런 것처럼 철학과의 관계를 끊을 필요가 없으며, 또한 중세 후기와 근대 초기 때처럼 신학과의 관계도 끊을 필요가 없다. 그 대신에 생산적인 협력의 기회가 생겨난다. 따라서 이중적인, 즉 학문에 대한 정치적이고 역사적인 해명이 아리스토텔레스의 시도를 지지한다.

사람들은 지식의 연속적 단계들을 두 가지 방향으로 지나갈 수 있다. 《형이상학》의 시작에서는 그렇지 않지만, 《니코마코스 윤리학》(I 2, 1095a30 이하)의 두 번째 방법론적 여론과 마찬가지로 《자연학》(I 1)의 시작에서 아리스토텔레스는 플라톤을 언급하며 원리들로 향하는(*epi tas archas*) '귀납적인' 길과 원리들로부터 내려오는(*apo tôn archôn*) '연역적인' 길을 구별한다(An. pr. Ⅰ 2, 71b21 이하; Top. Ⅵ 4, 141b3 이하; Met. Ⅶ 3, 1029b3-5 참고). 후자의 경우, 즉 '논리적인' 관찰에서는 최고 수준으로 알려질 수 있는 '그 자체로/본성상 알려진 것(*gnôrimon tê physei*)', 보편적인 것, 혹은 근거들에서 시작해 '위에서 아래로'의 방식으로 개별적인 것으로 내려온다. 전자의 경우, 즉 '발생 순서에 따른' 관찰에서는 가까이 놓여 있는 것, 즉 '우리에게 알려진 것(*gnôrimon hêmin*)'에서, 그리고 특별히 감각에서 시작하며 '아래에서 위로'의 방식으로 보편적인 것에 도달한다. "박쥐들의 눈이 낮의 햇빛을 대하듯이 우리 영혼의 정신 또한 자연에 따라 가장 명백한 것을 대한다(Met. Ⅱ 1, 993b9-11)."

3.3 자유와 자아실현

아리스토텔레스의 현상학은 목적론적이 아니라, 다음과 같은 인류학적인 명제로 시작한다. "모든 사람은 그 본성상 지식을 추구한다." 오늘날 인류학을 대하는 회의적인 태도가 있음에도 이 명제는 설득력이 있다. 왜냐하면 이 명제는 최대한의 인류학, 즉 사람이라는 존재의 완성이 아니라 최소한의 인류학, 다시 말해 모든 사람이 기본적으로 갖춘, 하나의 요소를 향해 나아가기 때문이다. 이 외에도 아주 명백한 증거가 존재한다. 감각적 지각들에 대한 사랑(*agapêsis*)은 인간의 타고난 호기심과 발견의 기쁨을 시사한다(Met. Ⅰ 1, 908a21 이하). 이런 기쁨은 모든 오감(五感)과 연결해서 찾을 수 있다. 듣는 것에서 느끼는 쾌락이 있다면, 만지는 것에서 느끼는 쾌락도 있고, 맛보는 것에서 느끼는 제3의 쾌락도 있으며, 냄새 맡는 것에서 느끼는 네 번째 쾌락도 있다. 아리스토텔레스는 특히 보는 것에 대한 기쁨, 즉 시각적 쾌락이 있다고 말한다. 또한 '본성상'[이라는 개념]은 두 가지를 의미한다. 즉 내면적인 동의-알고자 하는 욕망은 사람의 마음에서 나온다-와 이런 욕망이 사람을 사람으로 특징짓는다는 것을 의미한다.

이 두 가지는 오늘날의 연구에 의해 어렵지 않게 증명될 수 있다. 그 연구란 개인의 시작에 대한 발달심리학과 [인간이라는] 종의 역사의 시작을 위한 (비교)민족학(Ethnologie)이다. 물론 처음에는 기본형(Elementarform)만이, 즉 인간이 동물과 아직 공유하는 감각에 대한 쾌락만이 입증된다. 하지만 내면적인 동의는 좀 더 높고 인간 특유의 지식 형태로도 존재한다. 아리스토텔레스는 플라톤의 《테아이테토스》(155d)를 시사하며 경탄(*thaumazein*: Met. Ⅰ 2, 982b12-17)을 인용했다. 여기서 경탄은 우주의 조화를 존경하는 것이 아니라, 부조화를 의아스럽게 생각하면서도 아직 설명하지 못한 상황에 놀라워한다는 의미다. 그래서 그 원인이나 근거를 찾는 사람은 더 높은 단계의 지식에서 느끼는 자신의 쾌락을 행동으로 증명한다.

단순하고 순수한 지적 욕망과 더 높은 단계의 반성적인 지적 욕망, 이 두 가지 경우에 사람은 [우리의] 필요와 관련 없이(*chôris tês chreias*, Met. Ⅰ 1, 980a22) 또는 유용성을 쫓지 않으면서[도](*mê pros chrêsin*, 981b19 이하; 그리고 Ⅰ 2, 982b21 참고) 세계를 탐구한다. 다시 말해 사람은 모든 필요성과 유용성으로부터 벗어나 순수하게 그 자체로 지식을 추구한다. 물론 유용성을 언제나 고려할 수 있기 때문에, 지식의 모든 단계에서 두 가지 선택지가 있다. 즉 지식 자체가 목적인 지식과 [다른 목적을 위한] 도구적인 지식이 그것이다. 그러나 이와 관련된 구별에 대해 아리스토텔레스는 단지 네 번째 단계에서만 설명한다. 그는 오직 이 단계에서만 ①순수 학문인 인식(*epistêmê*)과 낯선 단어지만 유럽의 모든 언어에서 받아들여지는 ②기술(*technê*)을 구별한다. 우리는 《니코마코스 윤리학》(Ⅵ 3-4)에서야 이에 해당하는 전문용어를 볼 수 있지만, 이미 《형이상학》(Ⅰ 1, 982a1)에서 ①'이론적인' 학문과 ②'제작적인(herstellenden)' 학문에 대해 이야기하고 있다. 인식은 '그 자체로서 목적'이라는 기준을 충족시키지만, 기술 또는 제작적인 학문은 그렇지 않다.

기본 단계에서 아리스토텔레스는 모든 사람에게서 이익과 무관하게 알고자 하는 욕망을 발견하는 반면, 학문과 철학의 경우에는 그 욕망을 적은 수의 사람들에게서만 발견한다. 《형이상학》에서는 이렇게 제한적인 이유를 경제사(經濟史)적이고 사회사(社會史)적인 근거라고 말하고 있으며, 놀랍게도 새로운 연구 방향을 예측한다. 즉 학문이론에 학문의 역사와 학문의[=에 대한] 사회학을 결합시킨다. 소질과 관심으로서의 객관적 호기심은 이미 인간의 기본 천성에 속한다. 하지만 이런 호기심이 학문과 철학으로 완전히 실현되기 위해서는 삶의 필수품과 안락함이 이미 충족된, 상대적으로 높은 경제 발전 단계에 도달해야 한다(Met. Ⅰ 1, 981b20-25; 그리고 플라톤, 《크리티아스(*Kritias*)》 110a 참고). 그러나 아리스토텔레스는 [필수품과 안락함이라는] 그 기준들이 좁게 해석되어야 한다는 것과 그에 따라 사람들이 비교적 검소해야 된다는 추가 조건에 대해서는 이야기하지 않는다. 그렇지 않으면 부유한 문명과 그 문명 안의 부유한 개인들조차 학문과 철학에서는[=학문과 철학에 전념하기에는] 너무 가난해지기 때문이다. 또 다른 하나의 조건도 고대 때부터 전반적으로 배제되었다. 학자들도 역시 필요로 하는 생활필수품은 다른 사람들이 해결해주어야만 한다. 유익한 것을 [직접적으로] 생산해내지 못하는 학문은 경제적 관점에서도 귀족적인 일이다.

베이컨(《신기관》, Vorrede mit Aphor. I 81)과 데카르트(《방법서설》, 6장) 이래로, 근대 시기에는 그 자체가 목적인 지식을 부담스러워했다. 인식을 주도하는 관심/이해관계라는 새로운 정리(定理) 속에서 개개의 학문은 그에 해당하는 관심을 따른다. 즉 자연과학에는 지배에 대한 관심이, 인문학에는 이해(理解)와 태도 정립(Orientierung)에 대한 관심이, 그리고 비판적 학문에는 해방과 계몽에 대한 관심이 주도한다. 이론적인 숙고, 제작적인('기술적') 숙고, 그리고 실천적인 숙고의 구별로 말미암아 아리스토텔레스는 인식을 주도하는 관심의 가능성을 인정하지만, 배타적 주장은 거부한다. 그리고 이에 상응하는 논문들―(움직임, 공간, 시간, 그리고 연속에 대한 이론으로서) 《자연학》에서 (사람과 동물의 인지적·비인지적 능력에 대한 이론으로서) 《영혼론》을 거쳐 존재론과 철학적 신학까지―속에서 [우리의] 필요와 관련 없는(*chôris tês chreias*) 지식[에 대한 이념]이 실제로 적용된다. 이 모든 경우에 인식은 보편성의 단계에 위치한다. 이 단계에서는 사람들이 생활에 꼭 필요한 것들과 생활을 안락하게 해주는 것들을 제외하고는 지배에 대해서뿐만 아니라 태도 정립과 해방에 대해서도 관심을 두지 않을 수 있기 때문에, 우리는 이 단계를 전적으로 유용성과 무관한 학문으로 규정할 수 있을 것이다.

[다른 관심이 아닌] 단지 지적인 호기심에 대한 존경은 새롭게 대두된 학문 윤리로 하여금 그것이 기꺼이 망각하고 있었던, 이해관계 없

이 순수하게 학문 내적인 정당화를 상기시킨다. 이 정당화는 아리스토텔레스에게서 두 개의 논거, 아니 인간학적 수준의 호기심까지 더하면 세 개의 논거를 발견할 수 있다. 첫 번째이자 정치적이기도 한 논거–이 논거는 완전한 권리를 지닌 시민의 특징에 근거한다–는 놀랍게도 《형이상학》(I 2, 982b26 이하)에서 발견된다. 다른 무엇의 도구가 아닌 학문만이 자유롭다(*eleutheros*). 오늘날 사람들은 학문의 자유라는 말로 주제, 방법, 그리고 가설을 스스로 선택할 수 있는 권리를 생각하지만, 아리스토텔레스에게는 의미가 다르다. 인식적 관점에서는 [다른] 목적 아래의 예속을 거부하고 어떠한 외적인 의무도 없이 자체의 의미와 목적을 찾는 (그러나 베이컨 그리고 또한 데카르트 이래로는 그 신용이 추락된) 학문이 자유롭다는 것이다.

아리스토텔레스의 두 번째 논거는 《니코마코스 윤리학》(X 6-7)의 마지막 장에 서술되어 있는데, 객관적이고 인간학적 의미에서 자아실현으로 이해되는 행복의 원리를 다룬다. 그 자체를 위한 학문을 찾는 사람들은 그들 고유의 능력인 이성을 실현시킨다. 태도 정립과 계몽을 위한 지식을 통해 아직도 찾아야만 하는 것이 여기서는 이미 발견되어 있다. 즉 인간의 현존이 그것이다. 결국 여기에 유익과는 무관한 연구의 가치가 놓여 있다. 이 연구는 단순히 인간적인 존엄성을 위한 수단이 아니라, [이미 존재하고 있는] 그런 존엄성의 실제적인 표현이다(알베르 카뮈의 자서전 《최초의 인간》에서는 이와 같은 어떤 것이 이미 기본 단계에서 가능하다는 것을 보여준다. "초등학교의 제르맹(Germain) 씨의 수업에서 그들은 처음으로 자신들이 존재하며 높은 존경의 대상이라는 것을 느꼈다. 사람들은 그들을 세상을 발견할 만큼 존엄한 존재라고 여겼다.").

4. 합리성의 형태

첫눈에 봤을 때 삼단논법, 아리스토텔레스적 변증법, 수사학, 시학은 일치되지 않은 주제들처럼 보인다. 그러나 폭넓은 차이에도 불구하고 이들 사이에는 한 가지 공통된 주제가 있다. 그것은 바로 인간적 지식이 표현되는 방법, 즉 합리성의 형태라는 점이다.

4.1 삼단논법

원래 놀라운 영향사의 범위 안에서도 아리스토텔레스의 논리학은 특별한 지위를 차지하고 있다. 그의 다른 저작들이 이미 비판을 받고 있었을 때도 그의 논리학은 칸트(《순수이성비판》, 2판 서문)와 헤겔(《논리학》, Werke 6, 269)에게서 여전히 절대적인 찬사를 받고 있었다. 그리고 불(Boole), 드모르간(de Morgan), 프레게에 의한 논리학의 방향 전환 이후에도 세 개의 개념을 다루는 추론에 관한 이론인 삼단논법이 유효하게 남아왔다. 삼단논법은 그 자체의 대단한 독창성 때문에라도 역시 탁월하다. 선행 연구들이 적은 상태에서 아리스토텔레스는 논리학을 하나의 독립적인 학문으로 형성한다. 논리학은 분명하고 철저하며 거의 오류가 없을 뿐 아니라, 처음으로 논리적인 인공 언어의 요소들을 가지게 되었다. 러셀의 저평가([8]1975, 212)는 이미 오래전에, 이 작품이 '모범적인 엄격성과 논리적 순수성'을 보여준다는 통찰력에 의해 극복되었다(Patzig [3]1969, 199). 이에 걸맞는 텍스트인 《분석론 전서》는 모든 심리학적, 인간학적, 그리고 형이상학적인 관점들을 도외시한다. 텍스트의 엄격한 배열과 본질적인 것에 대한 놀라운 집중력 때문에, 이 텍스트는 현존하는 저작 내에서 가장 훌륭한 텍스트 가운데 하나로 여겨진다.

아마도 이는 아카데미의 논쟁에서 형성되고 그 이외에도 일상적인 토론에서 이미 실제 적용되었을 수도 있으며 학문들, 특히 기하학 안에서 완성되어진 방법이 밑바탕이 된 것처럼 보인다. 아리스토텔레스는 기본 요소로서 ①추론(*syllogismos*)과 추론의 구성 요소로서 어떤 것을 어떤 것에 대해 긍정하거나 부정할 수 있고 그리하여 참일 수도 거짓일 수도 있는 ②명제를 발견한다(Int. 4 참고). 바로 판단이다(An. pr. Ⅰ 1, 24a16 이하). 단순한 판단들은 다음과 같은 네 개의 방식들(양태들)로 나타난다. 즉 질적으로는 긍정하는(단정하는, *kataphatikê*) 또는 부정하는(부정적인, *apophatikê*) 판단들, 그리고 양적으로는 전칭(全稱, *katholou*)[27] 또는 특칭(特稱, *en merei*)의 판단들이 그것들이다.

추론(*syllogismos*)은 "특정한 추정에서 다른 어떤 것이 필연적으로 도출된다(*ex anankês*)"는 방식으로 판단들을 결합시킨다(An. pr. Ⅰ 1, 24b18-20, Ⅰ 4, 25b37-39; 그리고 곳곳에서의 서술 참고). 추론의 논리적 핵심에 따르면 이 결합은 전제들에서 하나의 결론을 도출(연역)하는 것이다. 이때 결론의 진리치는 단지 전제의 진리치에만 의지한다. 여기서 순수하게 형식적인 추론이 문제가 된다.

넓은 의미의 이런 추론은 (전(前) 삼단논법적인) 《변증론》에 이미 존재한다(Ⅰ 1, 100a25; 그리고 Rhet. Ⅰ 2, 1356b16-18; Soph. el. 1, 164b27-165a2 참고). 《분석론 전서》에서는 추가 조건들로 말미암아 넓은 의미의 이런 추론이 좁은 의미의 여러 추론의 부분집합으로 된다.

27) 예를 들면 전칭은 '모든 사람은 …하다'이고, 특칭은 '어떤 사람은 …하다'이다.

이때부터 우리에게 친숙한 삼단논법은 두 개의 전제와 세 개의 개념을 가진 완전한 추론이 된다. 그 기본 공식은 다음과 같다. "A가 모든 B로부터 판단되고, B가 모든 C로부터 판단되면 필연적으로 A는 모든 C로부터 판단된다." 내용이 아니라 오직 형식적인 구조만이 중요하다는 것을 강조하기 위해, 아리스토텔레스는 타당한 추론들의 경우에 여러 개념변수들(A, B, C, …)을 다룬다. 부당한 추론들에서만 동물, 인간, 돌(예를 들면 An. pr. Ⅰ 4, 26a9)과 같은 구체적인 예시들을 사용한다. (삼단논법을 위해서는 역시 Corcoran 1974를 보라.)

삼단논법의 목적은 타당한 결론들이 어느 정도 타당한지와 보편적으로-여기서는 형식적으로-묘사 가능한 구조들이 타당한 결론들을 어느 정도 제시하는지를 살펴보는 것이다.

중세의 강단철학은 타당한 추론들을 삼음절로 된 표어들로 묘사한다. 이와 함께 affirmo(단언하다, '나는 긍정한다')와 nego(거절하다, '나는 부정한다')에서 가져온 모음들은 다음과 같은 양태들을 나타낸다. 즉 a는 전칭적인 긍정 판단, i는 특칭적인 긍정 판단, e는 전칭적인 부정 판단, o는 특칭적 부정 판단이 그런 양태들이다. 가장 중요한 추론인 Barbara는 세 개의 긍정적 전칭 판단들로 구성되며, 그다음으로 중요한 추론인 Celarent는 하나의 부정적 전칭 전제(e)와 하나의 긍정적 전칭 전제(a)로 구성되고, 이것들로부터 하나의 부정적 전칭 판단(e)이 도출된다.

사람들은 단지 논리적 심사숙고로는 새로운 것을 가져오지 못한다고 걱정한다. 실제로 논리적 추론이 비록 실질적으로 새로운 판단을 도출하지는 못하지만, 형식적으로는 새로운 판단을 도출해낸다. 먼저 단순히 전제되었던 두 개념(*horoi*, 전제)의 결합, 예를 들면 죽음(=A)

과 아테네 사람(=C)의 결합은 두 개념을 연결시켜주는 매개념(媒槪念), 즉 사람임(=B)이 제시됨으로써 단순한 추정의 영역으로부터 확실한 지식이라는 지위로 상승한다. 죽음이 모든 사람에게 타당하고 사람이라는 점이 모든 아테네 사람들에게 타당하기 때문에 모든(=a) 아테네 사람들은 죽는다. 공식(Barbara, 결론)으로 쓴다면 'AaB & BaC → AaC'와 같다.

후기 고대 때부터 (완전한) 추론이 세 개의 명제－"모든 사람은 죽는다. 소크라테스는 사람이다. 그러므로 소크라테스는 죽는다."－로 구성된 반면, 아리스토텔레스는 논리적 구조를 더 명확하게 만드는 형태를 이용하고 있다. 그것은 세 부분, 즉 두 개의 전제(*protaseis*)와 결론(*symperasma*)으로 구성된 단 하나의 조건문이다. 계사(繫辭), 즉 '…이다(ist)'는 기피된다. 아리스토텔레스는 어떤 것이 "전체로서 다른 무언가의 안에(*en holô einai heteron heterô*)" 들어 있다－이 경우 추론의 형태는 집합 이론적으로 해석 가능하다－혹은 어떤 것이 "다른 모든 것에 대해서 진술된다(*kata pantos katêgoreisthai*)"라고 말한다(An. pr. Ⅰ 1, 24b26-30; Ⅰ 4, 25b39). "어울리다"와 "올바르다(*hyparchein*: 예를 들면 An. pr. Ⅰ 2, 25a1 이하)" 또는 때때로 "…에 대해서 언급되다(*legesthai kata*: 예를 들면 An. pr. Ⅱ 15, 64a14 이하)"가 논의된다.

아리스토텔레스는 완전한 삼단논법을 위해 전칭의 매개념만 인정하는데, 그 매개념이란 한편으로 좀 더 특수한 개념에 대해 진술될 수 있거나, 다른 한편으로 그 매개념에 대해 좀 더 일반적인 개념이 진술될 수 있는 매개념을 의미한다. 이런 의미에서 칼리아스나 소크라테스(An. pr. Ⅰ 27, 43b12 이하 참고)와 같은 고유명사인 단수 개념도,

그리고 범주들도 이용되지 않는다. 이는 [삼단논법이] 개별 학문적 지식을 확보해야 한다는 과제[를 가지고 있다는 사실]을 통해 설명될 수 있다. 범주들은 모든 개별 학문의 특수성을 무시하기 때문에 [매개념에서] 제외되고, 또한 아리스토텔레스에 따르면 개별자 자체는 인식될 수 없기 때문에 단수 개념들도 [매개념에서] 제외된다(실천적인 삼단논법을 위해는 13.3장을 보라).

매개념의 위치에 따라 다음과 같은 세 개의 격식(格式)으로 구별할 수 있다.

격식 Ⅰ: AxB & BxC → AxC

격식 Ⅱ: BxA & BxC → AxC

격식 Ⅲ: AxB & CxB → AxC

또는

Ⅰ	Ⅱ	Ⅲ	(Ⅳ)
AxB	BxA	AxB	BxA
BxC	BxC	CxB	CxB
AxC	AxC	AxC	AxC

아리스토텔레스가 자신의 '시스템'에 완전함(An. pr. Ⅰ 23, 41b1-3)을 요구함에도 격식 Ⅳ(BxA & CxB → AxC)가 없다. 루카시에비치([3]1958, 27)는 이를 과실로 보고 있으며, 프란틀(Prantl, [3]1955, Ⅰ 367)에 따르면 격식 Ⅳ는 학문적으로 '사실상 무가치'하며, 칸트는 이를 '부자연스럽다(Akad. Ausg. Ⅱ 53; Ross 1949, 34 이하도 비슷함)'고 말하는 반면에, 파치히(Patzig, [3]1969, § 25)에 따르면 격식 Ⅳ는

아리스토텔레스적 방법으로는 격식 Ⅰ과 구분할 수 없다고 한다. 그래도 격식 Ⅳ는 An. pr. 4(25b37-39)의 표준적 정식 속에서는 설명될 수 있다. 그 이외에도 아리스토텔레스는 간접적인(뒤집혀진) 등가물을 통해 격식 Ⅳ의 모든 삼단논법을 인정한다.

격식들의 도표에서 'x'는 양태들[28]을 나타낸다. 세 개의 격식과 각각의 세 개의 부분 명제로 이루어진 네 양태들의 결합으로 $3\times4^3=192$개의 가능성이 발생하며, 이 중에서 $4\times6=24$개는 타당한 삼단논법으로 입증된다. 아리스토텔레스는 특별히(a fortiori) 타당한 추론들, 즉 특칭의 결론을 가진 추론들을 독자적으로 셈하지 않기 때문에 그는 14개의 양태들만(Ⅰ과 Ⅱ는 각각 4개의 양태, Ⅲ은 6개의 양태; An. pr. Ⅰ 4-6)을 알지만 그래도 격식 Ⅰ-Ⅲ을 위해서는 충분하다. 격식 Ⅰ의 타당한 추론들만이 완벽하며 다른 추론들의 타당성은 완벽한 추론들로의 환원을 통해 증명되어야 한다(An. pr. Ⅰ 1 참고). 그것을 위해 다음과 같은 세 개의 증명 방법이 이용 가능하다. 즉 ①전제들 중 하나의 전제로 개념을 '전환(*Konversion*, 변환, 예를 들면 'AeB'에서 'BeA'로)', ②'불가능성으로의 환원(*Reductio ad impossibile*)' 또는 '불합리함(*ad absurdum*, 반대되는 가정이 함축하고 있는 모순을 증명)', 그리고 ③양상 논리(Modallogik)에서만 드물게 사용되는 배열(*Ekthesis*, 분리, 예를 들면 하위 개념의 삽입)이 그것들이다. 격식 Ⅰ에서만 추론들이 완전하며 격식 Ⅰ에서만 네 개의 양태(a, e, i, o)를 추론할 수 있기 때문에, 격식 Ⅰ이 우선권을 누릴 자격이 있다. 격식 Ⅱ에는 a와 e의 결론들만이 있고, 격식 Ⅲ에서는 Ⅰ의 결론들과 o의 결론들만이 있다. 그런데 추가적으로 네 가지 양태들까지도 전환한다면

28) a, e, i, o.

삼단논법은 하나의 격식만으로도 충분하다.

하나의 개념이 어떻게 다른 개념에 결합되는가 하는 방법, 즉 양상의 관점에서 보면 반론을 허용하지 않는(필연적인: *ex anankês*) 명제들, 단언적인(실재적인: *hyparchein*) 명제들, 그리고 문제적인(가능한: *endechesthai*) 명제들이 있다. 여기서 필연성이 두 번째로 언급되기 때문에 아리스토텔레스는 두 가지 종류로 구분한다(An. pr. Ⅰ 10, 30b32-40). 삼단논법적이며 상대적인 필연성(*toutôn ontôn anankaion*: An. pr. 110, 30b38 이하), 즉 넓은 의미에서 삼단논법에도 해당하는, '만약-그렇다면' 관계의 수미일관성이 여러 (부분) 명제들의 구문적 연결을 특징짓는다. 즉 "만약 AaB 그리고 BaC이면, 그렇다면 AaC이다는 것은 필연적이다." 이와는 달리 양태적이고 무제한적인 또는 절대적인 필연성(*haplôs anankaion*: An. pr. Ⅰ 10, 30b40)은 단일 (부분) 명제 안에서 주어와 술어의 의미론적 결합에 관계한다. 즉 "A는 필연적으로 B에 타당하다."

단언적인 논리학 이외에도 아리스토텔레스는 삼단논법적인 양상논리 내지 양상 삼단논법을 다루기도 하며, 아주 상세하고 새롭게 개선하기도 한다(An. pr. Ⅰ 2와 8-22; 우발적인 미래 판단의 문제에 관해서는 Int. 9를 보라). 그는 256개의 타당한 삼단논법 가운데 최소한 111개 내지 148개를 인용한다(Ross 1949, 286 이하 참조). 그리고 그는 필연적인 판단들이 필연적인 판단들에서뿐만 아니라, 단언적인 판단들의 단순한 결합에서도 추론된다는 점을 강조한다. 무엇보다 그는 단언적인 판단에서는 필연적인 판단들이 나오지 않는다는 점을 제시하는데, 이는 단지 경험적인 판단들의 도움만으로는 어떠한 법칙도 얻을 수 없다는 근대 경험과학의 원칙을 나타낸다. 하지만 사람들은 알려진 원칙들의 도움으로 경험적 진술들에서 새로운 원칙들을 도출할 수 있는데, 이는 다른 원칙과도 상응한다(Wieland [3]1992 참고).

만약 어떤 사람이 새로운 술어 논리적 방법으로 아리스토텔레스적인 양상 논리학을 재구성한다면, 아리스토텔레스 본인은 적절한 묘사 도구를 가지고 있지 않았지만, 실제로 존재하는 높은 정도의 세분화를 표현할 수 있게 된다. 그 과정에 아리스토텔레스의 타당성이 전체적으로 놀라울 만큼 높은 정도로 증명될 수 있다(Nortmann 1996).

아리스토텔레스는 수학적 증명이 삼단논법, 특히 격식 Ⅰ을 사용해야만 할 것이라고 믿었다. 반스(Barnes, [2]1994, 155)는 이런 견해가 완전히 틀렸다고 생각한다. 반면에 탈레스의 명제를 재구성(An. post. Ⅱ 11, 94a28-34)하는, 예를 들면 데텔(Detel, 1993, Ⅰ 177-182)은 좀 더 세밀하게 평가한다. 그 평가에 따르면 창의적인 기하학의 업적들이 비록 단지 수학적 귀납에서만 실행되기는 하지만, 증명에 대한 본질적인 논리적 조치들은 삼단논법의 도움으로 묘사될 수 있다.

사람들은 삼단논법을 기꺼이 위에서 아래로, 즉 전제에서 결론으로, 그래서 연역적으로 이해한다. 아리스토텔레스가 자신의 저서에서 삼단논법을 이와 같이 사용하는 것을 거의 볼 수 없기 때문에, 그는 자신의 논리학을 무시하는 것처럼 보인다. 하지만 순수하게 논리적으로만 보면 삼단논법은 다음과 같은 두 가지 독해 방식이 있다. 즉 ① 위에서 아래로의 연역적 방식뿐만 아니라, ②아래에서 위로 읽는 설명적인 방법이 그것이다. 아리스토텔레스 스스로는 이런 의미로 삼단논법에 이중적 과제를 배당한다. ①논증 이론적으로 보면 삼단논법이 추론들의 타당성을 인식하도록 도와야만 하고, ②논증 실천적으로 보면 이런 추론에 도달할 수 있도록 도와야만 하기 때문에(*poiein*:

An. pr. Ⅰ 27, 43a22-24), ②이미 알려진 사태를 위해 설명 능력이 있는 전제들을 찾아야만 한다(5.1장을 보라). 이러한 두 번째 기능(②)인 설명의 기능 내지 근거 제시에서 삼단논법이, 아리스토텔레스가 실제적으로 이용했던, 문제 지향적인 논증 스타일에 적합해진다. 더 나아가 오래 생각하지 않고서도 결정적인 과제인 합당한 매개념을 발견할 수 있는 사람은 매우 총명하다는 것을 알 수 있다(An. post. Ⅰ 34, 89b10-20).

4.2 변증법(토피카)

철학에서는 '변증법'이라고 하는 표현이 많은 기대를 불러일으킨다. 또한 사람들은 플라톤뿐 아니라 헤겔과 마르크스에 대해서도 [그들의 변증법을 통해] 개별 학문들의 제한된 가능성을 넘어서서 모든 실재의 기초를 인식할 수 있게 해주는 인식을 기대한다. [변증법라는 개념이 생겨난] 그리스어 *dialegesthai*('대화하다')의 근원적이고 사변적이지 않은 의미를 되돌아볼 때, 아리스토텔레스는 [소크라테스와 플라톤의 *dialegesthai*보다] 적용 범위를 확장하면서 동시에 인식적 서열은 낮추[어서 변증법을 사용한]다. [그러므로 아리스토텔레스의] 변증법은 특별한 종류의 지적 토론을 다룬다. 그것은 최고(最高)의 진리도 아니고, '일상적인' 철학이나 학문도 아니다. [단지] 그것은 상대방의 주장을 공격하고 자신의 주장을 옹호하는 기술과 관련해, 그리스인들 특유의 경기(경쟁)[의 전통]을 지성적인 수단을 통해 이어나가는 것으로, 적대자에게 증명 목표를 모르게 만드는 은폐(*krypsis*)를 포함한다(Top. Ⅷ 1). 변증법은 철학을 위해 중요하지만 단지 일종의 보조 학문일 뿐이다. 왜냐하면 변증법은 "철학이 [이미] 인식하고 있는 것에서 작업하기(Met. Ⅳ 2, 1004b25 이하)" 때문이다.

학문적 증명과 마찬가지로 변증법도 삼단논법을 사용한다. 해당 텍스트인 《변증론》(Ⅰ 1, 100a25-27)은 삼단논법을 《분석론 전서》와 다르지 않게 정의 내린다. [두 저서들 사이의] 차이는 형식논리적인 엄밀성에 있는 것이 아니다. 즉 《변증론》에서 문제 삼는 것은 불안정하고 무책임한 논리학이 아니다. 그보다는 오히려 한편에서는 아직 보증되지 않거나 표준화되지 않은 전제들의 형식에 있고(4.1장을 보라), 다른 한편에서는 전제들의 인식적인 서열에 있다. 학문적인 증명이 자명한 명제에 의거한다면 변증법은 이른바 통념(通念, *endoxa*)[29]에 의거하고 있다(Top. Ⅰ 1, 100a27 이하). 아리스토텔레스는 통념을 학문의 원리들과는 달리 그 자체로 신뢰할 만하지는 않은 명제들이라고 생각한다. 즉 [그는 통념을] 부분적으로는 《수사학》에서처럼 전적으로 일상적인 의견들, 즉 대중의 견해들로 되어 있는 명제들이라고 생각하기도 하고, 또 부분적으로는 특히 아카데미 내에서의 철학적인 토론 속에서 자격을 갖추게 되고 제대로 된 근거를 지니고 있는 의견들로 이루어진 명제들이라고 생각한다. 《변증론》 시작 부분에서 [통념에 대한] 유명한 정의(定義)가 부각시키고 있는 통념이란 모든 사람 혹은 대부분의 사람 혹은 전문가들이 참이라고 여기는 것이며, 전문가들 중에서는 모든 전문가들 혹은 대부분의 전문가들 혹은 잘 알려진 전문가들이 참이라고 여기는 것이다(Top. Ⅰ 1, 100b18-23; Smith 1993을

29) 여기서 '통념'으로 번역한 그리스어 *endoxa*를 이해하는 것이 변증법을 이해하는 열쇠다. 이 *endoxa*는 의견(*doxa*)과 비슷하지만, 다른 점은 참다운 인식이 못 되는 단순한 의견이 아니라, 사회에서 일반적으로―일반 대중에게든 혹은 전문가들에게든―받아들여지는 통념이라는 데 있다.

보라; 그리고 I 10, 104a8 이하; I 14, 105a34 이하 참고). 이런 식으로 자격을 갖춘 통념은 존중받을 만한 견해들이다.

어떤 사람은 [통념을] '개연성 있는 명제'로 번역하고 싶어 한다. 그러나 통념은 객관적인(통계적인) 개연성(probabilitas)과 상관이 없고, 또한 주사위 놀음의 선험적인[논리적인] 개연성과도 상관이 없으며, 그렇다고 경험적인 개연성, 즉 사건이 상대적으로 자주 일어나는 것과도 상관이 없다. [이것이] 의도하는 것은 주관적으로 제약된 확실성(verisimilitudo)도 아니고, 결국 어떤 판단을 위해 충분한 근거 없이 단지 그럴듯한 근거들만이 존재한다고 하는 상황도 아니다. 이 표현은 요컨대 [무엇에 대한 견해를] 약화시키는 것이 아니라 강화시키는 것을 의미한다. [자의적인 판단이 아니라] 이를 받아들이는 사람들-대중 아니면 전문가들-이 아는 바에 따르면 결국 올바른 그런 판단들이 문제가 된다.

그러므로 아리스토텔레스는 온건한 진리 개념을 찬성하는 것도 아니며, 그렇다고 과학적 합리성에 대한 대안인 삶의 연관들과 대화의 상황 속에 결부된 형태의 합리성을 찬성하는 것도 아니다. 약간 제한해서 말하면 그는 《수사학》에서 '합리성의 생활세계적인 이론(Bubner, Dialektik als Topik, 1990)'을 전개한다. 그러나 그는 《변증론》에서 통념을 논쟁의 전제들로 사용하지만 그 결과로 사용하지 않기 때문에 그런 일은 생기지 않는다. 변증법은 진리의 합의 이론으로 향하는 것도 아니다. 왜냐하면 통념은 진리의 기준으로 여겨지는 것이 아니라, 그런 조건 아래에서 사람들이 판단의 진리치를 검토해볼 전제로서 여겨지기 때문이다. 타당성 논리적(geltungslogisch)이 아니라 논증 실천적으로(argumentationspraktisch) 볼 때, 논쟁은 토론자들이 그것들에 서로서로 참여하고 있는 견해들에서 시작하는 한 어떠한 논쟁도 모두 변증법적이다. 또한 아리스토텔레스의 많은 예들은 참이다. 부분적으로 진부한 말들이 제시되기도 하고, 또 부분적으로는 전문가들이 인정한 견해들이 제시되기도 하며, 그리고 분명히 토론에서 진지하게 여겨지기를 원하는 누구라도 완고하게 거부할 수는 없는 전제들이 제시된다.

변증법은 그 전제들인 통념들을 그 이상 더 캐묻지 않기 때문에 다수 주장들의 내적인 연관성과 일치, 즉 일관성과 정합성을 입증하는 것 이상을 이뤄낼 수 없다. 만약 아리스토텔레스가 초기에 《변증론》에서는 아직 아니지만 이후에 (이제는 훨씬 진지한) 변증법으로 제일의 원리들을 획득한다면(이미 An. post. Ⅰ 11, 77a26-35가 이 방향을 암시한다; Irwin 1989 참고), 그는 진리에 관한 정합(整合) 이론 내지 정합론자적인 학문 이해와 철학 이해에 만족했을 수도 있다(그러나 Bolton in: Devereux/Pellegrin 1990 그리고 Smith 1993이 이에 반대). 예컨대 모순율(5.2장을 보라)에 대한 아리스토텔레스의 논증을 정합론적으로 이해하기 위해서는 아주 광범위한 정합성 개념을 필요로 하는데, 이 개념은 단지 아주 많은 주장에 한정되지 않고, 전체 삶의 운영과 함께, 요컨대 항상 요구되는 최소한의 이론이성과 실천이성을 포함하는 식의 광범위한 정합성 개념이다.

변증법은 다음 세 가지에서 유용하다고 여겨진다. 즉 ①연습과 ②사고의 교환, 그리고 ③철학이 그것이다(Top. Ⅰ 2, 101a26-28). 공통된 것은 다른 사람과의 관계다(Ⅷ 1, 155b10 이하). 보통 변증법적인 논증은 논박하려는 노력과 근거를 지우려는 노력의 대치 속에서 진행된다. 당연히 자기 자신과 하는 토론 역시 존재하기 때문에(Ⅷ 14,

163b3 이하; 그리고 Ⅷ 1, 155b5 이하 참고), 모두 네 종류의 토론들이 제시된다. 그 토론 모두는 다음과 같은 동일한 논증 논리학을 따른다. 예컨대 ①학습용 연습 토론(Ⅷ 2, 158a16 이하)에서 누군가가 "걸어다니는, 두 다리를 가진 동물은 인간에 대한 정의인가, 아닌가?"라는 선언적 질문, 즉 문제를 제기한다(Ⅰ 4, 101b28-31). 이 질문에 대해 변호자(대답하는 자, 옹호자)가 두 주장 가운데 하나에 동의한다면, 공격자(질문하는 자, 반대자)는 상대방을 역리 혹은 모순에 빠트리려고 노력하기 때문에 그 상대방은 자신의 주장을 철회할 수밖에 없게 된다. 이런 제도는 중세 대학의 논박 속에서 살아남는다.

그러나 비유적으로 말하면 연습 토론 경기에서 승리만이 중요한 것은 아니다. 더군다나 부정직하게 성공한 승리는 전혀 중요하지 않다. 아리스토텔레스에게 변증법은 진리에 봉사하게 되어 있기 때문에, 소크라테스나 플라톤과 마찬가지로 아리스토텔레스 역시 변증법을 소피스트들의 거짓 진리와 대조시킨다(Met. Ⅳ 2, 1004b26). 소피스트들은 토론 기술을 직업으로 삼는데, 이 직업은 진리를 희생시켜 이른바 논쟁적 추론(논쟁 추론)의 도움으로 승리 자체를 추구한다(Top. Ⅰ 1, 100b23 이하, 그리고 Soph. el. 11). 진리에 대한 의무가 논쟁 내에서 보장될 수 없기 때문에, 그리고 이와 반대로 사람들이 변증법을 단지 기술로서 오용할 수 있기 때문에, 변증법은 지적인 민첩성 이외에도 (도덕적으로) 좋은 소질(*euphyia*)을 필요로 한다. '변증법가'는 진리를 선택하고 허위를 피할 준비를 하고 있어야만 한다(Top. Ⅷ 14, 163b12-16).

두 개의 다른 종류의 변증법적인 논쟁[②+③]은 그리 많이 형식화되어 있지는 않다. ②생각의 교환 내지 우연적인 논쟁을 할 때 사람들은 자신들의 의견에 근거해 교육받지 않은 사람들과 토론한다. 그런데 ③철학적이거나 학문적인 토론에서는 모든 관점의 다양성이 전개되고 그다음에 찬성과 반대가 논해진다. 여기서 변증법이 지적인 논쟁 문화에 기여하는데, 그 모범은 재판 과정이 제공한다(Met. Ⅲ 1, 995b2-4). 결론적인 판단을 내리기 위해서는 논거들을 가능한 한 완전히 제시하고 나서 그것들을 주의 깊게 서로서로 검토하는 사람이 잘 준비된 사람이다.

결국, 오늘날 여러 곳에서 '외로운 사상가'라고 경멸당할지도 모를 사람도 역시 변증법을 사용한다. 토론 상대자가 없는 사람은 홀로 연습한다(Top. Ⅷ 14, 163b3 이하). 다음과 같은 네 가지 경우에서 모두 비판적 기능이 전면에 설 수도 있을 것이다. 판단들이 반박되고, 입장들이 거절되고, 견해들이 번복된다. 간접적으로 변증법은 당연히 긍정적이기도 하다. 비판하려는 노력들에 반대하는 판단들이 입증된 것으로서 살아남는다.

제대로 토론하려는 사람은 유효한 관점들을 항상 준비해놓고 있다. 즉 그는 그것들을 기억하고 있는 것이다(Top. Ⅷ 14, 163b17-23). 《변증론》은 많은 부분에서 이 목적을 위해 노력함으로써 오늘날 소홀히 하고 있는 담론 논리학 부분에 종사하는데, 그것의 기술적(記述的) 부분은 전체로 다음과 같은 두 개의 독립적인 부분으로 이루어져 있다. 학문적이지 않고 '통념적인' 전제들을 사용하는 이론과 토론거리들(Topoi[30], 문자적으로는 장소들)이 인도하는 논거들의 발견과 구성이 그것이다. 놀랍게도 《변증론》의 기본 개념은 그 어디에서도 정의

30) 'Topoi'는 'Topos'의 복수형이다. 그리고 Topos는 토론의 출발점으로 삼는 이야기, 근거, 관점, 터전 등을 총칭하는 개념인데, 번역하기가 어려워서 음가대로 '토포스'라고 많이 한다. 그러나 이렇게 하는 것도 좋지 않아 보여 '토론거리'로 번역한다.

되어 있지 않다. 그 자체로도 정의되지 않고 통념들과 관련해서도 정의되어 있지 않다. 《수사학》(I 2, 1358a12-14)에 따르면, 법 내지 정의, 자연, 정치, 그리고 많은 다른 것에 대해 동일하게 여겨지는 보편적인 관점들(*koinoi*)이 문제다. 《변증론》에서 자세히 설명된 토론거리들에 따르면, (늘 이렇게 나오는 것은 아니지만) 완전한 형태 속에서는 다음과 같은 네 개의 요소로 되어 있는 논증의 도표들이 문제가 된다. 그 네 개의 요소는 절차의 안내, 보편적인 법칙성, 적용 범위의 지시와 실례다. 토론거리는 주어진 결론 명제에 적절한 전제를 제공한다. 그 전제가 통념으로 이루어져 있다면 적대자에게 그것이 제시될 수 있다. 그리고 적대자가 그것을 시인한다면 사람이 다시 토론거리의 도움으로, 즉 그 속에 언급된 절차의 도움으로 결론을 도출해낼 수 있다.

《변증론》 I권이 해당 기초 개념들, 즉 과제, 작업 방식, 유익, 도구(*prothesis*, *methodos*, *chrêsimon*, *organa*)들을 논하고 VIII권이 실제적인 조언들을 제공하는 반면, 《변증론》의 주요 부분인 II-VII권은 주로 방어자에게는 방어를, 그리고 공격자에게는 공격을 계획할 수 있게 만들어주는 논증들의 도표 목록 혹은 색인으로 되어 있다. 《수사학》은 특히 II권 23-25장에서만 그런 것은 아니지만, [《변증론》이] 진정한 생략 삼단논법[31)]과 허구의 생략 삼단논법(4.3절을 보라)을 위한, 그리고 논박을 위한 토론거리를 수집해놓은 것을 보충한다(《수사학》의 토론거리를 위해서는 Sprute 1982, Teil III을 참고).

---

31) 수사학은 설득을 목적으로 하기 때문에 정규적인 삼단논법보다는 변형을 주로 이용하는데, 그 가운데 하나가 생략 삼단논법이다. 어떤 전제가 너무 자명해서 말하나마나 한 경우와 다른 전제는 확실한 것이 아니기 때문에 명백히 드러내면 반박을 받을 수 있는 경우에 생략 삼단논법을 사용한다.

가능한 한 포괄적으로 수집하겠다는 목적을 위해서 《변증론》은, 그 목적을 중심으로 명제들과 문제들이 맴도는 그러한, 네 개의 메타 관점들, 즉 이른바 […에 대해서] 진술될 수 있는 것들/술어들을 따른다. 《변증론》은 우연적 속성들에 관한 토론거리들(Ⅱ-Ⅲ권)과 유(類)에 관한 토론거리들(Ⅳ권)로 시작하며, 그리고 여기에 고유한 속성들에 관한 토론거리들(Propria: (Ⅴ권))과 정의에 관한 토론거리들(Ⅵ-Ⅶ권)이 이어진다. 많은 사물 가운데 어떤 것이 바랄 만한가 하는 질문의 단일 세부 항목을 검토하기 위해 아리스토텔레스는 경제학과 사회학의 선호 이론을 위해서 오늘날에도 역시 흥미로울 수도 있는 비교 가치 판단들을 위한 이론의 기초들을 모은다(Ⅲ권; Rhet. Ⅰ 7 참고). 그렇게 해서 다음과 같은 것들이 더 추구할 만하다고 여겨진다. 즉 더 오래가는 것, 그 자체로 추구할 만한 것, 선의 비본질적인 부분이 아닌 선의 원인, 일반적으로 그리고 특수한 경우에 한정되지 않고 추구할 만한 것, 수단이 둘 있다면 그중에서 목표에 더 가까운 것 등이 더 추구할 만하다고 여겨진다.

많은 토론거리가 아카데미에서 애호받던 것들로부터 생겨날 수도 있기 때문에, 《변증론》에서는 당시에 좋은 학생에게 기대했던 폭넓은 능력에 대해 간단하게 검토한다. 그 이외에도 논리학에 대한 가장 오래된 텍스트로서 (이미 Brandis 1835가 평가하듯이) 《변증론》은 '삶의 정황'을 밝힌다. 서구 논리학은 사고의 형식적 구조들을 순수하게 그 자체로서 적용과 상관없이 분해해보겠다는 (논리학 자체의) 관심에서 생겨난 것이 아니라, 모든 가능한 논거를 특정한 종류로 제대로 분류함으로써 논리학을 순수하게 형식에 따라 내용에 상관없이 사용할 수 있게 만들고자 하는 논증의 실제적인 관심으로부터 생겨났다.

그런 점에서 사람들은 논리학의 기원이 기술적으로 성취된 대화에 있다거나, 학문적인 토론에 있다고 말할 수 있다(Kapp, 1920). 변증법이 '본성에 걸맞게' 특별한 영역들에만 한정되지 않기 때문에, 변증법은 개별 영역의 논리학이다, 즉 법학에 적합하다(Ch. Perelman, Th. Viehweg) 혹은 정치학과 실천철학에 적합하다(W. Hennis)와 같은 견해들에 대해서는 회의가 제기되어왔다. 진실로 변증법은 모든 학문에 적합하며, 단지 개별 학문에만 적합한 것은 아니다(분명하게는 Rhet. Ⅰ 1, 1354a1-3).

4.3 수사학

사람들은 자주 수사학에 대해 단지 웅변을 잘 구성하는 기술일 뿐이라고 생각한다. 때때로 사태에 맞지 않는 논거에 기댈 뿐 아니라, 심지어 야비한 목적으로 감정을 건드리는 설득의 기술로 생각하기도 한다. ①실천적인 관점에서 아리스토텔레스는 연설을 인간의 중심 목표인 행복에 관여하게 하고(Rhet. Ⅰ 5, 1360b4 이하), ②인지적 관점에서는 개개의 설득력 있는 것에 관여하게 한다(*pithana peri hekaston*: Ⅰ 1, 1355b11; Ⅱ 1, 1355b25 이하). ①전자[=실천적 관점에서 본 것]는 당연히 연설이 주제와 관련된 같은 대상을 다룬다는 의미에서 말한 것이지, 탁월한 삶과 정의로운 폴리스에 대한 의무라는 규범적인 의미에서 말한 것은 아니다. 왜냐하면 여기서 행복을 선과 악의 기준이라는 '규범적인' 의미에서가 아니라(그것이 한 개인에 대해서든, 아니면 폴리스에 대해서든), '경험적인', 즉 일반적으로 인정된 중심 목표라는 의미에서 고려한 것이기 때문이다. 그 대신 아리스토텔레스는 수사학의 가치중립성, 즉 수사학은 좋은 사람도 사용할 수 있고 나쁜 사람도 사용할 수 있다고 하는 것에 대해 알고 있다. 이는 나쁜 사람이 수사학을 사용하는 것을 제지할 수도 있는 수사학에 내재적인 구조가 존재한다는 키케로의 견해(Vom Redner Ⅱ 85)와 쿠인틸리안(Quintilian)의 견해(Ausbildung des Redners XⅡ 2)에 반대한다는 것을 의미한다. 그리고 다른 식으로 표현해보면, 아리스토텔레스는 단지 연설(*logoi*)이 하나만으로 격정에 취한 대중을 더 나아지게 만든다는 견해를 받아들이지 않는다(EN X 10, 1179b4 이하). 당연히 그는 연설을 도덕적으로 잘 사용하는 것이 바람직하다고 생각하며(Ⅰ 1, 1355a31), 고귀한 사람들에게는 연설이 탁월성(Tugend[32])을 선양하는 힘이 있다고 생각한다(EN X 10, 1179b7-9).

①첫 번째 의무에 근거한 수사학은 윤리학과 정치학의 한 부분인데 반해, ②두 번째 의무에 따른 수사학은 지식에 관한 다층적인 아리스토텔레스의 견해 속에서 확고하게 한 자리를 차지한다. 수사학에서는 필연적인 판단이 아니라 단순히 대부분은 타당한 판단만이 가능하고, 전문적인 기술(*technai*)이 존재하지 않기 때문에, 사람들에게 수사학은 자신들과 다른 사람들에게 충고할 수 있는 영역에 대해서만 적절하다(Rhet. Ⅰ 2, 1357a2 이하 참고). 또한 아리스토텔레스는 진리와 정의가 본성상 그 반대보다 더 강력하며 더 쉽게 증명할 수 있다, 즉 믿을 만하다고 생각한다. 왜냐하면 사람의 육체는 스스로를 도울 수 있게끔 '건설되어' 있는데, 이성이 그렇지 않다면 이상한 일이기

32) 여기서 '탁월성을 선양하는'으로 번역한 'tugendstärkende'은 원래 '덕을 선양하는'으로 번역하고, 'Tugend'는 탁월성이 아니라 덕이라고 번역해왔다. 그러나 그리스어 '*aretê*'는 원래 도덕적이기보다는 기능을 중시했기 때문에, 그 번역어인 Tugend도 덕 대신에 탁월성으로 번역한다.

때문이다(I 1, 1355a21 이하, 그리고 a37 이하). 동시에, 수사학이 옹호해야 할 진리는 필연적인 사태들–이 사태들은 증명적인[33] 학문의 소관이다–에 관련하지 않고 그 대신 다른 방식으로 존재할 수 있으며, 그에 대해서는 단지 대부분은 타당한(*hôs epi to poly*) 판단들만이 가능한 사태들에 관련한다. 이 분야가 바로, 그에 대해서 사람이 자신에게도 그리고 다른 사람들에게도 충고할 수 있는 사물들을 포함한다(I 2, 1357a2 이하).

수사학은 신빙성에 주의를 기울여야 하기 때문에, 사람들은 수사학을 다음 세 가지 자격 요건을 갖춘 '생활세계적인 합리성에 대한 이론'에 귀속시킬 수 있다. 첫째, 아리스토텔레스의 《수사학》에는 반(反)과학주의적인 경향성은 없다. 둘째, 《수사학》은 단지 합리적인 부분, 즉 이성에만 가치를 두지는 않는다. 그에 못지않게 중요한 것은 성격(*êthos*)과 격정들(*pathê*: II 2-11)이라는 두 개의 합리성 이전의 요소들이다. 이때 성격이란 웅변가를 신뢰할 수 있게 하는 사려 깊음과 탁월성 및 친절을 의미하고(II 1, 1378a8), 격정이란 무시, 사랑, 미움뿐 아니라, 공포와 그 반대의 것들, 즉 웅변가가 청중에게 불러일으킬 줄 아는 확신을 의미한다. 셋째, 《수사학》은 전체로서의 생활세계에 종사하는 것이 아니고 제한된 범위, 즉 정치적이고 자문하는 연설과 축사(祝辭), 그리고 법정 연설이라는 세 종류의 공적인 연설에 종사한다. 그 반면에 정치적이고 경제적인 협의들 같이 중요한 삶의 영역이 [《수사학》의 역할에서는] 빠져 있다.

아리스토텔레스는 이에 해당되는 부분[=공적인 연설]을 이례적일

---

33) 독일어 'beweidend'는 '증명하는'이라는 동사형이지만, 그렇다고 해서 '증명하는' 학문은 너무 정교하지 않아 보이기 때문에 '증명적인'으로 번역했으며, 앞으로도 오해의 여지가 없다면 이렇게 번역할 것이다.

만큼 다각도로 논의하는데, 그것은 오늘날 '언어화용론'이라고 부르는 것에 종사한다. 그런 논의의 일반적인 부분에서 그는 웅변가와 연설의 대상 및 청중이라는 세 부분으로 된 기본 관계뿐만 아니라(Rhet. Ⅰ 3, 1358a37 이하), 이미 언급한 세 개의 설득 수단들(*pisteis*: Ⅰ 2, 1356a1 이하)인 성격과 격정, 그리고 이성도 함께 탐구한다. 그리고 그 특별한 부분 속에서 그는 공적 연설의 세 가지 대상과 공적 삶 속에서의 그 위치와 중심 목표를 다룬다(Ⅰ 4-15; Ⅰ 3, 1358b20 이하). 그 이외에도 아리스토텔레스는, 그것의 도움으로 웅변가가 청중들의 판단력을 깨울 수 있고 동의를 얻어낼 수 있는 그러한, 심리학적이고 윤리적이며 정치적인 조건들을 다룬다. Ⅰ 5-7장(또한 Ⅰ 9를 보라)은 재화, 쾌락, 우정 이외에도 행복과 탁월성 같은 주제들과 함께 윤리학의 개요를 포함하고 있다. 또한 Ⅰ 8장에서는 헌법 이론의 개요를 읽을 수 있다. Ⅰ 10-12장은 귀책(歸責) 이론의 (범죄심리학) 초석들을 포함하고 있다. 즉 의도적이지 않은 행위와 의지적인 행위의 구분에 대한 적확한 논평들, 더 나아가 동기의 종류에 대한 언급과 불의(不義)의 행사에 대한 심리학을 위한 언급이 그것들이다. Ⅱ 12-14장은 연령대에 대한 함축이 풍부한 심리학을 포함한다. 그리고 앞에서처럼 [여기서도] 좋은 웅변가의 지식들이 다뤄지기 때문에, 사람들은 사회적이고 사법적이며 정치적인 관계들을 훑어보게 된다. [그래서] 《수사학》은 그리스의 사회 사상사를 위한 참다운 원천을 제공한다.

원래는 독자적이었던 Ⅲ권이 그 처음 12개의 장들 속에서 문체론-문체의 종류에 대한 교제는 테오프라스토스가 비로소 저술한다(*Peri lexeôs*)-의 요소들을 포함하며, 그다음에 연설의 구성을 다룬다(Ⅲ 13-19). 아리스토텔레스는 분명하고, 흥미롭고, 또한 독창적일 것을 요구한다. 그는 문체의 오류, 언어의 순수성(*hellênismos*), 기백(*asteia*)에 대해 언급하며, 구술적 표현과 문자적 표현의 차이를 강조한다. 그는 변이된 언어 사용, 즉 비유에 특별한 주의를 기울인다(예컨대 Rhet. Ⅲ 2, 4, 6, 그리고 10-11; 또한 Poet. 21을 보라). 비유에서는 축약된, 그리고 동일시할 정도로 첨예화된 비교가 문제가 된다. 아리스토텔레스는 인식을 열어주는 [비유의] 힘을 강조한다. 이를테면 노년을 그루터기, 그래서 추수하고 난 지푸라기라고 부르는 사람은 [비유적인] 가르침을 베풀고 있는 것이다. 그는 사태를 [비유적으로] 변형시키지만, 그것을 눈앞에 분명하게 드러낸다. 비슷한 것이 유머와 수수께끼에서도 발생한다. [그 속에서] 핵심을 찾아내는 것은 기쁨을 주고 동시에 가르침을 얻는다(Rhet. Ⅲ 11, 1412a26 이하, 그리고 b22 이하). 《시학》과 함께 《수사학》 3권은 키케로를 시작으로 매우 오랜 시간 동안, 즉 바로크 시기를 훨씬 지나서까지 문학과 학문에서 표준적인 무게를 얻는다(Lausberg ²1973 참조). 당연히 키케로의 좋은 사람(vir bonus)이라는 개념과 완전한 웅변가(orator perfectus)라는 개념은 아리스토텔레스에게[는 아직] 낯설다.

이와 같이 진지한 저작이 오랫동안 연구에서 그늘 속에 가려져 있었다—[이에 관한] 위대한 공헌들이 Spengel 1851, Cope 1877/1970, F. Marx 1900, 그리고 Solmsen 1921로부터 생겨난다—가 최근에야 비로소 주목받게 된 사정(Kennedy 1991, Furley/Nehamas 1994, 그리고 Rorty 1996, 그전에 Grimaldi 1980을 보라) 속에는, 엄밀한 학문성을 선호하는 새로운 철학의 경향과 함께, 아마도 역시 수사학에 대한 '플라톤적인' 편견도 반영되어 있다. 하지만 이와는 달리 그리스에서는 두 가지 모두, 즉 학문적으로 엄밀한 논증뿐 아니라 수사학적인 논증도 높이 평가되었다(그리스 수사학에 대해서는 Kennedy 1963, Cole 1991을 보라).

주제가 광범위하고 철학적 의도를 지니고 있기 때문에, 아리스토텔레스의 《수사학》은 그 선배들, 즉 레온티노이의 소피스트 고르기아스, 리시아스, 칼케돈의 트라쉬마코스, 그리고 형식적이고 문체적인 수사학의 저자 이소크라테스의 작품들을 훨씬 뛰어넘는다. 나중에 그렇게도 유명해지는 키케로의 《수사학(*Ars rhetorica*)》조차 철학적으로는 아리스토텔레스의 《수사학》에 견줄 수 없다. 그의 선배들－아리스토텔레스는 이렇게 말한다(Rhet. Ⅰ 1, 1355a19 이하)－은 법정 연설을 선호하는 반면, 그는 법정 연설 이외에도 정치적 연설과 축사를 다룬다. 그리고 그의 선배들이 격정을 일으키는 수단을 적극적으로 사용하는 데 집중했다면, 그는 이성에 큰 가치를 부여하고 또한 수사학 특유의 이성적 요소, 즉 생략 삼단논법의 가치를 높이 평가할 것을 요구한다(Ⅰ 1, 1354a11 이하). 키케로처럼 일차적으로 연설가인 그런 지성인만이 가장 중요한 문제들에 관해 어휘가 풍부하고 아름답게 연설하는 것을 완전한 철학의 표식으로 여긴다("copiose … ornateque dicere": 《투스쿨룸 대화(*Gespräche in Tusculum*)》 Ⅰ 7).

잘 알려지다시피 플라톤은 웅변술[34]에 대해 매우 날카롭게 비판했는데, 그 이유에 대해서는 다음과 같이 몇 가지로 추측해볼 수 있다. ①아마도 플라톤이나 그의 모범인 소크라테스도 소피스트들의 웅변술과 어떤 친근성이 있다는 것을 부인할 수 없다. 경쟁자들 사이에서는 으레 그렇듯, 플라톤은 대화편 《고르기아스》(462b 이하, 480a

34) 여기서 '수사학' 대신에 '웅변술'로 번역하는 이유는 번역자에게 수사학보다는 웅변술이 더 의심스러우며 학문보다는 기술에 가깝다는 인상을 주기 때문에 같은 단어를 '수사학' 대신에 '웅변술'로 번역한다. 앞으로도 '수사학'과 '웅변술'은 같은 것인데, 다른 어감으로 구별한다.

이하)에서 자신을 적대자와 너무 분명하게 대조시킨다. ②비판 가운데 일부는 단지 생활비를 염려할 필요가 없는 사람만이 할 수 있는 것이다. ③다른 한편 웅변술에 대한 플라톤의 날카로운 비판은 소크라테스가 피상적인 웅변술을 거절한 것이 (죽음으로 끝난) 법정에서 실패의 원인이라는 확신으로부터 생겨난다. ④그 이외에도 당시에, 즉 아리스토텔레스의 《수사학》보다 오래전에 철학이 권력을 추구하고 쾌락을 얻기 위해 단순히 숙련에 근거하고 있는 재능과는 완전히 다른 것이고자 했을 때, 소피스트들과 웅변가들로부터 거리를 두는 것이야말로 철학의 정체성 확립을 위한 한 부분이었다. 아무튼 [플라톤의] 다른 대화편들 속에서는 [웅변술에 대한] 일괄적인 거절 대신에 더 나은 형태에 대한 요구, 즉 지식에 근거하며 (플라톤의) 변증법을 수단으로 사물들의 진리를 인식하는 웅변술에 대한 요구가 등장한다(《파이드로스(*Phaidros*)》 266b 이하, 276e 이하, 그리고 곳곳에서의 서술 참고).

아리스토텔레스는 《고르기아스》의 반박들을 진지하게 취급한다. 그 이외에도 그는 당연히 단지 부분적으로만 《파이드로스》의 요구들을 충족시키려고 노력한다. 왜냐하면 이 요구들이 결과적으로 진정한 연설가들이란 철학자들이 되어야만 한다는 요청이 되고 말기 때문이다. 자신의 단일 학문에 대한 비판에 충실하게 아리스토텔레스는 흡수(Vereinnahmung) 전략[35]을 거절한다. 그 대신에 그는 민주화라는 의미에서 모든 시민이 배울 수 있는 수사학 고유의 능력을 찾는다. 플라톤과는 반대로 주제들은 개개의 '근거에서'가 아니라, 항상 연설 환경의 유형과 관련해서 취급된다(플라톤과의 관계에 관해서는 Hellwig

35) 수사학을 무가치한 내지 저급한 인식의 단계로서 철학에 흡수하려는 전략.

1973 참고). 윤리학이나 심리학을 다루는 영역에서 아리스토텔레스는 '토대 연구'가 아니라 오히려 '응용 윤리학'과 '응용 심리학'을 수행한다.

학문의 체계로 보면 수사학은 변증법과 실천철학 사이에 위치할 수 있다(Rhet. Ⅰ 2, 1356a26 이하). 변증법과 마찬가지로 수사학도, 자명한 것은 아니지만 그럼에도 [청중들의] 동의를 얻어낼 수 있는 관점들의 우위를 이용한다. 또한 웅변가 역시 청중들이 기대할 수 있는 견해들과 논거들에 대항하는 논거들을 제기하는데, 이것은 변증법적 논박에 비교될 수 있다. 또한 동시에 청중들은 심판관 역할을 한다. 왜냐하면 단지 그들만이 논거들이 힘을 상실했는지에 대한 결정을 하기 때문이다(Rhet. Ⅱ 18, 1391b11 이하). 이와는 반대로, 변증법과 마찬가지로 수사학도 모든 학문에 공통적인 대상을 연구한다는 또 다른 일치점은 단지 제한적으로만 타당하다. 학문적 분과로서의 변증법에서는 보편자가 문제가 되지만, 수사학에서는 개별자가 더 문제가 된다(Ⅰ 2, 1358a23 이하). 그러므로 변증법이 아니라 단지 수사학만이 [당시 상황에서의] 청중들의 심리 상태, 즉 그들의 경향성과 기분을 이용한다. 수사학이 그렇게 하는 것은 '자연스럽다'. 왜냐하면 수사학이 많은 사람과 심지어 [제대로 된] 대화를 할 수 없는 군중을 상대로 하기 때문이기도 하다.

수사학이 윤리학과 정치학에 가까운 이유는 웅변가가 결정들에 영향을 미치려고 하고, 그런 결정들을 정치적 실천의 일부분으로 만들기 때문이다. 이뿐만 아니라 수사학은 설득하려고 하지 않고 오히려 윤리적이며 정치적인 실천의 중심 목표, 즉 가치중립적인 개념으로서의 행복에 봉사하려고 하기 때문이다. 단지 이렇게 약한 의미에서, 그리고 수사학이 그 자체로 선에 봉사하고 수사학에서 도덕적인 애매성이 약화되기 때문에, 아리스토텔레스는 수사학을 높이 평가할 수 있으며, '소피스트 대 플라톤'이라는 주어진 양자택일을 극복할 수 있다.

신빙성을 찾게 마련인 수사학에서 웅변가의 성격과 격정을 불러일으킬 수 있는 능력 이외에 웅변가의 논거들(logoi: Ⅱ 18-26; 그리고 또한 Ⅰ 참고)도 중요하다. 또한 증명적인 학문과 마찬가지로 수사학도 원칙적으로 귀납과 연역이라는 두 개의 논증 수단들을 사용한다. 그러나 이 둘 모두는 수사학 특유의 목적들에 맞춰져 있다. 즉 한편에서는 함축성과 간결성(Ⅱ 22, 1395b23 이하; Ⅲ 18, 1419a20 이하 참고)에 맞춰져 있고, 다른 한편에서는 개연적인 참(*eikos*: 예를 들면 Ⅰ 24, 1402a9 그리고 곳곳에서의 서술 참고)에 맞춰져 있다. 이 두 근거들 때문에 수사학은 일상적인 귀납 대신에 적절한 실례(*paradeigma*; Ⅰ 20 참고)를 사용한다. 그것은 준비되어 있는 선례의 지위를 가져야 하는데, 세 가지 형태로 나타난다. 즉 신화적이고 역사적인 보도와 비유, 그리고 동물 우화의 형태로 나타난다. 수사학적인 귀납의 특징은 단지 암묵적으로만 전칭 명제를 사용한다는 것이다. 왜냐하면 전칭 명제란 너무 자명하거나, 아니면 진정으로 모든 경우에 타당하지 않거나, 둘 중의 하나이기 때문이다. 개별적인 경우로부터 충고를 도출해내는 방식을 가진 논증의 수단은 특히 자문 연설에 적절하다. 왜냐하면 '사건을 통해 우리는 예언하듯이 미래를 판단하기' 때문이다(9, 1368a30 이하).

두 번째이고 논증적으로 가장 강한 강력하며 격정으로부터 거의 자유로운 수사학의 수단인 생략 삼단논법 내지 수사학적 삼단논법이 수사학적 논증의 핵심을 이루어야만 한다(*sôma tês pisteôs*: 1, 1354a15). 실제로 근거와 증명을 제공하는 수사학적 삼단논법은 특히 법정에서 유효하다. 왜냐하면 이미 발생한 사태가 법정에서는 아직 해명되지 않았기 때문이다(a32 이하). 고전적 기술에 따르면 생략 삼단논법(Enthymem)[36]—문자 그대로 말해서, 얼핏 드는 생각, 사고—에서 추론의 한 부분이 말해지지 않은 채로 (*en thymô*: 심장·가슴 속에) 남아 있을 수 있다. 당연히 이것은 웅변가가 "[보이지 않도록] 덮인 카드로 놀이를 한다"는 의미가 아니고, 그보다는 오히려 웅변가가 전제들 가운데 하나를 [다] 알려진 것이라고 전제할 수 있기 때문에 그것을 누락시키거나, 아니면 그가 더 나은 결과를 위해 필요한 경우에는 청중 스스로가 결론을 내리도록 하는 것을 의미한다. 아무튼 [이 두 가능성 모두에서] 자명한 것이 말해지지 않은 채로 남는다. 그렇다고 해서 아리스토텔레스가 [실제로] 가슴속에서 논의하는 것은 아니다. 함축성과 간결성이라는 수사학의 기준에 맞게 생략 삼단논법이란 본질상 '멀리 떨어진 곳에서는' 연역하지 '않는' 것이다. 많은 중간 단계를 가지고 하는 것도 아니고, 멀리에서 가져온 논거들로 하는 것도 아니다. 그 이외에도 생략 삼단논법은 필연적이라고 여겨지지 않으며, 그래서 숙고해볼 필요가 있는 사태들을 다룬다(생략 삼단논법의 문제에 대해서는 Sprute 1982, Teil Ⅱ, 그리고 Burnyeat in: Furley/Nehamas 1994, 그리고 Rapp 1996을 보라).

숙고의 이론으로서 [아리스토텔레스의] 수사학은 사회과학과 의사소통 과학 및 매체 과학의 분야에서 자명한 것으로 [이미] 해오고 있는 현실화를 넘어서 [다음과 같은 새로운] 현실화를 허용한다. 오늘날의 담론 이론은 공공의 토론을, 사태의 최종적 토대를 향하는 철학 내

36) 저자는 이다음부터 생략 삼단논법(Enthymem)을 그 문자적 의미인 '*en thymô*'를 가지고 논의해나간다.

적 담론의 모범을 따라서 이해한다. 이를테면 기본권과 인권 같은 기초적인 의무는 진정으로 정해져 있다. 공공의 토론에서 이렇게 미리 정해져 있는 것들은 일반적으로 논란이 되지 않는다. 하지만 이런 것들이 개개의 경우에 어떻게 구체화되어야 하고, 요구들이 경쟁하는 경우에 이런 것들이 서로서로 어떻게 검토될 수 있는가 하는 문제가 논란이 된다. 또한 어떤 측도 엄밀한 의미에서 중립적이지 않기 때문에, 토론은 이상적이지 않은 조건 속에서 이루어진다. 아리스토텔레스는 바로 이 상황, 즉 이해관계가 있고 격정들에 영향을 받는 참가자들 사이의 토론을 주제로 삼기 때문에, 담론 이론을 교정하고 심지어 [또 다른] 대안을 제시하기도 한다. 그의 《수사학》은 (동등한 권리를 가진) 시민들 사이에 존재하는 견해와 반론을 의미하는 '시민 담론'에 관한 이론을 위한 초석들을 포함하고 있다.

4.4 시학: 비극

위대한 사상가들 사이에서 시인으로 취급받으며 실제로 자신의 철학을 예술적인 요구와 결합하는 철학자[=플라톤]는 시(詩)를 [철학의] 경쟁자로 여기지만, 이 경쟁자를 거부한다. 플라톤이 시를 사랑하고 호머를 존경함(《국가(*Politeia*)》 X 595b-c; 1.1장을 보라)에도, 그는 '모방하는' 시를 윤리적인 근거들뿐 아니라 정치적이고 존재론적인 근거들 때문에 거부한다(《국가》 II-III 그리고 X; 《소피스테스(*Sophistes*)》 235e 이하; 《법률(*Nomoi*)》 VII 816d-817e). 그가 생각하기에 시는 신과 올바름 및 그릇됨에 대한 잘못된 표상을 만들어낸다. 그 이외에도 시는 욕구와 격정을 강화시킴으로써 투명한 오성을 흐리게 만든다고 말한다. 소피스트인 고르기아스(Diels/Kranz 82 B 11 그리고 23)에 따르면, 시는 사람을 속이기까지 하며 마법과 마술 같이 작용한다.

여기서 아리스토텔레스는 플라톤과 소피스트들에게서 다시 한 번 벗어난다. 그리스의 전통을 따르면 그에게 시인들은 인민의 가장 훌륭한 선생이다. 또한 강한 정서적 반응을 불러일으키는 것이 심지어 그들의 임무이기도 하다. 우리가 아리스토텔레스의 현상학에서 높게 평가했던 학문 이론적인 관용이 변증법, 수사학, 그리고 시학에서도 나타난다. 지적인 토론이나 공개적인 연설과 마찬가지로 시 역시 일차원적인 합리성이라는 이해로 평가되는 것이 아니라, 본래의 기준에 따라 평가된다. 이에 따라 아리스토텔레스는 별 어려움이 없이, 사람들이 시를 통해서도 하나의 지식에 다다를 수 있다는 점을 인정한다. 철학의 특별한 지위를 상대화시키지 않으면서도 그는 아이스킬로스의 구절인 "고난을 통해 지혜를 얻는다(*pathei mathos*, 《아가멤논(*Agamemnon*)》, V. 177)"에 동의한다. 갈등의 경험에서, 심지어 격정에 대한 대참사의 경험에서도 충분히 배울 수 있다. 이것은 물론 지적이기보다는 감정적인 의미에서다.

《수사학》과 마찬가지로 아리스토텔레스의 《시학》('시작(詩作) 기술') 도 오늘까지 가장 영향력 있는 저작 가운데 하나다. 계몽주의 시대에 대해서는 《함부르크 희곡론》에서 아리스토텔레스를 토대로 프랑스의 신(新)연극을 비판하는 레싱(Lessing)을 언급하는 것으로 충분하다. 브레히트(《연극을 위한 저술(*Schriften zum Theater*)》, Bd. 3, 1963) 스스로가 자신의 희곡론을 '비(非)아리스토텔레스적'이라고 불렀음에도, 그것은 '본질적으로 아리스토텔레스적인 개요 내에서

(Flashar 1974, 35)' 전개된다. 그 밖에서도 시에 대한 아리스토텔레스의 관심은 자신의 《시학》을 훨씬 넘어선다. 이 철학자는 《시인에 관하여(*Peri poiêtôn*)》라는 대화편도 쓰기도 했다. 그는 아마도 희곡 공연 목록과 같은 자료를 체계적으로 모으기도 하고, 또한 《호머의 쟁점들(*Aporêmata Homêrika*)》에서는 호머 문헌학의 질문들을 다루기도 한다. 하지만 영향사적으로 봤을 때는 《시학》만이 중요하다(참고 문헌 중에서 Lucas 1968, Fuhrmann ^{2}1992, Halliwell 1986, Rorty 1992를 보라).

제목이 가진 문자 그대로의 의미에 따르면, 아리스토텔레스는 제작해내는 기술(*poiêtikê*)[37]에 기여하기 위해 노력한다. 여기서는 문학적 예술 작품에 대한 판단 기준, 즉 문학비평이나 일반적 문학 이론에 대한 상당한 요소들이 있음에도 일차적으로 이 두 가지를 다루는 것은 아니다. 오히려 아리스토텔레스는 그의 동시대인들에게 어떻게 아름다운 문학 작품을 '완성해내는지'를 보여주려고 한다(Poet. 1, 1447a8 이하 참고). 물론 그는—여기 일반적인 목표 설정에서는 현명하게도—정확한 규정을 제시하지 않는다. 이런 이유로 그는—자세한 기초 작업(1-5장)에 이어서—당시 가장 중요했던 문학 장르들을 다룬다. 그는 시학을 장르별로 소개하는데, 우선 비극을 가장 상세하게 다루고(6-22장) 그다음에 이어서 서사시를 다룬(23-25장) 반면에, 마지막 장에서는 서사시와 비극을 서로 비교한다. 이에 반해 기초 작업에서 여러 번 언급되었던 세 번째 장르인 희곡은 사라진 부분들에서 다루어졌을 것이다(Poet. 6, 1450a21 이하 참고). 비극을 다룬 부분은 그 마지막(20-21장)에서 언어의 형태(lexis[단어])에 대한 일반적인 심사숙고를

37) 여기서 '제작해내는 기술'로 번역한 'die herstellende Kunst'는 결국 시작(詩作)을 의미한다.

제시하는데, 이것이 결과적으로 접속사, 관사, 명사, 동사, 격과 문장을 다루는 기본 문법이 되고 만다.

우리가 전형적으로 근대적이라고 기꺼이 생각하는 개념인 소외(疏外, *xenikon*[이방의])는 문학 이론적 연관성 속에서 비극에 대한 마지막 장에 처음 등장한다(22, 1458a22; 그리고 이와 유사하게 Rhet. Ⅲ 2, 1404b36 참고). 하지만 아리스토텔레스는 그 개념을 아직 언어적 방법(일상적 표현보다는 주석, 은유, 확장 등을 이용한다)에만 연관시키고 희곡 기술에는 아직 관련시키지 않는다. 그러나 사태에 따라 평가해보면, 그것조차 요컨대 '기대에 반(反)해서(*para tên doxan*, Poet. 9, 1452a4)'라는 표어 아래 존재한다. 이를테면 예상치 못한 놀라운 사건들이 결과적으로 아름다운 이야기들을 만들어낸다.

《시학》의 미학적 근본 개념으로 불리는 '모방(Mimesis)'이 무엇보다 '모사(模寫)'로 번역되는 경우, 《시학》은 오히려 전근대적인 문학 이론처럼 들린다. 왜냐하면 회화에 가능할 수도 있는 것–새들이 속을 정도로 포도를 실제와 똑같이 그리는 것처럼–을 서사시나 비극, 희극에서 시도해서는 안 되고, 또한 모방의 요구가 제기된 음악에서도 시도되면 안 되기 때문이다(Poet. 1, 1447a13-16; 그리고 Pol. Ⅷ 5, 1340a39 참고). 아마도 '모방' 또는 '표현'으로 번역될 수도 있는 아리스토텔레스적 Mimesis(모방)은 예술가에게 호라티우스의 《시론(*Ars poetica*)》(V. 268 이하)처럼 고전적 모범들을 본받으라고 요구하지도 않고, 자연에 충실한 환상극에서처럼 현실을 반영하라고 요구하지도 않는다. 모방은 너무 환상적인 창작에는 반대하면서, 비슷한 것을 모방하거나 만들어내는 다음과 같은 모든 형태를 의미한다. 즉 모방은 ①과거에 어떠했고 또한 현재에 어떠한가라는 식으로 실재[=현실]에 대한 것이든

(비극에 대해서는 에우리피데스), 아니면 ②사람이 실재가 어떠하다고 말하거나 혹은 믿는 식으로 실재[=의견]에 대한 것이든, 아니면 ③ 또한 어떠해야만 한다는 것과 같은 식으로 실재[=당위]에 대한 것이든(소포클레스; 25, 1460b10 이하, 그리고 33 이하), 이런 모든 형태를 의미한다. 이 세 가지 경우 모두, 문학에서는 실재의 피상적인 특징을 복제하는 것이 아니라 수미일관한 행위 과정과 성격을 표현하는 것이 중요하다. 비극에서는 우리가 현실에서 만나는 인물보다 더 고귀한 인물들을 다루고, 희극에서는 더 천박한 인물들을 다룬다(Poet. 2, 1448a16-18). 그리고 회화나 단순한 이야기와는 달리 이런 극예술에서는 모사의 두 번째 의미인 장면 설정이 중요하다(이미 플라톤의 《국가》에서 이 두 가지 의미를 발견할 수 있다. Ⅲ 392d-394c에서는 희곡적인 모방이, 그리고 X 597c에서 유사한 것의 보편적 표현이 들어가 있다).

문학 특유의 모방은 일상적인 모방에서 그 원인을 찾을 수 있다. 즉 어릴 적부터 타고난, 조화와 리듬의 감각과 결부된, 모방에 대한 경향성(4, 1448b5 이하와 b20 이하)에서 그 원인을 찾을 수 있다. 모방을 하게 마련인 문학은 배움의 쾌감(b12 이하)에 근거해서 사람의 인식에 대한 본능에 참여한다. 시인이 사람의 가능성을 모범적으로 표현함으로써 보편타당한 것을 드러내려고 노력하는 반면에 역사 서술은 특수성의 범위에 머물기 때문에, 아리스토텔레스는 문학이 역사 서술보다 더 철학적이라고 생각한다(9, 1451b1 이하).

신화는 '비극의 영혼(6, 1450a38)'으로 간주된다. 물론 신화는 종교적 색체가 많이 약화되어 우화와 많이 다르지 않다. 즉 이야기 내지 '플롯'이 많이 다르지 않다. 시인은 이와 관련된 재료를 다음과 같은 세 개의 출처에서 얻어낸다. 즉 (1)실제적인 삶에서뿐만 아니라, 문학의 허구성이 보여주는 것처럼, (2)사물들이 어떠해야 한다고 하는 데 대한 믿음에서, 그리고 (3)말이나 글로 된 전승에서 그런 재료를 얻어낸다. 그러나 여기서 전승된 신화들은 훼손되어서는 안 된다(14, 1453b22 이하). 그 자체로 아주 완결되고 서사시와는 달리 다른 쪽으로 방향을 돌리는 삽화들이 전혀 없기 때문에, 만약 한 부분만 틀어도 전체가 변해버리는 그런 행동이 [문학 작품에] 등장한다(8, 1451a32-35). 더구나 성격보다 행위에 우선권이 있다(6, 1450a26). 즉 주인공들의 존재, 그들의 행복과 불행은 그들의 개별적 행동에 의해 결정된다.

아리스토텔레스가 자신의 모든 저작 속에서 말한 것들 가운데 (자세히 설명되지는 않았지만) 비극적 쾌락의 개념(*tragôdias hêdonê*: 13, 1453a35 이하, 그리고 14, 1453b12 참고)만큼 르네상스 시대부터 문학 창작에 영감을 불러일으킨 것은 없다. 이 개념을 통해 작가는 자신의 장르에 따른 시학의 영역 안에서 수용의 미학에 관심을 기울인다. 그리고 후대 사람들이 '교훈을 위한 연극과 흥미를 위한 연극'의 양자택일을 내세울 때, 작가는 후자에 관심을 기울인다고 말할 수 있을 것이다(호라티우스, *Ars poetica*, V. 333 참고: 시는 유용하거나 흥겹기를 원한다(aut prodesse volunt aut delectare poetae). 관객은 즉각적으로 윤리적 이익도 아니고 지적인 이익이 아닌, 미학적 쾌락(*hêdonê*)을 누려야만 한다. 동정(同情)과 공포의 도움으로(*di' eleou kai phobou*: Poet. 6, 1449b27; 14, 1453b12 이하) 정서적 정화(*katharsis*)가 생겨나는데, 그 때문에 아리스토텔레스는 플라톤과는 다르게 비극이 윤리적으로 해롭지 않다고 생각한다.

격정에서 문제가 되는 것은 표면적 감정이 아니라, 인간 존재의 핵심에 다다르는 어느 정도 실질적인(substantiell) 감정이다. 탁월하고 유명하기도 하며 행운으로 축복받지만 바로 그 때문에 더욱 위험에 처하게 된 인물들의 예를 통해 비극은 모든 평범한 사람에게 일어날 수 있는 것을 보여준다. 그것은 사람이 자연이나 타인의 의도가 아닌 최소한 부분적으로나마 그 사람 자의로 말미암아 맞게 되는 그런 파멸이다. 우리는 [아리스토텔레스와는] 다른 해석, 예컨대 《안티고네》에서 보면 윤리적으로 모범적인 주인공이 비윤리적인 폭군에 영웅적으로 맞서는 식으로 도덕화하는 그런 흑백논리를 좋아하기는 한다. 하지만 아리스토텔레스는 완전히 덕이 있지도 않으며 그렇다고 완전히 사악하지도 않는, 따라서 성인도 범죄자도 아닌 사람들에 대해 이야기한다. 비극은 어떻게 이런 사람들이 격정에 사로잡혀 정신과 의도가 수축됨으로써 과실을 범하는지를 보여준다(*hamartia*: Poet. 13, 1453a8-10). 소포클레스에게서도 역시 두 명의 주인공은 그들 스스로 옳다는 믿음에 눈이 멀어 복잡한 상황을 단순하게 파악함으로써 과실을 범한다. 크레온은 나라의 반역자이자 안티고네의 오빠인 폴리네이케스에게 벌을 주는 과제를 맡는다. 하지만 매장을 금하는 벌을 줄 필요는 없었다. 안티고네 또한 오빠의 장례를 위해 투쟁하는 것은 옳다. 하지만 비타협적 태도라는 과오를 범한다.

유럽 희곡사에 영향력이 높은 비극 '이론'에는 이와 같은 요소도 들어 있다. 아리스토텔레스는 그리스 비극의 특정 단계, 즉 소포클레스와 무엇보다도 그의 작품 《오이디푸스 왕》을 비극의 전형으로 끌어올린다. '죽을 수 있는 자들 중 가장 탁월한 자(《오이디푸스 왕》 V. 46)'인 오이디푸스가 마지막에는 '가장 최악의 사람(V. 1433)'이 되는 것은 비극 특유의 명망과 행운의 덧없음을 더할 나위 없이 뚜렷하게 보여준다. 한순간에서 그다음 순간에 제목의 주인공[=오이디푸스]은 명성의 정상에서 불명예의 나락으로 추락하게 된다. 다른 한편 에우리피데스는 '다른 시인들보다 더 비극적인' 시인으로 간주된다(《시학》, 13, 1453a29 이하).

제한된 책임−아버지의 살해와 어머니와의 결혼은 무지의 상태에서 이루어진다−에도 불구하고, 극도의 고통 속에서 생을 마감하는 오이디푸스의 운명은 인간의 존재를 부조리 가까이로 옮긴다. 종교적인 또는 비종교적인 근거와는 상관없이, 니체가 염세주의 예술 작품(《비극의 탄생》, 1872)이라고 불렀던 그 비극은 전체적으로 기쁘게 하거나 위로가 되는 의미에 대해서는 침묵하고 있다. 신의 (알 수 없는) 뜻에 굴복해야 한다는 관점을 제외하고는 세계의 진행을 이해하지 못한다는 생각을 염두에 두면서, 비극은 비탄, 기도, 애도, 한탄, 경악으로 이루어진 이해하지 못함의 언어를 발전시킨다. 여기서, 《정치학》(Ⅷ 7, 1341b39 이하)에서는 말하지만, [우리에게] 전해져 내려오는 《시학》에서는 해명되지 않는 치료적 기능이 형성된다.

결정적 개념인 카타르시스는 아리스토텔레스 이전에 두 가지 의미가 있었다. 의학에서는 구토제와 설사제의 효과를 의미했고, 종교적 삶에서는 '더렵혀진' 사람들의 의식(儀式)적인 정화를 의미했다. 의학에서 유추해 이해해보면 비극의 카타르시스는 동정과 공포의 격정을 불러일으킨다. 즉 부분적으로만 책임이 있는 고통을 동정하는 것[Mit-Leiden, 동(同, '함께')-정(情)을 느끼는/괴로워하는 것]뿐만 아니라, 또한 최선의 의도에도 불구하고 좌절할 것에 대한 두려움을 다음과 같은 방식으로 불러일으킨다. 이를테면 이런 격정들을 무대장치가 아닌 플롯의 전개를 통해(14, 1453b3 이하) 유발해서, 마치 육체적 병의 발병 후에 호전될 때처럼 결과적으로 다시 얻은 내면의 안정이 안심으로 느껴진다. 바로 여기에 비극의 쾌락이 놓여 있다.

슈아데발트(Schadewaldt, 1955, in: Luserke 1991, 254)에 따르면, 동정에 대한 자칭 휴머니즘적이고 기독교적인 이해를 멀리하기 위해 격정은 아주 격렬히 유발되어 (주인공의) 고통이 관찰자의 "마음을 아프게 하여 눈에 눈물이 고이게 된다." 아리스토텔레스의 두려움과 동정(Rhet. Ⅱ 5와 8)에 대한 개념만으로는 이런 해석이 증명되지 않지만, 묘사된 이야기(*mythos*)로는 가능하다. 극단적으로 강화된 주인공들의 격정과 위대하지만 불행으로 이끄는 플롯, 그리고 무엇보다 불행의 극단성이 그렇다. 그런 극단적인 불행에는 형제가 형제를(에테오클레스와 폴리네이케스), 또는 아들(오이디푸스)이 아버지를, 또는 어머니(메디아)가 아들을, 또는 아들(오레스테스)이 어머니를 참살하거나 그렇게 하려고 하는 것(14, 1453b20 이하) 등이 있다.

설득력은 별로 없는 또 다른 해석에 따르면, 비극은 겁을 먹게 만드는 본보기들을 통해 관객이 비극적 주인공과는 다르게 격정을 스스로 제어하도록 가르친다. 레싱은 격정을 카타르시스를 통해 덕이 있는 능력으로 변화시키려는 과제를 위해 이탈리아의 르네상스와 프랑스 고전기에 유행하던 윤리적·교훈적 해석을 거부한다. 또한 괴테(《아리스토텔레스의 시학 다시 읽기(*Nachlese zu Aristoteles' Poetik*)》)에 따르면 카타르시스는 가능한 영향력이 아니라 비극의 구조적 특징이다(또한 Bernays 1880, Flashar 그리고 Pohlenz in: Luserke 1991; Halliwell 1986, 부록 참고). [또한] 사람들은 아리스토텔레스의 비극 이론에 대해 호머가 청중에게 불러일으킨 격정을 비극 시인이 미리부터 결정할 수는 없다고 반박할 수도 있을 것이다. 그러나 작가뿐만 아니라 연출가도 이를 위한 노력을 시도하며, 이 노력의 폭넓은 성공이 작품의 질을 나타내는 표시로 간주된다. 아리스토텔레스가 자신의 윤리학과 일치시키면서 흥미진진하지는 않지만 '이성적인' 비극의 부분들을 다루지 않다는 점도 역시 비판할 가치조차 없다. 《시학》이 《안티고네》의 이스메네와 《오이디푸스 왕》의 크레온 같은 주변 인물들의 신중함이나 《오레스테이아》의 결말을 전혀 고려하지 않는다는 것, 그리고 아테네가 이성적 위로로 복수의 여신들(Erinnyen)을 달랠 수 있다는 것 역시 비록 사실이지만, 이런 요소들이 아리스토텔레스에게는 중요하지 않다. 즉 불가결한 비극의 핵심이 아닌 것이다. 오히려 놀라운 점은 비극이 《니코마코스 윤리학》에서 큰 역할을 하지 않는다는 것이다. 쾌락에 관한 논문들에서는 비극이 아예 언급되지 않으며, 자발성에 대한 설명들에서는—아리스토텔레스에 따르면—이해할 수 없는 형태로 등장한다. 에우리피데스의 [비극 작품에 나오는] 알크메온이 어머니를 살해하도록 부추김 당하는 이유는 [아리스토텔레스가 보기에는] '어리석다(EN Ⅲ, 1110a27-29)'.

아리스토텔레스 시학의 두 핵심 개념인 모방과 카타르시스가 오늘날까지 그 타당성을 잃지 않았다고 추측할 수 있는 좋은 근거들이 존재한다. 무대 작품이든 영화든, 이 두 가지의 위대한 실례를 통해 인생의 모범적인 가능성들을 표현한다. 그리고 그것들은 단순한 여흥이나 윤리적 교훈의 전달에 만족하지 않는다. 오히려 그것들은 커다란 격정을 불러일으켜 같이 고통 받도록 강요하며, 그렇게 동정하는/같이 괴로워하는 가운데 결국 홀가분하게 만들어준다. 어쩌면 비극은 역동적 사회의 중요한 과제를 위해, 즉 새로운 문제에 직면한 '적시(適時)

의 문화'를 위해 본보기가 될 수 있다(Höffe 1993, 16장 참고). 소포클레스의 《안티고네》는 새로운 종류의 과제에서 제일 중요한 반대로 [생각하기(e contrario)]를 보여준다. 크레온과 안티고네가 굴복했던 위험, 즉 옳음에 대한 자기 확신에서 오는 기만이라는 위험을 벗어난 자만이 새로운 사태의 복잡성을 받아들일 수 있다. 그리고 이런 개방성이 있다면, '아직 단지(noch nur)' 꼼꼼한 심사숙고를 하고 자신의 관심들을 그에 맞게 정렬시키기만 하면 된다.

5. 증명과 원리

5.1 증명적인 이성 비판

철학은 이오니아의 자연철학자들에서 시작했으며, 독자적인 분과 학문으로서의 학문 이론(Wissenscahftstheorie)[38]은 200년 후에 시작한다. 그런데 학문 이론은 《분석론 후서》와 함께 생겨났다고 해야만 한다. 왜냐하면 학문 이론의 역사가 수백 년 동안 이 책의 해석사와 광범위하게 일치하게 될 정도로 [학문 이론으로서의] 이 책의 수준이 그렇게 높기 때문이다. 무(無)에서 생겨나는 창조는 당연히 없다. 아리스토텔레스는 당시에 이미 주장되고 서로 경쟁하던 견해들과 씨름한다. 이를테면 플라톤의 상기설(想起說, *anamnêsis*), 분해의

38) 독일 쪽에서 말하는 학문 이론(Wissenscahftstheorie)은 영미에서 말하는 과학이론(theory of science, scientific theory)과 비슷하지만, 독일어 Wissenschaft(학문)과 영어 science(과학)의 차이만큼이나 서로 다르다. 그 중요한 차이점 가운데 하나는 영미가 과학의 발전에 경도되어 과학이론을 탐구한 반면에 독일은 과학을 그렇게 중요하게 여기지 않는다.

(dihairetisch) 방법(An. pr. Ⅰ 31 그리고 An. post. Ⅱ 5)[39], 과학의 가능성에 대한 안티스테네스의 회의, 그리고 학문은 단지 순환 증명의 형태로만 존재한다는 크세노크라테스가 가진 견해와의 씨름이다. 무엇보다도 [학문의] 대상은 수학이었는데, 수학은 매우 발달했으며 예들이 풍부했다. Ⅱ장 11과 13장에서 생물학과 의학, 역사와 윤리학이 첨가된다. 그래서 학문들의 광범위한 실천에 메타 학문이 뒤따른다.

그와 같은 메타 학문은 오늘날 일반적으로 [순수한 원리들로부터 연역하는 것이 아니라] 경험적으로 재구성하는(empirisch-rekonstruktiv) 방식으로 진행된다. 즉 메타 학문은 학문의 실천과 그 목표들 및 방법들과 전제들을 개념화한다. 양자택일적이고 비판적인 이론은 인식의 다양한 관심을 평가하기 위해 그것들을 찾아낸다. 아리스토텔레스는 두 가지 가능성 앞에서 한 발자국 뒤로 물러난다. 그는 지식을 아무것도 제하지 않고, 즉 '지식을 단적으로(*epistasthai haplôs*: An. post. Ⅰ 2, 71b9)' 추구한다. 다시 말해 그는 이미 제기된 '지식의 자기 요구'[40]를 전혀 축소하지 않고 충족시키기만을 원한다. 이와 같은 이상을 사람들은 다른 인식적 관심들의 이름으로도 포기할 수 없으며, 또한 '절도 있게(aus Bescheidenheit)'라는 의미에 의해서도 포기할 수 없다.

《분석론 후서》에서, 지식의 이상(Ideal)을 실현하기를 추구하는 그

39) '분해의(dihairetisch) 방법'이란 플라톤이 개념을 규정할 때 쓰던 방법으로, 유와 종(種)의 서열에서 상위 개념을 분해해 원하는 개념까지 내려오는 방법이다. 이를테면 사람을 규정하려는 경우, '생물-무생물' 중에서 생물, 생물의 '식물-동물' 중에서도 동물, 그중에서도 '단독생활하는 동물-집단생활하는 동물' 중에서 집단생활하는 동물 … 같은 식이다.

40) 지식은 자기 나름의 이상을 추구하기 때문에 거기서 특수한 요구가 생겨난다. 이를테면 지식은 의견과는 달라야만 한다와 같은 요구들이다. 이 요구가 가능하려면 의견과는 다른, 지식만의 특수성이 파악되어야만 한다.

러한, 지식은 학문, 즉 근본적인 정당화를 포괄한다. 아리스토텔레스가 제시한 기준들이 충족되는 곳, 사람들이 사태에 대해서 첫째로 원인 내지 근거(*aitiai*)도 역시 아는 곳, 둘째로 그 원인과 근거가 설명의 능력 내지 증명할 수 있는 능력이 있는 곳, 그러므로 주장된 사태에 대해서 그것이 그와는 다른 방식으로는 존재하지 않는다[=필연적으로 그렇다]는 것을 아는 곳(An. post. Ⅰ 2, 71b9-12), 바로 여기에서 자연스럽게 알고자 하는 욕구가 그 내적인 완성에 도달한다. 그 때문에 아리스토텔레스의 이상과 그 기준들이 아직도 인정받고 있으며, 그것도 학문 이론에서가 아니라 인식적인 실천에서 그러하다는 것은 놀라운 일이 아니다. 근거가 없거나 아니면 실제로 설명할 능력이 없다면, 오늘날까지 우리는 그것을 학문의 결함이라고 여긴다. 더 나아가 아리스토텔레스에 따르면 단지 필연적인 것에 대해서만이 아니라 대부분 타당한 것에 대해서도 증명이 존재하지만, 우연적인 것에 대해서는 증명이 존재하지 않는다(An. post. Ⅰ 30; 그리고 Phys. Ⅱ 4와 Met. Ⅵ 2 참고).

현재 아리스토텔레스에 대해서 다시 일어나고 있는 관심에는 놀랍게도 그의 학문 이론은 빠져 있다. 연구를 위한 참고 문헌－이를테면 McKirahan 1992, 그리고 Detel 1993, 그 이전에 Barnes 1975(^{2}1994), 또 그 이전에 Ross 1949－말고는 [아리스토텔레스의 학문 이론에 대해서는] 그의 존재론과 실천철학의 '복권' 혹은 그의 논리학에 대한 존중에 비견될 만한 어떠한 조직적인 관심도 없다. 앤스콤(Anscombe)과 기취(Geach)(1973, 6)는 심지어, "'과학적 증명'에 대한 그의 이론은 그가 요구하는 '사면'을 필요로 하는 어떤 것(something needing the 'pardon' he asks for)이다"라고 천명한다. 일반적으로 비판은 세

부분으로 된 표준 해석과 관련 있다. 즉 아리스토텔레스의 학문은 (1) 그 내용을 소수의, 더는 [다른 것으로] 소급할 수 없는 기본 판단, 즉 귀납(*epagôgê*)과 직관(*noûs*)으로 파악한 항상 참이고, 그 결과 돌이킬 수 없는 공리로 압축할 수 있어야만 한다. (2)그 공리와 다른 원리 덕분에 이른바 최종적인 논증이 가능하다. (3)학문은 존재론적 실재('본질')와 인과법칙적인 세계 관계에 맞춰진다. 사람들의 말에 따르면 [여기에서] 특징은 공리주의(公理主義, Axiomatik), 근본주의, 본질주의인데 줄여 말하면 '공근본 이상(AFE-Ideal)'[41]이다(이에 대해서는 Detel 1993, Ⅱ 263 이하 참고).

이러한 이상이 매혹적인 것은 명백하다. 아무튼 그 이상은 근대의 합리주의 속에 들어 있다. 즉 데카르트, 홉스, 스피노자의 기하학적인 방식으로 된(*more geometrico*) 체계들 속에 들어 있다. 그러나 학문의 실천이라는 관점에서 다음과 같이 적절하게 논박할 수 있다. 즉 그것의 공리가 진리 요구(眞理要求, Wahrheitsanspruch)[42]를 하지 않는 학문만이 엄밀하게 공리적일 수 있다. 이를테면 수학을 예로 들 수 있다. [그러나] 귀납을 통해서는 어떠한 필연적인 진리들도 얻지 못한다. 이것처럼 오류가 가능한 학문적인 판단들은 항상 임시적으로만 타당하다. 그리고 본질주의는 형이상학적이기 때문에 낡아서 쓸모없어져 버려졌다. 실제로 '공근본 이상'을 대변하는 사람들은 학문들에게는 낯선 코르셋[=속박]을 강요한다. 다른 한편 그 낡아버린 이상은 극적인 자가(自家) 무대장치를 쉽게 만든다. 즉 그 이상은 이제까지의 학

41) 여기서 'AFE'는 'Axiomatik, Fundamentalismus, Essentialismus'의 첫머리 글자를 따서 축약한 표현인데, 한국말은 음절어이기에 이렇게 표현한다.

42) '진리 요구'는 해석하기 매우 어려운 개념이지만, 여기서는 '자기가 진리라고 하는 주장'으로 이해할 수 있을 것이다. 그러므로 '그것의 공리가 진리 요구를 하지 않는' 학문이란 '그것의 공리가 자명한' 학문으로 이해할 수 있겠다.

문 이론은 붕괴했으며, 그래서 자신의 기여가 장엄한 새로운 출발이라는 주장을 하게 된다.

《분석론 후서》를 읽어보면, 사람들은 표준 해석을 상당히 인정하게 된다. 예를 들면 Ⅱ 3-7장에 있는 근대적 의미의 공리주의라는 관점에서 그렇다. 그러나 더 자세히 읽어보면 구상이 풍요롭고, 철저히 해명했으며, 어느 정도는 설득력 있는 이론임을 알 수 있다. 그것이 다른 견해를 항상 극복하는 것은 아니지만, 별 어려움 없이 오늘날 기준에 맞출 수는 있다. 경험적이고도 재구성하는(empirisch-rekonstruktive) 이론과 비판적인 이론 뒤로 되돌아가려는 단초가 이미 주목할 만하다.

아리스토텔레스가−부분적으로는 명시적으로, 또한 부분적으로 암묵적으로−학문 이론적인 소박성들에 대해−예를 들면, 보편자에 도달하지 않고서도 해나갈 수 있다고 믿는 귀납 논리학에 대해−어떻게 대처하는지 하는 점도 역시 인상적이다. 텍스트의 많은 부분을, 특정한 방법론적인 오류를 피하기 위한 지침으로 독해하는 것이 가능하다. 또한 사람들은 과학사의 전설을 극복할 수도 있는데, 이 전설에 따르면 증명적인 사고(Begründungsdenken)에 대한 삼중 딜레마('뮌흐하우젠 삼중 딜레마(Münchhausen-Trilemma)')[43]가 19세기 프리스(Fries)에 의해서 비로소 인식되었으며, 우리 시대의 포퍼학파에서 다시 발견되었다. 아리스토텔레스는 그 이외에도 근대 합리론 속에서 추구되었지만 오늘날에는 쓸모없어진 근본주의에 대해 언급할 가치가 있는 대안을 제시한다. 보편 명제들이 오류 가능성이 있다고 하는 사

43) 보통 딜레마는 선택지가 둘뿐인데, 둘 모두 나쁜 경우를 일컫는다. 그러나 선택지가 셋일 경우에 Trilemma, 즉 삼중 딜레마가 된다.

실을 그는 이미 《변증론》 이래로 알고 있었다(Ⅱ 3, 110a32-37, 그리고 Ⅷ 2, 157a34-b33). 특히 《분석론 후서》는 학문적인 산문[44]을 위한 모범을 제공한다. 저자는 짧고 냉정하게, 아마도 선배들에 대해 공정하게 논증한다.

텍스트는 프로그램에 따른 문장으로, 즉 감각을 제외한 모든 지식은 선행 지식에 의지한다는 명제(비슷하게 Met. Ⅰ 9, 992b30 이하, 그리고 EN Ⅵ 3, 1139b26-36)로 시작한다. 반스(^{2}1994, Introd.)에 따르면 모든 지식을 교과서적으로 서술하게 해줄 이론이 [여기서] 추구되고 있다. 그러나 단순히 수학과 다른 학문들에 대해서뿐만 아니라 변증법(여기에 *logoi*, 논쟁들)과 수사학에 대해서도 언급되고 있기(An. post. Ⅰ 1, 71a3-11) 때문에 의문이 생겨난다. 그렇다고 해서 아리스토텔레스가 배타적으로 백과사전 식 모든 학문의 백과사전[종합]에만 흥미를 느끼는 것은 아니다. 단지 사람에게 어떻게 지식을 전달할 것인가 하는 교육학적인 질문만이 그에게 중요한 것도 역시 아니다. 플라톤의 《메논》(80d 이하; 그리고 《파이돈》 72e-77b 참고)에서 나온 난제(難題, Aporia)[45], 즉 사람이 "아무것도 배우지 못하거나 아니면 그가 아는 것[은 배울 필요가 없다](An. post. Ⅰ 1, 71a29 이하)"는 난제 때문에 아리스토텔레스에게는 탐구와 가르침, 즉 모든 종류의 지식 추구를 위한 필수적인 초석들이 중요하다.

---

44) 소크라테스 이전의 철학자들이나 많은 사상가는 종종 운문으로 자신들의 생각을 펼쳤다. 그래서 산문으로 글을 쓰는 것이 새로웠으며 학문의 발전을 위해서는 중요했다.

45) 'Aporia'는 플라톤의 《소크라테스와의 대화》에서 종종 등장하는 상황이다. 어떤 문제에 봉착해 답을 추구하지만 끝끝내 좌절되고 만다. 그래서 번역자는 '난제'로 번역하기를 제안한다. 앞으로 저자가 이것을 형용사로 전환시켜 사용하는 경우(aporetisch)에도 '난제적인'으로 번역한다. 특히 플라톤의 초기 대화편이 Aporia로 끝나기 때문에 겉보기에는 긴 대화가 쓸모없는 것 같지만, 자세히 살펴보면 많은 통찰력을 얻을 수 있는 것도 사실이다.

거기에[=지식 추구에] 필요한 선행 지식을 아리스토텔레스는 지식 추구적인, 그리고 또한 전기적인 의미에서 다음과 같이 이해했을 수도 있을 것이다. 즉 배움은 항상 …[46]에 더해서 배움이다. 어디에서도 무에서는 배움이 생겨나지 않는다. 그렇다면 배움이란 단지 사람들이 이미 아는 것에 [무언가를] 첨가하거나 혹은 그것을 고치는 것이다. 그러나 아리스토텔레스는 논증 논리적인 질문을 던지고, 거기에 단적으로 최초인 혹은 절대적인 선행 지식으로 답한다. 체계적인 시작을 형성하는 것은 참다운, 그리고 무제약적인 최초의 명제들과 원리들이다. 이것들 때문에 근본적으로 다른 두 요소인 삼단논법적인('연역적인') 증명과 더 이상은 증명이 불가능한 원리들에 대한 (귀납적인) 통찰의 공동 작업에서 학문이 구성된다.

사람들은 보통 증명(*apodeixis*, 라틴어로 *demonstratio*)을 '위에서 아래로 펼쳐지는 과정', 즉 우리가 원리에서 나온 길이라고 알고 있는 그런 과정, 다시 말해 [하나의] 명제에서 다른 명제를 연역하는 혹은 도출하는 과정이라고 생각한다(3.2장을 보라). 이와 같은 과정, 즉 기하학적인 방법을 아리스토텔레스 자신의 철학에서 찾는 것은 거의 쓸모없는 짓이다. 사람들이 삼단논법들을 발견한다고 할지라도 그것들이 합쳐져서 학문의 원리에 근거한 체계가 되지 않는다. 전체 체계도 안 되고 부분 체계도 안 된다. 《분석론 후서》와 아리스토텔레스의 실제적 실천 사이에 심연이 가로놓여 있다고 해서, 우리는 아리스토텔레스의 학문 이론을 잘못되었다고 보거나, 그의 철학을 잘못되었다고 보아야만 하는가?

자세히 살펴본다면 이 불일치는 해소된다. 증명의 기초인 (제대로

46) 이것은 선행 지식을 의미한다.

된) 삼단논법과 마찬가지로, 증명 자체도 역시 단지 위에서 아래만이 아니라 그 반대로도 읽어야만 한다. 가능할 수도 있는 주장들을 위해 원인과 근거가 강구되며, 이것들은 원리에 도달할 때까지 계속된다. 이 과정 역시 '증명'이라고 부른다는 것은 부분적으로 학문적인 질문에, 그리고 부분적으로는 학문 이외의 질문에 부합한다. "당신은 그것 역시 증명할 수 있습니까?" 이에 대한 대답은 우선 '아래에서 위로의 과정'을 따른다. 대답은 이미 참으로 여겨지는 명제를 위해 [왜 참인지를] 설명해줄 수 있는 근거를 찾는다. 이를테면 "반원에 내접하는 각은 직각이다(형식적으로는 'AaC')"라는 명제를 위해 혹은 월식이 존재한다는 것을 확정하기 위해 근거를 찾는다. 아리스토텔레스적인 학문은 일차적으로 설명 내지 증명에 관심을 기울이며, 단지 이차적으로만 검사라는 의미에서 추론에 관심을 기울인다. 증명, 즉 삼단논법의 기본 요소에서 근거들은 정확히 규정된 과제를 가지고 있다. 입증해야만 하는 문장이 'AaC'의 형식을 가지기 때문에 근거들은 매개념의 도움으로 개념 A와 개념 C의 결합을 입증해야만 한다. 그러므로 '직각(A)'은 '모든(a)' '반원에 내접하는 각'에 타당하다. 왜냐하면 '완전한 원의 절반[에 내접하는 각들]이 직각(B)'에 상응하기 때문이다(An. post. Ⅱ 11, 94a28-36).

포퍼는 증명적인 사고가 난제에, 더 정확하게는 삼중 딜레마에 걸려들었다고 생각한다. 즉 생각할 수 있는 세 개의 가능성들이 [모두] 실패한다. 무한 소급과 논리적 순환을 증명할 수 없으며, [증명] 절차가 중단되면 결국 독단적인 견해에 다다른다. 아리스토텔레스는 안티스테네스 및 크세노크라테스와 씨름했기 때문에 최소한 단초로라도 삼중 딜레마를 알고 있었다(An. post. Ⅰ 3, 13과 19-22 참고; 그리고 무한 소급에 대해서는 Met. Ⅳ 7, 1012a12-15를 보라). 그는 무한 소급과 절차의 중단에 대한 안티스테네스의 비판을 받아들이기 때문에, 단지 세 번째 선택지와만 씨름한다. 하지만 다음의 세 논거들은 이것에 반대한다. 즉 ①순환 증명인 AC가 AB와 BC에서, AB가 다시금 AC와 BC의 역, 그래서 CB에서 추론되는 것(An. pr. Ⅱ 5 참고)에 반대한다(An. post. Ⅰ 3). ②어떤 논거(73a6-20)에 따르면 순환 증명이 전적으로 가능하지만, 그것은 단지 그 개념들이 어떤 사태의 고유한 속성들(propria)을 나타내기(An. post. Ⅰ 3, 73a7) 때문에－예컨대 사람에게 '문법의'와 '웃을 능력이 있는'－그 개념들은 동일한 외연을 소유한, 전환 가능한 명제들(BC→CB)에서 가능하다. 더 중요한 것은 다른 반박이다. 여기서 증명의 조건, 즉 단적으로 우선이고 잘 알려진 것에서 시작한다고 하는 조건이 손상된다(72b25-32). ③세 번째 반박에 따르면 순환 증명은 결국 '만약 A라면 그렇다면 A'라는 상투적인 내용으로 떨어지고 만다. 그런 한에서 순환 방식으로 모든 것이－그리고 그 결과 아무것도 증명될 수 없다－참으로 증명될 수 있다(72b32-73a6).

증명적인 사고의 비판에 대해 아리스토텔레스는 [증명적인 사고의] 상대화를 통해서 대응한다. 사람들은 여기서 칸트적인 의미의 증명적인 이성에 대한 비판을 논할 수 있다. 《분석론 후서》의 많은 부분은 증명적인 이성이 조건을 이용해 증명의 권리와 과제 역시 발전시킨다는 '증명적인 이성의 분석'이 차지한다. 증명에서 사용되는 개념들－주어들뿐만 아니라 술어들도－은 아래로, 즉 개별자를 향해서뿐만 아니라 위로, 즉 보편자를 향해서도 잘 한정된 위계질서로 정돈된다(An. post. Ⅰ 22). 이런 관점에서 아리스토텔레스는 [무한] 소급을 방지할 수 있다고 믿는다. 아리스토텔레스는 전적인 확신을 가지고 학문의 주제들 혹은 그것의 본질이나 본질의 한 부분에 대한 한계를 찾는다. 즉 아래를 향한 한계는, 예컨대 생물학에서 보면 어떤 자연적 종의 개별적인 표본에서 찾고, 위를 향한 한계는 본질을 정의 내리기 위한 최고의 유, 여기서는 '생물'에서 찾는다. 또한 가능한 술어들, 즉 고유 속성들에 대해서 그는 이중적인 한계를 주목한다. 그것들이 아래로는 특수성에 있어서, 그것들의 고유 속성들이 바로 그 종들인 그러한, 개체들보다 더한 기준을 가지고 있지 않으며, 그것들이 결국 (제한적인 수의) 범주들이 되기 때문에 위로는 [범주들이 한계이다]. 범주들은 어디에서 생겨나는가 하는 이어지는 질문에 대해서 아리스토텔레스는 최종 증명을 추구하지 않으며, 그보다는 오히려 [그 이상의] 소급을 실제적으로 방지한다(11.1장을 보라).

그런데 아리스토텔레스는 절대를 향해 나아가려는 증명의 월권에 대해서도 역시 저항한다. 그의 '증명적인 이성의 변증법'은 증명의 필연적 보충으로서의 원리들의 인식(An. post. Ⅰ 18, 31, Ⅱ 19)과 방법론적인 오류에 대한 언급이라는 두 부분으로 이루어져 있다. 방법론적인 오류란 무한으로의 소급과 순환 증명(Ⅰ 2), 그리고 소피스트적인 종류의 증명(Ⅰ 5)과 진정한 증명을 단지 징후들에서 온 증명과 착각하는 것(Ⅰ 13), 또한 감각과 귀납의 포기(Ⅰ 18) 혹은 그의 극복(Ⅰ 31; 둘 모두에 대해서는 또한 Ⅱ 19), 더 나아가 개념 분류(분해)를 통해 본질(*ti estin*)을 증명할 수 있다고 하는 오류다(Ⅱ 5).

5.2 공리와 다른 원리

증명을 위한 필수적인 선행 지식은 증명될 수도 없으며 증명이 필요하지도 않은 전제들, 즉 원리들(*archai*, 문자적으로는 시작들; 이 표현의 여러 의미에 대해서는 Met. Ⅴ 1을 보라)로 구성되어 있다. 원리들이 모든 지식에 토대를 제공하는 한－적절하게도 칸트는 '시초의 근거들'로 번역한다－아리스토텔레스의 학문 이론은 실제로 '근본주의적인' 성격을 지닌다. 그러나 우리는 오늘날까지 학문들 속에서 정당하게 다음과 같은 세 가지 종류를 다시 찾아볼 수 있다. 원리들은 (1) 모순율과 같이 모든 지식에 대해, 심지어 모든 행위에 대해 전제되어지는 소수의 공리들이고, (2)가정들과 (3)개개의 특정한 학문들을 위해 필수적인(*ta idia*; Ⅰ 30 참고) 정의들이다－마지막 둘은 함께 정립(定立, Thesen)들이라고 불리기도 한다(An. post. Ⅰ 2, 72a14-24). 아리스토텔레스는 개개 학문의 고유한 원리들에 큰 가치를 둠으로써 근본 철학을 거부하지 않고서도 단일 학문의 구상과는 거리를 둔다. 그래서 다양한 연구 영역의 자율성이 학문 이론적인 통찰력에서 생겨난다.

1. 가정과 정의. 아리스토텔레스는 '가정'으로 임시적인 주장을 생각하는 것이 아니라, 그것들의 본질이 정의 속에 파악되는 기본적인 대상들이 존재한다고 하는 가정을 생각하는 것이다. 산술에서 가정이란 수가 존재한다[47)]는 것을 말하고, 기하학에서 가정이란 점들, 선

47) 플라톤은 수나 삼각형 같은 것도 이데아를 통해서 증명하려고 노력했다. 이에 반해서 아리스토텔레스는 그냥 가정 혹은 전제했다.

들, 면들이 존재한다는 것을 말하며, 생물학에서 가정이란 생물이 존재한다는 것을 말한다. 가정은 증명의 그물 속에서 전제되기는 하지만, 그 원리로 사용되지는 않는다.

정의(*horismoi*)는 이와 달라 보인다. 그것은 증명의 전제로 등장하지만, 당연히 사람들이 임의로 혹은 인습적으로 정해서 그것을 정점에 세우는 식은 아니다. 임시적인 정의는 일반적으로 알려진 견해를 반영한다. 그런데 완전히 타당한 정의는 설명의 능력을 가지며 상응하는 심사숙고의 결과다. 그것이 중요하기 때문에 아리스토텔레스는 정의론(定義論)에 Ⅱ권의 절반 이상을 사용한다(Ⅱ 1-10; 부분적으로 어려운 텍스트들의 이해를 위해서는 Detel 1993 Ⅰ 324 이하와 Ⅱ 542 이하를 보라). 난관을 상세히 논하고(Ⅱ 3-7) 나서 그는 "그것은 무엇인가?"라는 질문에 대한 답변의 수와 같은(*ti esti*: An. post. Ⅱ 10, 93b29), 네 가지 정의의 종류들을 다룬다. 첫 번째 종류는 밀(Mill) 이래로 그것이 불리는 바대로 명목적(名目的)[48] 정의인데, 단순히 이름(이를테면 삼각형)이나 혹은 이름에 등가인 표현이 의미하는 것을 확정짓는다(*ti sêmainei*: An. post. Ⅱ 10, 93b30). 이 정의에는 어떠한 증명도 결여되기 때문에 그 정의는 학문적으로 임시적이라는 성격을 지니며 끝마치면서 하는 열거에는 등장하지 않는다(Ⅱ 10, 94a11 이하).

명목적 정의에서 대답되지 않은 채로 남은 "그것이 왜 그러한가?(93b32)"라는 질문에 대해, 두 번째 종류의 정의는 설명을 제시할 수 있는 근거를 가지고 대답한다. 이 정의는 이유 제시 내지 설명이라

48) 흔히 독일어로 'Nominaldefinition'이기 때문에 'nominal-'을 '명목상'으로 번역할 것을 공허하다는 어감에서 벗어나기 위해 '명목적'이라고 번역한다.

는 의미에서 '증명'과 유사하고(94a12 이하 참고), 그 증명과는 단지 외부적인 배열을 통해서만 차이가 난다. 아리스토텔레스의 예에서 천둥에 대한 증명은 이렇다. "구름 속에서 불이 사라지기 때문에 천둥이 친다." 그리고 설명적이며 완전히 타당한 정의는 다음과 같다. "천둥은 불이 사라질 때 구름 속에서 생기는 소리다." 여기서 언급되는 증명과의 결합은 수학을 제외한다면 오늘날까지 타당하다고 할 수 있을 것이다. 학문에서 인식을 위한 시작이 아니라, 체계의 시작을 형성하는 정의는 단순히 확정되는 것이 아니라 인식에 근거하려고 한다. 세 번째 종류의 정의는 원래 단지 두 번째 정의의 하위일 뿐이었다. 그 정의는 다음과 같이 증명의 결론에 부합한다. "천둥은 구름 속에 있는 소리다(An. post. Ⅱ 10, 94a7 이하)."

사람들은 두 번째와 세 번째 정의로 하위에 속하는 대상들을 정의하는 반면, 네 번째 정의에서는 학문들의 기본적인 대상들이 문제가 된다. 사람들은 자연수의 예에서 예시되는 속성들을 특별히 수집해 이 정의를 얻는데(Ⅱ 13, 96a24-b1), 자연수에 대해서는 어떤 그리스 수학자도 정의 내리려고 시도하지 않았지만 피타고라스학파 사람들과 여러 철학자들이 정의 내리기 시작했다. 아리스토텔레스의 '묶음 이론'에 따르면, 사람들은 한 묶음의 속성들—3에서는 예컨대 '수', '홀수', '특별한 방식으로 첫 번째의 것'—을 찾는데, 이 요소들 각각은 그 자체로 보면 정의해야만 하는 사태를 넘어서지만, 합쳐 놓으면 단지 하나의 사태에 해당한다.

추가적이지만 학문 이론적이지 않고 존재론적인 정의론이 Met. Ⅷ 2(1043a14 이하)에 포함된다. 질료와 형상이라는 존재론적인 개념 쌍을 이용한다면 질료, 즉 여기서는 돌, 벽돌, 목재를 넘어서 잠재적인 집을 정의할 수 있는 반면, 실제적인 집을 위해서는 [거기에 추가해서] 형상을 필요로 한다. 인공물에서 형상은 사태의 기능으로 되어 있다. 집은 사물들과 생물들에게 안전한 곳을 제공하는 건물(문자적으로는 용기(容器))이다(정의론에 대해서는 또한 Met. Ⅶ 5, 10-12와 Ⅷ 6, 이후의 Top. Ⅵ-Ⅶ을 보라).

정의는 두 가지 방식으로 필수적인 선행 지식에 속한다. 근본적인 대상에서는 그 대상이 무엇을 의미하며, 그 대상이 존재한다는 것을 사람들은 미리 알아야만 한다. 그와는 반대로, 사람들이 어떤 대상에 대해 긍정하고 부정하는 속성들에서는 의미로도 충분하다(사람들이 삼각형을 대상으로 파악하고자 하면서도 속성들인 점들과 선들을 생각한다면, 아리스토텔레스의 삼각형에 대한 실례는 오해를 불러일으킨다). 삼중의 전제를 충족시키는 사람(An. post. Ⅰ 10 참고)만이, 이를테면 기하학의 경우에 (1)기본적인 주제들(점, 선, 면 등)의 정의와 (2)그것들이 존재함뿐만 아니라, (3)가능한 속성들(짝수의, 구부러진, 삼각형 등)의 정의를 아는 사람만이, 그리고—네 번째의, 그러나 이제 일반적인 전제—그 이외에도 일반적인 사고의 원리에 대해 아는 사람만이 증명을 착수할 수 있다.

2. 공리. 모든 분과를 포괄하는 원리를 위한 용어가 고대의 토론 기술에서 생겨났다. 그 용어는 논쟁적 대화를 시작할 때 이미 그것을 받아들일 것을 요구할 수 있는 명제를 가리킨다. [공리의] 어원인 '*axioun*'은 가치 있다고 생각하는 것을 의미한다. 공리는 어떠한 의미 있는 회의에서도 벗어나 엄밀한 의미에서 신뢰할 만한 명제다. 이 조건은 특정한 주제와 관련해서 타당할 수 있다. 그렇다면 해당하는 제

한된 선험성이 존재한다. [그러나] 《분석론 후서》(Ⅰ 10, 76b14)에서, 그리고 그와 마찬가지로 《형이상학》(Ⅳ 3-4와 7; 그리고 Ⅲ 3, 997a5-15; XⅠ 4, 1061b17-33 참고)에서는 공리라는 용어가 그런 상대성에서 벗어나, 모든 토론에서 심지어는 모든 실천에서 가정되는 전제들을 단적으로 가리킨다. 그와 같은 공리는 또한 가장 확실한 원리다−사람들은 그 공리에 대해서는 오류를 범할 수 없다. 더 나아가 가장 잘 인식할 수 있다. 짧게 말하면, 공리는 절대적인 선험성의 지위를 획득한다.

모든 사물은 특별한 관점 아래에서만 제어될 수 있기 때문에, 아리스토텔레스에 따르면 보편적인 수학적 명제, 예컨대 짝수에서 짝수를 빼면 짝수가 생긴다는 명제는 단지 수학에서만이 아니라 모든 지식에서도 타당하다. 그럼에도 그것이 단적으로가 아니라 특정한 관점에서만, 즉 양에서만(Cat. 6, 6a26 이하; Met. Ⅴ 15, 1021a12 참고) 보편타당하기 때문에 아리스토텔레스는 그것을 공리라고 부르지 않는다(An. post. Ⅰ 10, 76a41과 b21; Ⅰ 11, 77a30).

사태에 따라 제일 처음의 공리, 즉 모순율은 어떤 것(예를 들면 '인간'이란 명칭)이 동시에(여기서는 논리적인 의미에서 말하는 것이지 시간적인 의미에서가 아니다), 그리고 동일한 연관성에서 동일한 사물에게 타당하고 또한 타당하지 않는 것은 불가능하다고 말한다. 두 번째 공리, 즉 배중률에 따르면, 모순되는 주장들 속에서 어떠한 중간자도 존재하지 않고 오히려 어떤 것이 어떤 것에 대해 주장되거나 아니면 부정되어야만 한다. 두 경우 모두 오늘날 같으면 [당연한] 정리들에 대해서 말한다. 그리고 아마도 그것들이 직접적으로 명백하다고 첨가할지도 모른다. 배중률은 삼가(三價) 논리학[49](루카시에비치, 새롭게 U.

49) 참과 거짓 이외에도 '불확실한'이 하나가 더 있는 논리학.

블라우(U. Blau) 등)을 통해 시대에 뒤처진 것처럼 보인다. 삼가 논리학은 그 세 번째 진리치(眞理値)—'참인'과 '거짓인' 이외에 역시 '결정되지 않은'도—로 미래에 대한 우발적인 진술을 하는 문제들을 공식화한다. 그러나 아리스토텔레스는 명제를 단지 거기서 미결정성이 배제된 진술 쌍들에게만 적용한다. 이것이 언제 그러한가 하는 질문을 아리스토텔레스는 Int. 6-9에서 논한다.

공리들을 증명할 수는 없지만 그 타당성을 [어떤 다른 노력도 없이] 단지 주장만 하는 것은 아니다. 아리스토텔레스는 증명을 위한 대화적 연극을 논박(*elenchos*: Met. Ⅳ 4; Cassin/Narcy 1989, Rapp 1993 참고)의 형태로 연출한다. 모순율을 범하는 반대자에게는 최소한의 인식적 과제를 성취하도록 요구하며 그에 관해, 그렇게 함으로써 그가 이미 모순율을 전제하고 있다고 가르친다. 요구된 과제가, 이를테면 모순율이 보편타당하지 않다는 특정한 주장으로 되어 있을 수도 있다. 아리스토텔레스가 그 속에서 '선결문제 요구의 오류(*petitio principii*)'를 보는 것은 정당하다. 왜냐하면 어떤 사태 하나를 주장하는 사람은 [그 반대는 받아들이려고 하지 않기 때문에] 이미 모순율을 타당하다고 전제하고 있기 때문이다(1006a18-21). 이전에, 즉 반대자가 무언가든 말하고(a12 이하), 그러므로 두 토론자 모두가 타당하다고 여기는(a21), 그러한 무언가를 지시하는 곳에서 [벌써] 근본적인 논박이 시작되고 있음을 알 수 있다. [무언가를] 지시하는 곳에 [애매모호함이 없는] 일의(一義)성이 상정되는 한—이 지시될 수 있는 실재의 한 조각을 생각하지 저것을 생각하지는 않는 한—반대자가 [자신이] 부정하는 공리를[=모순율을] 이미 요구하고 있는 것이다. 그러므로 모순율은 가장 적은 인식적 과제에도, 그리고 그와 마찬가지로 최소한의 언어적 소통에도 이미 요구되고 있다. 오늘날 사람들은 아마도, 인식 가능성과 언어적 소통 가능성의 조건으로서 모순율이 선험적 성격을 가지는 것은 당연히 단지 부정적인 기준이라는 의미에서만 그러하다고 말할 수도 있을 것이다.

아리스토텔레스가 이와 마찬가지로 면밀하고도 날카로운 논증을 하는 가운데 모순율은 가장 기본적인 의미를 획득한다. 칸트에 따르면 모순율은 모든 분석 판단의 기본 법칙이다(《순수이성비판》 B 189 이하). 아리스토텔레스에 따르면 모순율은 심지어 모든 올바른 지시에도 해당되기 때문에, 반대자에게는 단지 아무것도 말하지 않는 길만이 탈출구로 남는다. 그러나 그렇게 하면 그 반대자에게 자신을 반대자로 생각하라고 요구할 수 없다. 아리스토텔레스가 생생하게 말하듯이, 그 반대자는 어떠한 종류의 이성에도 닫혀서 인간이기를 포기하고 식물처럼 된다(Met. Ⅳ 4, 1006a14 이하와 1008b10-12). 그러나 이 가능성[=식물처럼 삶] 자체가 그 반대자 삶의 실천에 모순된다. 반대자가 어딘가로 가야만 한다고 스스로 믿는다면 그는 가만히 있는 대신에 역시 그렇게 한다[=간다]. 그러므로 그는 무언가 특정한 것을 한다. 아무리 그라도 단지 길이 그리로 이어지고 있다는 이유만으로 이른 아침에 우물에 빠지지도 않고 절벽에 떨어지지는 않는다(Met. Ⅳ 4, 1008b14-17). 그러므로 우리는 이론 이전의 매일의 삶 속에서조차 모순율을 요구한다. 그리고 아무리 인간 이하의 영역에서 벌어지는, 극단적으로 최소한의 자기 결정과 조심에서조차 이런 일이 재삼재사 벌어진다. 우리는 광의의 의미에서 이론이성을 인식적 작업을 할 수 있는 능력으로 생각하고, 이와 마찬가지로 실천이성을 자기 결정을 할 수 있는 능력으로 생각하기 때문에, 모순율은 모든 이론이성뿐만 아니라 모든 실천이성에 대한 가능성의 조건으로 나타난다. 광의의 일관성 개념에서 이런 논증은 일관된 것으로서 타당할 수 있다(4.2장을 보라).

D. 힐베르트(D. Hilbert) 이래로 논리학과 수학은 다른 형식적인 학문들이 받아들이게 될 이른바 공리주의적인 방법을 사용한다. 여기서 공리는 경계가 분명한 개별 학문들과 연결되고 다음의 두 가지 속성을 가진다. 그 공리들은 모순이 없으며 서로 의존되어 있지 않다. 만약 그렇지 않다면 사람들이 임의로 그것들을 결정할 수 있다. 공리들은 대체 가능하다. 그것들이 명제들로 된 개개의 다른 체계를 규정하며, 예컨대 유클리드 기하학의 병행 공리처럼 관습적인 내지 결정주의적인(dezisionistisch)[50] 성격을 갖는다. 그와는 반대로 아리스토텔레스의 공리들은 모든 학문에, 심지어 모든 행위에 타당하게 여겨진다. 사람들이 실제로 인식하고 행위하다 보면 그것들의 타당성을 일반적으로 인정하게 되는, 가장 최초의, 교환 가능하지 않은, 그래서 선택적이지도 않은 명제들로서의 공리들이 개별 학문의 학자들은 아니지만(Met. Ⅳ 3, 1005a29 이하), 철학자들에 의해서 연구된다.

공근본[51] 해석을 살펴보면서 결산해보면, 행위에도 통용되는 모순율과 같은 공리는 단순히 논리적 정리(定理)이기만 한 것은 아니고, 이성의 정리, 더 정확히 말하면 이론이성뿐만 아니라 실천이성의 메타정리다. 또한 공근본 모델이라는 의미에서의 공리는 없다. 아리스토텔레스의 공리들로부터 인식들뿐만 아니라 행위 원칙들도 도출해낼 수 없다. 그것들이 수행되는 가운데 진리임이 증명됨으로써 그것들은 수

50) 법학에서 결정주의란 특정한 권위에 의해 결정된 것이 효력이 있다는 주장이다. 즉 어떤 공리에서 정당한 결정이 유효성에 결정적이라는 주장으로 이해된다.

51) '공근본'은 앞서 나왔던 공리주의(Axiomatik), 근본주의, 그리고 본질주의의 약자이다.

행(遂行)적 성격을 가진다. 그것들의 확실성은 포기될 수 없는 명제적인 지식에 있는 것이 아니라, 모든 언어와 모든 행위가 단지 공리들과 일치하는 경우에만 생겨난다고 하는 사정에 있다. 이런 식으로 가장 확실한 지식이 오늘날 일상적인 비판에 내맡겨지지 않으면서도 최종적인 근거의 자리를 차지한다. 아리스토텔레스는 공리들에 관한 자신의 이론을 가지고 최소한 모순율의 경우에서라도 절제되고 잘 근거지워진 근본주의에 도달한다. 그는 최종적 명제를 이론적인 혹은 실천적인 체계의 기초로 천명하지 않으면서도 그 명제를 획득한다. 공리를 인식과 행위에 필수적인, 당연히 최소한의 본질적 핵심이라고 규정한다면, 공리의 본질주의도 [근본주의에서 느꼈던 것에] 못지않게 설득력 있다. 사람들이 지시하고 행하거나 마는 것이 무엇이든–그 사이에 [다른 것과 분명히] 구별되는 어떤 것이 일어나는 한–모순율을 인정하는 것이다.

기본적인 정의는 광범위한 본질주의를 요구한다. [단순히] 언어적 표현들을 논하는 것(명목적인 정의)이 아니라 완전한 개념들(실질적인 정의)을 다루고 싶다면, 학문하는 사람은 해당 사태에 본질적인 어떤 것을 말하고 싶어 한다. 예를 들면 동물의 생명이라는 개념은 해당하는 생명을 다른 실재들에서 구분하는 것을, 그 생명이 [다른 것이 아닌] 바로 그것으로서 무엇인 그것을 말하고 싶어 한다. 아리스토텔레스가 동물학에서 동물의 개별 종(種)들의 독특성을 정의 속에서 충분히 정확하게 정의 내리려고 노력[하는 것에만 한정하려고] 한다면 그의 본질주의 역시 우려스럽지는 않다. 아무튼 그 본질주의는 물리학 같은 근대의 자연과학에서 특징적인 그런 법칙들을 필요로 하지 않는다.

짧게 말해서, 상당수의 상세한 비판과 상관없이 아리스토텔레스의 근본주의는 논증 이론적이거나 학문 이론적인 근거로는 비판할 수 없다. 그리고 그의 본질주의는 [플라톤의 이데아론처럼 실체화와 같은] 전적으로 의문스러운 형이상학적인 전제를 포함하지 않는다.

5.3 귀납과 정신

《분석론 후서》의 마지막 장은 어떻게 사람이 더 이상 증명할 수 없는 전제들을 인식하는지를 논한다(An. post. Ⅱ 19, 여기에 덧붙여 Horn/Rapp 2005, 27-45). 플라톤이 원리들을 선천적으로 알고 있다고 주장하는 데 대해서 아리스토텔레스는 아무도 태어날 때부터 원리들에 대해서 알고 있지 않다고 하는 논거를 가지고 그를 비판한다(Met. Ⅰ 9, 993a1 이하 참고). 그러나 선행 지식이 없으며 배움도 없다고 하는 도입부의 명제를 돌이켜보면, 그는 원리 인식이 선천적이지 않다[=후천적일 뿐이다]고 하는, 반대되는 견해 역시 거부한다. 그것들 대신에 그는 추상적인 요소들로서는 거절된 입장들을 동시에 인정하며, 또한 상대화시키는 입장을 전개한다. 원리 인식은 단지 가능성(*dynamei*)이라는 의미에서만 선천적이라고 여겨진다. 이에 반해서 그것이 현실화되기 위해서는 세 가지 요소의 협동이 필요하다. 즉 *aisthêsis*(감각), *epagôgê*(인도 혹은 귀납), 그리고 한편 지성으로 또 한편 정신(헤겔)으로, 혹은 통찰력으로, 때로는 이성으로도 번역되는 *noûs*가 그것이다. 《니코마코스 윤리학》(Ⅰ 7, 1098b3 이하; 그리고 Ⅰ 2, 1095b4 참고)을 위해 그것[=선천적 인식이 현실화되는 것]은 추가적으로 *epagôgê*의 실천적 형태인 *ethismos*(익숙해짐)을 필요로 한다.

아리스토텔레스는 이 세 요소가 어떻게 협동하는가 하는 질문은 다루지 않는다. 심지어 *epagôgê*와 *noûs*의 관계는 주제로 삼지도 않고 두 요소가 단지 분리된 채로만 다뤄진다(*epagôgê*에 대해서는 An. pr. Ⅱ 24; An. post. Ⅰ 18; Ⅱ 19, 100a1-b5; Top. Ⅰ 12; Ⅷ 14, 164a12-15; EN Ⅵ 3, 1139b27 이하를 보라; *noûs*에 대해서는 An. post. Ⅱ 19, 100b5-17; An. Ⅲ 4-8과 EN Ⅵ 6과 12를 보라). 《분석론 후서》 첫 부분에서 이 세 종류의 원리가 여전히 거명되지만, 공리를 [실질적으로] 논하는 것은 형이상학에 맡긴다(Ⅲ 2, 997a4 이하와 Ⅳ 3-4). An. post. Ⅱ 19의 논증을 공리와 연관시키지 않고 단지 두 가지 다른 원리, 즉 학문에 고유한 보편 개념과 그 각각이 존재한다는 가정에 연관시킨다면 그 논증은 더 쉽게 이해될 것이다.

해당 원리에 대한 인식이 감각에서 생기기 때문에, 그 인식은 보편 개념들을 감각에서 추상을 통해 얻어낸다고 하는 경험주의적인 이해와 유사하다. 그러나 감각은 그 순간에도 원리에 대한 인식이 활성화되는 순간들이기만 한 것은 아니다(감각에 대해서는 An. post. Ⅰ 18과 Ⅰ 31, 더 나아가 An. Ⅱ 5-Ⅲ 2, 또한 Ⅲ 6과 8; 더 나아가 Met. Ⅳ 5-6과 *Peri aisthêseôs*(《감각에 관하여》) 참고; 그리고 Modrak 1987, Welsch 1987과 Detel 1993, Ⅰ 233 이하 참고). 비경험주의적 독해에 따르면 감각은 심지어 개별자, 예를 들면 소크라테스를 적절히 파악하지만, 그 인식이 지향하는 것은 그의 특수성이 아니라 인간이라고 하는 보편성이다. 감각은 인식에서 피할 수 없이 남게 되지만, 보편자는 인식에 단지 잠재적으로만 주어진다. [잠재적으로 주어져 있는] 보편자는 정신의 도움으로 그래서 더 위대한 [인간] 고유의 성취를 통해 활성화된다. 그것도 '단번에' 되는 것이 아니라, 귀납이라고 불리는 감각에서 기억과 경험을 거쳐 결국 원리에 대한 인식에 도달하는 과정 속에서 이뤄진다.

아리스토텔레스는 귀납에 관한 자세한 이론을 발전시키지 않았다. 《형이상학》 시작부에는 단지 감각만이 언급되고 귀납은 언급되지 않는다. 그리고 《분석론 후서》(Ⅰ 1-6)의 기획에 따른 장(章)들에서는 거꾸로 귀납을 언급할 뿐, 감각은 언급되지 않는다. 포퍼 이래로, 어떻게 사람이 관찰에서 보편적 진술을 얻는가 하는 질문과 관련해서 귀납은 인식적으로 가치가 적다고 여겨진다. 아리스토텔레스는 포퍼의 우려가 제일 잘 적용될 수 있는 존재에 관한 단칭 부정 명제들(예를 들면 "일각수는 존재하지 않는다.")을 위해 귀납 추론을 할 정도로 어리석지는 않다. 그는 포퍼에게도 역시 실제적인 문제일 수도 있는 긍정 보편 명제만을 제시한다. 그러나 포퍼와는 달리 아리스토텔레스는 법칙이나 그런 법칙과 유사한 주장을 제공하는 자연과학에서 단지 소수의 [귀납의] 예들만을 든다. 귀납은 동물학적인 사실들의 모음인 《동물학》에서는 나타나지 않고, 자연철학적인 일반 원칙들을 토론하는 곳(예를 들면 Phys. Ⅰ 2, 185a14; Ⅴ 1, 224b30; Ⅴ 5, 229b3; Cael. Ⅰ 7, 276a14 이하)에서, 더 나아가 철학적인 일반 정리(定理)(예컨대 An. post. Ⅱ 7, 92a37 이하; Top. Ⅰ 8, 103b3; Met. X 3, 1054b33; X 4, 1055b17)에서, 그리고 특히 수사학의 영역에서 나타난다. 그러나 이런 곳에서도 단지 약간의 경우들만을 위해서 등장한다(Rhet. Ⅱ 20, 1394a11-14).

《변증론》(Ⅰ 12)에 따르면 귀납은 그 자체를 위해 몇 개의 경우들만으로 충분한, 특수성에서 보편성으로의 상승(*ephodos*) 속에 존재한다. "만약 최상의 항해사가 자신이 다루는 사태를 이해하는 사람이고, 똑같은 것이 마부에게도 타당하다면, 일반적으로 각각의 사태에 정통해 있는 사람이 최선의 사람이다." 이것을 '불완전한 귀납'이라고 말하는 사람은 소수의 진술 능력이 있는 경우만으로도 충분할 수도 있을 것이라고 하는, [앞에서 든 아리스토텔레스의 귀납에서] 본질적인 점을 간과하는 것이다. 아리스토텔레스는 '실례를 통한 귀납'과 같은 어떤 것을 들여오지만, 그것이 어떤 목적과 조건 아래에서 작동하고 언제 작동하지 않는지–이를테면 오래 사는 것과 담낭이 없는 것 사이의 이른바 연관성처럼(An. pr. Ⅱ 23, 68b15 이하)–에 대해서는 숙고하지 않는다. 《변증론》의 예에서 보편 명제는 오래 사는 것과 담낭이 없는 것 사이의 연관성에는 적합하지 않은 속성을 가지고 있을 수 있다. 이 속성은 분석적이다. 즉 '전문 직업에 정통한(=A)'은 '전문 직업에서 아주 좋은/탁월한(=B)'을 의미한다. 그렇지만 인식상의 이득은 있다. 왜냐하면 귀납이 이미 알고 있던 것, 특수한 것에서 아직 모르는 것, 보편적인 것으로 나아가기 때문이다. 즉 여기서는 A와 B의 의미상의 동일성으로 나아가기 때문이다. 그 이외에 아리스토텔레스는 개별적인 경우들을 일반적인 사태로 일반화시키는 것에 큰 학문적 가치를 두지 않는다. 논리적 저작들은 일반화에 대해서 단지 우연적으로만 언급할 뿐 아니라, 증명의 두 번째 위치의 것으로만 언급한다(An. pr. Ⅱ 23, 68b35-37). 일반화는 (보편적인) 근거를 제공하지 못하고 단지 (일반적인) 사태만을 입증한다.

실례를 통한 귀납은 소수의 예들에 만족하기 때문에 실례(*paradeigma*)와 유사하다(Rhet. Ⅱ 20, 1393a26 이하와 1394a9 이하; 또한 An. pr. Ⅱ 24와 An. post. Ⅰ 1, 71a10 이하 참고). 적절한 예, 즉 수사학적인 목적을 위해 짧게 만들어진, 생략적인 귀납은 학문적 토론에서도 역시 한 자리를 차지한다. 개별적인 경우들을 인용해서 적대자가 보편 명제를 인정하도록 강요해야 한다. 반대 증거도 없으면서 인정을 거부하는 사람은 '기피자'로 여겨지기 때문이다. 노련한 토론자는 (생략적인) 귀납이 '설득력이 더 많고 더 분명하며, 감각에 더 잘 알려지고 대중에게 친숙한 반면에 삼단논법은 더 강제적이고 반박에 더 효과적(Top. Ⅰ 12, 105a16-19)'이라는 것을 잘 알기 때문에, 전문적인 토론에서는 오히려 추론을 사용하고 그와 반대로 일상적인 매일의 토론에서는 귀납을 사용할 것이다.

《분석론 후서》 시작부에서 아리스토텔레스는 오늘날의 학문 이론에 더 익숙한 종류, 즉 일반적이거나 혹은 열거하는 또 다른 귀납을 실행한다. 요컨대 선행 지식의 필연성을 위한 증거들에서 그는 완벽함을 추구하는 것이다(An. post. Ⅰ 1, 71a3-11). 그 이외에도 아리스토텔레스는 '열어 제치는 견인'으로서 일반 명제를 사랑한다. 《분석론 후서》처럼 《자연철학》과 《동물의 부분들》, 더 나아가 《형이상학》, 《니코마코스 윤리학》, 《정치학》은 귀납이 항상 자신의 토대로 가지는 보편타당한 명제에서 시작한다. 그리고 논의가 진행되면서 그 명제는 두 형태의 귀납, 즉 열거하는 귀납과 실례를 통한 귀납 모두에서 역시 커다란 역할을 한다.

사람이 개별적인 것의 감각에서 [시작하여] 점차적으로 보편적인 것에 도달하는 한, 원리에 대한 인식 과정에서 귀납이 등장한다. 이와 함께 모든 개별적인 경우를 가능한 한 광범위하게 개관하는 것은 중요하지 않고, 그렇다고 해서 소수의 관찰에서 보편자를 알아내는 것도 불가능하다. 그러한 한에 있어서 실례를 통한 귀납도, 또한 열거하는 귀납도 나타나지 않는다. 오히려 제3의 것, 즉 잠정적으로 창조적인 통찰력이라고 불리고, 직관적인 귀납이라고 불리는 것이 나타난다. 아리스토텔레스는 그런 귀납을 다음과 같은 군대에 비유한다(An. post. Ⅱ 19, 100a11-13). 그 군대란 도망가는 병사들 가운데 한 명이 멈춰 서고 다른 병사들이 그에게 한 명씩 한 명씩 모여들어 마지막에는 최초의 질서를 회복함으로써 도망 중에 질서를 재정비하는 군대를 말한다. 이 비유는 어떻게 운동에서 정지가 생기는지를 말하려고 하는 것이 아니라, 어떻게 단순한 다수, 즉 병사들의 무리에서 그 원리, 즉 군대의 질서가 실현되는지를 말하려고 하는 것이다.

질서의 실현을 담당하는 것은 지성적인 능력, 즉 감각과 귀납 다음의 세 번째 결정적인 요소인 정신(*noûs*)이다. 원리에 대한 인식은 감각과 함께 시작하기는 하지만, 그 감각에서 생겨나는 것은 아니다. 이 인식은 본질적으로 점차적이 아닌 직접적으로 개별자 속에서 보편자를 파악하는 능력에 의거하기 때문에 지성에 입각한 인식이다. 이제 귀납이 점차적으로 먼저 생겨난다. 그래서 엄밀한 의미에서 보면 직관적인 귀납이 존재하는 것이 아니라, 직관을 준비하는 귀납이 존재한다(Liske 1994 참고). 감각은 개별자를 제시하는 데 반해, 정신은 보편자를 하나씩 인식한다. 즉 귀납이－부분적으로는 가능성을 시험해보는 것으로, 또한 부분적으로는 통찰력을 실현하는 것으로－특수자에서 보편자로의 길을 추론을 통해 점진적으로 나아간다면, 정신은 이 동일한 길을 직관을 통해서 '단번에' 성취한다.

6. 방법론적인 네 가지 원칙

이미 말했듯이, 아리스토텔레스의 방법론적인 견해는 오르가논에서만 보이는 것이 아니라, 그가 자신의 논문들 속에 '흩어놓은' 여론과 논평 속에서도 역시 보인다. 간단명료한 것은 역시 다른 주제도 다루고 있는《니코마코스 윤리학》의 어절(語節)이다(Ⅶ 1, 1145b2-7). 이에 따르면 다음 세 가지가 중요하다. (1)현상(現象)을 확보해야만 하며(*tithenai ta phainomena*), (2)난관들을 철저히 연구해야만 하며(*diaporêsai*), (3)믿을 만한 의견(*endoxa*)[52], 즉 최소한 대다수이고 가장 중요한 의견을 입증해야만 한다(*deiknynai*). "왜냐하면 만약 난관들이 해소되고 믿을 만한 견해들이 살아남는다면 충분히 증명한 것이기 때문이다"(비슷하게 Phys. Ⅳ 4, 211a7-11과 EE Ⅶ 1 이하, 1235a4-1235b18).《영혼에 관하여(*De anima*)》(Ⅰ 1, 402a10-22)에 따르면 통일적이고 무차별적으로 모든 학문에 동일한 방법은 없다. 이는 앞에서 언급한 어절과 모순되지만, 겉보기에 그럴 뿐이다. 왜냐하면 세 개의 요소는 구체적인 절차의 의미를 가진 것이 아니라, [모든 학문을 위한] 방법론적 원칙이라는 의미를 지니기 때문이다. 그 이외에도 이 요소들이 아리스토텔레스의 방법들을 모두 포괄하는 것은 아니다. 특히, 추가적으로 어떤 의미에서 네 번째 준칙으로 논해져야만 할 언어분석이 빠져 있다.

52) '*Endoxa*'는 앞에서 통념으로 번역했다. 그리고 오해의 여지가 없는 한 그렇게 할 것이다. 다만 여기서는 저자가 '믿을 만한 의견'으로 해석했기에 그것을 따랐다.

6.1 현상을 확보하다

우리 모두는 누군가가 가진 어떤 행동 방식을 확신하지만, 그가 그 행동 방식에 따라 행동하지 않는다는 것도 알고 있다. 그것이 바로 우리가 말하는 의지박약 혹은 무절제다(*akrasia*). 아리스토텔레스가 보기에 의지박약 같은 것이 전혀 없다고 하는 소크라테스의 견해는 현상과 명백하게 모순된다(EN Ⅶ 3, 1145b22-28). 현상을 구제하기 위해 그는 무절제의 가능성을 부정하지 않으면서도, 소크라테스의 우려를 진지하게 받아들이는 이론을 발전시킨다. 그는 파르메니데스의 견해와 똑같은 멜레소스와 크세노파네스의 견해, 즉 존재자를 제외하고는 아무것도 존재하지 않는다는 견해에 대해서도 이와 유사하게 대처한다(Met. Ⅰ 5, 986b18 이하). 그는 명백한 현상적인 토대에 반(反)하는 이론을 구축하려는 그들의 시도에 대해 그 이론이 수미일관하지 못하다고 이의를 제기한다. 아리스토텔레스의 견해에 따르자면,[53] 비록 파르메니데스가 개념에 따라서는 단지 일자(一者)만을 알지만, 감각에 따라서는 다수를 인정하기에 파르메니데스는 현상, 여기서는 일상 경험에 순종하지 않을 수 없다. 그 이외에도 파르메니데스의 '순종'은 멜리소스와 크세노파네스의 '조야한 견해들'보다 더 분명하다.

아리스토텔레스는 다른 곳에서도 일상 경험들을 다루는데, 예를 들면 도토리에서 항상 도토리나무가, 그리고 인간의 출산에서 항상 인간이 생겨난다고 하는 경험을 목적론에서 다룬다. 사람이 많은 관

53) 여기부터 이 문단 끝까지의 문장들을 모두 접속법 1식을 씀으로써 저자는 아리스토텔레스의 이 견해에 거리를 두려는 의지를 표현하고 있다. 그래서 원문에는 없는 "아리스토텔레스의 견해에 따르자면"이라는 절을 넣었다.

찰에만 의지할 수 없기는 하지만[54] [천체에 관한] 현상들이 아무튼 천문학에서 확보될 수 있으며(An. pr. Ⅰ 30, 46a20; 그리고 An. post. Ⅰ 13, 78b39와 79a2-6; Cael. Ⅲ 7, 306a5-17 참고), 동물 세계의 서술이 모든 분류에 앞서 현상들의 집적에서 시작하기 때문에 동물학에서도 그렇다(Part. an. Ⅰ 1, 639b5-10과 640a13-15). 때때로 아리스토텔레스는 첫 번째 원칙[=현상 확보]을 암묵적으로 따른다. 이를테면, 학문이 존재하지 않는다는 견해에 대한 비판에서(An. post. Ⅰ 3), 그리고 그가 일반적으로, 현상들에 어울리는 이론을 찾는 대신에 그것들을 주어진 이론에 따라 비틀어 해석하는 것을 경고한다(Cael. Ⅱ 13, 293a23-30).

이미 오언(Owen, 1961)이 말했던 것처럼, 항상 동일한 현상들이 문제가 되는 것은 아니다. 천문학, 동물학, 그리고 다른 경험과학들이 왜(Warum, *dihoti*)를, 즉 원인들과 근거들을 탐구할 수 있기 이전에, 그 과학들은 스스로의 경험적 토대를, 즉 …라는 것(Daβ, *hoti*)[사실]을 확보해야만 한다. 여기서는 현상이 경험적인 자료에 상응한다. 이와는 달리 철학, 즉 학문 이론, 자연철학, 윤리학, 그리고 존재론에서는 현상이 해석된 것, 즉 의견으로 나타나 첫 번째 방법론적인 원칙[=현상 확보]이 두 번째 방법론적 원칙[=난관 연구]으로 전환된다. 첫 번째 원칙 속에는 당연히 두 번째 원칙이 표현해내지 않는 것, 즉 일상적인 견해에서 너무 멀어진 사고가 불합리성(*atopos*: 예를 들면 Phys. Ⅰ 2, 185a11)으로 떨어질 것이라는 두려움이 드러난다. "현상을 확보하다" [라는 원칙]을 해석된 것들과 관련해서 생각해보면, 경험적으로는 그럴듯하지만 처음에는 당연히 공허하기도 한 견해를 도와서 근거를 제

54) 원문이 문맥과 맞지 않아 반대로 해석한다. 원래는 '없기 때문에'이다.

시하고 개념적으로 날카로워지게 만든다는 것을 의미한다. 현상은 최종적으로 형성된 이론을 수단으로 당연하게 단순히 이해할 수 있게 해석되는 것만이 아니라, 더 정확하게 그리고 종종 다르게, 가끔은 심지어 근본적으로 다르게 해석되기도 한다.

6.2 학설들

아리스토텔레스는 자신의 청중들이 텍스트에 대해서는 세계에 대해 사고하는 것보다 덜 [충분히] 사고할 것이라고 전제한다. 여기서 세계란 토론과 인식의 세계, 시와 공적인 연설의 세계, 특히 자연적인 세계와 사회적인 세계를 말한다. 이런 근거에서 오늘날 많은 철학자와는 달리 그는 보통 직접적으로 사태에서, 그리고 어쩌다가 이제까지의 토론의 역사에서 사고를 시작한다. 다른 한편 아리스토텔레스가 최초로 세계에 대해 사고한 것은 아니다. 그리고 그는 근본적으로 세계에 대한 사색이 자신에게서 최초로 이루어진다는 인상을 주려고 하지 않는다. 이와는 반대로 그는 이전의 학설들(*doxai*)에 대해 유난히도 많은 지면을 할애한다. 그 속에는 그의 선배들에 대해 말하지 않는 논문이 없으며, 그 논문들 속에는 선배들을 언급하지 않는 주제가 없다. 이와 동시에 결코 그는 단지 [선배들의] 토론의 사정만을 보고한 적도 없다. 자연철학자들(*physikoi*)의 학설을 문제별로 배열하고 《자연철학자들의 견해들(*Physikon doxai*)》이라는 저서 속에 단순히 모아 놓았던 테오프라스트와는 달리, 아리스토텔레스는 오히려 난제집(難題集)이라는 원칙을 고수한다. 이 원칙에 따르면, 사람이, 그의 선배들이—서로서로 혹은 자신에 대해서—다른 견해들을 드러내는 정도까지만 선배들을 다룬다(Met. Ⅲ 1, 995a24-27).

선배들과 씨름하는 가운데, 아카데미의 토론에서 다뤄진 많은 것이 이미 학교/아카데미의 살아 있는 지식으로 되었는데, 이런 사실은 아리스토텔레스에게 도움이 된다. 상당수의 견해는 심지어 고정된 공식으로 농축되었다. 게다가 그는—다양한 대상에 따라 분류해서—보고서들의 발췌문들을 작성한다(Top. Ⅰ 14, 105b12-15). 특히 그에게는 낯선 입장들을 간단명료하게 서술하는 능력이 있다. 예컨대 Met. XⅡ 1(1069a34-36)에서 그가 플라톤, 크세노크라테스, 스페우시프스의 세 명을 세 줄로 인용할 때, 그는 아주 짧게 서술한다. [그런데] 때에 따라서는 그가 거의 융통성이 없다고 할 정도로 이전의 견해들을 자세히 서술한다. 자연 원리들의 수와 종류에 대한 질문(Met. Ⅰ 3-10; 유사하게 Phys. Ⅰ 2-9)에서 그는 탈레스와 아낙시메네스, 그리고 아폴로니아의 디오게네스가 기여한 바들을 하나하나 높이 평가한다. 그가 히폰(Hippon)은 옆에 제쳐놓는 반면에, 히파소스(Hippasos)는 언급할 가치가 있다고 여긴다. 더 나아가 헤라클레이토스와 엠페도클레스, 그리고 아낙사고라스도 마찬가지다. 그는 헤시오도스, 파르메니데스, 레우키포스와 데모크리토스, 그다음에 피타고라스학파 사람들과 소크라테스를 배려한다. 그는 '글로 남기지 않은 가르침(*agrapha dogmata*)'[55]을 포함하여 플라톤을 특별히 자세하게 서술한다.

학설을 그리스어로 '*doxai*(견해들)'이라고 하기 때문에 사람들은

55) 플라톤 연구자들에게 그의 '글로 남기지 않은 가르침'은 특별히 중요하다. 출판된 저작들에서 가장 핵심적인 부분이 특별히 모호하다는 인상을 받게 마련인데, 아리스토텔레스의 보도에 따르면 플라톤은 자신의 학설 가운데 가장 중요한 부분은 출판하지 않고 아카데미 내에서 강의로만 전수했다고 한다. 그리고 이것을 보도한 것이 이른바 '글로 남기지 않은 가르침'이고, 이에 관해서는 아리스토텔레스가 가장 중요하고 양적으로도 가장 풍요로운 출처다.

'독사적인(doxatisch, 견해적인, =[사람들의] 견해에서 출발하는) 방법'에 대해 언급한다. 이와 동시에 아리스토텔레스는 다음과 같은 두 개의 아주 중요한 학문 윤리적인 규정들을 중시한다. "한편으로 우리는 사물들을 우리 스스로 탐구한다. 그러나 다른 한편으로 우리는 다른 연구자들에게서 배우며, 경우에 따라서는 우리와는 다른 그들의 견해를 받아들여야만 한다(Met. XII 8, 1073b13-17; 그리고 Cael. III 7, 306a11 이하 참고)." 아리스토텔레스가 선배들의 견해들을 언급하며 그들의 업적들을 질투하지 않고 인정함으로써, 그리고 그 자체로 모순적인 견해들에 대해 그 각각의 고유한 권리를 그대로 놓아두기를 추구함으로써(EE VII 2, 1235b16 이하), 또 원칙적으로 자신의 독창성을 정당한 경우에만 주장함으로써, 또한 [선배들의] 결핍이나 다른 결점들을 극복하고 자신의 사상들을 제시함으로써, 그는 칸트 이후로 학문성에 속하는 조건을 충족시킨다(《순수이성비판》 Vorrede 2. Aufl.). 그는 철학을 도와 눈에 뜨이는 진보를 이룩한다(Soph. el. 34, 183b17 이하와 184b3-8 참고).

때때로 참다운 밀을 거짓의 지푸라기에서 걸러내기 위해 아리스토텔레스가 인정받는 견해들을 단지 '체를 통해 걸러내기'만 할 뿐이라고 보이기도 한다. 그러나 [우리가] 이 인상을 부인하는 것은 특히 종종 어떤 사물들은 주목되지 않은 채 내버려져 있기 때문에 더욱 스스로 탐구해야만 한다고 그가 요구하기 때문이다(Met. III 1, 995a27 이하). 아리스토텔레스는 어떤 주제가 이미 많이 토론되었던 바로 그곳에서 독창적인 판단 작업을 한 이후에 비로소 자신의 입장을 얻는데, 그것도 자주 일정 정도 부정의 길을 통해 그렇게 한다. 《형이상학》의 서론적인 부분(Ⅰ 3-9)에서 많은 선배의 '절제된' 원리 이론[56)]뿐만 아니라, 아낙사고라스의 무한히 많은 원리라고 하는 반대의 가정도 역시 피하는 것이 이른바 네 가지 원인설(原因說)이다. 저자[=아리스토텔레스]는 Cael. Ⅰ 10, 279b4 이하와 Ⅲ 1, 308a4 이하; in An. Ⅰ 2-5; Gen. corr. Ⅰ 1-2; Met. XⅢ; EN Ⅶ 3과 Pol. Ⅱ에서도 비슷하게 처신한다.

저자 이전에는 진지하게 받아들여져야만 하는 어떠한 철학도 없었다는 인상을 제공하는 텍스트들은 그 저자를 이후에 오는 세대들에게 방향과 척도를 제공하는 법 제정자이자 탁월한 천재로 만든다. 하지만 아리스토텔레스는 그런 자기 연출들을 포기한다. 아주 소수의 정당한 예외들—삼단논법과 변증법 및 동물학의 대부분—이외에는 그가 독창적인 발견을 했다고 주장하지 않는다. 그보다는 오히려 그는 사고를 훨씬 풍요롭고 정교하게 만드는 것에 만족한다. 특히 실천철학에서 학문적인 학설들에 일상적인 견해들이 추가된다(*legomena*; 예컨대 EN Ⅰ 2, 1095a18 이하; 18, 1098b10 이하와 Ⅰ 9, 1098b27 이하). 혹은 일상적인 견해들이 거기에 연결된다(예를 들면 EN Ⅰ 9, 1098b22-29). 그리고 때때로 전문가들의 견해는 대중의 견해와 모순된다(EN Ⅰ 3, 1095b19 이하). 그럴 경우에 요구되는 선택을 위해 아리스토텔레스는 오늘날까지도 그럴듯하게 여겨지는 다음과 같은 기준들을 제시한다. 광범위한 [이론의] 확장과 일정 정도 근거 제시와 존경할만한 나이와 인정된 권위의 지지와 같은 것들이 그런 기준들이다(예를 들면 EN Ⅰ 8, 1098b16-18; 9, 1098b27 이하).

그가 선배들을 대하는 태도 속에는 문헌들을 철저하게 연구한 이

56) 이 말은 원리의 수가 너무 적다는 뜻이다.

후에만 학문적이고 철학적인 진보가 가능하다고 하는 기대 이상의 것이 들어 있다. 그는 자신을 학문하는 사람들과 철학자들의 긴 대열의 연속으로, 또한 정점으로도 역시 생각하지만, 이를테면 플라톤에 반대해 선배들을 증인으로 인용함으로써 직선적인 발전이라는 사고를 물리치는 사람이다. 그리고 그는 처음이 전체의 제일 큰 부분이라는 것을 인정하고(Soph. el. 34, 183b22 이하), 이로써 대부분의 연구 분야들을 위해 선배들에게 위대한 업적을 인정하는 사람이다. 또한 그는 결국 학자가 아닌 사람도 증인으로 내세우는 사람, 이를테면 입법자 솔론을, 그리고 그리스 문헌을, 그리고 역사서술(예컨대 헤로도토스: Poet. 9, 1451b2)을, 그리고 속담의 지혜를 증인으로 내세우는 사람(예를 들면 Met. Ⅰ 2, 983a3)이다. 이런 사람이 정신의 역사에서 최상의 감각을 보여준다. 아리스토텔레스에게는 어떤 경우에도 근대 사상가들의 정열, 철학을 근본적으로 새롭게 규정한다는 요구가 낯설다.

아리스토텔레스가 학설들과 널리 퍼진 견해들을 탐구하면 할수록 그만큼 그가 그것들 속에서 진리의 기준을 발견하는 것이 더 힘들어진다. 심지어 그는 일반적으로 통용되는 견해들에 진리의 추측이라는 칭호를 붙이기도 한다. 왜냐하면 모든 사람은 진리와 관련된 어떤 것을 자신 속에 지니고 있기 때문이다(EE Ⅰ 6, 1216b30 이하). 그리고 전체로서 그들은 진리를 모르지 않는다(Met. Ⅱ 1, 993a30 이하). 그러나 인정된 견해들은 기껏해야 틀리지 않을 뿐이고 분명하지는 않다. 어떤 견해들은 너무 좁고 다른 것들은 너무 넓으며, 또 다른 것들은 피상적이거나 혼란스럽다. 그래서 그것들이 분명해지도록(*to saphôs*) 돕는 것이 철학자의 의무다(EE Ⅰ 6, 1216b33 이하). 아리스토텔레스는 지혜로운 사람(*sophos*)이 논의한 것에서 우선 널리 퍼진 견해들을 모으고(*hypolêpseis*), 그것들과 연결하면서 거기서 생겨나오며 동시에 받아들일 수 있는 특징들을 열거한다(Met. I 2, 982a8-21). 그는 많은 다른 어절 속에서도 비슷하게 행동한다.

W. 해밀턴(W. Hamilton) 이래로 사람들은 아리스토텔레스가 [널리] 인정받는 견해들을 수용한 것을 상식 철학이라는 의미에서 해석하고자 한다. 그리고 H. 시지윅(H. Sidgwick)에서 조지 무어(G. E. Moore)를 거쳐 J. 롤스(J. Rawls)까지 아리스토텔레스의 윤리학을 그리스인들의 상식적인 도덕으로 독해하려고 한다. 실제로 아리스토텔레스는 커다란 진리 요구[57]를 한다. 여러 소크라테스 이전의 철학자들이 자신들의 이론을 역설로, 즉 대중의 생각과 모순되는 견해로 표현하기를 선호하는 것은 교육적 열심으로 가득 찬 플라톤이 특히 동굴의 비유에서 영혼을 돌이키라고 요청하는 것 못지않게 아리스토텔레스에게는 관심이 없는 일이다. 그러나 이런 태도는 그가 적절한 계기에 대중들의 의견을 단적으로 비판하는 것을 막지는 못한다. 행복을 쾌락이나 부 또는 명예처럼 분명한 어떤 것으로 이해하는(EN I 2, 1095a22 이하) 상식에 반해, 비범함은 이론적 삶을 변호하기 위해 등장한다. 무제한자(無制限者)[58]에 대한 논문 역시 사람들이 일반적으로 무제한자라고 생각하는 것의 정반대에 도달한다(Phys. Ⅲ 6, 206b33). 아무튼 아리스토텔레스는 여러 어절 속에서 결국 전문가들

---

57) 앞의 각주에서도 언급했다시피 'Wahrheitsanspruch'는 번역하기 매우 어려운 단어다. 그래서 문자 그대로 '진리 요구'라고 번역했지만, 의미가 모호하다. 다만 여기서는 '일반인들의 생각이 제법 믿을 만하다는 것을 주장한다'는 의미로 이해하고, 이에 따라 '커다란 진리 요구'는 '일반인들의 생각이 일반적으로 생각하는 것보다는 더 믿을 만하다는 요구'라는 의미로 이해한다.

58) 'das Unbegrenzte'를 비슷한 'das Unendliche'와 구분하기 위해 후자를 무한자(無限者)로, 전자를 무제한자로 번역하기로 한다. 물론 무제한자라는 단어는 쓰이지 않는 용어지만, 'un-begrenz-t'에서 제한을 가져와서 의미를 살리려 한 것이다.

을 의지한다(*sophoi*). 그 이외에도 그는 일상 오성에게는 낯선 개념들을 형성하는 것을 꺼려하지 않는데, 이를테면 '부동(不動)의 원동자(原動者)'라는 개념(10.2장을 보라)과 '가장 목표다운 목표'라는 개념(14.1장을 보라), 그리고 '수동적 지성'과 '능동적 지성'의 구분이라는 개념(8.3장을 보라)을 꺼려하지 않는다. 무엇보다도 그의 존재론은 상식으로 보면 의심할 나위 없이 낯선 생각인 '정신의 자기 자신에 대한 사고'라는 생각 속에서(10.2장을 보라) 내용적으로 최고점에 도달했다. 간략하게 말해서 상식과 유행하는 생각에 대해 아리스토텔레스는 아주 다양한, 즉 부분적으로는 해석학적이고 부분적으로는 비판하거나 긍정하는 관계를 맺었다. 그래서 그가 비록 상식의 철학자에 속할 수는 있지만 경우에 따라 제대로 된, 즉 비판에 개방적인 상식의 사상가라고 할 수 있다(12.2장을 보라).

6.3 난관들(Schwierigkeiten)

아리스토텔레스의 논문들은 《분석론》의 학문적 이상에 상응하지 못하기 때문에, 사람들은 그 체계에 대한 요구를 거절할 수도 있을 것이고, 그를 단지 난제적인(aporetisch, 즉 아포리아(*Aporia*)적인) 사상가로 생각할 수도 있을 것이다. 이런 체계화에 반대하는 해석은 아리스토텔레스의 철학 전반에는 비록 적절치 않지만, [그의 철학의] 본질적인 부분에는 적절하다. 그리스어 '*aporia*'는 문자적으로 '갈 수 없는 길'을 의미한다. 아포리아들은 사태에 놓여 있는 난관들 혹은 문제들이다. 이것들은 종종 물음의 형태로 나타나며, 아리스토텔레스의 변증법이라는 의미로 '학습에 맞게', 서로 정반대인 가능성이나 선택지로 제시된다. 그것은 여하튼, 아포리아들의 큰 비중이라는(Top. Ⅰ 2, 101a34-36 참고) 정황은 앞서의 [아리스토텔레스를] 상식[의 철학자로] 해석[하는 것]을 반대한다.

좋은 실례가 《분석론 후서》의 정의론(定義論)에서 보인다. 먼저 난관들을 상세하게 논의한 후(Ⅱ 3-7)에 그 자신의 이론이 뒤따른다(Ⅱ 8-10). 원리 인식에 대한 이론에서도 아리스토텔레스는 비슷하게 행동한다. 그는 이론을 서술하기 전에 세 개의 아포리아들을/난제들을 열거하고 논평한다(An. post. Ⅱ 19, 99b20-32). 시간의 분석 역시 시간의 난제들의 상세한 설명과 결부되어 있으며(Phys. Ⅳ 10; Ⅵ 1-8), 의지박약에 관한 논문들도 마찬가지다(EN Ⅶ 3). 심지어 《형이상학》은 책 한 권 전체를, 즉 문제에 관한[59] 책이자 난제들의 책인 Ⅲ권을 기초철학[60]이 맞닥뜨리게 되는 난관들에 할당한다(Met. XⅠ 1-2 참고). 다른 곳에서는 난제들이 선배들에 대한 비판 속으로 섞여 들어가며(예컨대 An. Ⅰ 2-5), 때때로 그것들은 자신의 견해를 보증해주는 역할을 한다(예를 들면 Met. XⅡ 10, 1075a25 이하).

아리스토텔레스는 이를테면 난제들을 가능한 한 빨리 해소하려고 노력하지 않는다. 그보다는 오히려 그는 우선 그것들을 상세하게 드러낸다. 이전에 알았던 견해들—일상의 생각들 혹은 유명한 학설들—이 우선 의심스러운 것으로 제시되고, 그다음에 자주 쓰이는 용어인 그리스어 *di-aporêsai*(예컨대 Phys. Ⅳ 10, 217b30; Met. Ⅰ 9, 991a9; Ⅲ 1, 995a28; An. post. Ⅱ 19, 99b23)의 문자적인 의미인 '그 의심스러움을 철저히 검토함'에 내맡겨진다[=의문점을 철저히 검토한다]. 이런

59) 《형이상학》 Ⅲ권 전체가 핵심적인 문제들에 관해서 아포리아의 형태로 소개한다.

60) 형이상학을 의미한다.

방식으로 사람들은 아리스토텔레스에게서 학문적이고 철학적인 통찰력이 어떻게 생기는지를 같이 체험할 수 있다. 난제들에 대한 책의 서론적 장(Met. Ⅲ 1, 995a27-32)은 그를 위해 특정한 부정을 의지한다. 난-제들(A-porien)[61]－여기서 의미하는 바는－'갈 수 없는 길'[강조는 번역자]을 정확하고 가능한 한 충분히 아는 것에서 유포리아들(Euporie)[62], 즉 '잘 그리고 쉽게 갈 수 있는 길'이 생겨난다. 이제 난제적인 해석은 논증의 첫 부분이라고 주장할 수 있다. 철학이 요구되는 곳은 장애들이 '다루기 어려운 문제들'이라는 형태로 존재하는 곳이다. 그러나 이 해석은 두 번째 부분에서 한계에 부닥친다. 철학이 장애들을 단지 서술하기만 해서는 안 되고 치워버리기도 해야 한다. 그를 통해서 철학은 끝없이 열려진 추구로서 단지 과정 중에 있는 어떤 것 이상이 된다. 그래서 철학에는 두 가지가 속한다. 즉 명민함과 문제의식 이외에도 높은 '건설적인' 능력이 철학에 속한다.

일반적으로 장애는 단순한 견해나 이론에서, 혹은 모순적인 견해나 이론에서 생겨난다. 그렇다면 난제에 대한 토론은 복잡하고도 모순이 없는 이론으로 인도한다. 동시에 아리스토텔레스는 '교조적인' 무오설(無誤說)에는 반대되는 심층적인 이성 낙관주의를 실천한다. 장애를 아는 사람은 그것을 치울 줄도 안다. 난관을 정확하게 꿰뚫어 보는 사람은 그것을 해결할 능력이 있다. 《니코마코스 윤리학》(Ⅶ 4, 1146b7 이하)에서는 그것을 강조해 난관을 해결하는 것을 (진리의) 발견이라고 말한다. 실제로, 유효한 난제들이 치워진 곳에서 사람들은

61) 'A-poria'에서 그리스어 부정의 a와 난제의 한자 난(難)이 비슷하게 부정의 의미를 지니기 때문에 저자가 표현한 어감을 이렇게라도 살려본다.

62) 'A-poria'와 'Eu-poria'의 대조에서 저자는 그리스어의 문자적 구분점에 착안하는데, a-는 불가능을 의미하고 eu-는 탁월성을 의미한다.

'진리 요구'를 해도 된다. 이것은[=이 진리 요구는] 당연히 절대적으로 그렇게 생각되는 것은 아니다. 새로운 장애가 나타나자마자 사람들은 그것을 다시금 철저히 검토해야만 한다.

6.4 언어 분석

언어 분석은 난제를 철저히 검토하는 과정에서, 그리고 아리스토텔레스 철학 전반에서 가장 중요한 절차 가운데 하나다. 《변증론》(I 13, 105a21-25)에 따르면 한 측면으로서 개념적 구분은 삼단논법을 찾는 데 도움을 주는 네 개의 '도구들(*organa*)' 중[의 하나]에 속한다. 《형이상학》이 다시금 증거가 된다. V권, 즉 [우리에게까지] 전해진 첫 번째의, 그리고 오늘날[도 역시] 읽을 만한 가치가 있는 개념 사전이 30개 이상의 기초 개념들을 그 다양한 의미 속에서 소개한다(*pollachôs legetai*; 또한 *dichôs legetai*, 이중적 의미 참고: 예컨대 An. post. I 2, 71b33; Phys. I 8, 191b2; Gen. corr. I 7, 324a26 이하; Met. V 23, 1023a27; EN Ⅶ 13, 1152b27). 논문들 속에는 이를테면 '무제한(Phys. Ⅲ 4-8)', '생명(An. Ⅱ 1, 413a22)', [당하는 것과 반대의] '(행위)함/능동(Akt, EN 12, 1136b29 이하)과 같은 일련의 개념들이 추가된다. 개념적 구분과 우선 [정확하게] 구분하지 않고 진술된 것의 분해는 속성상 유사하다(Met. Ⅶ 17, 1041b1 이하). 이런저런 절차들을 통해 아리스토텔레스는 근대 철학을 선취한다. 진리와 외양은 구분되어야 한다(Soph. el. 1, 164a20 이하)는 주장은 칸트의 선험적 변증론을 연상시킨다. 철학이 [단어의] 다의성(多義性), 사물들과 표현의 혼동(Soph. el. 1, 165a6 이하), 그리고 다른 언어적 함정들을 통해 생겨난 오성에 건 마법에 대한 치료제일 수 있다는 생각은 우리 세기의 언어 분석철학을 상기시킨다. 그런데 아리스토텔레스에게 언어의 토대들에 대한 철학적인 탐구는 여러 방법 가운데 하나로 남아 있다. 근대의 언어 분석에서 철학이 언어적 구조들의 서술 이상이 되지 못하게 하는 배타성[63]에 대한 요구는 아리스토텔레스에게 낯설다.

[철학] 전체의 절차는 세계의 인식 가능성에 대한 신뢰와 동시에 첫 인상에 대한 회의에 의해서 추동된다. 첫째, 이 결합은 아리스토텔레스에서 대부분 출발한 커다란 설득력을 설명한다. 인식 [가능성]에 대한 신뢰를 통해 탐구에서 오는 긴장감을 받아들이는 것은 보람 있다. 이른바 명백한 것에 대한 회의 때문에 이 긴장은 꼭 필요하다. 이로써, 진리 가능성 자체를 의심하는 회의주의는 고찰의 대상이 아니다. 그리고 어떠한 철학자라도 아리스토텔레스처럼 논의의 [현재] 상황을 앎으로써 통찰력과 적극적인 사고를 수단으로 많은 새로운 지식을 획득하는 데 성공한다면, 아마도 그는 원칙적인 회의에 대해 회의해도 될 것이다.

63) 근대 분석철학이 철학의 형이상학으로 되어 쓸모없이 되는 것을 반대해서 철학의 과제를 대상 세계가 아니라 언어 문제만을 다루고자 하는 노력을 반대하는 주장이다.

Ⅲ. 자연학과 형이상학

7. 자연철학

근대는 자연철학자로서의 아리스토텔레스를 날카롭게 심리(審理)한다. 아리스토텔레스가 아낙사고라스와 데모크리토스, 파르메니데스와 엠페도클레스에게 허용한 것, 즉 '자연 인식의 흔적(《신기관》 I, Aphor. 63)'을 자신에게는 허용하지 않았다[64]는, 그리고 베이컨과 함께 시작해 다양한 목소리를 내는 비판은 아리스토텔레스가 학문적 발전을 거의 2천 년 동안이나 막았다고 하는 비난이 된다. 그러나 이 비난은 심지어 당시의 아리스토텔레스주의에조차 정당한 것이 아니다. 여러 곳에서 아리스토텔레스주의가 교조주의적인 경직성으로 자연 탐구를 방해한다는 것이 맞기는 하다. 그러나 다른 곳에서 이 경직성은 아리스토텔레스에게서 영향 받은 학파, 즉 파두아의 학파에서 생겨난다(18.1장을 보라). 그리고 비판의 많은 부분은 아리스토텔레스에 대해 시대착오적인 오류를 범한다. 당시 모든 위대한 수학자와 천문학자들이 지구 중심적인 세계관에서 출발하기 때문에, 이 세계관에

64) 아리스토텔레스가 사변에 빠져서 경험 탐구는 등한히 했다고 하는 근대의 비난을 의미한다.

대한 비판 같은 것이 실례가 될 수 있다. 또한 후생설(後生說)[65]과 같은 근대의 이론은 아리스토텔레스를 의지할 수 있다(8.2장을 보라). 아리스토텔레스를 연구하는 사람은 대체로 풍부하고 또한 근대와 그렇게 심하게 다르지 않은 자연 탐구를 접할 수 있게 된다.

7.1 아리스토텔레스적인 자연 탐구

사람들은 아리스토텔레스에게 근대적 이해에서의 실험은 알려지지 않았다고 말한다. 사실 그는 부분적으로 자연 자체를 직접적으로 관찰한 것들과 또 부분적으로 언어에 함축된 자연의 반영을 직접적으로 관찰한 것들을 의지한다. 또한 그는 망원경과 현미경 같은 다른 보조 수단 없이 작업한다. 그럼에도 그는 단초들 속에서[나마] 실험에 대해 알고 있다. 그래서 그는 동물을 해부하는데, 예를 들면 《동물학》에서 두더지의 눈을 해부하는 것을 묘사한다(8.1장 참고). 그는 한배에 품고 있는 달걀들에서 배아의 발달 역시 관찰하며(Hist. an. Ⅵ 3, 561a6-562a20), 이 관찰을 가지고 경쟁하는 이론에 대해 자신의 이론을 옹호한다. 그 이외에도—우리가 앞으로 보게 될 것인데—그가 탐구하는 종류의 생물학을 위해서는 '실험적 방법'이 그렇게 중요하지 않다.

자연학의 관점에서 아리스토텔레스는 자연이라고 하는 책은 수학이라는 언어로 쓰였다고 하는 갈릴레이의 명제와는 거리가 멀다. 그가 수학과 물리학 사이의 차이점뿐 아니라 공통점도 알고 있다는 것(Phys. Ⅱ 2, 193b23-25)과 그가 《자연학》에서 수학과 물리학에 동일

65) 근대 생물학설로 생물의 발생이 점차적인 분화에 따른다는 주장이다.

하게 적용되는 주제들을 알고 있고 그래서 무한과 연속을 연구한다는 것(7.4장을 보라)은 사실이다. 동시에 그는 그것을 수단으로 해서 근대 물리학이 연속성과 미적분의 문제를 다룰 수학적인 사유 수단을 위한 개념적인 전제들을 설명한다. 여전히 그는 그 전제들 속에서 수학화가 승리하게 될 자연과학들, 즉 역학과 광학 및 천문학을 응용수학에 배정한다. 그리고 그가 경험적인 자연 탐구를 위해 다대한 공헌을 한 곳에서는, 즉 생물학에서는, 더 상세하게는 동물학에서는 근대에도 역시 형태들의 서술(형태학)과 기능들의 서술(생리학)이 수학적인 주장보다 더 중요하다.

비판이 과도해진 이유 가운데 하나는 아리스토텔레스와 아리스토텔레스주의를 혼동해서다. 그중 한 부분은 전체 우주가 합목적성에 지배받는다고 하는 보편적 목적론에 대한 비판이다. 오늘날에도 '철학적으로 형성된' 생물학자들 사이에 존재하는 지배적인 견해는 아리스토텔레스에게서 나온 것이 아니다. 다시 말해 [보통] '아리스토텔레스는 세계는 저절로 가진 의미로 충만하며 가치와 목표 및 목적을 향하는 존재론적으로 풍요로운 연관성, 즉 전적으로 순결하고 그 자체에서 솟아나오는 능산적(能産的) 자연(*natura naturans*)이다'라고 했지만, 이 견해는 아리스토텔레스에게서 나온 것이 아니다. 비판의 또 다른 원인은 [근대에] 생물학보다는 물리학—이것은 무한자나 연속과 같은 주제들을 다루는 토대들에 대한 연구가 아니라 '일상적인 물리학'이다—이 아리스토텔레스를 일정 정도 잘못된 관점으로 독해한다는 사정이다. 어떤 관점에서 보면 아리스토텔레스는 근대 물리학자들과 다르지 않게 작업했다. 몇몇 플라톤주의자의 극단적인 사변과는 달리 그는 경험을 탐구할 확고한 장소를 마련하며(Cael. Ⅲ 7, 306a5-17 참고), 모든 자연 과정을 위해 고유하고 분명하게 기술한 제한된 설명을 추구했다. 베이컨에 따르면 아리스토텔레스의 입장보다 '훨씬 더 볼썽사납고 더 이해할 수 없는 결정들'을 하는, 이론도 없는 '충동적인 실험'과는 반대로(《신기관》 I, Aphor. 64) 아리스토텔레스는 이론적 관심을 따른다.

다른 한편으로 분명한 차이가 있다. 근대 자연 탐구가 인간의 목적에 종속된다면 아리스토텔레스에게는 인식 그 자체가 문제가 된다(*tou eidenai charin hê pragmateia*: Phys. Ⅱ 3, 194b17 이하). 이 순수하게 이론적인 관심은 일어날 수[도] 있는 오용을 반대하는 윤리학이든 위험/리스크 윤리학이든 어떠한 특별한 윤리학도 [따로] 필요하지 않아서 좋다. 아리스토텔레스는 학문에 내재적인 윤리학만으로 만족할 수 있다. 본질적으로 자유로운 행위로서의 아리스토텔레스적인 자연 탐구는 그 자체에 자신의 도덕적인 정당성의 근거가 있다. 자연 탐구의 저술들이 아리스토텔레스에게서 전해져 내려온 저작의 절반 이상을 차지한다면, 그것은 이미 양적으로도 커다란 무게감을 지니고 있다. 사람들이 생물학적인 논문들과 심리학적인 논문들을 제쳐 놓는다(8장을 보라)고 해도 네 개의 텍스트들이 남는다.

저작 《천체에 관하여》는 우주론의 의미로 천문학을 다룬다. 아리스토텔레스는 에우독소스와 칼리포스의 작업에 의지해 자신의 지구 중심설적인 세계상을 옹호한다. 이 세계상에 따르면 상대적으로 자그마한 지구—"이를테면 주위를 둘러싼 세계 전체와 비교하면 순전히 아무것도 아니다(Meteor. Ⅰ 3, 340a6-8)"—가 구형으로 운동하지 않은 채 세계의 중심에 존재한다(Cael. Ⅱ 14). 세계는 달, 태양, 행성들, 마지막으로 항성들을 가진 집중적인 구체(球體)로 구성되어 있으며, 아낙시만드로스에서 플라톤까지의 전통과는 반대로 생성되지도 않고 소멸되지도 않는다고 여겨진다. 아리스토텔레스는 우주를 공간적으로는 제한되어 있지만 시간적으로는 무제한하다고 생각한다.

'공중에 떠 있는 사물들(*ta meteôra*)', 즉 지구와 태양 사이에 있는 물리적 과정들이 특별히 상세하게 연구된다(Strohm [3]1984 참고). 일부는 자신의 관찰에 의거하지만 대부분은 선배들의 관찰에 의거한 아리스토텔레스의 기상학은 단순히 기후에 관한 학문을 훨씬 넘어선 것이다. 혼란스러울 정도로 여러 측면들을 가진 주제 분야에 대해, 특히 수문학(水文學)[66]과 광물학에 대해 아리스토텔레스는 고대를 위한 규범적인 저작을 남긴다. 테오프라스트가 거기에 근거해서 작업하고 스토아주의자 포세이도니오스 또한 그러하다(기원전 135~51년). 시리아인들과 아랍인들을 매개로 그것이 고대를 훨씬 넘어간다.

아리스토텔레스는 특히 자연과 자연 탐구의 철학적 토대들을 다룬다. 《자연학》-하이데거에 따르면(1958, 240) "한 번도 충분히 검토해본 적이 없는, 서구 철학의 기본 서적"-은 제목의 단어적 의미에서 일반적인 자연학 혹은 자연철학을 제공한다. 해당 어절에서 《자연학》은 《생성과 소멸에 관하여》라는 저술에 의해서 보충되어야만 한다(개요를 위해서 Craemer-Ruegenberg 1980을 보라. 심화를 위해서는 Wagner [5]1989의 주석을 보라. 더 나아가 Wieland [3]1992, Judson 1991 und Gill/Lennox 1994). 자연적 대상과 자연 과정의 한정된 부류에 제한받지 않기에 《자연학》은 실험 물리학도 이론 물리학도 아닌 물리학의 원형(Protophysik)이다. 또한 《자연학》은 자연현상 전체를 체계적인 연관 속에 집어넣는 사변적인 물리학을 의도하지도 않는다.

66) 물에 관한 학문.

대문자로 쓰인 자연이 아니라 *physei on*, 즉 자연적인 존재자를 다루면서 《자연학》은 무엇이 자연적 사물인가, 그리고 어떻게 그것을 학문적으로 탐구할 수 있는가 하는 질문을 한다. 그 사이에 철학의 본질적 속성도 드러난다. 우선적으로 《자연학》은 미지의 것을 가르치는 것이 아니라–헤겔이 말하듯이–“사람들이 평소에 안다고 생각하는 것”을 가르친다(Werke 18, 39). 아리스토텔레스는 해당 숙고들을 수학만이 아니라 제일철학과도 개념적으로 분명하게 다른 독자적인 학문임을 증명했다. 그는 가장 보편적인 사고 원리들, 즉 공리를 제외하고는 형이상학의 전제 어디에도 토대를 두지 않음으로써 (근대 물리학의 개척자인 뷔리당(Buridan)이 요구하듯이) 자연학의 독자성을 아주 단호하게 제시했다.

아리스토텔레스가 《자연학》을 현존하는 형태대로 출판한 것은 아니다. 원리와 원인에 관한 Ⅰ권과 Ⅱ권은 원래 각각 독자적이었을 수 있다. 그러나 분리되고 동등한 자격을 가진 이 두 권은 또한 Ⅲ~Ⅳ권의 서론으로 독해될 수 있으며, Ⅲ~Ⅳ권은 상대적으로 완결된, 자연의 진행 과정에 대한 논문들로 생겨난다. Ⅲ권은 운동과 무한성에 대해 다루며, Ⅳ권은 공간(空間)에 대해, 그리고 허공(虛空)과 시간에 대해 다루고, Ⅴ권은 다시 운동에 대해 다루며, Ⅵ권은 연속에 대해 다룬다. Ⅶ권과 Ⅷ권은 각각 독자적으로 존재하는데, 원래 《자연학》의 다른 책들과 결합되어 있지 않았을 수도 있을 것이다. 자연철학의 영예로운 종결이자 동시에 제일철학과의 연결 고리인 Ⅷ권은 다시 운동에 대해 다룬다. 《형이상학》 XⅡ권의 중요한 요소인 세계의 영원성이라는 주제(이를 위해서 또한 Cael. Ⅰ 3-Ⅱ 1)와 최초의 부동의 원동자의 개념(*to prôton kinoun akinêton*)이 여기서 나타난다. 주목할 만한 방식으로 명백히 신학적인 요소인 부동의 원동자를 신과 동일시하지는 않고 있다(10장을 보라).

7.2 운동[67)]

근대 초기의 자연철학은 그 대상을 '운동하는 질료'라고 여긴다. 이로써 자연철학은 자연적 대상들이 항상 어떠한 운동 가운데 있다고 하는 아리스토텔레스의 전통에 머물러 있다. 변화가 발생하는 장소는 질료 내지 재료(*hylê*)다. 거기서 *kinêsis*, 즉 운동, 변화, 과정, 혹은 *metabolê*, 즉 교체, 전환이 일어난다(이 두 표현들이 전문용어로 사용된다면 두 번째 것[=*metabolê*]이 상위 개념을 제시한다). 운동은 단지 아리스토텔레스적인 자연철학에서만 중심에 서 있는 것이 아니라, 《니코마코스 윤리학》(13.1장의 기본 개념 '추구'를 보라)과 《정치학》에서도 중요한 역할을 한다(Ⅴ-Ⅵ 정체의 몰락과 견고성에 대해서). 운동은 오직 직접적인 대상의 역할을 맡는 것이 아니다. 직접적인 대상, 즉 실체들(*ousiai*)에서 운동은 철학을 등장시키는 요소다. 운동이란 질문할 가치가 있다.

근대에는 일차적으로 장소 이동[68)], 즉 사람들 역시 계획에 따라 만들어낼 수도 있는 운동이 문제가 된다. 근대의 원동력(Dynamik)은 아리스토텔레스의 원동력을 명백히 벗어난다. 예를 들면 아리스토텔레스의 '접촉을 통한 인과성'—투척에서 매개체인 공기가 던져진

67) 앞에서도 운동이 나오는데, 이 독일어 'Bewegung'이란 낱말은 '운동'이 맞고 원어인 그리스어 '*kinêsis*'도 보통 운동으로 번역하는 전통이 있지만, 그 의미—뒤에서 곧 나오게 되지만—는 변화다. 즉 단순히 장소 이동을 넘어서 양의 변화, 질의 변화, 심지어 생성과 소멸까지 포함하는 개념이다.

68) 그리스어 '*kinêsis*'의 의미 가운데 근대에서 가장 중요하게 생각하는 것은 장소 이동이다.

물체를 움직인다(Phys. Ⅷ 10, 266b25-267a12; 그리고 Cael. Ⅲ 2, 301b22-30 참고)—은 관성의 법칙에 모순된다. 그러나 우리가 정당하고자 한다면, 잘못된 정리들(Theoreme)의 대다수에서 아주 사소한 지엽적인 생각이 근본적인 주제와 섞여 있다고 하는 사실을 간과해서는 안 된다. 그런데 많은 요소가 단지 무시되기 때문에, 근대 초기의 물리학이 비판한 아리스토텔레스의 원동력은 [실상은] "아리스토텔레스의 가르침이라기보다는 오히려, 그 때문에 '기계적 세계관'의 사상가들이 아리스토텔레스의 자연철학에 이의를 제기하는 바로 그 오류 목록과 위법 목록이다(Craemer-Ruegenberg 1980, 107)."

아리스토텔레스의 운동 개념은 근대의 운동 개념보다 훨씬 광범위하게 다음과 같은 네 부류의 운동[69]들을 [모두] 포괄한다(예를 들면 Phys. Ⅲ 1, 201a9-15). 즉 무엇(실체)과 어떻게(질), 그리고 얼마나 큰(양)과 어디(장소)를 포괄한다(Met. XⅡ 2, 1069b9-14). 그런데 그의 운동 이론에서는 범주론의 역순으로 이 네 운동들을 서술한다. 자연의 진행 과정들은 (1)(사람과 동물, 행성 등의) 장소 이동(*kinêsis kata topon/phora*), (2)어떤 것이 작아진다 혹은 커진다와 같은 양적 변화(*auxêsis kai phthisis*), (3)어떤 것이 뜨거워진다 혹은 차진다 내지 누군가가 건강해진다 혹은 병 든다와 같은 질적 변화(*alloiôsis*), 그리고 마지막으로 (4)예를 들어 사람이 생겨난다/출생한다와 같은 실체적인 변화 혹은 실체의 변화, 즉 생성과 소멸(*genesis kai phthora*)로 구성되어 있다.

우리에게 친숙한 경험적인 자연 탐구는 자연의 과정들이 진행되는

69) 여기서 저자가 사용하는 운동(Bewegung)이라는 개념이 실상은 단지 장소 이동만이 아니라, 그 이상, 즉 변화를 의미한다는 사실이 분명히 보인다. 실체의 '운동'은 생성과 소멸이고, 질의 '운동'은 질적 변화이며, 양의 '운동'은 양적 변화이고, 장소의 '운동'은 장소 이동이다.

법칙들을 찾는다. 아리스토텔레스는 한 발자국 뒤로 물러서서, 모든 종류의 변화에 동일하게 적용된 구성 요소들을 추구한다. 그는 당시의 견해들과 씨름하면서 그 구성 요소들을 얻어낸다(Phys. Ⅰ 2-6). 사람들이 파르메니데스처럼 단 하나의 원리만을 가정한다면, 그리고 동시에 변화를 부인한다면, 그렇게 해서는 다양성과 변화 속에 존재하는 자연을 설명할 수 없다. 사람들이 데모크리토스처럼 무수히 많은 원리를 생각한다면 무제한 한 다수가 인식될[=무수히 많은 것은 원칙상 그것들이 무엇인지 확정할] 수 없어서 설명되지 않기 때문에, 실제의 자연은 [파르메니데스나 데모크리토스에게서처럼] 그렇게 설명될 수 없다. 그의 《자연학》 주석, 즉 《아리스토텔레스 저서 자연학에 대한 주석(*Expositio in libros Physicorum Aristotelis*)》에서 이 어절(Phys. Ⅰ 4, 187b10-13)을 염두에 두면서 오컴(Ockham)은 철학과 학문은 가능한 한 적은 수의 원리에 만족해야만 한다고 하는 경제적인 원리, 즉 이른바 '오컴의 면도날'을 도입하게 된다. 이와는 달리 무제한적으로 많은 원리를 가정하는 것이 인식을 불가능하게 만들기 때문에, 아리스토텔레스는 그런 가정이 불필요한 것이 아니라 잘못이라고 여긴다(7.4장을 보라).

많지만 무수히 많지는 않은 원리들을 통해 규정함으로써 [파르메니데스와 데모크리토스라는] 선배들의 중간적 입장이 [이미] 암시되었던 어려운 문제들을 해결한다. 아리스토텔레스는 상대적인 무와 그와 마찬가지로 상대적 존재인 [존재와 무] 사이의 것을—파르메니데스처럼 그도 역시 거절하는—절대적인 무와 그 정반대인 전적인 존재자 사이에 자리매김한다. 그가 이 중간적 존재를 결핍과 가능성이라는 두 가지 관점에서 이해하기 때문에 [그의 자연학에서] 결핍-비결핍, 그리고 가능태-현실태 내지 가능성(Potenz)-현실성(Akt)이라는 대립 개념의 쌍들이 생겨난다. 이 쌍들은 자연의 원리들을 [이 둘에] 기체를 합해서 모두 세 가지로 둘씩 셋인 그룹들을, 그리고 둘씩 셋인 설명 모델들을 형성한다.

첫 번째 모델(Phys. Ⅰ 6-7과 Met. XⅡ 1-2)에 따르면 (1)어디부터인가 운동이 생겨나는 그 어떤 것, 즉 출발점이 존재해야만 하고, (2)어디로인가 그것이 끝나는 그 어떤 것, 즉 종착점이 존재해야만 하며, 그리고 거기에 더해서 (3)어디에서인가 그것이 생겨나는 그 어떤 것, 즉 기반이 되는 것 혹은 변화를 겪게 되는 기체(基體)가 존재해야만 한다. 출발점이 중립적이지 않고, 부정적으로 결여(*sterêsis*, 문자적으로는 약탈, 강탈)라고 규정되고 거기에 보충해서 종착점은 긍정적으로 모양 혹은 형상(*eidos*, *morphê*)으로 규정되는 것이 우선은 이상하게 느껴진다. 그러나 [이런 식의] 표현 방식은 파르메니데스의 문제에서만이 아니라 실례들로 알기 쉬워진다. 교양 있게 되거나 건강해지는 과정을 설명하기 위해 사람들이 종착점에서 시작한다면, 그들은 종착점, 즉 교양 있음 혹은 건강함을 (도달해야만 할) 형상으로 간주하고, 이와는 반대로 출발점을 결핍, 즉 결여된 교양 내지 결여된 건강으로 간주한다. 비슷하게 어떤 나무의 씨앗은 비록 '결핍'의 상태 속에서 그렇기는 하지만, 다 자라난 나무다. 바로 차가움(kalt)[70]에서 더움(heiβ)으로의 전이, 혹은 젖음(feucht)에서 마름(trocken)으로의 전이에서 표현 방식은 상대적인 의미에서 정당화된다. 설명되어야만 하는 결과에서 보면 출발점에는 무언가가 빠져 있다. 출발점을 [결과에서] 회고

70) kalt는 당연히 형용사이지만, 이것이 형상을 가리키기 때문에 '차가운' 대신에 '차가움'으로 번역한다.

해보면 아직 [⋯이] 아닌 어떤 것이다.

변화의 본질(무엇)을 규정하기 위해(*ti esti kinêsis*: Phys. Ⅲ 1, 200b14) 아리스토텔레스는 서구 사유를 결핍-형상의 반대보다 훨씬 강력하게 영향을 주는, 한 쌍의 개념을 들여온다. 그것은 *dynamis*, 즉 가능성(Möglichkeit), 능력(Fähigkeit), 잠재력(Potenz)과 *energeia*, 즉 실현(Verwirklichung), 현실성(Wirklichkeit) 내지 동작(Akt)이라는 반대다. 두 번째 개념[=*energeia*]은 *entelecheia*의 개념과 유사하다. 즉 "목표(*telos*)에 도달했다"는 의미에서 완성된 실현(Phys. Ⅲ 1-3; Met. IX 3, 8, XI 9)과 유사하다. 한 쌍의 새로운 개념을 통해 존재는 이중적인 의미를 가진다. 다듬어지지 않은 돌은 이미 조각'이다(ist[71])', 씨앗은 이미 나무'이다', 조각하는 제자는 이미 조각가'이다'. 당연히 되돌이켜 본다는 관점과 가능성의 양태에서 그렇다. 반면에 그것들이 현실성의 양태에서는 완성된 조각과 다 자란 나무, 그리고 훈련된 수공업 기술자'이다'. 활동을 쉬고 있을 때조차 사람은 자신의 능력을 역시 가지고 있기 때문에 《영혼에 관하여》—현실성(Ⅱ 1, 412a10 이하)과 가능성(Ⅱ 5, 417a21 이하)이라고 하는 두 단계들 각각에서—는 모두 세 개의 단계들을 구분하고 있다. 사람은 지식을 [세 가지 의미에서, 즉] (1)먼저 가능성을 가진, 어린이라는 의미에서나, 아니면 (2)능력을 [이미] 얻은, 어른이라는 의미에서, 그리고 그가 자고 있을 때는 아직 활성화되지 않기 때문에 결국 (3)활성화라는 의미에서 가지고 있다. 두 번째 쌍의 개념의 도움으로 이제 아리스토텔레스는 운동을 잠

71) 그리스어 '*einai*'는 현대 서양어로 이어져서 독일어의 sein이나 영어의 be가 되는데, 이에 정확히 대응되는 단어가 우리말에는 없다. 그래서 우리말로 옮길 때는 한 번은 '있다(존재사)'로, 또 다른 경우에는 '이다(계사)'로 번역한다. 당연히 존재사와 계사는 그 의미가 서로 다르다. 그러나 그리스어나 라틴어를 비롯한 서구어는 현재까지 하나의 단어로 표기한다. 그것이 철학상 많은 문제의 원천이 되기도 한다.

재적(*dynamei*)으로 존재하는 것의 현실성(*entelecheia*)으로 정의한다(Phys. Ⅰ 2, 201a10 이하; 해석을 위해서는 Kosman 1969 참고).

질료 내지 재료(*hylê*: 너무 좁게 '재료적인' 해석에 반대해 Happ 1971 참고)와 형상 내지 모양(*eidos*, *morphê*)의 개념이 가능성과 현실성이라는 개념들과 유사하다. 그 이외에도 두 개념 쌍들 모두 비록 다른 관점이기는 하지만, 존재론 속에 다시 나타난다(11.2장을 보라). 《자연학》은 사물들의 운동과 존재론(Met. Ⅶ-Ⅸ)을 파악하기 위해, 그리고 그 구조를 파악하기 위해 개념들을 도입한다. 또 다른 구분을 보자. 《자연학》은 단적으로 재료와 형상으로 구성된 대상들[만]을 탐구하는 반면에, 제일철학은 독자적이면서도 질료를 가지지 않는 형상 역시 다룬다(Phys. Ⅱ 2, 194b14 이하).

마치 벽돌이 한편에서는 집을 짓는 재료이면서, 다른 한편에서는 진흙으로 구워지는 그런 형상인 것처럼, 어떤 것이 하나의 관점에서는 질료이고 다른 관점에서는 형상일 수 있다. 형상과 질료는 마치 한 조각의 부분들처럼 독자적으로 존재할 능력이 있는 두 개의 대상이 아니다. 오히려 그것들은 그것들의 결합으로 대상의 생성을 설명하는 그러한, 두 역할 혹은 기능을 표시한다. 그래서 조각은 대리석과 조각가의 사고에 의한 설계(*logos*)로 생겨난다(역시 Met. Ⅶ 3, 1029a3-5를 보라). 그리고 동물은 특정한 제작 계획에 따라 '안배된' 조직(뼈, 살, 피)을 재료로 해서 생겨난다. 질료와 형상은 실제로—아리스토텔레스의 매부리코의 예(Phys. Ⅱ 2, 194a6 그리고 곳곳에서의 서술 참고)에서는 명백하게—항상 질료와 형상의 결합으로만 나타나는, 단 하나의 대상의 두 측면을 위한 '반성적 개념들'이다. 여기서 질료와 형상은 이중적 역할을 수행한다. 대리석은 그것을 조각해서 조각품이 생겨나는 질료일 뿐 아니라, 그것을 재료로 해서 조각품이 구성되어 있는 질료이기도 하다. 전자에서 대리석이 조각품의 전신(前身)이라면, 후자에서는 조각품 속에 머무르면서 현존(現存)하는 것이다. 비슷하게 형상도 그것대로 조각품이 생겨나는 사고의 설계일 뿐 아니라, 조각품 속에 실현된 형태이기도 하다.

아리스토텔레스가 변화의 설명 과정에서 결여-형상과 가능성-현실성을 생각하든지 아니면 재료-형상을 생각하든지 상관없이 그는—데모크리토스 비판에 유비적으로—무한으로의 소급은 거부한다(*eis apeiron*: Met. XII 3, 1070a2-4; 그리고 VII 8, 1033b4 이하와 Phys. III 4, 204a2-6 참고). 이때 두 가지 관점이 문제가 된다. 한편에서는 청동 조각이 공이 되기 위해 둥글게 되는 바로 그곳에서 [형상인] 둥근 모양임(Rundsein)이 아니라 청동의 공이 생긴다. 다른 한편에서는 다음과 같이 제한된 설명으로 충분하다. 이 예에서 사람들은 청동이라는 질료를 주어진 것으로 전제한다. 동시에 사람들은 [질료로 이미 전제되었던] 이 청동이 어디서 오느냐고, 그 이상의 질문을 할 수 있다. 이에 대해 아리스토텔레스는 오늘날의 자연과학자들과 같은 형식적인 대답을 한다. 그는 청동이 조합되는 원소들을 거명하는 식으로 결국 물질의 기초 소립자 일반[72]을 거명한다([여기서] 전제된 무한이 주는 전율(*horror infiniti*)에 대해서는 7.4장을 보라).

놀랍게도 《자연학》은 단지 자연물들만이 아니라 인간의 손으로 만든 물건들도, 수공업자의 기술(*technê*)의 생산품들도, 인공물들도 다룬다. 거기에 대해 아리스토텔레스는 두 가지 근거를 가지고 있다. 첫

72) 아리스토텔레스에게 실제적인 궁극적 소립자는 4원소인 불, 공기, 물, 흙이다. 4원소가 실제로 사물들을 형성하는 질료인 것이다. 그러나 추상적이고 이론적으로 보면 제일 질료라는 추상적인 대답을 한다. 그러나 이런 질료가 실제로 있다고 믿지는 않는다.

번째 근거는 본질적으로 구조적 유비다. 중심 개념인 운동뿐만 아니라 두 개의 반대 개념 쌍들, 즉 어디에서-어디로, 그리고 가능성-현실성 역시 자연과 기술에 똑같이 어울린다. 또한 아리스토텔레스가 말하듯이, 기술이 자연을 모방한다(*hê technê mimeitai tên physin:* Phys. Ⅱ 2, 194a21 이하)고 하는 주장을 사람들은 규범적이고 제한적인 의미로, 즉 단지 우리가 자연에서 이미 알고 있던 형성물만을 모방할 수 있다는 식으로 이해해서는 안 된다. 아리스토텔레스는 또한 아직은, 감히 자연의 '오만한 여주인'인 척하지 못하는(Zekl 1987, 247), (근대 이전의) 기술을 찬양하는 것도 아니다. 그보다는 오히려 그가 구조를 자연에서 처음으로 발견한다고 하는 사정을 말하고 있는 것이다.

기술을 함께 다루는 두 번째 이유는 본질적으로 대조를 통해 자연이 정확한 윤곽을 드러낸다고 하는 사실에 있다. 모든 철학적인 중심 개념처럼 *physis*, 즉 자연도 하나 이상의 의미를 지니고 있다. 개념 사전이 생각하듯이(Met. Ⅴ 4), 그중에서도 일차적이고 본래적인 의미에서 자연은 내재적인 원리에 따라 운동하는 사물들의 본질을 의미한다. 자연적 사물들은 운동과 정지의 원리를 그 자체에 지니고 있다(Phys. Ⅰ 1, 192b13 이하; 그리고 Cael. Ⅱ 2, 301b17 이하; Gen. an. Ⅰ 1, 735a3 이하; Met. XⅠ 3, 1070a7 이하 참고). 그 밖에도 '자연'은 ①그것에서 첫 번째 의미의 사물들이 생겨나는 재료 내지 질료(*hylê*)를 의미하고, ②더 나아가 그와 같은 종류의 자연적 사물들의 생성과 성장의 과정을 의미하며, ③무엇보다도 이런 운동들의 기원을 의미한다. 이와는 달리 대문자로 쓰인 자연, 즉 사려 깊고 지혜롭게 세계를 잘 정돈하는 유사(類似) 인격은 등장하지 않는다. '자연'은 아리스토텔레스에게 전적으로 총괄적인 단어, 즉 모든 대상과 과정, 그리고 그것들을 규정한 법칙성의 총괄 개념인데, 법칙성에는 자체 운동도 존재한다. 이와는 반대로 인공물들은 타력(他力) 운동에서 생겨나는데, 이것들에는 변화를 향한 내적인(*emphyton*) 충동이 빠져 있다(Phys. Ⅰ 1, 192b18 이하). 실제로 떡잎은 그것에서 우선 어린 싹이, 그다음에는 작은 나무가, 그리고 결국 다 자란 나무가 생긴다고 하는 계획을 자신 속에 가지고 있다. 이와 유사하게 동물에서도 성장과 운동 및 번식이 그것 자체에서 생겨난다. 이와는 반대로 집은 저절로 벽돌과 각목으로 지어지지 않고 건축가와 노동자의 도움을 받아야 비로소 지어진다.

오늘날의 지성을 갖춘 기계들에 대해, 사람들은 [기계와] 유기체의 차이가 사라진다고 믿을 수도 있을 것이다. 그러나 아주 지성적인 어떠한 컴퓨터도 이미 해초(海草)도 가지고 있는 능력, 즉 영양을 섭취하고 번식하는 능력을 소유하지 못한다. 소피스트인 안티폰에 근거해서 아리스토텔레스는 자연적 대상과 인공물 사이의 차이를 사고 실험을 통해 구체화한다. 사람들은 나무로 된 침대를 땅에 묻고, 그것이 썩으면서 새싹이 터오를 것을 상상한다. 그것에서, 어린아이들이 자두 씨를 묻으면서 기대하는 것, 즉 '침대 나무' 혹은 새로운 침대가 생겨나지는 않고, 단적으로 나무가 생겨나게 될 것이다(Phys. Ⅰ 1, 193a12-14).

사람들은 절대적인 의미에서의 자기 운동을 이해하기를 원할 수도 있을 것이다. 플라톤은 그와 같은 순수한 자기 운동을 당연히 영혼과 관련시키는데(《파이드로스》 245c-d), 결국은 세계영혼, 즉 전체 자연과 관련시켜 알고 있다. 그러나 아리스토텔레스는 일반적으로 세계영혼을 다루지 않고 개별적인 자연적 사물들을 다룬다(Bonitz의 *Index Aristotelicus*, 835-839를 보라). 그리고 그것들에 대해 그는 그것들이 보조 원인으로서의 주위 환경에 의존하고 있다(*periechon*: Phys. Ⅵ 3, 246b6; Ⅶ 2, 253a16 이하)는 것을 보면서, 보조 원인들을 대표하는 하나의 예로 태양을 든다(Phys. Ⅰ 2, 194b13). 자연적 사물들은 절대적이고 완전한 자기 운동자가 아니라, 단지 상대적이고 부분적인 자기 운동자다. 식물들과 동물들에서도 [자체적으로 움직이는 것이 아니라] 움직여진 자기 운동자가 문제되고 있다.

놀랍게도 아리스토텔레스는 단지 유기체에만이 아니라, 미신이 이야기하는 것과 비슷하게 들리는 곳, 즉 유기체가 아닌 사물의 과정에서도 자기 운동을 논한다. 낙하는 성장이 유기체에 프로그램된 것과 같은 방식으로 돌에 프로그램되지는 않았다. 다른 한편, 돌에 내재적인, 속성들—돌이 공기보다 무겁다—이 낙하에 보조적 책임이 있다. 그래서 어떤 의미에서는 자기 운동이 존재한다. 만약에 돌이 고정되어 있지 않거나 어떤 것에 의해 지탱되지 않는다면 돌은 저절로 떨어진다.

아리스토텔레스는 네 번째 종류의 운동, 즉 단순하고 완전하며 실체(*ousia*)와 연관된 운동에 독자적인 저술을 배당한다. 《생성과 소멸에 관하여(*Peri geneseôs kai phthoras*)》(Phys. Ⅰ 7과 Met. Ⅵ 7 참고)는 첫 번째 원소들에 대한 이론을 품고 있다. 우리에게 일반적으로 알려진 것과는 달리 이 이론은 불, 공기, 물, 흙이라고 알려진 4원소들에서 시작하지 않는다. 그것들은 [서로가] 서로로 바뀔 수 있기 때문에 진정한 원소(原[기본]素, *Grund*stoff)가 아니다. 실제의 기본적인 재료를 위해 아리스토텔레스는 최초이고 단적으로 형상이 없는 질료의 개념을 형성한다(*prôtê hylê*, 제일 질료). 이것은 온, 냉, 건, 습이라는 네 가지 기본 성질과 함께, 생성과 소멸을 위한 궁극적이고 불변하는 조건들에 속한다.

4원소는 네 가지 기본 성질의 조합에서 생겨난다—땅이 건과 냉에서, 물이 냉과 습에서, 공기가 온과 습에서, 마지막으로 불이 온과 건에서 생성된다—고 하는 아리스토텔레스의 견해는 우리가 망설임 없이 자연과학사 박물관에 맡겨도 될 것이다. 그러나 현실적으로 남는 것은 모든 변화가 진행되는 질료가 존재하는가, 단적으로 최초인 재료가 존재하는가 하는 질문이다. 이 질문에 대해 이미 존슨(Johnson, 1958) 및 로빈슨(Robinson, 1974)과 마찬가지로 C. J. F. 윌리엄스(C. J. F. Williams, 1982, 211 이하) 역시 긍정적으로 대답하는 데 반해, 길(Gill, 1989, 243 이하)은 부정적으로 대답한다. 해당 토론에서 '존재하다'에 대한 정확한 이해가 문제가 된다. 제일 질료는 본질적인 속성으로 단지 모든 속성의 결핍만을 소유하기 때문에, 완전히 형상이 없이 순전한 가능성일 뿐인 그것은 존재하는 것으로는[73] 존재하지 않는다. 아리스토텔레스는 스스로 사람은 그런 종류의 질료 그 자체를 인식할 수 없다고 말한다(Met. Ⅶ 10, 1036a8 이하). 그러나 이렇게 해서 그는 완전한 결핍(*sterêsis*)의 개념을, 즉 거기서 언급된 4원소가 형성될 수 있는 '홀로 남겨진' 기체(基體)의 개념(Met. Ⅶ 3 참고)을 배제하지는 않는다. 이런 의미에서의 제일 질료에서 단순한 '반성 개념'이 문제가 된다. 그것은 감각 세계에 나타나는 어떠한 원소도 아니다. 그러나 원소들의 생성과 다른 원소들로 변환될 가능성을 설명하기 위해

73) 존재하는 것은 앞에서 말했던 모순율이 적용되어 이것이 아니면 저것이어야 하는데, 형상이 전혀 없다면 이것도 저것도 아니다. 그렇다면 특정한 어떤 존재자라는 말을 할 수 없다.

사람들이 필수적으로 전제해야만 하는 계기이기는 하다.

7.3 네 가지 '왜'-질문(Warum-Fragen)

아리스토텔레스에 따르면 학문(*epistêmê*)은 '왜(원인과 근거)'를 추구하는 방법론적인 질문을 통해 단순한 경험(*empeiria*)과 구분되어진다. 그 답변들은 원래 고소 혹은 고발을 의미했던 *aitiai*(원인들)이고, 우리는 그것을 주어진 것의 발생에 '책임이 있는' 모든 구성요소로 이해해야만 한다. 라틴어는 '*causa*'라고 번역하고 독일어는 'Ursache'라고 번역하는데, 때때로 '근거'가 [번역어로 원인보다는] 더 잘 어울린다. 근대에서는 인과성을 일차적으로 사건들의 작용인(作用因)적인 관계라는 특정한 한 종류로 생각한다. 만약 E_2가 단지 '후에'만 오는 것이 아니라 E_1'의 영향 아래에서' 오는 것이기도 하다면 사건 E_1이 사건 E_2의 원인이다. 역시 아리스토텔레스도 이런 종류의 원인을 안다. 이오니아의 자연철학자들에 반대해서, 더 나아가 플라톤과 아카데미에 반대해서 아리스토텔레스는 더 광범위한 이해를 대변한다. 즉, 그는 전적으로 자부심에 차서 자연을 설명하는 '고대기(古代期, archaischer)'[74]의 형태들에 대조시키는 다원주의를 대변한다.

아리스토텔레스는 자신의 원인설 처음에 기본적인 다의성(*legetai aitia pollachôs*)을 제시한다(Phys. Ⅱ 3, 195a29). 이어지는 언어 분석에서 그는 역시 네 종류의 '왜'-질문에 대답하는 네 부류의 원인들을 구분한다(*ta aitia legetai tetrachôs*: Met. Ⅰ 3, 983a26 이하). 원인들로

74) 우리가 흔히 고대 그리스라고 부르는 소크라테스·플라톤·아리스토텔레스 시기는 고전기(古典期)고, 여기에 나오는 고대기는 그 이전, 즉 이른바 소크라테스 이전의 철학자들을 말한다.

는 모든 (자연적인 혹은 기술적인) 변화의 필연적이며, 함께 합치면 충분한 조건들이 열거된다. 범주들처럼 원인들 역시 단 하나의 최고의 유로 소급되어질 수 없다. 많은 하위 부류가 있지만 공통적인 상위 부류는 없다.

아리스토텔레스는 해당 어절에서 원인들의 예를 각각 든다(Phys. Ⅱ 3). 아마도 그는 이렇게 해서 적용 범위가 광범위하다는 것을 암시하고 싶어 할 것이다. 청동 조각품이라는 최초이고 고전적인 예로 시작해보자. 그 조각품의 생성을 설명하기 위해서는 첫 번째로 '무엇으로 [구성된](*to ex hou gignetai*)' 내지 질료를 알아야만 한다. 스콜라철학은 질료인(質料因, *causa materialis*)에 대해 말하게 된다. 두 번째로 형상, 즉 견본 혹은 본질적인 개념을 알아야만 한다(*eidos, paradeigma, logos ho tou ti ên einai*). 스콜라철학은 형상인(形相因, *causa formalis*)을 말한다. 이 예에서 그것은 조각가의 머릿속에 있으며 그 비율에 따라 그 조각가가 질료를 형태화하는 초안이다. 아리스토텔레스 스스로는 '2:1'의 비율을 제시하며 한 옥타브가 되는 형상을 언급한다. 세 번째로 작용인(*causa efficiens*)이라고 불리는 변화의 원리(기원)를 알아야만 한다(*hothen hê archê tês metabolês/kinêseôs*). 이 예에서 그것은 조각품을 만드는 기술자인 폴뤼클레이토스다. 아리스토텔레스는 [작용인으로서] 조언자–사람들이 그의 조언을 따르는 한–와 아울러, 자신과 같은 존재를 낳는 아버지도 역시 거명한다. 네 번째 원인은 '…을 위하여(*to hou heneka*)' 내지 목적(*telos*) 안에 놓여 있다. 즉 목적인(目的因, *causa finalis*) 안에 놓여 있다. 조각품에서는 목적이 본질상 기능이다. 이를테면 제의적 숭배 혹은 귀금속이 목적인이며, 조언자에게는 본질상 행위의 실행이며 번식에서는 아이가 목적인이다. 아리스토텔레스 자신의 예에서 산책에는 목적이 건강에 놓여 있다.

아리스토텔레스가 가정하는 것과는 다르게(예를 들면 Phys. Ⅱ 7, 198a22), 항상 네 가지 질문이 모두 제기되지 않는다고 하더라도 그때 역시 네 가지 원인들은 사람들이 의미 있게 구분하는, 학문적 탐구의 다양한 방향을 지시한다. 그 이외에도 원인들에서 둘에서 넷까지가 합쳐질 수 있다(198a24 이하; 그리고 Ⅱ 3, 195a4-8 참고). 예컨대 사자의 본질 형태는 동시에, 사자의 발전-정자에서 시작해 다 자란 동물까지-이 그 본질 형태로 향하게 되는 목적이다. 그 과정은 같은 종류의 동물 가운데 하나에 의해서 이루어지는, 생식에 의해서 진행된다. 사자는 단지 사자만을 낳지, 토끼 혹은 노루를 낳지 않는다.

근대에는 [아리스토텔레스에 따르면] 전체 자연을 지배하는(예컨대 Part. an. Ⅰ 1, 641b10-642a1; 그리고 Balme 1972, 93-98 참고) 네 번째 원인, 즉 목적성 혹은 목적론이 날카로운 비판을 받는다. 그러나 이 비판은 목표와 목적을 묻는 질문을 일상적인 원인-질문과 단적으로 섞어버린다고 하는 사정을 간과하게 마련이다. 더 나아가 숨겨진 목표를 향해 작용하는 힘들은 아리스토텔레스에게는 기껏해야 비유적인 의미를 가질 뿐이다. 그 이외에도 그는 플라톤의 《티마이오스》에서 나온, 모든 것을 포괄하는 목적론을 반대한다. 더 나아가 자연의 합목적성을 신에게 소급하는 '경건한 해석' 역시 반대한다. 당연히 그는 몇몇 어절에서 신과 자연을 함께 언급한다. 신과 자연은 목적도 없이 행하지 않는다고 Cael. Ⅰ 4, 271a33에서 말하고 있다.

아리스토텔레스가 목적을 언급하는 곳에서 근대 자연과학은 종종 단순한 우연을 가정하는 것처럼 보인다. 아리스토텔레스는 스스로 주목할 만한 방식으로 우연에 대해 깊이 생각한다. 그것도 두 종류로 나누어 생각한다(Phys. Ⅱ 4-6, 그리고 Met. XⅡ 3, 1070a4 이하). 그리고 이 언급에 이어서 비로소 그는 목적 개념을 들여온다. 한 종류의 우연, 즉 행복한 혹은 불행한 섭리(*tychê*)에 따르면, 예컨대 누군가가 연설을 듣기 위해 시장에 갔는데, 거기서 채무자를 만나 이를 기화로 그에게 부채를 받게 된다(Phys. Ⅱ 4, 196a3-5; Ⅱ 5, 196b33 이하). 혹은 어떤 사람이 자기 땅을 파고 있는데 그때 한 항아리의 금화를 발견한다(EN Ⅲ 5, 1112a27). 아리스토텔레스는 이런 종류의 우연은 단지 행위[75]를 할 줄 아는 존재에게만 생긴다고 여기기 때문에, 자연의 진행들에는 단지 다른 종류의 우연, 즉 '그 자체로부터(*automaton*)'라는 우연만이 문제가 된다. 예컨대 말[馬]이 별 다른 동기도 없이 걷고 있다가 불행을 당한다(Phys. Ⅱ 6, 197b15 이하). [앞에서 언급했던] '좋은 우연' 이외에도 당연히 '나쁜 우연'도 있다. 즉 떨어지는 돌이 누군가를 해친다(Ⅱ 6, 197b30-32).

아리스토텔레스는 두 형태의 우연 모두를 불규칙적이고, 예견하지 못하며, 계획에 없던 방식으로 달성하거나 망치는 목적에 연결시켰다. 따라서 그가 '마치 …이기라도 한 것처럼－목적론'이나 [진정한 목적론의] 결핍된 양태들이 주어진 것처럼 여긴다－여기서 '그 자체에서/자연에서 일어나는 우연(*automaton*)'은 자연(*physis*)[의 활동]에 종속되고, '[사람에게 일어나는] 우연(*tychê*)'은 기술(*technê*)[의 활동]에 종속된다. 그 우연들이 결핍되지 않은 진정한 목적론을 간접적으로 지시한다는 것은 기술의 경우에는 논란이 되지 않는다. 아리스토텔레스가

75) 동물의 움직임은 행위가 아니다. 인간만이 행위를 할 수 있다. 목적의식이 없는 동물의 움직임은 단지 본능에 따르는 것으로 행위라고 불릴 자격이 없다.

제대로 논했듯이, 어떤 사람은 채무자를 만날 '의도로' 시장에 갈 수 있다. 그러나 논란거리는 단지 자연의 진행에서도 역시 원래의 진정한 합목적성이 존재하는가 하는 질문이다. 아리스토텔레스의 긍정적인 답변에 회의적인 사람조차도 다음과 같은 두 가지를 인정할 수[는] 있다. 하나는 사변적으로 나오지 않고 자연의 규칙성 속에서 만나는 합목적성을 참조해서 긍정적인 목적론이 나온다는 것이다. 예를 들면 사람의 치아에서 앞니는 끊는 능력이 있고, 어금니는 음식을 가는 능력이 있다(Phys. Ⅱ 8, 198b23 이하). 다른 하나는 아리스토텔레스가 자연이 목적을 욕구하고 그에 해당하는 수단을 선택하는 능력을 사용한다고 하는 인간 중심주의적인 견해를 명시적으로 거절했다는 것이다(Phys. Ⅱ 8, 199a20 이하). 사람 이외의 합목적성은 목적의식 없이 일어난다. 그것은 [사람이 나중에] 회고적[/회고해볼 때 비로소 드러나게 되는 식]이고 무의식적이다.

앞의 것에 연관된 질문, 즉 어떻게 목적론적인 자연 연관(聯關)이 제어되는가, 그리고 그에 따라 목적 지향적인 오성 대신에 무엇이 목적적 활동의 능력이 있는가 하는 질문을 아리스토텔레스는 하지 않는다. 그 결과 우연에 의해 규정된 진화론이라는 사고가 그에게는 낯설다. 그러나 이 사고가 그의 목적론을 반대하는 것은 아니다. 그의 목적론은 진화론적 질문을 제외하면 다음과 같은 네 영역에서 적용된다. 즉 1)유기체의 구성, 조직과 기관의 기능, 2)종의 재생산, 3)무기(無機)적 진행들, 4)우주론이 그 영역들이다. 이 영역들 각각에서는 자체로 유비적인 [목적론적인] 개념이 [원래와는] 다른 색체를 가지게 되기 때문에, 그 개념이 미치는 범위가 얼마나 되는가 하는 질문에 설득력 있게 대답할 수 없게 된다. 처음 두 범위 모두는 아리스토텔레스 목적론의 원래 출발점인 생물학에 속한다(8.2장을 보라). 그리고 여기에 더해 목적론적 사고는 오늘날까지도 의미가 있다. 이와는 달리 아리스토텔레스가 여하튼 가볍게만 다룬, 세 번째 영역에서는 그 질문이 설득력이 없다. 그리고 네 번째 영역은 앞으로 적절한 부분에서 다룰 것이다.

7.4 연속, 무한자(Unendliches), 장소와 시간

아리스토텔레스 저작과 고대 자연철학 전체의 최상의 부분에, 오늘날은 당연히–부분적으로는 그것들이 어렵기 때문에, 또 부분적으로는 그 문제들이 일반적인 아리스토텔레스 독자들에게 거리가 멀기 때문에–전문 연구자들만이 연구하는 네 개의 논문들이 들어간다(그러나 Wieland [3]1992, §§ 17-18을 보라). 《자연학》 내에서 그 논문들은 가장 정확하고 완결적이다. 그것들은 무제한자(das Unbegrenzte) 혹은 무한자(das Unendliche)에 관한 것(Phys. Ⅲ 4-8; Cael. Ⅰ 5-7 참고), 공간에 관한 것(Phys. Ⅳ 1-5), 시간에 관한 것(Phys. Ⅳ 10-14), 그리고 항상성 내지 지속에 관한 것이다(Phys. Ⅵ; 그리고 An. Ⅲ 6, 430b6-20 참고). 네 개의 대상들 모두는 수학의 관점에서 토론될 수 있다. 그러나 아리스토텔레스는 그것들을 자연 경험에서 보이는 공통적이고 일반적인 관점으로 다룬다(Phys. Ⅲ 1, 200b22 이하). 운동이라는 사실이 [네 대상 모두의] 배경에 서 있다. 당연히 특정한 관점뿐만 아니라, 수학의 대상에 관한 특정한 견해가 거기에 들어 있다.

이제까지 자연적 사물에서 운동이 가능한 한에서 그것을 탐구하는 반면에(Phys. Ⅰ-Ⅲ 3), 이제는 자연적 사물을 괄호 안에 넣어놓고 운동의 내적 전제 자체를 질문한다. 이때 시간과 장소는 자연 경험의 근본적인 전제들이다. 반면에 그 두 전제를 이해하기 위해서는 무제한자와 연속이 필연적이다. 아리스토텔레스에 따르면 시간은—자연수의 계열이 그렇듯이—제한이 없다. 그리고 다른 이해에서는 자연의 과정들이 연속적으로 진행되는데, 이 과정들은 끝이 없다. 다시금 아리스토텔레스는 자신의 선배들을 들여온다. 주로 유명한 제논의 역설과 씨름하지만, 또한 원자들, 특히 데모크리토스와도 씨름하며, 더 나아가 피타고라스학파 및 플라톤과 씨름하는 가운데, 그는 우리가 이미 알고 있는 것을 모순이 없이 파악하게 해주는 이론을 추구한다(예를 들면 Phys. Ⅵ 2, 233a13 이하 참고).

1. 실체의 변화를 제외한다면 당시에 알려진 자연의 과정들은 시작과 끝을 가지고 있다. 그런데 그것들은 무한히 가분(可分) 가능하다. 그것들은 연속 속에서 진행된다(*syneches*). 연속은 무한 가분하기 때문에 제논은 다음과 같은 네 개의 아주 날카로운 역설들을 각각 제기할 수 있었다. (1)경주자는 운동할 수 없다. (2)만약 이것이 가능하다고 하더라도 빠른 아킬레우스가 거북이를 앞지를 수 없다. (3)이것이 그렇다 하더라도 날고 있는 화살이 공기 중에 머물러 있다. (4)이것이 그렇다 하더라도 전차 경기에서 절반의 속도인 전차가 동일한 시간에 배나 빠른 전차와 같은 거리를 달린다. 그래서 시간의 절반이 시간의 배와 같다. 여기서는 단지 두 번째 역설만 논해보자. 아킬레우스가 거북이가 있었던 장소에 도달하는 동안에 거북이는 이미 더 나아갔다. 그래서 그 간격이 비록 점점 작아지기는 하지만 늘 존재한다(Phys. Ⅵ 9, 239b5 이하, 역시 Ⅵ 2, 233a21 이하와 Ⅷ 8, 263a5 이하; 그리고 Salmon 1970, Ferber 1981 참고).

아리스토텔레스는 이 역설들을 무시하지 않고 오히려 '연속의 미궁'으로 본격적으로 들여온다−프로몬두스(Fromondus, 1631)와 라이프니츠(in: C. I. Gerhardt 편집, 《철학적 저술들》, Ⅱ 268)가 논하게 되듯이. 그는 먼저 난관들을 상세하고 핵심을 찔러서 논하고 난 뒤 미궁을 벗어나는 길을 제시한다. 마지막까지 발전시킨 연속의 이론은 비상하게 치밀하고도 완결된 교제의 표본이다. 근대 자연과학의 창시자들은 이 교제를 자연과학자로서 아리스토텔레스의 서열을 재고하기 위한 계기로 삼은 적이 결코 없지만, 이 교제를 의심한 적은 한 번도 없다. 이와는 반대로 이 교제는 논란거리가 되지 않고, 훨씬 이후에야 비로소, 그것도 양자론을 통해 [비로소] 상대화되게 되는 토대들 가운데 하나가 된다. 사람들이 양자론 때문에 아리스토텔레스의 주장, 즉 원자론자들, 이를테면 데모크리토스(예컨대 Diels/Kranz 68 A 57)와 후에 에피쿠로스(《헤로도토스에게 보낸 편지》, 40 이하)가 주장한, 가장 미세한 부분[=원자]가 존재하지 않는다는 주장을 포기해야 하는가 하는 것은 다른 문제다.

아리스토텔레스는 개념을 해명함으로써 제논의 역설들을 해소한다. 그는 접촉하는/서로서로 마주 닿아 있는 것(*haptomenon*)과 순차적으로 이어지는 것(*ephexês*)이라는 두 개의 유사한 현상들을 구분하는 가운데, 연속적인 것을 그것의 가장 외적인 한계들이 일자(一者)들(Eines)[76](Phys. Ⅵ 1, 231a22)인 어떤 것으로 규정한다. 연속은 무한히 분해될 수 있지만, 제논이 가정한 것과 같은 [더 이상 하나라고도 말할 수 없는] 그런 진정한 작은 부분들로 구성되어 있는 것은

76) 연속이란 원자와 같이 더 이상 나눌 수 없는 단위들이 지속적으로 이어져 있음을 의미하기 때문에, 그것이 그 외적 한계가 존재하는 단위들로 이루어져 있다면 연속의 모순은 해소된다. 왜냐하면 아무리 많아도 일정한 수이지, 무한히 많은 부분이 될 수는 없기 때문이다.

아니다. [실제로는 불가능하지만 그래도 진정으로] 운동을 극단적으로 미세한 부분들로 구성된다고 가정해야 한다면, 우리가 영화의 초기[77]에 그리고 양자론에 나오는 원자보다도 작은 자연에 대해 아는 것처럼, 그것은 단지 간헐적으로만[=어떤 때는 그렇고, 다른 때는 안 그렇게] 가능할 것이다. 날아가고 있는 화살은 [무한 가분 전제에 따르면] 그 궤적의 매 단락마다 정지해 있다고 할 것이다(Ⅵ 1, 232a13 이하 참고). 그 대신에 운동이 지속적이라고 [인정]한다면 (운동의) 해당 선분들은 (무수히 많은) 점으로 이루어지지 않고 오히려 다시 [아무리 작다고 하더라도 아무튼 크기를 가진] 선분들로 구성되며(Ⅵ 3, 234a8 참고), 시간의 거리들은 무수히 많은 현재의 점들(현재들)로 이루어지지 않고 다시 단지 시간의 [일정한] 거리들로 구성된다(Ⅳ 11, 220a20 이하). 심지어 무한히, 그러나 동일한 [크기를 가진] 것으로 분해될 수 있는 어떤 것으로서의 연장(延長)은 아무튼 [무한한 점들로] 가분될 수 없다.

아리스토텔레스는 제논에게, 운동에서 무제한자가 함께 문제가 된다는 점을 인정한다. 하지만 제논은 무제한자의 다음과 같은 이중적 의미를 간과하고 있다고 생각한다(Ⅵ 4, 233a24 이하). 즉 무한 연장 내지 무한 합산과 무한 분할[의 구분]을 간과하고 있다고 생각한다(*prosthesei kai dihairesei*: Ⅲ 6, 206a15 이하). 제논이 아킬레우스와 거북이의 예에서는 무제한자를 무수히 많은 거리로 생각하고, 날아가고 있는 화살의 예에서는 무수히 많은 점으로 생각한다. 그리고 그가 이 두 경우 모두를 무한 연장으로 생각하지만 [아리스토텔레스의 견

77) 영화 속에서 연속적 운동으로 보이는 것은 실은 수많은 장면을 빠르게 넘김으로 해서 생겨나는 착시일 뿐이지 진정한 연속은 아니다.

해로는] 이 무한 연장이 비록 시간과 수의 영역에서는 타당하지만, 지속적인 운동, 즉 무한 가분 가능한 운동에는 적절치 않다.

2. 무한자 혹은 무제한자(*apeiron*)에 대한 논문에서는 아리스토텔레스가 단순히 그것의 아주 다양한 의미만을 소개하는 것은 아니다(Ⅱ 4, 204a2-7). 그는 잘못된 의견들을 거부하기도 한다. 피타고라스식이고 플라톤식의 사물화(事物化), 즉 독자적인 실체로서의 무제한자와는 반대로 아리스토텔레스는 무한성 속에서 우연적 속성의 우연성, 즉 양의 규정성을 본다. 연장의 속성이나 수의 속성이 무한하다(Ⅲ 4, 203a4-16과 Ⅲ 5).

무한성 개념을 정확히 규정하기 위해 아리스토텔레스는 오늘날까지도 타당한 현실적인(*kat' energeian*) 무한자와 잠재적인(*dynamei*) 무한자를 구분한다(Ⅱ 6, 206a14 이하). 그다음에 무한자는—질료가 그런 것처럼(*hôs hê hylê*)—단지 가능태로서만 사고될 수 있다고 그는 주장하는데, 왜냐하면 무한자는 바로 그 자체로는 인식될 수도 없고 규정되지도 않기 때문이다(*agnôston; ahoriston*: Ⅲ 6, 207a25와 a31; 그리고 Ⅰ 4, 187b7-13 참고). 그러나 무한자 역시 비록 현실태로도 생각될 수 있지만, 단지 사람이 하루에 대해, 그리고 (그리스인들이 시간 계산의 토대인) 올림픽 경기들에 대해 이것들이 존재한다고(Ⅲ 6, 206a21 이하) 말하는 것과 마찬가지 방식으로서만 생각될 수 있다. 비교하는 것은 두 가지 독해 방식을 가지고 있는데, 아리스토텔레스는 첫 번째를 생각하는 것처럼 보인다. 첫 번째 독해 방식에 따르면 하루의 내지 올림픽 경기들의 개별적인 표본은 결코 나무나 사람 혹은 다른 실체처럼 전체로 현존하지 않는다. 현존하는 것은 언제나 단지 특정한 부분이다. 하루와 경기들은 연속들이기 때문에 그 부분은 이제 원하는 대로 작은, 그에 따라 무수히 많은 파편으로 나뉠 수 있다. 두 번째 독해에 따르면 사태에서의 단지 개개의 특정 표본만이 주어졌다. 그러나 항상 (하루들로부터의 내지는 올림픽 경기들로부터의) 그 이상의 표본들이 뒤따른다. 이로써—첫 번째 독해 방식과 마찬가지로—잠재적인 무한성이 나타난다.

무한자의 잠재성을 파악하기 위해 *dynamis*(잠재태)의 존재론적 개념을 생각해서는 안 된다. 즉, 그것에 따르면 예컨대 대리석 조각이 잠재적인 조각품(Ⅲ 6, 206a18 이하)인 것과 마찬가지의 잠재적 존재자를 생각해서는 안 된다. 유효한 것은 운동과 관련된 *dynamis* 개념이다(Met. Ⅸ 6, 1048a25). 즉 무언가를 할 수도 있고, 겪을 수도 있는 능력을 의미한다(Met. Ⅸ 1, 1046a16 이하). 아리스토텔레스에 따르면 연속을 나누는 것은 사고의 활동이다(*noein*: An. Ⅲ 6, 430b7; Wieland [3]1992, 300 이하가 정당하게도 '작용적(operativ) 성격'에 대해 언급한다). 그리고 모든 요소에는 항상 새로운 것이 뒤따르기 때문에(Phys. Ⅵ 6, 206a27 이하), 연속을 나누는 활동이 끝나지 않는 한, 무한한 활동은 *dynamei*(잠재적으로) 남아 있다. 일반적인 견해와는 달리 무한자란, 자신 밖에는 아무것도 존재하지 않는 그런 어떤 것이 아니라—[만약 그런 것이 있다고 한다면] 그것은 완전하고 전체(*teleion kai holon*)일 것이다—자기 밖에 항상 다른 것이 존재하는 어떤 것이다(Ⅲ 6, 206b33 이하).

어떤 사람은 그리스 철학에, 그리고 특히 아리스토텔레스의 철학에, 무한에 대한 일반적인 공포(horror infiniti)가 존재한다고 말하며, 이를 근대의 무한에 대한 '파우스트적인' 공감과 대조시킨다. 연속의 무한 가분성과 수(의 계)열의 무한성의 관점에서 볼 때 이 견해는 교정되어야만 한다. 예컨대 아리스토텔레스는 공간적인 그리고 질료의 양과 관련해서 한계를 가진 세계를 옹호한다(Phys. Ⅲ 5, 205a31-35). 무엇보다도 그는 논증의 계열과 조건/원인의 계열에 대한 무한 소급을 반대한다(예를 들면 원인들에 대해서는 Met. Ⅱ 2). 왜냐하면 무한히 많은 논증과 조건에 의존하는 어떤 것은 존재할 수 없기 때문이다. 그러나 그는 운동의 계열에 대해서는 무한을 인정한다.

3. 장소(*topos*)에 관한 논문은 추상적인 공간성을 다루는 것이 아니라, 그것을 가지고 사람들이 '어디'냐고 하는 질문에 대답하는 상대적으로 구체적인 대상을 다룬다. 벌써 그 때문에 칸트의 규명—독자적인 선천성으로서의, 감성의 형식으로서의 공간—은 고려되지 않는다. 아리스토텔레스는 아우구스티누스가 시간에 대해 받아들이게 되는 난관에서 시작한다. 즉, 장소에 대해 의심하는 사람은 아무도 없다. 그럼에도 장소가 도대체 정확하게 무엇인지는 아무도 모른다. 사태에 맞는 정의에 접근하기 위해 아리스토텔레스는 먼저 해명되어야만 하는 다음과 같은 현상들을 상세히 기술한다. 즉 (1)모든 물체는 어딘가에 특정 장소를 가지고 있다고 하는 사정과 (2)장소 교환의 가능성에 대해 상세히 기술한다. 만약 누군가가 앉는다면 그 사람은, 이제까지 다른 물체, 즉 공기가 차지하고 있던 장소를 받아들인다. (3)'위-아래', '앞으로-뒤로', '왼쪽으로-오른쪽으로'라고 하는 3차원들에 대해서도 상세히 기술한다. 모든 난제(Aporien)가 치워진 곳에 좋은 길(*euporia*)만이 남아 있다고 하는(6.3장을 보라) 《니코마코스 윤리학》에서 알려진 원칙에 충실하게, 아리스토텔레스는 배제 과정을 통해 정의를 획득한다. 장소가 비록 물체의 본질적 속성들인 연장과 3차원들을 가지고 있기는 하지만, 장소는 장소 교환을 하지 않기 때문에 바로 그래서 장

소는 물체가 아니다. 장소가 원인과 특정한 공통점을 가지고 있음에도 장소는 4원인설이라는 의미에서의 원인도 아니다. 마치 질료처럼 장소도 질적이고 실체적인 규정들을 가지고 있지 않다. 그리고 마치 형상처럼 장소도 제한하는 작용을 한다.

장소가 존재한다는 바로 그 때문에 장소가 어딘가에 있어야만 한다는 제논의 가정은 거기에 장소가 있는 그 장소 스스로가 장소를 가져야만 하며, 이 장소 또한 그 자체로 장소를 필요로 한다는 등의 난문으로 이끈다. 여기서 무한 소급은 금지되기 때문에 아리스토텔레스에게는 단지 두 가지 가능성들만이 남아 있다. 첫 번째 가능성에 따르면 장소는 [물체들 간의] 중간 장소 혹은 [물체들 간의] 범위들 사이에 있으며, 다른 임의의 물체들에 의해서 채워질 수 있는 빈 장소다. 이러한 [장소를 정의할 수 있는] 가능성의 결과—물체들이 없는 장소, 비어 있는 장소가 있다—는 근거가 빈약한 결과들로 이끌게 될 것이기 때문에, 최종적인 정의로 이끄는 다음과 같은 하나의 가능성만이 남는다. 즉 장소는 그것이 다른 물체를 둘러싸고 있으며 [이것에] 가장 가까이에 머물러 있는 물체의 내적인 경계다(Phys. Ⅳ 4, 212a2 이하). 이 정의는 물체들에 잘 어울린다. 예컨대 물의 장소는 컵이나 통 혹은 강 밑바닥이다. 그리고 위쪽으로는 접하고 있는 공기이다. 이와는 반대로 물체들의 전체, 즉 우주는 어떤 장소에 있지 않다.

아리스토텔레스가 장소를, 더 작은 장소들을 그 장소의 부분들로 둘러싸고 있는 전체로 생각하느냐는 질문을 검토하면 흥미로울 수도 있을 것이다. 이것이 사실이라면 그는 장소가 개념적 성격이 아니라 오히려 직관적 성격을 지닌다고 하는 칸트의 통찰력 가운데 일부를 선취하고 있다. 그러나 아리스토텔레스에게는 장소가 물리적 객관성에 속해 있는 반면에, 칸트에게는 장소가 선험적 주관성에 속한다는 점이 본질적인 차이로 남아 있다.

4. 스스로는 변화하지 않으면서 변화를 재는 기준인 시간(*chronos*)에 관한 논의가 두 개의 어려운 질문과 함께 시작한다(Phys. Ⅳ 10, 217b29-218a30). 그 가운데 하나는, 시간은 존재하는 것에 속하는가, 아니면 존재하지 않는 것에 속하는가 하는 질문이다. 아무튼 [시간의] 한 부분은 이미 지나갔고 다른 부분은 아직 오지 않는다. 이런 식으로 존재하지 않는 것으로 구성된 것은 그 스스로도 결코 '존재할' 수 없다. 또 다른 하나의 질문은 과거와 미래를 갈라놓는 것인 현재가 항상 동일한가, 아니면 늘 다른 것인가라는 질문이다. 아리스토텔레스의 대답에 따르면 시간은 독자적이지도 않고, 플라톤의 《티마이오스》(37d)가 가정하는 것처럼 만들어진 것도 아니다(이것에 Phys. Ⅷ 1, 251b17 이하; Cael. Ⅰ 10, 280a28 이하가 반대한다). 이보다는 오히려 시간은 자연의 과정들의 부대(附帶) 현상으로 존재한다. 좀 더 정확하게 말하면, 시간은 자연적인 사물, 다시 말해 변화하는 사물들에게서 겪는 경험으로서 존재한다.

자연적 과정들은 항상 시간과 동일하지도 않으면서, 시간 속에서 지나간다. 장소가 정태적인 물체와 관련되어 있는 반면에, 시간은 역동적인 변화와 관련된다. 시간은 단순히 셀 수 있고 잴 수 있는 것만이 아니다. 그것은 또한 전과 후가 있다는 방식으로 규정되기도 한다. 그에 걸맞게 아리스토텔레스는 시간을 '전과 후에 따른 변화의 수(數)'라고 정의하며(Phys. Ⅳ 11, 219b1 이하), '시간은 지속의 수이기 때문에 연속적이다'라고 첨언한다(220a25 이하). 연속성이라는 시간의 성격 때문에, 현재가 가장 잘 알려진 것이기는 하지만, 사람들은 시간을 현재, 즉 지금으로 파악하지 않는다(219b29). 왜냐하면 사람들이 공간에 있는 점들의 합계를 통해 공간의 구간을 만들어낼 수 없는 것처럼, 현재라는 점들을 더함으로써 시간의 구간도 만들어낼 수 없기 때문이다(Phys. Ⅵ 10, 241a2-6; 시간 이론에 대해서는 Sorabji 1983 참고).

놀랍게도 아리스토텔레스는 시간이 영혼 속에서 "부수적으로 생각되어지는가(*prosennoôn*: An. Ⅲ 6, 430b1; 심리학적인 시간에 대해서는 *Peri mnêmês* 449b 참고)"라는 질문을 던진다. 그는 이 선택지–주관성의 요소로서의 시간, 칸트가 말하게 되듯이–를 거부한다. 그는 비록 영혼을 시간의 필수조건이라고 여기기는 하지만, 그것은 단지 시간이 작용적 성격을 가지고 있다고 하는 의미에서만 그럴 뿐이다. 시간은 [수처럼 시간을] 세는 것에 결부되어 있다. 시간은 단순한 지속인 것이 아니고 수많은 시간 단위인데, 그 단위의 기준은 현재가 아니라, 시간, 날, 달, 년 같은 방식으로 된 두 개의 지금이라는 점 사이에 위치하는 시간 구간이다. 세는 것은 다시 세는 기관, 즉 정신에 달려 있다(Phys. Ⅳ 14, 223a22-29). 아리스토텔레스에 따르면 시간은 영혼에 의해서 존재하는 것도 아니고 영혼 속에서 태동하는 것도 아니다. 그러나 센다고 하는 영혼의 활동이 없다면 시간도 없다.

아리스토텔레스가 칸트의 독자적인 선천성이라는 사고–직관의 형식으로서의 시간–를 선취하지 않는다는 사실은 수학적 대상들에 관한 그의 이론과 연관되어 있을 수도 있다. 그는 수학적 대상들 속에서 자연 경험의 추상을 본다. 수학적 대상들은 자연적 사물들에서 분리되어 생각되지만, 실제로는 분리되어 존재하지 않는다(아리스토텔레스의 수학 이론에 대해서는 Met. XⅢ-XⅣ; 그리고 Heath 1949,

Annas 1976, Graeser 1987과 Detel 1993, Bd. 1, 189-232를 보라). 아리스토텔레스는 수 개념을 개개의 사태와 연관된 특정한 측량 단위인 종이나 유에 맞춰 사물들을 세는 것에 맞추고 있다. 예를 들어 말을 센다면 척도는 '말'이고, 사람들을 센다면 척도는 '사람'이며, 사람, 말, 신(神)을 센다면 척도는 '생명체'다(Met. XIII 1, 1088a8-11). 그래서 동일한 수의 양과 개에서 그 수가 비록 같은 10이지만 10 그 자체(Zehnheit)[78]는 아니다(Phys. IV 14, 224a2-4). 짧게 말해서, 아리스토텔레스는 수학이 [주관에 의해서] 자연에 주어진 직관(eine der Natur vorgegebene Anschauung)의 구성이라고 여기지는 않지만, 그는 장소와 마찬가지로 시간에서도 [형이상학은 제외하고] 단지 물리적인 이론에 도달한다.

사람은 시계를 수단으로 시간을 측량한다. 아리스토텔레스는 전통에 일치시켜 첫 번째 내지 마지막 시계, 즉 첫 번째 하늘의 순수한 원운동을 알고 있다(Phys. IV 14, 223b18-20). 당연히 그 시계는 절대적인 지위를 차지한다–그에 걸맞게 절대적인 시간이 존재한다. 그러나 물리적인, 즉 일반적인 자연철학적인 근거들에서는 아니고 특수한 우주론적인 근거들에서 그렇다.

78) 독일어 'Zehnheit'는 숫자 10을 추상명사화시킨 것으로 우리말로는 번역이 불가능하다. 물론 10성(性)으로 번역할 수도 있겠지만 전혀 의미하는 바가 없기 때문에 플라톤의 이데아 표기 방식을 들여와 '10 그 자체'로 번역해보았다. 예를 들면, 개 10마리와 양 10마리는 양(量)의 측면에서 정확히 같다고 말할 수 없다. 그래서 수로 10이지만, 10 그 자체는 아니다.

8. 생물학과 심리학

8.1 동물학자

최근에 토론들이 더 광범위해졌음에도(잡지 《생물학&철학》, 1986 이하 참조) 생물학은 오늘날 철학자들의 주된 관심사에 속하지 않는다. 하지만 아리스토텔레스에게는 경험적이며 동시에 이론적인 자연 연구의 중요한 영역이다. 그는 식물학을 테오프라스트에게 맡긴 반면, 자신의 저작 가운데 가장 폭넓은 부분들을 동물학(생물학적 인류학 또는 인간생물학을 포함해서)에 배당한다. 하지만 동물학을 다루기 전에 그는 하나의 인식적인 장벽을 넘어야 한다. 아리스토텔레스를 포함한 그리스인들은 천체의 영역을 인간과 동물의 영역보다 높게 평가한다. 그 때문에 우주론적이지 않는 자연 연구를 등한시하는 위험에 직면하게 되는데, 아리스토텔레스는 여러 영역을 똑같이 존중하는 포괄적인 자연 연구를 위한 유명한 변론으로 이런 위험에 대응한다(Part. an. Ⅰ 5, 644b22-645a36). 그는 일상적인 순위를 뒤집지도 않으면서도, 그리고 우주론을 맨 끝에 놓지도 않으면서도 다음과 같은 세 개의 논거들을 가지고 동물학을 동등한 위치로 인정한다.

두 번째 논거에 따르면 [동물은 인간과의] 가까운 유사성을 통해 우주론의 탁월성에 필적하게 된다. 식물과 동물이 신성한 천체보다 인간과 가깝다(645a2-4). 세 번째 논거에 따르면 가장 낮은 동물조차 그것의 합목적성으로 의해 찬미할 만한 점이 있다(645a4-26). 하지만 첫 번째 논거가 가장 중요할 수도 있을 것이다. 왜냐하면 이것이 더 커다란 학문적 성과를 강조하기 때문이다(644b22-645a2). 우주론적 대상들의 더 높은 존엄성과 그에 상응하게 그것들을 인식하는 데에서 오는 더 큰 인식의 기쁨이 소수의 관찰 재료와 결부되어 있는 반면에(Cael. Ⅱ 12, 292a14 이하 참조), 사람이 단지 필요한 노력만 한다면 식물과 동물의 연구에서는 자료가 넘치게 준비되어 있다. 플라톤에 따르면, 관찰은 감각에만 쾌감을 주고 참된 지식에는 도달하지 못한다(《티마이오스》 28a). 하지만 아리스토텔레스에 따르면 생물학에서 순수 이론뿐만 아니라 탐구(*episkepsis*)도 가능하다. 탐구는 그 대상에 개입하며 그것의 부분들(피, 살, 뼈 등)을 해부함으로써 더 자세히 살피는 조사다. 예를 들면 아리스토텔레스는 눈이 먼 두더지의 숨은 눈을 해부하는 것을 두 번 묘사한다(*Aspalakos*: Hist. a. Ⅰ 9, 491b28; Ⅳ 8, 533a3). 문어와 그것의 특이한 번식 형태인 화경현상(化莖現像)을 특이할 정도로 상세히 묘사하는 것 또한 해부를 통해 얻은 것일 수 있을 것이다(Ⅳ 1, 524a3-20).

인식적인 평등을 위한 자신의 변론에 걸맞게 아리스토텔레스는 학문적 분과로서의 동물학을 단지 시작하기만 한 것은 아니다. 그는 동시에 여러 전문 분야들(해부학, 생리학, 행동 연구 등을 일반적으로 설립함)을 구별하고, 모든 영역에 학문적으로 높은 수준의 연구서들을 저작한다. 어떤 과학사가는 플라톤에 대해서는 "근대적인 생물학적 사유의 발생은 부분적으로 플라톤적 철학에서의 해방으로 일어난다"고 말해야 하는 반면에, 여기서는 "다윈 이전에 아무도 아리스토텔레스만큼 살아 있는 세계에 대한 이해에 큰 기여를 한 사람이 없다. … 생물학사의 거의 모든 부분과 영역이 아리스토텔레스로 시작되었음에 틀림없다"라고 말한다(E. Mayr, 《생물학적 사고 세계의 발달(*Die Entwicklung der biologischen Gedankenwelt*)》, 1984, 73).

일곱 권의 《해부학상의 묘사》(*Anatomai*)처럼 텍스트들의 일부분은 사라졌다. 그러나 가장 중요한 다음과 같은 텍스트들은 보존되었다. 《동물의 부분들에 관하여》(Part. an.)와 《동물학》(Hist. an.), 더 나아가 《동물의 발생에 관하여》(Gen. an.), 《동물의 앞으로 움직임에 관하여》(*Peri poreias zôôn*), 《동물의 움직임에 관하여》(Mot. an.)가 그런 텍스트들이다. 그 이외에도 《감각과 감각 대상에 관하여》, 《기억력과 상기에 관하여》, 《잠과 깨어 있음에 관하여》, 그리고 《꿈에 관하여》 같은 생물학적 심리학에 관한 텍스트들, 즉 짧은 길이에도 불구하고 질적으로 높은, 이른바 작은 자연과학적 저서들이 (《자연학 소론집(*Parva naturalia*)》) 있다. 기억력에 관한 저작은 그 대상에 관해 쓰인 최고의 저작 가운데 하나라고 할 수도 있을 것이다(오래된 참고 문헌 중에서는 Meyer 1855를 보라; 이후에는 Balme 1972, Düring 1961, Gotthelf 1985, Gotthelf/Lennox 1987, Kullmann [2]1979).

아리스토텔레스의 동물학은 매우 풍부한 관찰 자료와 상당히 차별화된 개념성을 통해 아주 두드러지기 때문에, (논리학과 함께) 수 세기 동안 아리스토텔레스 고유의 명성을 형성하는 데 기여한 것은 정당하다. 아리스토텔레스가 "최고는 아니더라도 최고의 관찰자 가운데 한 명이다"는 열광적인 발언은 다윈이 한 것이다(《크롤리(Crawley)에게 보내는 편지》, 1879. 12. 2.). 전해지는 자료가 너무 방대해 한 사람의 것이라고 믿기 힘들며, 오히려 사람들은 알렉산더 대왕이 아리스토텔레스에게 몇 천 명의 사람들을 준비시켰다는 플리니우스(Plinius, 기원후 1세기)에 의해 전해지는 일화를 믿고 싶어진다(《자연학》 VIII 16, 44). 하지만 이 일화는 개연성이 없다. 아리스토텔레스는 자신의 자료들을, 일부는 본인의 관찰, 일부는 이를테면 히포크라테스적인 의학 같은 문헌들에서, 그리고 무엇보다도 어부, 양치기, 사냥꾼, 양봉가, 그리고 다른 전문가들의 관찰들에서 확보했을 수도 있을 것이다.

아리스토텔레스의 작업은 먼저 모든 사실을 검토하지도 않는 채 일반적인 진술을 하는 자연 탐구라고 사람들에게 자주 비난을 받는다. 하지만 《분석론 후서》에 개략적으로 묘사된 귀납의 '이론' 자체가 그것을 반박한다(5.3장 참조). 아리스토텔레스가 때때로 '설득력 있는 하나의 경우'에 근거한다고 하더라도, 학문적인 귀납을 위해서는 그가 그 유에 속하는 모든 종을 알기를 요구한다(An. pr. Ⅱ 23, 68b27-29). 그가 데모크리토스에 대해 비판할 때도 역시 이에 상응한다(Gen. an. Ⅴ 8, 788b9 이하). 무엇보다도 동물학에서 그는 원칙을 지켜 설명을 하기 전에 먼저 사실들을 모은다. 그는 반복적으로 관찰을 하고 있었기 때문에 이론 형성이 가능했는데, 이는 관찰을 하지 않을 경우에는 조심스럽게 이론을 형성했음을 암시한다(An. post. Ⅱ 14 이하와 Part. an. 674b7 이하).

전반적으로 가장 포괄적인 아리스토텔레스의 저작인 《동물학》을 예로 들어보자. 한쪽에서는 해부학(Ⅰ-Ⅳ 7)과 생리학(Ⅳ 8-11), 그리고 다른 한쪽에서는 행동 연구 또는 생태학(Ⅴ-Ⅵ과 Ⅷ; Ⅶ, Ⅸ-Ⅹ의 진위에 대해서는 의심이 있다), 이렇게 두 개의 주제 영역으로 나눠서 당시에 가능한 최대한으로 그 대상을 소개한다. [그래서] 우리는 가축들(양, 염소, 개, 낙타 등)과 맹수들(곰, 사자, 하이에나, 그리고 다른 포유동물들), 수많은 곤충들, 벌레들, 기생물들, 새들, 양서류들 그리고 특히 해양생물들에 대해 더욱 상세히 읽을 수 있다. 생태학적인 책들은 동물심리학적 질문들이 아니라 생식과 출산, 사육, 더 나아가 기상과 계절 변화, 그리고 질병에 대한 동물들의 적응에 대해 다룬다. 그 책들은 이를테면 생식의 시작과 기간, 교미의 종류와 시기, 수태의 기간, 그리고 돼지 사육을 포함한 너무나 다른 여러 사육 방식들과 특히 새와 물고기의 이동, 그리고 겨울잠에 대해 상세하게 보고한다. 하지만 "우리에게 익숙한 것부터 시작한다(3.2장을 보라)"는 학문 이론적 원칙에 따라, 텍스트는 인간을 먼저 다룬다(Hist. an. Ⅰ 6, 491a19 이하; Part. an. Ⅱ 10, 656a9 이하).

그 방대한 양의 진술들 중에는 당연히 몇 개의 오류들이 존재한다. 예를 들면 곤충들의 교미가 잘못 묘사될 뿐만 아니라(Gen. an. Ⅰ 16, 21a3 이하), 부모 없는 (모호한) 생식, 즉 자연 발생적인(spontan) 생식이 가능하다고 보고 있다(Hist. an. Ⅴ 19, 551a1-7). 그러나 파스퇴르에 이르러서야 비로소 미생물조차도 무생물의 물질에서는 생겨날 수 없다는 것을 증명한다. 그 밖에도 사람만이 미래에 대한 기대로 살고 있기 때문에, 사람만이 심장박동을 가지고 있다고 한다(Part. an. Ⅲ 6, 669a19 이하). 하지만 아리스토텔레스가 경험(적 지식)도 이론도 완벽하지 않다고 해서 그를 진지하게 비난해서는 안 된다. 오히려 사람들은 특히 근대의 기술적 보조 수단 없이도 이뤄낸 그의 많고 정확한 관찰들을 칭찬해야만 한다.

경험론자로서 아리스토텔레스는 자연을 그것의 무한한 풍부함 가운데 묘사하는 것을 중요시 여기지만, 이론가로서는 그 풍부함을 가능한 범위까지 체계적인 관련성 안에 정리를 하려고 시도한다. 그렇기 때문에 체계적인 (자료) 수집 후에 평가가 뒤따른다. 즉, 항상 동질적이지는 않은 자료의 조사와 검토다. 여기서 아리스토텔레스는 아카데미의 변증법을 따르면서도 교리에 얽매이지 않은 방식으로 변증법의 도식적인 이분법을, 경험을 토대로 한 여러 구조적 제안들로 대처한다(이분법에 대한 비판에 관해서는 Part. an. Ⅰ 2-3; 생물학적 분류에 대한 기준에 관해서는 Top. Ⅵ 6; An. post. Ⅰ 31; Ⅱ 5; Ⅱ 13; Met. Ⅶ 12; 또한 Pol. Ⅳ 4, 1290b25-37을 보라; 무엇보다도 Hist. an. Ⅰ 1-6; Part. an. Ⅰ 2-4, Gen. an. Ⅱ 1). 가장 중요한 제안은 두 개의 주요한 유(類), 즉 유혈동물과 무혈동물로 시작되는데, 이것은 척추동물과 비척추동물의 구분에 상응한다. 유혈동물은 태생동물과 난생동물로, 그리고 무혈동물은 연체동물(오징어, 문어=두족류), 연갑류(새우, 가재, 게=갑각류), 갑각류(조개 포함)와 곤충으로 분류된다(Hist. an. Ⅱ-Ⅳ). 마이어(Meyer)가 이미 밝힌 것처럼(1855, 344 이하), 아리스토텔레스는 근대적 의미의 유와 종의 엄격한 분류법을 찾지는 않는다. 그는 관찰될 수 있는 특징들에 따른 구분으로 동물 세계를 분류하려는 것이 아니라, 그것들의 [포유류나 유혈동물 같은 유가 아니라 소나 돼지 같은] 마지막 (자연스러운) 종(*eschata eidê*, Part. an. Ⅰ 2, 642b5 이하 참조)을 정의 내리기를 원한다. 하지만 사람들은 정의를 일반적으로 분류에 의해 찾기 때문에(An. pr. Ⅰ 31; An. post. Ⅱ 5, 13), [아리스토텔레스에게서] 동물학적 정의의 '체계'와 동시에 부차적으로는 동물학적 분류의 기본 골격을 얻게 된다(Hist. an. Ⅰ 1, 486a5-25 참조).

다른 맥락에서 아리스토텔레스는 동물들을 그들의 서식지에 따라 수서동물, 육서동물, 그리고 때때로는 나는 동물로 구별하기도 하고, 더 나아가 그들의 생활습관에 따라 무리 지어 지내는 동물과 홀로 지내는 동물로 나누기도 하며, 또한 주행성(晝行性) 동물과 야행성 동물, 그리고 가축과 야생동물로 나누기도 한다(예를 들면 Hist. an. Ⅰ 1, 487a15 이하). 번식의 다양한 형태, 더 나아가 새로 태어난 새끼의 발달 단계 또한 분류 기준으로 등장한다(Gen. an. Ⅱ 1).

마지막으로 아리스토텔레스는 자연 전체를 하나의 위계적 질서, 즉 '자연의 사다리(*scala naturae*)로 정리한다. 불완전한 것부터 완전한 것–순위가 무생물에서 시작해 식물을 거쳐 동물로, 그리고 인간으로–까지 이어진다. 그리고 식물과 동물 사이에는 무기의 것과 유기의 것처럼 연속적인 이행이 있으며(Part. an. Ⅳ 5, 68a12-15; Hist an Ⅷ 1, 588b4-6 참조), 때때로 어떤 것이 더 높은 단계에 또는 낮은 단계에 속하는지는 의심스럽다(Hist. an. Ⅷ 1, 588b12 이하). 《동물의 부분들에 관하여》(Ⅳ 5, 681a9-b12)에서 아리스토텔레스는 유각(有殼) 아메바류(*ostrakodermata*; Gen. an. Ⅱ 23, 731b8 이하 참고) 같은 식물과 동물 사이의 중간 형태를 열거한다. 육체적 관점에서, 그리고 정말 이 관점에서만 그는 네 다리 포유동물과 인간 사이의 중간 형태를 인식한다. 바로 원숭이다(Hist. an. Ⅱ 8-9, 502a16-b26). 인간 위에는 완전한 과정의 세계인 행성들의 영원한 원운동이 있으며, 위계질서의 꼭대기에는 부동의 원동자가 있다(10장 참조).

우리가 존재론적 서열에 대해 회의적으로 변했음에도, 인간 위의 세계를 제외한 아리스토텔레스의 단계 사다리는 매우 설득력이 있다. 이 사다리는 분류 기준으로 신체기관의 구별과 기능적 성능의 풍요로움이다(질료가 원칙적으로 구조를 별로 갖지 않은 어떤 것을, 그리고 형상이 구조를 더 많이 가진 어떤 것을 표시하는 한, 이 기준은 존재론적 개념 쌍인 질료와 형상을 연상시킨다). 그리하여 식물은 어떠한 감각적 지각도 없으며, 낮은 동물은 단지 촉각의 흔적만을, 이와는 달리 더 높은 동물은 후각과 미각까지, 그리고 더 높은 동물은 모든 다섯 가지 감각과 그 외에도 기억력, (기초적인) 학습 능력, 그리고

《니코마코스 윤리학》(Ⅵ 7, 1141a24-28)에 따르면 예측이라는 의미에서 영리함조차 가지고 있다. 마침내 인간만이 숙고하는 능력과 의식적으로 어떤 것을 다시 기억해내는 능력을 가지고 있다(Hist. an. Ⅰ 1, 488b24-26). 생존 방식의 관점에서 하등동물은 자기 보존과 번식만을 알고, 고등동물은 번식에서 쾌락도 역시 알며, 더 나아가 하등동물은 출산(단순한 알 품기)에서 끝나지만, 고등동물은 새끼를 양육시키는 것까지도 포함해 돌볼 줄 안다. 최상의 고등동물은 인간과 별다르지 않게, 새끼가 독립할 수 있을 때까지의 시간 동안 계속 돌본다(Hist. an. Ⅷ 1, 588b24-589a2; Gen. an. Ⅲ 2, 753a7-14). 단순한 돌봄보다 더 높은 것은 사회집단 안에서의 삶이다(Hist. an. Ⅷ 1). 하지만 오로지 인간만이 생물학이 윤리학과 정치학 내에서도 지속될 수 있게 보장해주는 좋은 삶(*eu zên*)이 가능하다(Part. an. Ⅱ 10, 656a5 이하).

8.2 목적론적 법칙: 유기체, 생식, 유전

최근의 자연 탐구는 목적론적인 과정들에서 이미 설치된 프로그램을 단순히 따르는 것과 의식을 가지고 조종되는 것을 구별한다. 전자에는 오직 내적인 합목적성–목적론적 법칙이라고 불리는–만이 있고, 후자에는 의식을 가지고 조정되는 목적의식성이 있는, 실질적인 목적론이 있다. 아리스토텔레스는 이제 생물학에서 오늘날 인정되는 목적론적 법칙을 대변한다. 그는 모든 합목적성이 결국 비목적론적인 방법으로 설명되어야만 한다고도 믿지 않으며–그에게 목적론은 단순한 상투어(facon de parler)가 아니다–또한 신비한 T(Teleologie, 목적론)-요인들을 가정하지도 않는다. 그에 부합하는 합목적성은 그에게 관찰이 가능한 자연현상들이다.

아리스토텔레스는 합목적성의 첫 번째 영역으로 (세포)조직과 (신체)기관의 기능을 생각한다. 《동물의 부분들에 관하여》 Ⅱ 2에 따르면 뼈는 살을 위해 존재한다. 즉, 뼈는 살을 보호하고 보조한다. 혈관은 피를 위해 필요하고, 간장은 영양의 소화('요리')를 도와주며, 다리는 이동을 위해 있고, 그 반면에 손톱, 발톱, 발굽, 뿔은 생명 보전을 위해 존재한다. 조직들의 이런 합목적성 또한 두 번째 단계의 특정한 목적, 즉 그것들이 계급적 구조를 형성하며 이미 언급된 식물-동물-인간이라는 위계질서에 상응하는 생명의 기본 활동에 봉사한다.

아리스토텔레스는 두 번째 종류의 생물학적 합목적성을, 같은 종류이고 부모의 특성을 가지고 있는 생물의 생식에서 찾는다(Lesky 1951과 Kullmann [2]1979 참고; 발생학의 역사에 관해서는 Needham [2]1955). "사람이 사람을 낳는다"는 표현은 여러 번 반복된다(Met. Ⅶ 7, 1032a25; XⅡ 3, 1070a8; a27 이하; XⅣ 5, 1092a16, 그리고 곳곳에서의 서술 참고). 번식, 성 구별, 그리고 유전론의 해당 영역이 《동물의 발생에 관하여》라는 저작에서 다루어진다. 놀라울 정도로 방대한 양의 자료로 이뤄진 조사가 그 주제를 일반적으로 소개할 뿐만 아니라, 동물의 개별적인 종과 식물을 따로 떼어내서 주제들을 소개하기도 한다. 아리스토텔레스에 따르면, 성적 생식 외에 이미 언급되었던 자연발생적인 생식, 더 나아가 특정한 종류의 장어처럼 몇몇 동물에게는 단성생식이 있다(Hist. an. Ⅳ 11; 오늘날 해당 동물들은 자웅동체로 간주된다).

유전을 설명하기 위해 아낙사고라스와 원자론자인 레우키포스 및 데모크리토스는 《히포크라테스 전집》에 나오며 나중에 다윈에게 받아들여져 '범생설(汎生說)'이라고 불리는 견해를 주장한다(《동물들의 변이》, 1868, Ⅱ 357 이하). 그 견해에 따르면 유전적 자료는 신체의 모든(그리스어 *pan*) 부분에서 나온다. 이미 언급된 소크라테스 이전의 철학자들은 이것을, 유전적 자료 안에 이미 작은 사람(라틴어 homunculus)이 형성되어 있다(미리 형성되다/전성(前成)되다; 그래서 '전성설'이라고 불린다)는 견해와 연결시킨다. 아리스토텔레스는 이에 반대 입장을 내놓는데, 나중에 이 입장은 특히 해부학자 카스파 볼프(Caspar Friedrich Wolff, 《발생이론》 1759, §§ 232, 235)가 '후성설(後成說)'이라는 이름으로 대변하며 그때까지 지배적이었던 전성설 이론을 대체한다.

아리스토텔레스는 자신의 일반적인 방식대로 진행한다. 그는 먼저 모든 반대 이론을 그 논거와 함께 소개하고 나서(Gen. an. Ⅰ 17) 그 논거들을 논박하며(Ⅰ 18) 이어서 자신의 이론을 발전시킨다(Ⅰ 19 이하). 그의 몇몇 반박은 다음과 같다. (1)수염이 자라고 머리가 세는 것처럼 생식 때 아직 존재하지 않았던 특성들 역시 유전된다. (2)걸음걸이같이 물질적인 요소들이 없는 특성들도 유전된다. (3)식물의 경우에 씨앗 껍질에서 어떤 부분도 씨앗으로 옮아가지 않음에도 씨앗 껍질도 유전된다.

아리스토텔레스는 자신의 반대 이론을 사변에 근거해 얻은 것이 아니라 굉장히 근대적인 방법, 예컨대 닭을 사례로 한 실험적인 방법으로 얻어낸다. 그는 매일매일 달걀을 깨서 그 발달 과정을 관찰하고(Hist. an Ⅳ 3) 그다음에 일반화한다. 그것에 따르면 생물의 기관은 점차적으로 발달하며 그 과정에서 유의 특질들이 먼저 형성된 후에 종의 특질들이 형성된다(Gen. an. Ⅱ 3, 736a27-b13; Ⅲ 2, 753b25-29 참조; Ⅴ 1, 778b20-779a11). 배아가 먼저 식물적인 능력을 얻고 그 후에 감각적 능력을 얻게 된다. 사람의 경우 마지막으로 이번에는 외부(*thyrathen*)에서 정신(*noûs*)이 더해진다. 그 근거가 정신의 본질 속에 놓여 있다. 정신은 신체가 없어 신성하고 영원하기 때문에 그것은 이미 존재해 있다.

에른스트 헤켈(Ernst Haeckel)은 후성설을 생물 발생의 근본 법칙으로 발전시키는데, 그에 따르면 개체발생(個體發生), 즉 개체의 발생 속에 계통발생(系統發生)인 종족의 역사가 요점적으로 되풀이된다. 그의 제자인 한스 드리슈(Hans Driesch)는 배아 발달의 방향을 위해, 아리스토텔레스의 개념인 활동태(Entelechie)를 암시하는 E-요소를 도입한다(《유기체의 철학》, 라이프치히 1909, 126 이하). 그러나 아리스토텔레스 본인은 자신의 발생학과 유전학의 맥락에서 그 표현을 사용하지는 않는다. 그 대신 그는 비록 기계적이지만 놀라울 정도로 현대적인 유전 모델을 발전시킨다. 그에 따르면 유전적 정보들의 매개체는 혈액 내에 있는 자극(*kinêseis*: 움직임)이며 이 자극의 일부는 유의 형태를, 다른 일부는 종의 형태를, 그리고 또다시 다른 일부는 성(性)과 개별 신체 부위의 형태를 결정한다. 아리스토텔레스는 혈액을 영양소의 이동 수단뿐만 아니라 영양분의 마지막 형태 자체로 보기 때문에(Part. an. Ⅱ 4, 651a14 이하; Gen. an. Ⅰ 19, 726b1 이하), 아폴로니아의 디오게네스(기원전 5세기)가 제안했던 혈성(血成)의 정자 이론을 주장한다. 그 이론에 따르면 남성의 정자는 가공된('조리된') 영양분의 과잉(*perittôma*)으로서 혈액에서 생겨난다. 목수가 자신의 손으로 특정한 자극을 도구에 전달하고 그 도구가 그 자극을 재료에 전달하는 방식과 마찬가지로, 생식 과정에서 정자는 그것의 자극을 여성적 부분에 전달한다(Gen. an. Ⅰ 22, 730b4 이하와 b11 이하). 이 모범에 따르면 [생식에서] 남성적 부분인 정자는 그 물질적인 실체—이것이 증발하여 기(氣, *Pneuma*)가 된다고 한다—를 통해서가 아니라 비물질적인 형상으로서 작용한다. 이와는 달리 여성적인 것[=난자]는 단지 질료를 제공한다(Gen. an. Ⅰ 21). 이 견해의 개별적인 부분들이 아무리 구식이라 하더라도 생식의 목적(*Telos*), 즉 부모의 유전적 요소를 가졌으며 부모와 같은 종인 새로운 동물은 [아리스토텔레스에게와 마찬가지로 우리에게도] 문자 그대로의 의미로 미리 확정되었다고 인정된다. 아리스토텔레스에 따르면 그것은 하나의 비밀스러운 활동태를, 조정 장치로서의 E-요소를 필요로 하지 않는다.

자신의 주저(主著) 서두를 시작하는 짧은 텍스트인 《종의 기원에 대한 견해의 발전에 관한 역사적 소묘(*Historical Sketch of the Progress of Opinion on the Origin of Species*)》에서 다윈은 아리스토텔레스의 《자연학》 Ⅱ 8의 어절(198b23-31)에 대해서, 그것이 진화론을, 특히 진화론의 자연선택 원리를 선취했다고 말한다. 실제로 아리스토텔레스는 우연에 의해서(*apo tou automatou*, 스스로에서: b30) 목적에 맞는 신체기관만이 살아남는다는 견해를 내세운다. 그러나 그는 이 견해를 자신의 것으로 삼지 않았는데, 바로 이런 진화론의 결핍이 오늘날의 생물학과 그를 구별 짓는다. 그의 자연의 단계 사다리가 진화론을 향해 나아가고, 다른 한편 그가 잡종에서 새로운 종이 탄생할 수 있고 겹치는 종도 있다고 인정함에도, 그는 종의 프로그램은 불변적으로 정해졌다고 생각한다(Gen. an. Ⅱ 1, 732b15 이하). 그는 종의 돌연변이를 알지 못한다.

8.3 영혼

'영혼'이라는 표현은 근대 자연 탐구와 심리학에서조차 더 이상 중요치 않다. 아리스토텔레스가 그 표현을 사용한다는 사실 자체가 회의를 불러일으킨다. 게다가 그는 사람뿐만 아니라 동물과 심지어 식물의 영혼에 대해 이야기하며, 사람의 영혼만을 염두에 두는 철학자를 비판한다(An. Ⅰ 1, 402b3-5). 하지만 의심에 대한 정당한 동기는 아리스토텔레스의 영혼론보다는 그의 선배들의 영혼론이 제공한다. 서구에서는 오르페우스적인 밀의(密儀) 종교와 피타고라스학파 사람들부터 알려져 있고 엠페도클레스와 특별히 플라톤(예를 들면 《파이돈》)에 의해 지지되며 그때부터 여러 가지 변형으로 지배적이 된 영혼과 육체 또는 신체의 이원론이 특히 문젯거리다. 아리스토텔레스는 그것을 격렬하게 거부하며(피타고라스학파 사람들의 이원론이 가진 어려움에 대해서는 An. Ⅰ 3, 407b2 이하 참조; 엠페도클레스에 대해서는 Ⅰ 4, 408a18 이하), 그래서 현재까지 주장되는 이원론에 반대하는 대안을 제공한다. 이와 마찬가지로 그는 영혼을 단순히 육체적인 것으로 규정하는 '물리주의적인' 노력에도 저항한다(히폰과 크리티아스에 반대하여: Ⅰ 2, 405b2 이하).

영혼뿐 아니라 분노와 공포 같은 영혼의 격정들도 생물의 질료와 분리되어 존재할 수 없다는 논거를 가지고(Ⅰ 1, 403b17-19), 아리스토텔레스는 영혼을 자연 탐구자의 관할구역에 배정한다(*physikos*, 자연(철)학자: a28 이하, b7, 11; Part. an. Ⅰ 1, 641a22와 Met. Ⅵ 1, 1026a5 이하). 이러한 냉정한 분류가 그의 가장 중요한 철학적 성과 가운데 하나다. 여기서 자연 탐구는 당연히 경험과학이 아니라 기초

분과 학문으로 이해되어져야만 한다. 《자연학》이 모든 자연적 사물의 기본 개념과 원리를 연구하는 반면에 논문 《영혼에 관하여》는 모든 생명체의 기본 개념과 원리를 논한다. 이 논문이 정신적인 것(의식, 지향성)을 바로 그러한 것으로 탐구하지 않고 오히려 무기적인 것과 구별되는 유기적인 것으로(물론 식물부터 시작해서 동물을 거쳐 사람까지 이르는 유기체) 탐구하기 때문에 현대적 이해에서는 심리학이 아니다. 아리스토텔레스는 인간생물학을 포함한 전체 생물학의 철학적 토대를 논함으로써 그가 살아 있는 것에 대한 일종의 기초 철학 또는 형이상학을 제시한다. 그가 인간을 다루는 한 그는 인간을 생물 또는 더 높은 동물로 간주한다.

물론 영혼의 몇몇 측면은 육체와 연결되어 있지 않다. 그리하여 그것들을 자연 탐구자가 아니라—수학적 대상의 경우에—수학자가, 그리고—순수 정신인 것의 경우에—제일철학자가 다룬다(An. Ⅰ 1, 403b15 이하; Part. an. Ⅰ 1, 641a32-b10). 그 밖에도 여러 분야들 사이의 결합이 존재한다. 그렇지 않아도 생물학과 결합하지만 윤리학과도 결합한다. 《영혼론》은 영혼을 작용하는 힘으로 논함으로써 윤리학의 행위 이론적인 부분과 섞이며(13장을 보라), 정신(*noûs*: Ⅲ 3-8)을 탐구함으로써 인식적인 능력들에 대한 이론(EN Ⅵ)과 섞인다(《영혼론》의 해석에 대해서는 Barnes/Schofield/Sorabji 1979, Cassirer 1932, Furth 1988, Lloyd/Owen 1978, Nussbaum/Rorty 1992 참고).

영혼에 대한 아리스토텔레스의 이원론적이지 않은 구상은 그 구상이 대상—육체를 지니지 않은 존재라는 특수한 경우를 제외한다면—을 단지 영혼을 지닌 육체라는 관점에서만 논의함으로써 시작된다. 또 한편으로 육체는 영혼의 사건들과 단지 관련되어 있을 뿐만 아니라, 그것에 본질적으로 참여하기도 한다. 생물의 과정들(식물의 영양 섭취에서 사람의 감각적 지각, 그리고 자제력 부족까지, EN Ⅶ 5, 1147a16)이 우연이 아니라 그것들 스스로에 있는 육체적-정신적인 통일성 가운데 진행된다는 점을 분명히 하기 위해, 아리스토텔레스는 그것들을 가지고 존재론적인 이원론에 일반적으로 저항할 수 있는 개념들, 즉 개념 쌍인 형상과 질료를 이용한다. 구체적인 생물은 이 두 가지, 즉 질료로서 신체 또는 육체(*sôma*)와 그 자체로는 단순히 잠재적일 뿐인 생명(*dynamei zôê*: An. Ⅱ 1, 412a20)을 현실적인 생명으로 만드는 형상으로 이뤄진다. 영혼은 특별히 육체적인 사물을 지시하거나, 아니면 특별히 육체가 없는 사물을 지시하는 것은 아니고, 오히려 죽은 육체와 살아 있는 육체 사이의 차이를 지시한다. 영혼은 살아 있는 존재의 살아 있음을 형성하는 것이다. 영혼은 그 존재에 대한 현실성의 원리다. 아리스토텔레스의 존재론에 따르면 형상이 실재의 사물들과 분리되어 존재하지 않은 것처럼(11.2장 참조), 심리학에 따르면 영혼도 (살아 있는) 육체와 떨어져서 존재하지 않는다(An. Ⅱ 1, 413a4). 그 영혼이 육체를 결속시키며 통일성을 제공하는 반면에 영혼이 없을 시에는 육체가 사멸하며 부패한다(Ⅰ 5, 411b8-10). 이런 의미에서 영혼은 먼저 생물의 원리(Ⅰ 1, 402b6 이하)로, 그리고 나중에는 좀 더 정확하게 살아 있는 육체의 원인과 원리로 규정된다(Ⅱ 4, 415b8 이하). 또한 그것은 4원인설(7.3장 참조)에 따라 모든 의미에서의 원인, 즉 형상, 목적, 작용 원리다. 질료인이 신체에 있기 때문에 [영혼에는] 단지 질료인만이 결여되어 있다.

인공물과는 다르게 생물은 동작과 정지의 원리를 스스로 안에 지니고 있는 자연적인 사물이다. 즉, 생물에 내재되어 있는 원리가 영혼이다. [영혼을] 논하기 위해 아리스토텔레스는 도구인 손도끼와 생물의 한 부분인 눈을 이용한다(Ⅱ 1, 412b10 이하). 손도끼가 생물이었다면 그의 영혼은 장작을 패는 능력을 구성했을 것이다. 만약 이런 능력이 없어진다면 도끼라는 이름만이 남을 것이다. 눈의 유사한 과제는 시각적 능력에 있다. 이것이 사라진다면 남은 것은 그려지거나 조각된 눈과 같다.

영혼의 현실화 기능이 활동태(*entelechia*)다(Ⅱ 1, 412a10 이하; Ⅱ 5, 417a21 이하). 자주 오해되고 있는 이 개념은 어떤 것이 '그것의 목표에(*en telei*)', 그 결과 그것의 실현에 도달하는 순간으로 이해되어야만 한다. 이 개념은 현실태(*energeia*, 실현, 동작)와 거의 동의어다. 그러나 아리스토텔레스가 성취와 완성의 순간을 강조하려고 한다면 그는 '활동태'라는 표현을 더 선호할 것이고, 활성화의 순간을 강조하려고 한다면 그는 '행위'라는 표현을 더 선호할 것이다. 그가 도끼의 활동태를 장작을 패는 것에서 그리고 눈의 활동태를 보는 것에서 찾는 것처럼, 그는 생물의 활동태를 그것의 살아 있음과 동일시한다. 영혼은 생물이 '가지고 있는' 어떤 것이 아니라 그것의 완전한 현실성, 즉 살아 있음이다. 그러나 생물이 깨어 있거나 잠이 들 수도 있기 때문에 두 가지 의미를 구별해야 한다. 학문의 경우에 능력인 인식(*epistêmê*)이 능력의 완성인 관상(*theôrein*)과 가지는 관계는 인생에서 잠이 깨어 있음과 가지는 관계와 같다. 두 가지 의미에서 영혼은 삶의 활동태인데, 전자의 경우 단지 특정한 삶의 실현들을 위한 능력의 의미에서만 그러하며, 후자에서는 그것의 현실화다.

영혼이 독립적인 실체도 아니고 속성(우연적 속성)은 더욱 아니며 오히려 육체적이고 정신적인 전체의 활동태이기 때문에(Ⅱ 2, 414a14

이하; Ⅰ 1, 403a3 이하), 육체에서 분리되어 있는 영혼의 존재는 없다. 개별의 정신적 능력들이 각각의 신체기관과 연결되어 있으며 그와 동시에 가언적인 필연성(eine hypothetische Notwendigkeit) 같은 어떤 것이 존재한다. 도끼가 단단한 소재(청동 또는 철)로 제작되어야 그것의 과제를 완수할 수 있는 것처럼, 육체와 신체기관 또한 적절하게 '건축되었어야' 과제를 이행할 수 있다(Part. an. Ⅰ 1, 642a9-13; 눈에 대해서는 《감각에 관하여(*De sensu*)》 2, 438a12-16 참고).

정신(*noûs*)은 어느 기관에도 연결되어 있지 않기 때문에(An. Ⅲ 4, 429a24-27), 그것만이 육체적이고 정신적인 통일성에서 예외가 된다. 그렇지만 정신에서 다음 두 요소는 구분되어야만 한다. 즉 유한하고 육체와 연결되어 있으며 그로 인해 육체와 함께 사멸되는 정신의 요소와 육체가 없으며 그로 인해 불멸이며 동시에 신성하지만 또한 비인격적이도 한 정신의 요소를 구별할 수 있어야 한다(Ⅱ 4, 413b24-29와 Ⅲ 5, 430a22-25). 비인격적인 요소만이 영원하다는 견해는 기독교적 아리스토텔레스주의를 어렵게 만들 것이다. 또 한편으로 아리스토텔레스는 개체의 영혼 불멸을 배제한다. 또한 그는 피타고라스의 윤회설을 비판한다(Ⅰ 3, 407b21-26; Ⅱ 2, 414a17-25). 하지만 영혼을 가진 모든 존재, 그리고 식물조차 그것의 '가장 자연스러운 성취', 즉 같은 종의 생물의 재생산을 통해 "영원성과 신적인 것에 참여한다(Ⅱ 4, 415a26-b1)."

영혼이 살아 있는 것의 원리라는 규정으로 영혼의 본질이 '개략적으로(*typô*: Ⅱ 1, 413a9; 추가로 Ricken 1998)' 규정된다. 더 자세한 규정은 다양한 삶의 기능들 내지 영혼의 능력들을 통해 생겨난다(Ⅱ 3, 415a12 이하 참고). 이와 관련해 아리스토텔레스는 더 풍부하고 더 복잡한 삶의 성취를 향한 상승으로 나타나는 자연의 단계 사다리, 즉 식물-동물-사람이라는 서열(Ⅱ 2-3; 8.1장 참고)을 도입한다. 엠페도클레스(Diels/Kranz 31 B 110)와 아낙사고라스(Diels/Kranz 59 A 117) 같은 소크라테스 이전의 철학자들은 식물들에게 감각적 지각, 감정, 그리고 욕망이 있다고 여긴다. 또한 플라톤의 《티마이오스》(77b)에 따라서도 식물은 고통과 쾌감을 포함하는 욕망을 가지고 있다. 이와 반대로 아리스토텔레스에 따르면 식물적인 영혼('식물 영혼')은 영양 섭취, 성장, 그리고 번식만을 가진다(An. Ⅱ 4). 동물적인 영혼('동물 영혼')부터 고통이나 쾌락, 그리고 욕망과 연결된 감각적 지각(Ⅱ 5-Ⅲ 2, Ⅲ 12-13)을 할 수 있다. 이 세 가지 동물의 능력을 아리스토텔레스는 두 가지－감각(*aisthêsis*)과 욕구(*orexis*)－로 축소하는데, 둘은 서로 동일하다(Ⅲ 7, 431a9-14)고 말할 수 있을 정도로 서로 연결되어 있다. 때에 따라 그는 동물을, 전체를 대변하는 부분만으로(*pars pro toto*), 오직 감각(Ⅱ 2, 413b2; Ⅲ 9, 432b19 이하)만을 통해서 특정 지운다. [식물적인 영혼과 동물적인 영혼에 이어서] 세 번째인 인간적인 영혼은 정신과 이성을 담당한다(Ⅲ 3-8).

세 가지 삶의 기능들 모두, 즉 식물적인, 동물적인, 그리고 인간적인 영혼의 능력들이 모두 철저하게 논의되지만 가장 상세하게 논의되는 것은 감각인데, 이것은 논문의 자연철학적인 성격을 강조한다(Ⅱ 5-Ⅲ 2). 데모크리토스와는 반대로 아리스토텔레스는 오직 다섯 가지의 감각만이 존재한다(Ⅲ 1)는 것을 보여주며 그 각각에 한 장(章)씩 배정한다(Ⅱ 7-11). 그중에서 촉각이 미각과 함께 영양 섭취를 가능하게 하기 때문에(Ⅲ 12, 434b10 이하) 기본적인 것으로 여겨지는 반면에, '잘 있다(Wohlsein)'에 (*eu*, 잘) 기여하는(b24) '더 높은 감각들'이 더욱 차별화된다. 전체적으로 볼 때 순서는 각각의 더 고차적인 생물이 낮은 단계의 삶의 기능들도 사용하며, 동시에 그것의 더 고차적인 삶의 기능들의 기준에 따라서 낮은 기능들을 변화시키는 방식으로 설계되었다. 사람의 경우에는 영양 섭취, 감각, 그리고 번식이 다른 생물들과 다르다.

한 가지 주제에 집중해보자. 바로 심리학의 인식론적 측면에 중요한 수동적 정신(*noûs pathêtikos*)과 능동적 정신(*noûs poiêtikos/apathês*) 사이의 구별이다. 그에 해당하는 Ⅲ 5장은 "그것의 불투명성과 지나친 간결성으로 악명 높다(Theiler 1986, 142)." 이 몇 개의 행들은 모든 고대 철학 중에서 아마 가장 많이 논평된 어절 가운데 하나다. 처음에는 거의 이해되지 않는 아리스토텔레스의 구별은 한편에서는 그의 개념 쌍인 가능태와 현실태에서, 그리고 다른 한편에서는 사유와 지각 사이의 유사성과 또한 동시에 차이에 의해서 생겨난다(Ⅲ 4, 8). 공통점을 한 가지 미리 언급해보면, 사유뿐만 아니라 감각에도 이미 자기 관계가 주어진다. 우리가 보거나 들을 때 우리는 같은 능력으로 보고 듣고 있다는 것을 (함께) 지각한다(Ⅲ 2, 425b12-25; EN Ⅸ 9, 1170a29 이하). 그리고 이러한 자기 관계가 자기 긍정의 요소를 포함한다.

수동적 정신과 능동적 정신을 구별할 때 중심이 되는 공통점에 따르면, 감각과 사유 각각은 다른 어떤 것으로 말미암아 활성화되는, 수용할 수 있는 능력을 가지고 있다. [한편] 감각의 경우에는 감각 범위 안에 대상이 나타날 때만 활성화가 이루어진다. 여기서 [수용 능력이야 내부에 있겠지만 그것의] 현실성을 일으키는 요소는 외부에 있다(*exôthen*, 외부에: Ⅱ 5, 417b20). 이와는 반대로 사유는 외부의 대상에 얽매여 있지 않다. 따라서 사유에서 [어떤 것을] 수용하기 위한 수동적인 능력과 그 능력의 활성화[를 나누는] (현대적 용어로는 수용성과 자발성) 차이가 사유 자체에 있다. 빈 칠판처럼(An. Ⅲ 4, 429b31 이하) 수동적 정신이 무한한 수용 능력을 가지고 있으며, 빛이 색채를 현실적으로 보이게 만드는 것처럼 [다른 외부의 것이 아니라 바로] 능동적 정신이 수동적 정신을 현실화되도록 도와준다.

9. 제일철학 또는 형이상학

아리스토텔레스는 형이상학을 지식 형태의 정점에 세워놓았다. 그것은 많은 세기 동안 '학문의 여왕'으로 여겨졌다. 그러나 칸트 때(《순수이성비판》, 머리말, 초판)와 나중에 다시 니체가, 또 다른 방식으로 빈학파(der Wiener Kreis)가 '모든 멸시'를 가하게 되는 분과이다. 많은 사람이 형이상학이 초감각적인 것을 알려주리라고 기대한다. 즉 천사나 신이나 신성, 나아가 영혼 불멸성과 자유를 알려줄 것이라 기대한다. 그리고 이런 요소가 아니면 사람이 존재하는 의미를 풀 수 없다는 생각도 드물지 않게 그런 기대와 연결된다. 또한 철학자들, 특히 독일관념론 이후 철학자들은 모든 지식을 서로 연관시켜주며 모든 사물과 사태를 전체 안에서 제각각 위치에 지정해주는 시스템을 기대한다.

아리스토텔레스는 그런 기대를 대부분 실망시켰다. 그럼에도 그는 최소한 암묵적으로라도 분석적인 형이상학 비판과 해석학적인 형이상학 비판에 따르면 의심스러운 것을 요구했다. 그것은 바로 언어와 역사에서 독립적인 지식이다. 형이상학에 대한 요구를 많은 [일상적인] 형이상학적 구상과는 다른 이해에 결합시키는 이러한 상황에 주의를 기울여볼 만하다. 아리스토텔레스는 자신의 신학에서 현세의 실존에 의미를 부여하는 내세가 아니라, 오히려 이 세계를 해명하는 것을 곰곰이 생각했다. 그리고 여기서나 다른 곳에서도 독일관념론과 비교할 만한 시스템을 요구하지 않았다. 그의 시도는 다음과 같은 두 가지 근거에서 오늘날까지 흥미롭다. 첫 번째 근거는 (자연)과학 시대에서[도 타당할 수 있는] 형이상학을 위해 흥미롭고, 두 번째 근거는 체계 요구가 더 적다는 점에서 후기 관념론적인 형이상학을 위해 흥미롭다.

'형이상학'이란 표현은 아리스토텔레스가 아닌 편집자 안드로니코스에게서 유래된 것인데(1.2장을 보라), 저작의 자연적인 사물들(*physika*) 이후에 오는 또는 [그것들을] 초월해 있는(*meta*) 부분들을 가리킨다. 아리스토텔레스 본인은 다른 표현들을 사용한다. 그는 해당 지적인 능력을 지혜(*sophia*, Met. Ⅰ 1-2)라 부르고, 이런 능력의 수행을 관상(*theôria*, EN X 8; Met. XⅡ 7, 1072b22 이하)이라고 부르며, 이에 부합하는 분과에는 몇 개의 텍스트에서 데카르트(《제일철학에 대한 성찰(*Meditationes de prima philosophia*)》)가 선호하게 될 명칭인 '제일철학'을 부여한다(*prôtê philosophia*, 제일철학: Met. Ⅵ 1, 1026a16; XⅠ 4, 1061b19; Phys. Ⅰ 9, 192a36 이하; Ⅱ 2, 194b14 이하; Cael. Ⅰ 8, 277b10; An. Ⅰ 1, 403b16이 심지어 '제일철학'을 언급한다).

우리가 '지혜'로 번역하는 그리스어 단어는 이를테면 특별한 판단력과 결합된 존경할 만한 인생 경험을 의미하지 않고, 오히려 탁월한 수

준까지 도달한 능력, 즉 전문 능력으로 인해 높은 존중을 받을 만한 '실천적 능력(know-how)'을 의미한다. 이런 의미에서 우리는 지혜를, 예컨대 '석공으로서의 페이디아스와 조각가로서의 폴뤼클레이토스'처럼 위대한 예술가들의 자질이라고 생각한다(EN Ⅵ 7, 114a9-11). 《형이상학》의 서론적 장(Ⅰ 1)은 일상적인 개념을 인식의 영역으로 전이시킨다. 그렇게 해서야 *sophia*(지혜)는 지식 일반의 최고봉, 그리고 철학에 속한 지식의 최상급이 될 수 있다. 탈레스와 아낙사고라스처럼 '놀랍고 어렵고 신성한 것'을 알기를 갈망하는 자들이 모범이 된다(EN Ⅵ 7, 1141b3 이하). 끝에서 두 번째 단계인 일상적인 학문이나 철학과 관련해서 모든 학문에 공통된 원리들이 중요하다. 그래서 지배적인 학문(*archikôtera*: Met. Ⅰ 2, 982a16 이하)과 모든 것을 이끄는 학문(*epistêmê kyria pantôn*: An. post. Ⅰ 9, 76a18)이 이야기된다. 제일철학은 기초 학문이나 기초 철학으로 이해된다.

사람들은 아리스토텔레스 이후에 붙여진 명칭인 '형이상학'을, 신플라톤주의자인 심플리키오스의 《자연학 주석》에서 비로소 특정 대상에 관련시켜 그 명칭이 붙여졌다고 여길 수 있으며, 외면적이고 편집하기 위해 붙여진 명칭으로만 간주할 수도 있을 것이다. 그러나 칸트가 형이상학에 대해 강의하는 도중에, 그 명칭이 '학문 자체에 너무 적합하기 때문에 단순히 우연적으로 생긴 것'이 아니라고 말하는 것은 사태로 보아서 정당하다(아카데미판 XXⅧ/1, 174; 물론 논쟁의 여지가 있지만 문헌학적 확증을 위해서는 Reiner 1954, 1955를 참고). 아리스토텔레스의 두 가지 인식의 길이라는 관점에서 볼 때, 사태에 적절한 두 가지 명칭이 하나의 원리들의 학문(Prinzipienwissenschaft)을 위해서 사용될 수 있다. ①원리들로 향하는 [상승의] 길에 따르면, 그 학문은 스스로를 자연에서 시작해 자연을 넘어서는 길로 묘사한다. 즉—그 표현을 아리스토텔레스가 한 것은 아닐지라도—자연학을 넘어서는 것(Meta-Physik)[=마지막에 오는 것]으로 스스로를 묘사한다. 또한 ②그것들의 사태에 따른 중요성과 원리에서 나가는 [하강의] 길에 따르면, 그 학문은 제일[=다른 모든 철학보다 앞선]철학이다.

해당하는 숙고들이 한 권에 모아졌다는 사정은 텍스트 내용이 동질적이라는 점을 암시한다. 그러나 실제로 《형이상학》은 단순히 다양한 관점에서 기초 철학적인 질문들을 논의할 뿐만 아니라, 다양한 구상과 함께 그 질문들을 논의하기도 하는 상대적으로 독립적인 개별 논문들을 나중에 함께 묶어놓은 모음집이다. 아리스토텔레스 역시 '찾고 있는 학문'에 대해서 논하고(*zêtoumenê epistêmê*: Met. Ⅱ 2, 996b3, 33; XⅠ 1, 1059b1, 13, 22; XⅠ 2, 1060a4, 6) 있다는 사실은, 그의 선배들이 그것을 찾고 있었던 반면에 그는 그것을 완성된 것으로, 어쩌면 이미 상세하게 연구된 분과로 제시한다는 것을 의미할 수도 있을 것이다. 그러나 《형이상학》으로 모아진 텍스트들은 다양한 단초 혹은 새로운 단초를 반영한다. 즉 아무튼 아리스토텔레스는 제일철학에 관한 생각을 먼저 상세하게 설명하며, 그 후에 실현시키려고 노력하는 뒤엉킨 길들을 반영한다.

[《형이상학》은 14권으로 되어 있으며 그] 권들은 자주 그리스 숫자로 번호가 붙여진다. 그래서 Ⅰ권=알파(Α), Ⅱ=소문자 알파(α), Ⅲ=베타(Β) 등이 붙어 있다. 14권 가운데 최소 처음 6권(다만 Ⅳ에서는 일부분만)은 서론적인 성격을 띤다. 제일철학을 가장 중요하게 다루는 9권 가운데 절반인 약 4권 반(Ⅰ, Ⅲ, Ⅳ 1-2, Ⅴ, Ⅵ)이 계획을 탐색하고 준비하며, 다른 절반(Ⅳ 3-8, Ⅶ-Ⅸ, XⅡ)이 3부로 된 중심 논의를 다룬

다. 물론 Ⅵ 2-4도 중심 논의 쪽으로 셈할 수 있다. 예비 논의들에 들인 수고가 놀라울 만큼 큼에도, 아리스토텔레스의 《형이상학》은 전체적으로 '난제적인(aporetisch, 출구가 안 보이는)' 또는 단순히 '의문스러운(zetetisch, 탐색하는)' 것이라고 특징지울 수밖에 없다(6.3장을 보라). 저자가 난관들을 의식하고 있음에도 제일철학의 가능성에 대해서는 기본적으로 의심하지 않는다. 그래서 "형이상학은 의심할 것도 없이 모든 인간적인 통찰력 중에서 가장 어렵다. 다만 형이상학은 한 번도 쓰인 적이 없다(《자연신학과 도덕의 원칙의 판명성에 대한 탐구》: Akad. Ausg. Ⅱ 283)"고 주장했던 비판기(批判期) 이전의 칸트를 아리스토텔레스가 반박했을 수도 있을 것이다. 비록 아리스토텔레스가 여러 가지 미해결의 문제들을 남겼더라도 그는 제일철학을 잘 규정되고 더 내밀하고도 상세한 형태로 알고 있다.

우선 큰 개요를 살펴보도록 하자. 《형이상학》 Ⅰ권은 단적으로 최상의 지식에 대한 생각(Ⅰ 1-2)을 전개시키고, 그 후에 당시까지의 기초 철학의 역사를 약술한다. 이 역사는 탈레스에서 시작해 헤라클레이토스와 엠페도클레스, 아낙사고라스를 거쳐, 또한 데모크리토스와 피타고라스학파, 파르메니데스를 거쳐 플라톤과 플라톤주의자인 스페우시포스와 크세노크라테스까지 이른다. 근대에 데카르트에게서, 그리고 다른 방식으로 칸트에게서 새로운 형이상학이 위기에 맞서 대답하는데, 심지어 모든 옛 형이상학의 실패에 맞서 대답한다. 아리스토텔레스 역시 여러 형이상학을 발견하며—이 점은 플라톤에게도 타당하다—그의 선배들에게서 결점들을 발견하기도 한다. 그가 근본적으로 새로운 시작에 대해 언급하지 않음에도 그의 기초 철학에는 우리가 근대가 되서야 비로소 기대할 수 있는 어떤 것이 들어 있다. 그것—

부분적으로는—은 바로 형이상학 비판이라는 형태의 형이상학이다. 두 번째로 예비 논의들은 이른바 난제의 책 또는 문제의 책을 포함한다(Ⅲ, 그리고 XI 1-2 참고). 원리에 관한 근본적인 학문의 과제를 조망하는 가운데, 아리스토텔레스는 14가지의 난관들(아포리아 또는 문제)과 함께 하나의 추가적인 난관을 소개한다. 그는 대안적인 해결의 제안들에 대해 찬반양론을 토론하면서 이미 그 자신의 해결 방안을 자주 암시한다. 첫 난관들이 서두의 책(Ⅰ)을 뒤따른다. (1)근거에 대한 논의가 '하나의' 또는 '여러' 학문의 과제인가, (2)그런 학문의 과제가 오직 실체의 제1원리에 대한 논의인가, 아니면 공리의 고찰도 포함되는가? 그 밖에도 원리들이 일반적인 것인지, 아니면 개별적인 사물들의 종류인지(난관 12번), 더 나아가(난관 13번) 원리들이 잠재적(*dynamei*)인지, 아니면 현실적(*energeia*)인지를 아리스토텔레스는 질문한다. 서론적으로 소개된 문제의 목록(Ⅲ 1)은 숫자, 선, 도형과 점은 실체(*ousiai*)인가라는 질문(14번)으로 끝난다.

Ⅲ권이 Ⅰ권에 이어지는 한 Ⅱ권은 삽입처럼 보이며 더욱이 철학 연구 일반으로 읽혀진다. 다음과 같은 세 가지 주제들이 다뤄진다. 즉 진리에 관한 학문으로서의 철학(1장), 각각의 원인 계열의 유한성(2장), 그리고 방법에 관한 질문들, 예를 들면 모든 학문에서 수학적 엄격함을 기대하지 말라는 요구(3장)가 다뤄진다.

Ⅴ권인 《개념들의 다중적인 의미들에 관하여(*Peri tôn posachôs legomenôn*)》는 우리가 이용할 수 있는 가장 오래된 철학 백과사전이다. 이것이 원리(*archê*), 원인(*aition*), 그리고 요소(*stoicheion*)부터 자연(*physis*), 필연성(*anankaion*), 그리고 하나(*hen*), 존재(*einai*), 실체(*ousia*)를 거쳐 거짓(*to pseudos*), 그리고 우연적 속성(*to symbebekos*)까지 최소 30개의 주요 개념들과 약 10개의 부수 개념들을 소개한다. 이것들은 모두 어느 개별 분과들에 속하지 않으며 (오히려) 모든 분과에 공통된 개념으로 철학적인, 심지어 기초 철학적인 지위를 가진다. 그 높은 구분 능력은 주목할 만하다. 그런데 논의가 라코니아식으로 간결한 것은 메모적인 특성 때문이다.

마지막으로 예비 논의가 Ⅵ권을 포함한다. 그것은 이론적인, 실천적인, 그리고 제작적인(poietisch) 숙고들을 구별하며 이론적인 분야를 자연학, 수학, 그리고 신학으로 분류함으로써 시작한다. 그리고 존재자의 다중의 의미에 대해 암시하면서 존재자의 부차적인 방식들은 주요 논의에서는 제외된다.

그 이상의 주제들을 간략히 살펴보자. (완전히 동질적이지는 않은) 실체에 관한 책들인 Ⅶ-Ⅸ권은 실체의 개념을 조사한다. Ⅹ권은 하나(*hen*)와 그에 관련된 개념들(동일성, 비동일성, 유사성 그리고 반대)을 논의한다. ⅩⅠ권은 먼저(1-7장) Ⅳ권과 Ⅵ권의 내용과 그 후에(8-12장) 《자연학》의 일부분을 요약함으로써 제일철학뿐만 아니라 자연철학의 근본 문제들을 논의한다.

ⅩⅡ권은 아리스토텔레스의 자연철학에 대한 또 다른 개요와 함께 유명한 신학을 포함한다. 마무리하는 ⅩⅢ권과 ⅩⅣ권은 비감각적인 실체들에 대한 아리스토텔레스 이전의 이론들을 소개하며 이데아, 수, 이데아의 수, 그리고 원리들의 이론에 대한 아리스토텔레스 자신의 생각들을 연결시킴으로써 Ⅰ권 3-9장에 들어 있는 '아리스토텔레스 이전의 철학자들의 역사'를 보충한다.

이런 14권의 책들을 진행시키는 과정에서 제일철학이 삼중의 규정을 얻게 되며 또한 세 개의 형태로 실현된다. (1)기초 철학은 가장 일반적인 원리들, 즉 공리들의 학문이며, 《분석론 후서》에 이미 언급되지만 그 타당성이 증명되지는 않는다. 이런 구상은 Ⅳ권 3-8장과 XⅠ권 5-6장에서 실현되지만, 그것이 아리스토텔레스의 책인지에 대해서는 이론이 분분하다(Aubenque 1983). (2)기초 철학은 존재자로서의 존재자에 대한(*on hê on*) 학문이며, 따라서 개별 분과들과 달리 모든 존재자의 공통된 구조와 원리를 탐구하는 존재론이다. Ⅳ권 1-2장에서 그 계획이 소개되며, Ⅵ권 2-4장에서 제외시켜야 할 부분들에 대한 숙고 후에 실체의 책들인 Ⅶ-Ⅸ권에서 광범위하게 상술된다(《범주들》과 《자연학》의 일부분 참고). 주제의 선택이 완전히 동질적이지 않기 때문에 실체의 책들 범위 안에서 두 개의 주제들이 나눠질 수 있다(2.1). 한편 아리스토텔레스는 탁월한 존재자인 *ousia*, 즉 본래적인 의미에서의 실체에 대해 질문한다(2.2). 다른 한편에서 그는 네 개의 원인들 및 개념 쌍인 가능성과 현실성을 다룬다. 《형이상학》 XⅢ-XⅣ권(2.3)에는 수학적 대상들에 대한 이론이 추가된다(이런 주제 역시 제일철학에 속한다는 사실은 논리학자요 수학이론가인 프레게, 러셀, 그리고 화이트헤드에 의한 철학의 개편을 떠오르게 한다). (3)XⅡ권에서 실시된 Ⅰ권 2장(935a5-10; Ⅵ 1)의 프로그램에 따르면, 제일철학은 결국 신성한 학문이다. 그것도 다음과 같이 이중적인 의미에서 그렇다. 최상의 서열에 있는 대상에 대한 학문으로서, 즉 신적인 존재와 동일시되는 영원자(*aei*), 불변의 존재(*akinêton*), 그리고 [다른 모든 존재자에서] 분리된 존재(*chôriston*)에 대한 학문으로서 제일철학은 철학적 신학이다. 더 나아가 제일철학은 신 자신이 '실천하는'[79] 학문으로 등장

79) 아리스토텔레스에게 신은 자신만을 사유하는 정신이다. 그러므로 저자는 자신을 '자신이 실천한다'고 표현하고 있다.

한다. 물론 사람들은 아리스토텔레스가 《형이상학》 I권 2장과 VI권 1장의 프로그램을 실제로 단지 XII권에서 실현시키는지, 아니면 거기서 존재론 역시 염두에 두는지 하는 의문을 가질 수 있다. 철학적 신학의 경우에 강단철학은 특수 형이상학(*Metaphysica specialis*)에 대해, 즉 [그것을 통해 다른 모든 존재자를 설명할 수 있을 정도로] 특수한 대상을 논의하는 형이상학에 대해 언급하게 된다. 그리고 존재론은 존재하는 모든 것의 구조적 특성과 원리들을 연구하기 때문에 그것은 일반 형이상학(*Metaphysica generalis*)으로 불리게 된다.

사람들은 이런 [원리론, 존재론, 신학이라는] 세 개의 형태들을 경쟁하는 것으로 볼 필요는 없다. 이와는 반대로 사태에 관련해서 다양한 연관성이 존재한다. 예를 들면 공리들의 이론은 존재론적 요구(Met. IV 3, 1005a23 이하)를 펼치며, 개념 쌍인 현실태-가능태를 통해 존재론은 제일의 원동자의 이론을 지시한다(Met. IX 8, 1050b6). (본질적인 연관성에 대해서는 예를 들면 Inciarte 1994를 보라).

아리스토텔레스는 난제들을 단순히 제시할 뿐만 아니라, [그 스스로가] 난제에 빠지기도 한다. 첫 번째 난관은 제일철학이 정확히 무엇을 다루는가 하는 질문에 있다. 다른 난관－우리는 보게 될 것이다(11.2장을 보라)－은 진정한 실체가 무엇인가, 구체적인 개별 사물인가, 아니면 종(種)의 형상인가 하는 질문 안에 숨어 있다. 그리고 세 번째 난관은 기초 철학을 위한 기준으로서의 정확성에서 나온다. 전제들이 적을수록 학문은 더 정확하기 때문에 수학도 기초 철학적인 성격을 가져야만 할 수도 있을 것이다. 그러나 이것은 수학의 대상이 추상화를 통해 얻어졌다는 사실로 인해 부정된다. 또 다른 난관은 다음과 같다. 존재론이 존재자를 존재자로서 조사하는 반면에, 《자연학》

은 존재자를 자연적으로 존재하는 것으로서 탐구하기 때문에, 존재론의 우위에 문제가 없어 보인다. 그러나 존재론과 《자연학》이 같은 개념들—행위와 잠재력, 질료와 형상—을 탐구하는 곳에서 《자연학》은 실체에 관한 책들의 논의를 전제로 하지 않으며 오히려 그것과 별개의 분석을 실행한다.

윤리학에서는 사정이 또 다르다. 놀랍게도 삼중의 기초 철학 계획에는 두 가지 실천적 기본 개념인 목표(*telos*)와 선(*agathon*)의 개념이 없다. 모든 기본 원리를 조사하겠다는 스스로 세운 과제에 따르면, 기초 철학은 이론적 영역과 실천적 영역, 두 가지 모두를 담당한다. 난제들의 책은 이와 같이 확장된 이론, 즉 언급된 두 가지 기본 개념을 포함하는 이론에 대해 심사숙고한다(Met. Ⅲ 2, 996b10-13). 그러나 실제로 《형이상학》은 몇 가지의 언급들까지 포함해서(예를 들면, Met. XⅡ 7, 1072a2-4) 실천적 기본 개념을 다루지 않는다. 따라서 다음과 같이 모두 네 가지의 과제가 있으며, 아리스토텔레스의 《형이상학》은 그중 세 가지만 다룬다. (1)이론적 영역과 실천적 영역을 모두 담당하는 공리들의 이론으로서 형이상학은 기초 철학 일반이다. 그것은 (2) 최상의 존재자의 이론으로서, 신학으로서 그러하다. 또한 그것은 (3) 존재자로서 존재자의 이론인 존재론으로서 물론, 두 가지 형태로 되어 있으며 단지 이론적이기만 한 기초 철학이다. (4)형이상학은 그 실천적 보충을 사실상 윤리학에게 맡긴다. 따라서 그것의 일부는 일상적인 윤리학의 지위, 그리고 또 일부는 실천적의 것의 제일철학, 즉 실천적인 기초 철학 또는 실천적인 형이상학의 지위에 어울린다.

많은 해석자에게는 실체에 관한 세 권의 책이 《형이상학》의 핵심과 절정을 의미한다. 나머지 두 가지 구상은 실체 이론의 일부를 형성하지도 않고 부당하게 원리에 관한 학문이라고 주장하는 것도 아니기 때문에 근본적으로 동등한 세 가지 부분이라고 이야기하는 것이 좋겠다. (1)실체에 관한 책들의 부록도 서문도 되지 않고서도 존재론적으로 중요한 공리들의 이론. (2)(실체의) 존재론 (3)자연신학. 여기에 (4)윤리학의 기초 철학적인 부분들이 추가된다.

베르너 예거(1912)에 따르면 신학과 존재론의 차이는 플라톤주의에 가까운 단계에서 플라톤주의에서 멀어지는 발전을 반영한다. 전자[=신학]에서 제일철학은 형이상학에 대해서 후대에 일반적으로 이해하는 것처럼 경험적 세계를 넘는, 초감각적이거나 또는 초자연적이고 신적인 세계를 다루는 학문으로 이해되는 반면에 후자[=존재론]에서는 일반적인 존재론이다. 《형이상학》의 전체 속에 여러 층들이 있다, 혹은 최소 여러 부분들, 더 나아가 수정들과 추가들이 있다는 것은 맞는 말이다. 그러나 이것은 사고의 다양한 단계가 있었음을 짐작하게 해주는 경쟁적인 구상들을 증명하지는 않는다. 아무튼 아리스토텔레스 스스로가 해당 질문을 하며 두 개의 구상들을 대답으로 받아들인다. 즉 철학적 신학이 되고 마는, 불변하는 실체의 이론과 존재자를 존재자로서 탐구하는 '일반적' 학문이라는 두 구상(Met. Ⅵ 1)을 받아들인다. 그러나 이렇게 예정대로의 논평 안에는 상대적으로 높은 체계에 대한 요구가 있다. 일반 형이상학과 특수 형이상학의 차이는 지양된 것처럼 보인다. 제일철학이 존재론적인 가치가 있는 신학이 되며, 신학과 존재론은 단순히 서로서로 겹칠 뿐만 아니라 심지어 하나로 합쳐진다.

이제 사람들은 이런 존재-신학(Onto-Theologie)을 플라톤주의에 가까운 구상으로, 그리고 신학이 없는 존재론을 플라톤주의에 먼 구상으로 생각할 수도 있을 것이다. 그러나 예거의 세밀한 발전 가설에 반대해서 비중 있는 의심이 생겨난다. 예컨대 Ⅰ권 9장의 자칭 플라톤주의에 가까운 텍스트에서의 이데아 비판은 플라톤주의와 거리가 먼 XIII권 4-5장과 포괄적으로, 심지어 일부는 문자 그대로 일치한다. 두 번째, 첫 이데아 비판에서 '우리'-문체가[=주어를 '우리'로 잡는 것이] 플라톤주의에 가깝다는 것을, 그리고 두 번째 비판에서 '그들'-문체가 플라톤주의에 멀다는 것을 암시하지는 않는다. 전해져 내려온 저작들을 본다면 아리스토텔레스는 플라톤의 이데아론을 인정하지 않았으며 처음부터 그에 대안적인 기초 철학을 찾았을 수도 있을 것이다. 또한 그의 존재론의 요점인 존재자의 여러 가지 의미라는 정리(定理)는 존재-신학적 구상을 발전시킨 VI권(2장, 1026a33)에서뿐만 아니라, 신학이 없는 존재론(VII 1, 1028a10)에서도 나타난다. 무엇보다도 자칭 플라톤주의에 가까운 신학도 플라톤의 이데아론과 널리 행해지는 형이상학에 대한 이해를 비판한다. 신은 경험 세계의 단념에 근거해서 사고되는 것이 아니라, 그 세계를 관통해 지나가는 것으로 사고된다. 신을 지각할 수 없다고 할지라도 신은 감각적인 세계에 대한 가능성의 조건을 이룬다(10.2장을 보라).

다양한 구상이 [이하의 문단들에 나오는] 네 가지 특징을 공통적으로 가지고 있으며 각각의 특징은 원리들의 해당 학문에 지위와 매력을 부여한다(Met. Ⅰ 2). 첫째로[=첫 번째 특징에 따르면], 정확히 소수점 다섯 번째 자리까지 가는 측정으로서 양적으로 이해되지도 않고 그렇다고 해서 설득력 있는 논증으로서 증명 이론적으로 이해되는 것도 아니라, 가능한 한 적은 가설들로 해나갈 수 있는 능력으로서 원리 이론적으로 이해되는 정확성을 통해서 그 원리 학문이 특징지워진다. 원리 학문이 전제들을 상정하는 대신에 그것들을 심사숙고한다는 의미에서 기초 철학이 모든 학문 중에서 가장 정확하다(Met. Ⅰ 2, 982a12 이하와 a25-28).

둘째로[=두 번째 특징에 따르면], 원리들을 아는 자는–비록 사람이 그렇게 할 능력이 있는 한이라고 하는 제한이 있기는 하지만–모든 것을 안다. 여기에서, 그리고 아마 여기에서만 오늘날 사람들이 한탄하고 있는 분과[학문]들의 분열에 대한 해결을 찾을 수 있을 것이다. 단지 단순화하는 세계상의 통일성이 아니라 원리를 통해 매개된 통일성 속에서 해결되어야 한다. 일상적인 학문들이 특수한 사실들을 다루거나, 만약 일반적 상황들이라면 특수한 관점에서 다루는 반면에 (제일)철학은 모든 특수성을 떠나서 동시에 토대이기도 한 보편자를 다룬다.

아리스토텔레스는 비록 자신의 논문들 전체를 통해 거의 백과사전식의 지식을 증명하지만, 그는 [전체로서] 통일된 세계상 안에서 만큼이나 [전체에 대한] 포괄적인 지식들 안에서도 기초 철학의 징조를 보지 않는다. 그렇게 하는 대신에 그는 질적으로 새롭고 더 높은 단계의 지식을 찾고 있는데, 이 지식은–그래서 세 번째로[=세 번째 특징에 따르자면]–진정한 학문들의 전(前) 단계를 형성하는 것도 아니고–철학자는 위대한 개별 학문 학자들의 '보조인'이 아니다–그렇다고 해서 일상적인 학문들의 가치를 떨어트리는, 모든 지식의 총괄 개념을 의미하는 것도 아니다. 이런 방식으로 기초 철학은 개별 과학들의 지식을 대신하지 않으면서도 그것들을 뛰어넘을 수 있다. 한편에서는 기초 철학자만이 모든 학문에 공통된 개념들과 원리들을 익힌다. 다른 한편으로는 개별 학문 학자만이 자신의 분과에 특수한 개념과 원리를 탐구한다. 따라서 아리스토텔레스는 철학의 이상주의적인 자만뿐만 아니라 철학의 경험론적인 멸시에도 대응한다. 기초 철학에 의해 개별(철학적 그리고 학문적) 분과들이나 아니면 역으로 그런 분과들에 의해 기초 철학도 불필요해지지 않는다.

넷째로[=네 번째 특징에 따르면], 기초 철학의 개요에 [이제] 우리에게는 낯설어진 실존적인 무게가 속한다. 인식적인 관점에서 보면 이 무게는 자연적인 호기심과 내재적인 완성에 대한 지향이 상호작용함으로써 생겨난다. 그리고 실천적인 관점에서는 형이상학에 전념하는 자는 자유롭고 동시에 행복한 일을 하고 있는 것으로 간주된다.

10. 우주론과 신학

10.1 형이상학(Meta-physik, 메타-자연학)

그리스인들의 근원적이고 호머적인 신관(神觀)에 따르면, 신은 인간의 형상을 하고 있다. 철학적인 계몽을 통해 신관은 두 가지로 변화되면서 정화된다. 자연철학자 탈레스(대략 기원전 600년경)와 아낙시만드로스, 그리고 아낙시메네스(기원전 6세기)는 호머의 신화를 제쳐놓고 그 대신에 우주론을 발전시킨다. 이들과는 달리 더 젊은 크세노파네스(대략 기원전 500년경)는 [조야한 신관을] 승화시키기 시작한다. 많은 신들의 자리에, 더 이상 단편 B 11[80)]이 낙인찍는 비도덕성이 아

80) 딜스/크랜츠(Diels/Kranz)가 편집한 소크라테스 이전의 철학자들의 단편집들에 나오는 숫자다. B는 철학자의 직접적인 주장이고, A는 다른 사람들이 정리한 주장들이다.

니라, 완전성으로 특징지워지는 하나의 신이 들어선다. "호머와 헤시오도스는 (단지) 인간들에게도 수치와 결함인 모든 것을 신들에게 떠넘긴다. 도둑질과 간통과 서로서로 속이기." 그러나 크세노파네스가 신을, 변하지 않으면서도 모든 것을 정신으로 움직이는 존재로 여기는 한 그도 우주론적 전환을 따른다(Diels/Kranz 21 B 23-26; 그리고 플라톤,《국가》Ⅱ 379a-380c).

우주론적 의도를 가진 이 유일신론은 책 Lambda(Λ)라고 부르는《형이상학》XⅡ권에 연결된다(아리스토텔레스의 신학을 위하여 Krämer [2]1967, Elders 1972, Owens [3]1978, Oehler 1984 참고). 자체 속에서 완결된 그 논문이 아리스토텔레스의 기초 철학적인 계획을 가장 분명하게 실현시킨다. Met. Ⅰ 2와 Met. Ⅵ 1(XⅠ 7, 1064b1 이하와 EN Ⅵ 7, 1141a34 이하 참고)의 조건들에 걸맞게 이 기초 철학적인 계획은 서열이 가장 높은 대상, 즉 영원한 것(*aei on*)과 변치 않는 것(*akineton*), 그리고 독자적인 것(*chariston*)뿐만 아니라, 또한 신적인 것 그리고 신이 하는 것도 역시 다룬다. 첫 번째 조건들을 따라서는 후에 형이상학이라 불리는 것이 존재론의 한 장으로 나타나는데, 두 번째 조건들을 따라서는 철학적인 신학으로 나타난다. 그리고 이 둘이 결합함으로써 형이상학이 존재 신론(Ontotheologie)이 된다.

사람들은 신학적인 논문들에서 이를테면 전능과 전적인 선함, 그리고 전지(全知)와 같은 신의 속성들을 논하기를 기대하며, 그 이외에도 신의 존재를 증명하기를, 즉 신 존재 증명을 기대한다. 이 두 기대들을 책 Lambda(Λ)는 제한적으로만 충족시킨다. 아리스토텔레스의 신은 요컨대 앞에 언급된 속성들을 소유하고 있지 않다. 그 이외에도 이 책은 단순한 신론보다는 훨씬 많은 것을 포함하고 있다. 그것은 아리스토텔레스 철학의 개요를 제공한다.

첫 번째 장은 대상으로서 실체(*ousia*)를 거명하고, 그다음에 세 종류의 실체들 내지 세 개의 존재 범위들을 들여온다. 수학과 수, 그리고 기하학적 도형들의 본래 대상들은 빠진다. 왜냐하면 여기에는—아리스토텔레스의 수학 이론에 따라(7.4장을 보라)—실체들이 없기 때문이다(XⅡ 8, 1073b7 이하 참고). 감각적인 것(*aisthêton*)의 범위 안에서 (1)달 아래에 있는 세계의 사멸하는 실체들이 (2)영원한 실체들, 즉 별들과 대조된다. (1)에서는 출생과 죽음, 불안정성과 몰락이 지배하고, (2)에서는 원운동이라는 완전성이 지배한다. 실체의 첫 두 개의 종류[(1)+(2)] 모두가 자연에 속하지만(*physikai*: XⅡ 6, 1071b3) 근본적으로 서로 다르기 때문에, 사람들은 (1)에서, 즉 사멸할 자연적 사물들의 이론에서 자연학 1을 언급하고 (2)에서, 즉 영원한 자연적 사물들의 이론에서 자연학 2를 언급할 수 있을 것이다. 아리스토텔레스는 이 두 영역들로부터 (3)볼 수도 없고 변하지도 않는 실체, 즉 플라톤의 데미우르고스(창조자)의 위치를 대신하는, 부동의 원동자를 분리해낸다. 바로 여기서조차 신학은 [아리스토텔레스 철학 전체의] 단지 한 부분만을 형성할 뿐이다. 이를 위해서 아리스토텔레스는 플라톤의 이데아 '형이상학'과 씨름하며 보편자의 실체화를 거부한다. 그러나 그가 더 이상 감각적이지 않은 실체를 인정하는[81] 한에서 그도 역시 플라톤주의자로 남는다.

자연학(1과 2)의 출구를 통해 나온 책 Lambda(Λ)는 문자적인 의미에서 형이상학[=메타-자연학]으로, 단지 자연학을 통과해야만 나타

81) 아리스토텔레스에게 다른 모든 실체가 형상과 질료의 결합인 반면에 신만은 순수형상이기 때문이다.

나는, 자연학의 너머에 대한 성찰로서 나타난다. 동시에 이 책은 형이상학의 원리를 거명한다. 가시적인 세계를 초월하는 대상, 초감각적인 것이 감각계(感覺界)의 존재 조건이다. 그런 한에서 형이상학은 학문적으로 엄격하게 자족적인 분과는 아니고 철저하게 수행된 자연학의 한계에 대한 성찰이다.

첫 번째의 자연철학적인 부분과 두 번째의 형이상학적인 부분 사이의 이 연관성 때문에, 놀랍게도 그를 통해 자연학을 두 번째 철학으로 특징짓고 제일철학과 구분하게 될 수도 있는 중간 휴지기(休止期)는 존재하지 않는다[=자연학과 형이상학은 이음매 없이 이어져 있다]. Lambda(Λ)의 형이상학 특유의 부분은 비록 지식의 최고 단계를 형성하지만 다른 단계에 의존되어 있으며 자연철학과 비교해서 더 큰 주목을 받지 못하고 있다. 첫 번째 다섯 장들은 그것들에서 사람들이 초자연적인 대상들로 나아가게 되는 자연적 대상들에 관해 상세히 설명한다. 역으로 그다음 다섯 장들은 그것 없이는 자연적 세계의 과정들이 충분하게 설명될 수 없는 초자연적인 세계를 소개한다.

또 다른 특이성이 명백히 드러난다. 신학적 개념인 '신'은 Lambda(Λ)의 중심 개념이 아니고 부동의 원동자의 [신학적이지 않고] 자연철학적인 개념이 그렇다. 결정적인 7장에 따르면, 욕구되고 사유되었으며(*to orekton kai to noêton*: XⅡ 7, 1072a26), 또한 사랑된 것(*kinei hôs erômenon*: b3)이 스스로는 변화하지 않으면서도 어떤 [다른] 것을 움직이는 힘을 소유하고 있다. 부동의 원동자(*to akinêton kinoun*)는 '무엇 때문에'라는 의미(b2)에서 운동의 원리인 모든 존재자의 목표 근거 혹은 목적 근거다. 이어지는 논의들 속에서도 역시 신은 원래 정점이 아니라 *noêseôs noêsis*, 즉 사유의 사유[82]로 구상된다(XII 9, 1074b34 이하; 그리고 XII 7, 1072b20 이하 참고). 부동의 원동자는 자기 스스로 향하고 바로 그를 통해 존엄성을 유지하는 정신이다.

규정의 마지막 즈음에 '신적인'과 '신'이라는 표현들이 등장함(XII 7, 1072b25 이하)에도 사람들은 아리스토텔레스의 자연철학과 존재론이 신학에서 정점에 달한다고 말할 수는 없다. 왜냐하면 '신'은 많은 규정 중의 하나일 뿐이고, 그중에서 제일 중요한 것도 아니기 때문이다. 모든 운동의 기원과 동시에 모든 자연현상의 통일성의 근거를 이루는 것은 일차적으로 [신이 아닌] 부동의 원동자다. 놀랍게도 《자연학》은 그 자신은 변화하지 않고 [다른 모든 것을] 변화시키는 것(II 7, 198b1 이하)에 대해서, 그리고 더 나아가 최초의 변화시키는 것(VIII 6과 10)에 대해서 비록 언급하지만, 동시에 신 혹은 신적인 것에 대해서는 언급하지 않는다. 그래서 Lambda(Λ)가 '철학적 신학'이라는 제목을 가지기 때문에 단지 과대평가될 뿐 아니라 잘못 규정되기조차 한다. 이 책에서는 신학이 문제되는 것이 아니라 존재론, 즉 자연철학과 우주론이 문제가 된다. 신학이 얼마나 포기할 수 없는 부분이든지 간에[꼭 필요하다고 하더라도], 그것은 단지 존재론과 우주론에 보조적인 의미를 갖는다.

82) 아리스토텔레스는 신을 정신으로 여기는데, 그 정신은 자기 자신만을 사유하는 정신이기 때문에 사유의 사유이다.

10.2 우주론적인 신 개념

Lambda(Λ)의 후반부는 우리에게 알려진, 감각될 수 있는 실체들로부터 우리에게 알려지지는 않지만 인식의 세계에서는 알려진, 변화하지 않는 실체로 나아가는데 이것은 원리들로 향하는 길의 좋은 실례이다. 네 단계로 환원되는 논증에서 첫 번째 것으로서(Met. XII 6, 1071b5-11) 감각적인 운동들의 전체에서 시작하여 [운동의] 탁월한 형태인, 더 이상 사멸하지 않고 영원한 운동에 도달한다. 결정적인 논거에 따르면 운동도, 그리고 시간도 생성되지 않기 때문에 모든 것이 사멸하는 것은 아니다(Phys. VIII 1, 251a8-252b6 참고). 그 때문에 필요하고 지속적이며 영원한 운동은 후에 말하듯이(Met. XII 8, 1073b17-32), 항성들에서 실제로 일어나는 원운동으로만 가능하다(Met. XII 6, 1071b10 이하; 그리고 Phys. VIII, 8-10; 또한 Cael. II 3 참고). 행성들의 운동 역시 원운동으로 소급된다. 천체들에 관한 여론은 우선 고대의 가장 위대한 수학자들과 천문학자들 가운데 한 명인 에우독소스(기원전 4세기)의 이론을 소개한다. 이 이론에 따르면 태양과 달에는 각각 세 개의 하늘 영역이 있고, 당시에 알려진 행성들(수성, 금성, 화성, 목성)에는 각각 네 개의 하늘 영역들이 있다고 가정되어야만 한다. 천문학자 칼리포스는 이것을 개선할 수 있는 제안을 하고 그 후에 아리스토텔레스의 견해가 이어진다. 지구 중심적인 세계관으로 아주 복잡한 운동들을 설명하기 위해 아리스토텔레스는 토성과 목성에 각각 7개의 하늘 영역이, 그리고 화성, 금성, 수성에 각각 9개의 하늘 영역이, 그리고 달에 5개의 하늘 영역이, 이렇게 해서 총 55개의 하늘 영역이 존재한다고 가정한다.

이미 존재하고 있는 이데아를 따라서 아직 무질서했던 질료를 코스모스로 만드는, 플라톤의 데미우르고스(세계 건축가: 《티마이오스》 41a 이하)가 질료에 관여하기 때문에 잠재성의 계기를 포함하고 있다. 아리스토텔레스에 따르자면 이것은 참으로 첫 번째 원리의 완전성[83]을 해친다. 그래서 두 번째와 세 번째 논증 단계(XⅡ 6, 1071b12 이하, 1072a24-26)는 그 본질이 (순수한) 현실성에 속하는 실체가 운동의 원리로서 존재하지 않는다면 영원한 운동이 존재할 수 없다는 점을 보여준다. 짧은 두 번째 단계[의 논증]에 따르면, 다른 것들을 변화시키며 스스로도 변화하는 중간 단계의 실체가 존재한다. 이 실체는 첫 번째의, 최고의 하늘과 같은 것이다. 이런 첫 번째 실체가 그 스스로 변화하기 때문에 아직 그 이상의 원인이 존재해야만 한다. 세 번째 단계[의 논증]에 따르면 이것은 순수하게 사변적인 대상인 정신으로, 부동의 원동자로 나아간다(역시 Phys. Ⅷ 5 참고).

정신은 순수한 현실성이기 때문에 정신은 [형상뿐 아니라] 질료도 함께 규정하는, 감각적인 것의 영역에 관여할 수 없으며, 또한 XⅡ 3-5에 따르면 종의 형상들이 감각에 의해 파악될 수 있는 실체들에 결합되어 있기 때문에 이 형상들에도 역시 관여하지 않는다. 그래서 정신은 유일하게 질료에서 자유로운 대상, 즉 자기 자신에게로 향한다. 결과는 역설적이다. 아리스토텔레스 우주론의 정점에는 정신의 자기 관련성(*noêseôs noêsis*, 사유의 사유)에 어떠한 우주 관련성도, 어떠한 세계 관련성도 결여되어 있다(Oehler 1984, 64-93 참고). 신은 [사유의 가장 고귀한 대상인] 자기 자신을 사유한다. 그리고 자기 자신만

83) 첫 번째 원리는 질료나 질료의 계기를 갖지 않아야만 한다. 그렇지 않으면 그 스스로가 변할 것이고, 그렇게 되면 또 다른 첫 번째 원리를 추구해야만 한다.

을 사유한다. 그리고 사유가 추론적으로 사유되는 한, 그런 사유조차 [신에게는] 생기지 않는다. 신은 자기 자신을 [추론적으로 사유하는 것이 아니라] 영원히 직관하는 가운데 현존한다.

아리스토텔레스는 부동의 원동자에 대한 사상을 우선 7장에서 단지 행성들만을 위해, 그다음 8장에서 태양과 행성들의 55개의 영역들을 위해 들여온다. 그런데 여기서부터 한 개의 실체와 55개의 실체들의 다원성이 생겨나는데, 7장에서 이런 방향으로는 무엇도 암시하지 않기 때문에 이는 텍스트로 봐서도 놀라울 뿐만 아니라 사태로 봐서도 놀랍다. 변화시키는 존재는 요컨대 기계적으로 작용하는 것이 아니라 목적론적으로, 정확하게는 '에로스적으로'[84] 작용하기 때문에, 사람들은 왜 전체 하늘을 위해서 단 하나뿐인 부동의 원동자로 만족하지 못하는가 하는 자문을 한다.

Lambda(Λ)의 전통적이고 일차적으로 신학적인 독해가 처음의 세 단계들을 단 하나만의 주요 단계로 합치기를 원했을 수도 있을 것인데, 여기에 부동의 원동자를 신에 일치시키는 두 번째 주요 단계가 따라 나올 수 있을 것이다. 그러나 네 번째 논증 단계(Met. XII 7, 1072a26-1073a13)에서 아리스토텔레스는 부동의 원동자를 단지 신을 통해서만 규정하는 것이 아니라, 우주적 완전성이 되고 마는 여러 규정들을 통해서 규정한다. 부동의 원동자란 순수 현실성이자 최고이고 최상인 것에 대한 순수한 명상이고 사고다. 그것은 최상이고 지속적인 쾌락이며 차후에 정신, 그 이외에도 최선이고 영원한 생명이며 비물질적이다(비슷하게 X 8, 1178b21 이하와 함께 EN VII 15,

---

84) 에로스적인/사랑의 방식이 어떤 것인지에 대해서는 아래로 5번째 문단에 나온다. 부동의 원동자는 최고로 매혹적인 대상으로 천체가 그것을 닮은 운동을 하게 만든다.

1154b26 이하에서). 부동의 원동자의 삶에서뿐만 아니라 그것의 쾌락에서도 특별한 형태들이, 즉 삶에서는 질료에서 자유롭고 지성적인 삶이, 그리고 쾌락에서는 변화가 없고 지성적인 쾌락이 문제가 되는데, 이것들은 일상적인 형태들을 위한 모범을 제공한다.

다만 이들 네 규정들의 범위 안에서만, 그래서 거의 우발적으로만 부동의 원동자가 신(*ho theos*)과 동일시된다(XⅡ 7, 1072b23 이하). 더구나 아리스토텔레스는 다른 종(種)으로의 전환(*metabasis eis allo genas*)을 시도한다. 그가 이제까지의 우주론적인 논거를 떠나서 신학적인 영역으로 들어가는 것이다. 그러나 Lambda(Λ)의 신은 종교적 숭배의 대상과는 한참 거리가 멀어서 순수하게 우주적인 원리로 남아 있기 때문에, [신학적인] 전환이 반드시 허용되지 않는 것은 아니다. 동시에 아리스토텔레스는 전래되어온 그리스 신학에서 결별하고 신 개념을 새롭게 해석한다. 관사를 가진 단수 형태를 통해서—'신(der Gott)'[85]—무수히 많은 신들, 반신들, 데몬들에 대한 신앙을 비판한다. 한 번은 돕고 다른 때는 벌주면서 인간의 운명에 개입하는, 많은 인격적인 신들이 하나의 인격적인 신으로 승화되지 않고, 인간사에 무관심한 비인격적인 하나의 신이 등장한다. 그러나 신이 복수로 존재하는 한[86] [그의 견해는] 전승된 다신론에도 일정 정도는 상응한다. 아리스토텔레스는 55개의 태양과 행성들을 움직이는 존재들을 직접적으로 신들로 여기지 않고서도, 전통의 신들을 하늘의 영역들과 동일시하는 것이 허용된다고 여긴다(XⅡ 8, 1074a31 이하). 다른 한편에서 그는 하늘들이 많다고 하는 가정을 비판한다. [그가 생각하기에] 그

85) 고대 그리스어와 구조가 비슷한 독일어로는 관사를 가진 단수형을 표현할 수 있지만, 우리말로는 불가능해서 그냥 '신'으로 하고 독일어를 붙인다.

86) 부동의 원동자만이 아니라 해, 달, 별들 등도 격이 떨어지기는 하지만 신들이었다.

하늘들 각각의 원리들이 형상을 따라서는(*eidei*) 하나이고 수를 따라서는 다수이기 때문이다. 다수성에는 순수한 현실성(*energeia*) 속에 있는 최초의 부동의 원동자에게는 없는 질료(*hylê*)가 필요할 것이다. 이렇게 해서 우리는 아리스토텔레스에게서 유일신론과 다신론의 특유한 결합을 발견한다. 여기서 정확한 내용은 열린 채로 남아 있다. 단편적으로 내려오는 전승에 대한 탐구에 따르면 아리스토텔레스는 신화-신학들을 거부하지 않는다.

사람들은 55개의 태양과 행성들의 운동자들보다 하나의 행성 운동자에게 더 높은 서열을 허용하고 싶어 할 수도 있을 것이다. 부동의 원동자를 절대적인 최상급으로 규정하고 최상급이 서열의 차이들을 허용하지 않기 때문에 이런 가능성은 제외된다. 사람들이 8장을 6-7장과 9-10장의 사상에 낯선 단절이라고 무시하지 않는 한, 사람들은 순수하게 지성적인 영역을 통일성으로 생각해야만 하며, 또한 일정 정도는 유일신론에 내재된 다원성으로도 생각해야만 한다. 바로 이것이 나중에 기독교의 삼위일체 신학을 위한 단초를 제공하게 되는데, 이 신학은 또한 신플라톤주의의 정신 형이상학에 의해 중개된, 사유의 사유(*noêseôs noêsis*)의 구상에 의해서 영감을 받은 것이다. 이것은 동시에 직관적이고 반성적인 사유이다. 다수성을 통과하는 것이 아니라, 즉 추론적이 아니라, '단번에' 그것이 자신의 다수성 가운데 있는 자신을 파악한다.

Met. 12(983a5-10)에 따르면 신적인 학문이 모든 원인과 원리를 인식하기 때문에 신적인 정신은 단지 자기 인식에만 한정될 수 없고 포괄적인 지식, 그와 같은 모든 지식을 포함하는 것처럼 보인다. 그러나 책 Lambda(Λ)는 그것을 허용하지 않는다. 문제의 장인 XⅡ 9가 단언하는 것처럼 신적인 정신은 자기 자신 이외에 세계에 대한 어떠한 지식도 가지지 않는다. 가장 신적이고 가장 존경할 만하며 가장 변화가 없는 것을 향해서 정신은 단적으로 자기 자신만을 다룬다(1074b26과 b33 이하).

그 끝이 '신'인 논증을 사람들은 흔히 신 존재 증명이라고 부른다. 아리스토텔레스는 극도로 간결하게 서술하기 때문에 사람들은 그에게서 엄밀한 추론보다 더 많이 사고 모델을 찾아낸다. 그는 특히 부동의 실체에 대해, 그것이 필연적으로 존재한다(Met. XⅡ 6, 1071b4 이하)고 주장하지만 그것과 신의 일치에 대해서는 주장하지 않는다. 그래서 사태는 이렇다. 만약에 사람이 신에 대해 언급하기를 원한다면 사람이 그것을 간략하게 할 수 있다. 그러나 사람이 우주론적인 원리를 필연적으로 신으로 여길 수밖에 없다고 아리스토텔레스는 주장하지 않으며, 또한 사람이 단지 우주론을 통해서만 신을 인식할 수 있다고도, 역시 주장하지 않는다. Lambda(Λ)는 기본적인 형태의 철학적 신학을, 즉 신학의 우주론적인 형태(플라톤, 《법률》 X 890b-899d 참고)를, 그것의 배타성을 주장하지도 않으면서 발전시킨다.

상세히 살펴보면 아리스토텔레스의 우주 신학(Kosmostheologie)은 인과 기계론적이지 않고 목적론적이 된다. 더구나 엠페도클레스에 의해서 도입된 우주적 원리들인 사랑과 미움이 배후자로 서 있을 수도 있을 것이다(Met. XⅡ 6, 1072a6 참고, 그러나 역시 XⅡ 10, 1075b2 이하). 단적으로 변하지 않는 실체에서는 어떠한 자극도 나오지 않기 때문에, 부동의 원동자는 자석의 힘이라는 형태로도, 또한 일종의 중력을 통해서도 작용하지 않는다. 바로 같은 이유에서 그것이 비록 정신이기는 하지만 일종의 세계 두뇌나 우주적 제어의 중심은 아니다. 모든 욕구의 최고 목표로서 그것은 자신의 매혹하는 힘을 발휘하되, 비록 그 힘이 약화되더라도 오히려 전체 자연을 규정하는 모범처럼 그 힘을 발휘한다. 행성들이 그 원동자의 완전성을 자신들의 장소 운동에 적용해서 원운동을 수행하는 한 그것들은 그 원동자를 모방한다. 그리고 달 아래 자연의 실체들, 즉 생물들이 종으로서 영원히 번식하는 한 그것들은 신을 갈구한다(Gen. an. Ⅱ 1, 731b31-732a1).

의심할 나위 없이, 우리가 인간에게서 알아내 동물들의 의식에 투사시킨, 목적 지향적인 운동이 Lambda(Λ)에서 [현대인인] 우리는 따라갈 수 없을 만큼 확대된다. 자기에게서 나와 목표들을 (자발적으로) 추구하는 능력이 의식을 전제하지 않고, 아리스토텔레스가 영혼과 연결시키는, 충동(*hormê*)을 전제한다. 그러나 《천체들에 관하여(*De Caelo*)》에 따르면 별들은 영혼이 없다. 단지 단수 형태로 나오는 하늘만이 하나의 영혼을 가지고 있다. 그래서 목적론적인 우주론은 아리스토텔레스 자신의 논리에 따라 어려움을 겪는다. 사람들이 별들을 근대에서처럼 단순한 물질로 여긴다면 그것들에게 욕구와 사랑, 그리고 사고의 충동을 부여하는 것은 완전히 어려워진다. 최소한 현재는 추구라는 개념이 천문학 내지 우주론에 효력이 없다. 동일하게 무효한 것이 정신 이론 내지는 정신 형이상학이다. 아직도 헤겔은 아리스토텔레스의 사유의 사유를 절대정신이라는 자신의 신학에 모범으로 여긴다. 《철학 백과사전》은 Lambda(Λ) 7(1072b18-30)의 해당 부분을 해석도 없이[=문자 그대로] 그리스 원전에서 인용함으로써 끝을 맺는다.

신적인 것에 대한 아리스토텔레스의 언급이 중세의 신학적인 사고에 영향을 미치지만 근본적인 차이를 간과해서는 안 된다. 신에게는 오히려 자명한 완전성이 Lambda(Λ)에서는 완전성의 '기술적인' 형태인 전능으로도, 그리고 그 '도덕적이고 실천적인' 형태인 완전 선으로도, 혹은 거저 주는 사랑으로도, 혹은 거룩한 의지로도 거명되지 않는다. 순수한 정신의 완전성은 이론적인 속성을 가졌으며 창조라는 사고에도, 그리고 인격적인 신과 인간을 향한 그 예정적인 관계의 사고에도 여지를 주지 않는다. 그가 또한 기도드리는 대상도, 명상의 대상도 아니다.

우주론적 원리는 존재론적으로 보아서 존경할 만한 대상이기는 하지만 그럼에도 '아브라함과 이삭과 야곱의 신(파스칼)'에도, 또한 사람이 된 신에도 비견될 수 없다. 행복의 완전한 형태처럼 우주론적인 신은 다른 존재를 필요로 하지 않는다. 단지 자기 자신에 대해서만 성찰하는 사람은 친구가 필요 없다(EE Ⅶ 12, 1244b7-9). 일상적으로 사랑한다는 것 속에서 전제되는 상호성이 결여되어 있다. 낮은 서열의 실체들에 대한 어떠한 관계도 단지 그의 완전성을 제한하기만 할 뿐일 것이다.

그런 종류의 신학은 계몽주의 시기에는 이신론(理神論)이라고 불렸다. 그 신학에 따르면 신은 인격적인 존재가 아니다. 신은 자연의 과정에 개입하지도 않고 계시를 통해 말씀하지도 않는다. 스토아철학과 기독교, 그리고 이슬람교의 영향 아래 사람들은 비록 아리스토텔레스의 신학을 유신론적으로 교정하게 되지만 아리스토텔레스 자신에게는 그 교정이 부당하다. 그 교정은 기껏해야 다시 플라톤화하는 것이 되고 말 뿐이다.

Met. Ⅰ 2에서 언급된 것이 맞다면 그와 같은 사상[=신과 같은 관상]은 인간의 능력을 벗어나는가? 《니코마코스 윤리학》(X 7, 1177b26 이하)을 생각한다면 상대적이고 절대적이지 않은 방식으로는 [인간의 능력을] 초월하는 것이 가능하다. 사람은, 그가 인간인 한에는, 정신의 삶에 통달하지 못하고 다만 그가 자신 속에 신적인 것을 간직하는 순간에만 가능하다. 그리고 Met. XII(7, 1072b25)가 보충한다. 즉 신이 항상 하는 것을 사람은 단지 잠깐 동안만 할 수 있다.

10.3 윤리적인 신 개념?

순수 정신으로 규정되었기 때문에 아리스토텔레스의 신에게는 호머와 헤시오도스의 신들을 인간과 유사하게 만들어준 중간 단계의 영혼의 부분[87]이 결여되어 있다. 예컨대 신적 존재가 오랫동안 심하게 질투할 수는 없다(Met. I 2, 983a2 이하; 신인동형설을 비판하기 위해서: III 2, 997b10과 XII 8, 1074b5-10; 신화적인 신론 비판을 위해서: III 4, 1000a9 이하). 그러나 그 신은 또한 해당 탁월성들도, 즉 절제, 용기, [재산상의] 관용 등등도 가지고 있지 않다. 그러므로 [아리스토텔레스의] 신에게 완전성이 결여되어 있다고 여기는 사람은 [그의 신에게] 탁월성들을 인간에게 적용하기 위한 조건들이, 즉 '업무적 교류와 곤경 등'이라고 하는 객관적 조건들과 욕구들이라고 하는 주관적 조건들이 결여되어 있다는 사실을 간과하고 있는 것이다(EN X 8, 1178a 10-14).

87) 영혼의 지성적인 부분이 단지 이성적인 뿐인 반면에, 성격적 부분은 이성을 따를 수도 있고 욕구를 따를 수도 있는 중간적인 부분이다. 그러므로 여기서 중간 단계의 부분이란 성격적인 부분이다. 그래서 아리스토텔레스의 신에게는 호머나 헤시오도스의 신들의 인간적 감정도, 또한 인간적인 탁월성/덕도 불가능하다.

이[=탁월성을 적용하기 위한 조건들의] 결여 때문에 심지어 신적인 완전성의 상승이 가능하다. 이 상승은 아주 자명해서 그에 반대되는 견해가 아주 우스꽝스럽게 여겨질 정도다(b10 이하). 사람들은 여기에[=탁월성의 결여에] 정의에 대한 논문에서 나온 어절만이 대립된다고 여길 수도 있을 것인데, 이 어절에 따르면 신들 사이에서는 정의가 변치 않는다(EN Ⅴ 10, 1134b28-30). 그러나 《니코마코스 윤리학》 X 8(1178b10-12)에 대한 언필칭 모순은 다음과 같은 말을 첨가하는 순간에 소멸된다. 만약에 신들에게도 정의가 있다고 친다면–그러나 그런 정의는 없다–그렇다면 그들에게 있는 정의란 인간들 사이의 것과는 달리 책 Lambda(Λ)에서 신에게 돌리는 그런 속성을 가진다. 즉 그 정의는 불변한다.

직접적으로 해당되는 어절 안에는 다음과 같은 견해가 수긍되면서 인용된다. 즉 신은 인간사에 대해 특정한 배려를 한다(*epimeleia*: EN X 9, 1179a22 이하). 그 배경에 다음과 같은 아이스킬로스의 시구(詩句)가 있다. "많은 사람은 신이 사람들을 돌보지 않는다고 믿는다. … 그런 믿음은 잘못이다(《아가멤논》 V. 370 이하)." 신들의 배려에 관한 통속적인 믿음 안에서 호머의 신들의 부도덕성은 그들의 이러한 도덕성을 통해 보상된다. 아리스토텔레스는 그런 생각을 직접적으로 거절하지는 않으며 그것을 단지 승화된 형태 속에서만 인정한다. 신이 물질적인 성공을 배려하는 것은 아니고 또한 많은 사람이 기도나 성지순례에서 기대하는 것, 즉 좋은 건강과 긴 여생, 그리고 불행의 방지도 배려하지 않는다. 신은 자신을 가장 닮은 사람을 가장 사랑한다. 즉 현명한 사람과 학문하는 사람, 그리고 (이론적인) 철학자를 가장 사랑한다. 여기서 두 번째 종류의 아리스토텔레스 신학, 즉 윤리 신학이 나타난다. 그러나 여기에는 우리에게 익숙한 종류의 윤리학은 결여되어 있다. 아리스토텔레스가 칸트를 예견하면서 이를테면 도덕적인 이성 종교를 암시하는 것은 아니다. 또한 그는 다른 선택지인 '미신'에 매달리는 것도 아니다. 그 대신에 그의 윤리 신학은 비인격적인 우주 신학에 접근해간다.

11. 존재론과 언어

아리스토텔레스는 존재자를 존재자로서 탐구한다는 과제(*on hê on*: Met. Ⅳ 1과 Ⅵ 1, 1026a23-33, 그리고 곳곳에서의 서술 참고)와 함께 철학의 새로운 분과, 즉 일반적인 존재의 학문을 만든다. 그것이 '존재론'이라는 이름을 가진 것은 당연히 근대의 강단철학에서 비로소 괴켈(R. Göckel, Goclenius)의 《철학사전(*Lexicon philosophicum*)》(1613/1964, Art. Abstractio) 안에서 된 것이다. 아리스토텔레스는 존재자(*on*)를 다음과 같은 모든 종류의 대상으로 이해한다. 즉 그는 사물들뿐만 아니라 사람들도 역시, 이 '사물들'뿐만 아니라 그 속성들도 역시, 개별자뿐만 아니라 보편자도 역시, 특히 사태들도 역시 존재자로 이해한다. 그의 존재론은 실재－실천적이고 사회적인 세계는 제외하고－를 일반적이고 기초적인 행태에서 탐사한다.

존재자는 일차적인 의미에서 *ousia*(존재자/실체)라고 불리기 때문에, 그리고 존재론이 공리들을 함께 포함하기는 하지만 존재론은 본질적으로 *ousia*의 이론이 되고 만다. *Ousia*는 *einai*(있다/…이다)를 명사로 만든 것이고 그래서 문자적으로는 'Seiendheit(존재함)'을 의미한다. *Ousia*는 참으로 존재하는 것의 총괄 개념이다. 즉 영속적이고도 실제로 주어진 현실성을 의미한다. 이 단어는 아리스토텔레스의 용어 거의 전체[가 그런 것]처럼 일상 언어에서 기원한 반면에, 유비적인 명사 형태는 라틴어로 essentia(본질), substantia(실체)라고 하는, 그리고 독일어로 Seiendheit라고 하는 인공 언어들이다. 사람들은—이 표현을 Lebe'wesen', 즉 생물/살아 있는 '존재'라는 의미에서 이해하는 한—'Wesen(본질/존재)'으로 번역할 수도 있을 것이다. 사태의 본질(*ti estin*)과의 차이를 감추지 않기 위해 *ousia*를 'Wesenheit(본체)'으로 번역하고, *ti estin*을 'Wesentlichkeit(본질)'으로 번역한다. 혹은 라틴어 번역 *substantia*에 의지해서 실체를[=실체에 대해서] 말한다.

존재론적 성찰이 훨씬 오래전부터 존재했기 때문에 아리스토텔레스는 다시금 일반적으로 인정된 견해와 이전 철학자들의 의견을 지시할 수 있다. 실체들은 요소들(공기, 물, 흙, 불)이며, 더 나아가 식물들(그리고 그것들의 부분들), 동물들, 인간들(그리고 그것들의 부분들), 마지막으로 하늘의 부분들이라고 하는 일상적인 견해(Ⅴ 8과 Ⅶ 2와 Ⅷ 1)에 대해서 그는 결코 의문을 품지 않는다. Met. Ⅷ 3에서 그는 원래적인 의미에서 실체들은 단지 자연적 대상들이며 인공물들이 아니라고 엄밀하게 표현할 뿐이다. 그렇지만 또한 그는 이데아들과 수학적 사물들도 실체들이라고 하는 플라톤과 플라톤주의자들의 의견을 반박하며, 그 대신에 자신의 고유한 견해인 실체론을 발전시킨다(옛 아카데미와의 관련성을 위해, 개념(*ephexes*), 차례를 매개로 하여, Met. Ⅵ 4, 1027b24; ⅩⅠ 12, 1068b31 이하; ⅩⅡ 1069a20을 보라).

멀리 근대에 이르기까지 실체 이론은 가장 많이 토론된 철학적 주제 가운데 하나다. 그 이론이 비록 선험철학이 의심스럽게 만든, 선천적인 의식의 작업과 무관한 객관성이라는 전제를 가지기는 해도, 그것은—스피노자와 라이프니츠 이후에—아직 헤겔에게도 중요하다. 나중에 그 이론은 우리 시대의 일반적인 형이상학 비판에 직면한다. 그러나 그것은 (언어)분석철학의 주목을 새롭게 받는다.

범주에 관한 짧은 저술—제목은 아리스토텔레스가 붙인 것이 아니다—과 존재론에 관한 중심 논문인 《형이상학》 Ⅵ 2에서 Ⅸ까지, 그리고 《형이상학》의 주요 부분이자 '실체에 관한 책들'이라고 불리게 되는 Ⅶ-Ⅸ(Zêta[Z], Ēta[H], Thêta[Θ])에서 실체 이론이 발전된다. 아무튼 Met. Ⅳ 1-3과 Ⅴ 7이 해당된다. 범주의 개념과 실체, 그리고 우연적 속성의 구분이 이 텍스트들에게 공통된다.

실체에 관한 훨씬 자세한 책들은 단지 그 다양한 의미와 함께 실체(특별히 Met. Ⅶ 1-17; 그리고 Wedin in: Rapp 1996 참고)만을 다루는 것이 아니라, 오늘날 우리가 자연철학에서 알고 있는 주제들 역시 다룬다. 즉 감각적인 실체와 질료, 형상의 원리 쌍(Met. Ⅷ, 역시 Ⅶ 10-11), 생성과 소멸에 대한 질문들(Met. Ⅶ 7-9, 역시 Ⅷ 5), 그리고 가능성과 현실성의 개념 쌍(Met. Ⅸ; 그리고 Liske in: Rapp 1996 참고) 또한 다룬다. 자연철학과 주제가 겹치기 때문에 사람들은 존재론이 자연철학에서 날카롭게 분리될 수 없다고 믿을 수도 있을 것이다. 그러나 동일한 주제라 할지라도 동일한 관점에서 논의되는 것은 아니다. 자연철학이 변화된 것을, 그것이 변화된 한에서 다룬다면 존재론은 그것이 어떻게 구성되어 있는가 하는 관점에서 탐구한다. 특히 단지 실체에 관한 책들 속에서만 '진리치가 문제시되는 존재', 즉 참과 거짓이 문제가 된다(Met. Ⅸ 10, 또한 Ⅴ 7, 1017a31-35와 Ⅵ 4).

《범주들》의 존재론이 《형이상학》의 존재론과 어떤 관계에 있는지는 논란이 된다. 첫 번째 텍스트는 19세기에 심지어 대부분 위작으로 여겨졌지만, 첼러(Zeller, [4]1921, 67-69)와 함께 시작해서 점점 더 많이 아리스토텔레스의 저작으로 인정된다. 다른 저자들은 두 개의 서로 모순되는 입장들을 취하는데(Graham 1987 참고) 반해서 오언스(Owens, [3]1978, 329)와 레슬(Leszl, 1975, 359 이하)에 따르면 본질적인 변화는 없다. 그리고 카프(Kapp, 1965, 50)에게는 《범주들》이 '완전히 발전된 형이상학의 능숙한 섬세함에서 멀리 떨어지기는' 하지만 그럼에도 잘 숙고된 작업이다. 이에 반해서 《형이상학》은 일반적으로 좀 더 차별화된, 부분적으로는 역시 완화되기도 한 학설을 제공하지만 근본적으로 새로운 주제를 제공하지는 않는다. 이 일치가 맞는가 하는 질문은 사람들이 그 차이를 어떻게 설명하는가 하는 질문에서 결정된다(11.2장 참고). 또한 실체에 관한 책들은 단절과 모순에서 자유로운 이론을 거의 포함하고 있지 않다.

11.1 범주

《변증론》(19, 103b22 이하)과 마찬가지로 같은 이름의 저작[=《범주들》]이 10개의 범주들을 거명한다. 그러나 거기에는 개념의 기능에 대한 메타 반성이 결여된다. *Katêgoria*(범주)라는 표현은 법정 언어에서 생겨났으며 고소, 고발을 의미한다(Rhet. Ⅰ 10, 1368b1 참고). 동사 *katêgorein*(말하다/진술하다)이 라틴어 'praedicare'로 번역되며, 범주는 또한 술어를 의미한다. 아리스토텔레스에 의해서 이 표현은 철학의 전문용어가 되며, 거기에서 외래어로서 서구의 일상 언어와 학문 언어 속으로 들어온다.

아리스토텔레스가 범주에 대해 언급하기 이전에, 그는 사람들이 결합 속에서 언급하는 것, 예를 들면 "사람이 간다", "사람이 승리한다"를, 사람들이 결합 없이 언급하는 것, 예를 들면 '사람', '황소', '가다', '승리하다'와 구분한다(Cat. 2, 1a16-19). 범주가 두 번째[=결합 없는] 집단에 속해 결합되지 않고 각각 그 자체로 고찰되는 한, 그것은 판단의 구성원이다. 사람들은 그것에 대해 긍정하거나 부정할 수 없다. 범주는 참도 아니고 거짓도 아니다(Cat. 4). 그러나 판단의 모든 구성 요소가 범주에 부속되는 것은 아니다. 이를테면 논리적 표현들(모든, 몇몇의, 하나의)과 계사('이다'), 접속사들(아니[nicht], 그리고, 혹은, 만약[…하다면]-그렇다면[…하다])이 그렇다. 부분적으로 주어의 위치에서, 그리고 부분적으로는 술어의 위치에서 사태에 따라 결합되지 않은 채 무언가를 표시(*semainein*)하는, 기본적이고 의미를 지닌 표현들이 남겨진다. 예컨대 '백마(白馬)'라는 표현은 두 개의 구성 요소('하얀', '말')로 구성되며, 그래서 두 개의 범주에 속한다. 그 완전한 목록은 Cat. 4에 따르면 다음과 같다.

(1)*ousia*: 본질 혹은 실체. 다른 곳(Met. Ⅶ 1)에서는 그것이 한편으로 *tode ti*: 특정한 이것, 다른 한편 *ti estin*: 그것은 무엇인가?

(2)*poson*: 얼마나 큰가, 얼마나 긴가. 양(예를 들면 2엘레[88]의 길이)

(3)*poion*: 어떠한 종류. 질(예를 들면 하얀)

(4)*pros ti*: 어떤 것과 관련해서. 상태, 관계(두 배의)

(5)*pou*: 어디. 장소(시장에서)

(6)*pote*: 언제. 시간(어제)

(7)*keisthai*: 놓여 있다. 자세(그가 앉다)

88) 약 55~85cm 길이.

(8)*echein*: 가지다. 소유(그가 신을 신는다)

(9)*poiein*: 만들다. 능동(의사가 자르다)

(10)*paschein*: 당하다. 수동(환자가 절단되다)

첫 번째 여섯 범주들은 질문으로 나타내지고, 다른 네 개는 질문에 대한 대답으로 쉽게 이해될 수 있다. 10개의 범주 중에서 첫 번째 네 개는 상세히 논의되고 7번째, 9번째, 10번째 범주에는 짧은 논평이 붙는다. 그 반면에 나머지 세 개는 논하지 않는다. 그 대신에 네 종류의 대립과 다섯 종류의 '우선(Priorität)'에 대한 성찰이 따르는데, 이것들은 후-범주(Postprädikamente)라고 불리게 되며 원래 독자적인 부분을 이루고 있다(Cat. 10-15). 개념 사전(Met. Ⅴ)은 실체와 양, 질, 관계, 소유의 범주들을 논한다.

아리스토텔레스는 범주의 수에 대해 확신하고 있는 것처럼 보이지만 각각의 목적에 맞게 짧은 목록들로 만족한다. Met. ⅩⅡ 1(1069a21)에서 그는 세 개로 된 목록을 열거하며 《니코마코스 윤리학》에서는 여섯 개로 된 목록(Ⅰ 4, 1096a24-27)을, 그리고 개념 사전에서는 8개의 범주들을 열거한다(Met. Ⅴ 7, 1017a25-27). 결정적인 것은 한편 복수성과 다른 한편 첫 번째 범주와 다른 범주들 사이에 있는 서열의 차이다. '사람'이나 '황소'와 같은 실체들에 대해 사람들은 직접적으로 언급하지만, '하얀'이나 '가다' 혹은 '무거운'과 같은 우연적 속성들에 대해서는 단지 실체와 관련해서만 언급한다. 첫 번째 범주 안에서는 아리스토텔레스가 첫 번째 실체를 두 번째 실체와 구분한다. 첫 번째 실체는 특정 개체, 예를 들면 [특정한] 사람 혹은 [특정한] 말을 문제 삼고, 두 번째 실체에서는 거기에 속하는 종과 유가 문제가 된다. 이렇게 해서 전체로 다음과 같은 존재자의 세 부류가 생겨난다.

즉 (1)개체들(첫 번째 실체들), (2)종과 유(두 번째 실체들), (3)속성(우연적 속성)이 그것이다.

실체의 기준인 독자성이 완전한 의미에서는 단지 개별적 사물에게만 속한다(Cat. 5, 2a11-14). 하나의 특정한 인간, 예를 들면 소크라테스-'하얀 머리의'라는 속성같이-는 ①다른 것'에' 존재하지도 않고, 또한 ②다른 것에 대해 언급되지도 않는다. 인위적인 문장들을 제외하면 소크라테스는 항상 주어이고 술어일 수 없다. 이에 반해 종과 유는 두 독자성 가운데 첫 번째[①]만을 충족시킨다. 사람들은 인간의 정의인 이성적인 동물을 소크라테스에 대해 진술할 수 있다. 정의는 우연적 속성과 비슷하게 실체가 아니라 단지 진정한 실체의 질일 뿐이다(*poion*: 3b15 이하). 두 번째 실체의 범위 안에서 종은 [유보다 더] 개체에 가깝기 때문에 더 큰 실재성을 요구한다. 즉 그것은 유보다 더 실체인 것이다. 이와는 달리 종 내에서는 서열의 차이가 존재하지 않는다. 인간이 황소보다 더 실체인 것은 아니다. 그러나 [각각의 종에 속하는] 두 개체 모두가 각각의 종보다 더 실체적이고, 두 종 모두가 다시금 유인 생물보다 더 실체적이다. 사람들은 이 비교급 뒤에 동물학이 서 있다고 믿을 수도 있을 것이다. 왜냐하면 동물학 안에서는 종이 가장 작은 분류 단위이기 때문이다. 그러나 기초 철학으로서 존재론은 동물학에 의존하지 않는다.

범주론은 최소한 네 가지 기능을 충족시킨다. (1)기술적(記述的)인 존재론이라는 의미에서 범주론은 존재자의 다의성과 함께 실재의 풍요로움을 낱낱이 해명한다. 그 구성적 업적 속에서 범주는 전체 실재의 가능한 한 완전한 목록을 작성한다. (2)계층화하고, 문자 그대로 비판적인 존재론이라는 의미에서 범주는 일차적이고 완전한 의미에서 '존재한다'는 것이 의미하는 것을 알려준다(11.2장을 보라). (3)광범위하게 비판적인 과제로서 범주는 존재론적으로 잘못된 해명을 발견하고 피하도록 도와준다(An. post. Ⅰ 22, 83a30-33; Soph. el. 22, 178b24 이하). 그 범주는 멜리소스와 파르메니데스(Phys. Ⅰ 3), 그리고 플라톤(예컨대 An. post. Ⅰ 22, 83a24 이하와 EN Ⅰ 4)을 비판하기 위한 도구에 적합하며, 일반적으로 언어 비판의 도구로도 적합하다. (4)마지막으로 보조적 과제로서 범주는 기본 개념들의 의미 다양성을, 이를테면 운동의 네 부류들에 있는 의미 다양성(Phys. Ⅴ 1, 225b5-9; Met. ⅩⅡ 2, 1069b9-13)과 선(善)의 의미 다양성(EN Ⅰ 4, 1096a11 이하)을 규정하기 위한 실마리를 제공한다.

근대의 가장 중요한 범주론, 즉 《순수이성비판》의 범주론은 순수한, 즉 경험에서 벗어난 오성의 활동을 해명하기 위해서 두 가지 인식 능력인 감성과 오성을 구분하며 추가로 경험 의존적인, 즉 경험적인 영역을, 경험을 벗어난, 즉 선천적인 영역과 구분한다. 이 구분들에 비례해서 칸트는 범주를 오성의 선천적인 부분에 배정한다. 범주는 더 이상 [다른 것에서] 추론해낼 수 없는 기본 개념인 '순수 오성의 참다운 기본 개념'을 의미한다. 이제 칸트는 자신의 '의도가 원래 아리스토텔레스와' 동일한데, 다만 '총명한 아리스토텔레스'에게 기준이 결여되어 '열광적으로, … 행운에 의해서' 범주들을 선택했다고 믿는다. 그런데 [아리스토텔레스에게] '몇몇 순수한 감각의 양태들(언제, 어디서, 자세, 그리고 먼저, 동시에)'과 더 나아가 경험적 양태(운동), 그 이외에도 추론된 개념(능동, 수동)이 '발견되는데' 반해, 몇몇 순수 개념은 전적으로 빠져 있다(Akad. Ausg. Ⅲ 92 이하=B 105 이하).

아리스토텔레스는 좀 더 소박한 의도를 추구한다. 그는 이론에 관해서 중간 정도로 요구하는 것에 만족하기 때문에, 하나의 대상에 대해 가능한 진술들이 혼란스러울 정도로 많다는 사실에 직면해서 특정한 공통점들을 추구하며 그것들을 최고의 부류들, 즉 유(*genê*) 내지 진술의 형태(*schêmata*)라고 부른다(Top. Ⅰ 9, 103b20 이하 내지 Met. Ⅴ 7, 1017a23). 원인의 부류들과 마찬가지로 하나의 공통의 상위 부류가 결여되어 있기 때문에, 동일하게 근원적이고도 기초적인 진술의 형태들[=10개의 범주들]이 그에게 중요하다. 동시에 그는 새로운 종류의 통일성을 발견한다. 동일한 것이 단지 세 가지 형태들로만, 즉 수에 따라, 종에 따라, 그리고 유에 따라서만 있는 것은 아니다. 수적인 단위와 종적인 단위, 그리고 유적인 단위에 더해서 범주에 따른–당연히 그렇게 부른 것은 아니지만–통일성을 도입하며–하이데거를 따라서 말해보면–'근본적으로 새로운 토대 위에 세워진 존재의 문제'를 제기한다(《존재와 시간》, 1927, § 1).

역시 칸트에게서도 시간과 공간은 감성의 순수한 형식으로 규정되고 다른 요소로 환원될 수 없기 때문에, 아리스토텔레스가 그것을 범주표에 포함시키는 것은 정당하다. 그리고 칸트의 다른 비난이 정당하다는 것을 보여주기 위해서는 '작용/능동'과 '당함/수동'을 다른 범주들로 포함시킬 수 있어야만 했을 수도 있을 것이다. 다른 한편 칸트는 '감성/오성'과 '경험적인/순수한'으로 구별함으로써 분명하게 차별할 수 있다.

아리스토텔레스에게도, 그리고 역시 칸트에게도 범주의 개념은 세계나 인간에 대한 직접적인 관심 탓으로 생겨난 것이 아니다. 범주는 반성 개념이다. 칸트와는 달리 아리스토텔레스는 범주를 연역적으로, 즉 하나의 원리에서 추론해 얻는 것이 아니라 일종의 귀납을 통해, 즉 관찰된 언어 사태를 추상화해서 얻으며, 이 때문에 범주는 단순히 존재론적 중요성만을 가지는 것이 아니라 언어적 중요성도 가진다. 범주는 언어와 실재에 동시에 해당된다(11.4장을 보라). 범주는 예컨대 소크라테스 같은 개별적인 대상에서 시작해 한편으로는 진술들의 다양한 형태—여기서는 술어적인 표준 명제 "이 S는 P이다"와 관련해서—을, 다른 한편으로는 진술된 것, 즉 존재자 자체를 표시한다. 즉 소크라테스는 (1)사람이고 (2)이러이러하게 오래 (3)훈련을 받았으며, (4)플라톤보다 더 나이가 많다 등으로 표시된다.

11.2 실체

아리스토텔레스는 기초적인 다의성을 관찰함으로써 존재자를 여러 가지로 진술한다(*to on legetai pallachôs*: 예를 들면 Met. Ⅳ 2, 1003a33; Ⅵ 2, 1026a33과 Ⅶ 1, 1028a10). 또한 그는 실재를 검사하기 시작한다. 개념 사전은 네 가지 의미를 제시한다(Met. Ⅴ 7; 비슷하게 Met. Ⅵ 2, 1026a33-b2). 더 정확하게 말하면, 존재자의 네 종류로 된 충분한 의미 다양성을 제시한다. 사람들은 거기서 오늘날에는 일상적인 구분들이 빠졌음을 아쉬워할 수도 있을 것이다—계사로서의 '이다'와 동일하다는 의미에서 '이다', 그리고 존재로서의 '있다'[89]—최소한 첫 번째 두 의미는 플라톤의 《소피스트》(251 a-c)에서 알려져 있지만. 그러나 아리스토텔레스는 동사 '있다/이다(sein)'를 다루지 않고 존재자(das Seiende)를 다룬다. 첫째, 사람들은 이 존재자를 그 자체로

89) 서구어, 예컨대 독일어 'sein'은 우리말에서는 두 개의 서로 다른 의미, 즉 '이다'와 '있다'가 들어 있기에 저자가 'ist'로 한 것을 '이다'와 '있다'로 나눠서 번역할 수밖에 없다.

혹은 '우연적으로' 진술한다(여기서 본질적 속성과 우연적 속성이라는 일반적인 구분을 의미하는 것은 아니라는 점을 Tugendhat 1983이 제시한다). 둘째, 존재자 그 자체에 범주의 의미 다양성이 존재한다. 셋째, 의미 다양성은 그 자신 가능성이나 현실성 내지 잠재태나 현실태라고 하는 양자택일로 구분된다. 마지막으로, 텍스트의 세 번째 어절에서 거명되는 참 혹은 거짓으로서의 존재자, 즉 "진리치가 문제시되는 존재"(…라는 것은 참이다/거짓이다). 실체에 관한 책들은 두 번째 의미에서 시작하며 기본적으로 첫 번째 범주를 다룬다. 추가적으로 Met. Ⅸ는 가능성/현실성이라는 개념 쌍을 탐구하며 마지막 장에서(Ⅸ 10) 진리치가 문제시되는 존재를 탐구한다.

[존재에 대해] 아리스토텔레스처럼, 그리고 파르메니데스와는 달리(Phys. Ⅰ 3, 186a22-25) 다의성을 인정하면서도 단순한 '동일한 이름'을 (동음동형 이의어) 문제 삼지 않는(Met. Ⅳ 2, 1003a34) 사람은 [다양한 범주의] 통일성에 대한 질문을 해야만 한다. 아리스토텔레스는 위계적인 질서 구조로, 즉 *pros hen*(하나를 향한)-관계로 거기에 대답하며 그 관계 안에서 특히 첫 번째로 오는 대상을, 즉 그리스적 사고가 일반적으로 관심을 가진 참으로 존재하는 것(*alêthôs on*)을 다룬다. *Pros hen*(하나를 향한)-관계에 따르면 존재자의 다양한 의미는 모범적인 의미를 향해 정렬되어 있다. 즉 선호되는 첫 번째 것을 향해서, 다시 말하면 하나를 향해서, 그리고 하나의 자연/실재를 향해서(*mian tina physin*: Met. Ⅳ 2, 1003a34; 비슷하게 Ⅶ 4, 1030a35 이하) 정렬되어 있다. 동시에 아리스토텔레스는 다양한 의미가 하나의 최고 유로 요약될 수 있다는 주장을 논박한다.[90] 즉 아

90) 10범주들 가운데 실체는 나머지 아홉 범주들의 유는 아니다.

리스토텔레스는 사태에 맞는 공통성을 첫 번째 범주와 다른 아홉 개의 범주들 사이에서도, 또한 이런 아홉 범주들 가운데서도 찾으려 하지 않는다.

그것에 따라서 다른 모든 것이 존재하는 것으로 여겨지는, 그러한 일자가 무엇이냐는 질문에, 그는 세 부분으로 된 답변을 한다. 범주론 저작이 이미 첫 번째 두 부분들을 알고 있으며, 세 번째 부분은《형이상학》이 알고 있다. 첫째, 모범적인 존재자가 실체이고 둘째, 첫 번째 실체[=개체]가 두 번째 실체[=종]을 앞서며 셋째, 첫 번째 실체들 중에서도 [신과 같이] 탁월한 부류가 있다. 세 답변들 각각이 서열화를 따르기 때문에, 그것들은 여기서 서술적인 존재론이 아니라 교정적인 혹은 공리(公理)주의적인 존재론이 있는 것이 아닌가 하는 의심을 불러일으킨다. 그러나 아리스토텔레스는 어디에서도 본질적인 존재를 단지 겉보기만의 존재와 구분하지 않는다.

1.[모범적 존재자로서의 실체]《범주들》에서, 그리고《형이상학》에서도 아리스토텔레스는 신학적으로 평가하지 않으며 최고의 존재인 신을 궁극적인 기준점으로 설명하지도 않는다. 그는 존재론적으로 아주 냉정하게 우선 실체를 (종들과 유들도 모두 합쳐서) 그 속성, 즉 우연적 속성과 구분한다. 사람들은 단지 실체만을 그 자체적으로, 그러나 다른 모든 것은 단지 실체에 관련시켜서만 진술하기 때문에 실체가 절대적인 우위를 차지한다. 단지 사람들, 동물들, 식물들 등등만이 단적으로 혹은 단어의 완전한 의미에서 존재하고, 이에 반해서 색깔들, 크기들, 관계들 등등은 부수적으로('어떤 것에 붙어서') 존재한다. Met. Ⅶ 1(1028a32 이하)에 따르면 실체는 심지어 삼중으로 우위에 있다. 그것이 ①개념에 따라(*logô*), ②인식의 길을 따라(*gnôsei*), ③시간을

따라(*chronô*), 즉 ①존재론적으로, ②앎과 관련해서(인식론적으로), ③시간적으로 우선적인 것이다.

실체 이론은 너무 경직되어 있으며 변화하고 우발적인 것을 실체화시킨다고 비난을 받는다(예컨대 Quine 1950). 그리고 러셀([8]1975, 212)에 따르면, '실체'란 주어-술어-문장의 구조를 세계의 구조로 전이시킴으로써 생겨난 형이상학적 오류다. 그러나 단지 실체 이론만이 어떤 것(사람 혹은 사물)이 그 속성들이 변하지만 동일하게 남아 있을 수 있다는 것(Wiggins 1980, Rapp 1995b 참고)을 설명해준다는 점에서 이 이론의 강점이 있다. 소크라테스는 철학을 시작하기 이전에도 이미 소크라테스이며 그가 비록 늙어서 철학하는 능력을 상실한다고 하더라도 소크라테스로 남아 있다.

2.[종을 앞서는 개체로서의 실체] 두 번째 *pros hen*(하나를 향한)-관계에서 실체 안에서도 두 번째 실체에 선행하는 첫 번째 실체의 우위가 중요하다. 그 배후에는 실재의 인식이 보편자를 대상으로 하는데 보편자는 실제로 존재하지 않고 개별적 사물[만]이 존재한다고 하는 어려움이 놓여 있다. 이제 존재론적 질문은 어떻게 해서 두 요구들 모두가 서로서로 결합할 수 있는가이다. 즉 한편 [두 번째 실체의 우위를 보증하는] 존재자의 인식 가능성과 정의 가능성, 그리고 다른 편에서 [첫 번째 실체의 우위를 보증하는] 그것의 독자성이다. 아리스토텔레스는 독자성을 *chôriston* 내지 *chôris*('분리되어')를 통해 혹은 *tode ti*('특정한 이것')을 통해 표현한다. 그리고 인식 가능성과 정의 가능성은 우선 *ti esti(n)*, 즉 "그것이 무엇인가"를 통해, 그리고 나중에는 *ti ên einai*(그것이 무엇이었다고 말하는가)를 통해 표현한다(Met. Ⅶ 4-6; 17(Liske 1985, Ⅱ; Weidemann in: Rapp 1996 참고). 두 번째 나온 어

려운 표현이 그것의 첫 번째 구성 요소인 *ti*에서 소크라테스-플라톤의 더 오래된 표현인 *ti estin*을 찾는 질문을 받아들인다. 두 번째 구성 요소－*ên*, 즉 '이었다'－는 [시간적이 아니라] 철학적인 과거로 이해되어야만 한다. 그것은 '사태가 원래부터 무엇이었던, 무엇'을 의미하지 않고, '사람이 그것이 무엇이었다고 말하는, 무엇'을 의미한다.

Ti ên einai hekastô(그것이 그때그때 무엇이었다고 말하는가)라는 상세한 표현(Met. Ⅴ 18, 1022a9와 26)이 보여주는 것처럼, 그 표현이 무엇-질문을 개별자에게, 이를테면 소크라테스에게 연결시키며 문자적으로는 '(소크라테스에게) 존재(das Sein)이었던 무엇'을 의미한다. 바쎙에(Bassenge, 1960)는 '그때그때 속하게 된 존재'라고 번역한다. 어떤 사물에게 그것의 정체성을 제공하는 바로 그것을 의미한다. 당연히 개별적인 정체성이 아니라 본질적인 정체성을 의미한다. 소크라테스의 *ti ên einai*가, 그가 플라톤의 독배를 마시도록 선고된 스승인, 그러한 [구체적이고 특수한] 존재는 아니고 이성을 가진 동물로서의 [일반적이고 종에 따른] 존재다. 정의 속에서 파악된 [다른 개체들과의] 존재 유사성[91]이라는 이러한 의미에서 *ti ên einai*는 Met. Ⅶ 7장 이후에서 단적으로 *eidos*, 즉 형상 내지 종 개념과 동일시된다. *Ti ên einai*라는 개념을 가지고 아리스토텔레스는 그것이 전적으로 의미 있게 나타나는 '본질주의'를 대변할 수도 있을 것이다. 그러나 사람들이 콰인 이후로 본질주의에 반대하듯이, 아리스토텔레스 역시 어떠한 서술과도 무관한 사물에 대한 관계가 존재한다는 것을 주장하지 않는다. 그것이 아니라, 그는 부수적이고 우연적인 서술 말고도, 그것이 어떠한

91) 소크라테스는 플라톤이나 아리스토텔레스 등과 같은/비슷한 사람이다. 개체로서는 다르지만 그 본질에서는 서로 유사하다.

다른 서술에서도 그 서술의 개념적인 기준으로 전제된다는 의미에서의 본질적인 서술이 존재한다고 주장한다.

독자성과 인식 가능성이 일치할 수 있는지에 대한 질문으로 돌아가 보자. 사람들이 첫 번째 기준인 독자성에서 출발한다면 개별적 사물이 우선권을 얻는다. 그러나 그것에는 인식 가능성이 결여되어 있다. 그래서 사람들이 인식 가능성이라는 기준을 적용하면 [상위의] 보편자가 가장 낮은 단계, 즉 종(*eidos*)보다 우위에 있지만 독자성은 결여된다(진정한 난제: Met. Ⅲ 4 참고). 여기 실재의 두 관점들 사이에서 보이는 긴장－전자에는 개별자의 우위(소크라테스가 실체이다), 후자에는 형상의 우위([종으로서의] 사람이라는 것은 실체이다)－을 범주론 저작은 독자성을 중심으로 난관을 해소하는 것처럼 보인다. 이 저작은 수로는 하나이고(*hen arithmo*), 특정한 이것, 즉 진정한 개체를, 개별적 사물 내지 특수의 항을 일차적인 의미에서의 실체로 여긴다. 종과 유 내지 보편적인 항들이 단지 이차적 의미에서 실체들이다.

개별적 사물의 우위는 또 다른 종류의 독해를 허용한다. 이에 따르면, 단지 사람이 바로 그의 종 개념 속에서 그것으로 여김으로써만 '그것이 무엇인, 바로 그것[=본질; 소크라테스 같으면 사람]'이 되는 개체가 문제가 된다. '사람'이라는 종의 개념이 없다면 개체인 '소크라테스'는 자신에게 본질적인 정체성을 상실하고 만다.[92] 여기서 실체의 인식 가능성이 그것의 독립성과 결합됨으로써 앞에서 말한 긴장이 해소된다. 이런 독해가 이미 《범주들》에 대해 때때로 아리스토텔레스의 존재

---

92) 독자성이라는 관점에서 보면 소크라테스라는 개별자의 우위가 문제되지 않지만, 그것만으로는 문제가 있다. 그래서 그 소크라테스는 단지 독자적 존재이기만 한 것이 아니라, 그 본질이 '사람'인 소크라테스다. 그렇지 않고 사람과 같은 본질을 도외시하면 소크라테스는 사람도 무엇도 아닌 것이 되어 그 정체성을 상실하고 희미한 그림자와 같은 것이 되고 만다.

론을 소박한 실재론이라고 해석하는 것을 거부한다. 존재자의 원형, 즉 첫 번째 실체는 인식 가능성과 무관한 대상을 의미하지 않고, 그것은 종 개념을 통해 알려질 수 있는 한에서의 개체를 의미한다.

《형이상학》이 《변증론》을 근본적으로 변혁하려고 시도했을 수도 있을 것이다. 실제로 실체에 관한 책들은 《변증론》의 근본 주제인 존재자의 다양한 의미(Ⅶ 1, 1028a10)와 함께 시작하며 하나의 연구를 첨가시키는데, 이 연구는 무엇(본질)과 특정한 이것에 대한 연구로 두 번째 실체와 첫 번째 실체를 상기시킨다. 다른 한편으로 우연적 속성들이 배경에 나타나며, 첫 번째 실체와 두 번째 실체에 대한 언급은 빠져 있다. 아리스토텔레스는 실체의 실체성을 물으며 그것을 위해 통일적인, 첫 번째 실체와 두 번째 실체의 차이를 상대화하는 이론을 찾는다. 이런 추구의 과제는 인식 가능성과 독자성의 긴장을 제거하는 것이 된다. 그러나 이것이 첼러([4]1921, 312)에 따르면 성공하지 못하고 아리스토텔레스의 '체계에서 강한 영향력을 발휘하는 모순'이 되고 만다. 실제로 한편에서의 인식 가능성이라는 기준에 따르면 *eidos*(형상)에 우위가 놓여 있다. 《범주들》과는 반대로 형상은 원래적 실체로, 그리고 개별적 사물이 단적으로 하위에 놓인 실체로 여겨진다. 다른 한편으로 실체는 《범주들》와 일치하게 그 스스로가 다른 것에 대한 규정은 되지 않으면서 다른 모든 규정을 위한 기체(基體)로 여겨진다 (Met. Ⅶ 3, 1028b36 이하). 기체는 특정한 이것이며 독자적이다. 그 기체에 따라 개별적 사물에 우위가 놓여진다. 기체라는 기준에 따르면 질료는 참으로 궁극적인 기체이기 때문에(Ⅶ 3, 1029a13) 사람들은 심지어 질료에 우위를 두기를 원할 수도 있을 것이다. 그러나 질료는 '어떤 이것(ein Dieses)'도 아니고 독자적이지도 않[기 때문에 질료의 우위를 말할 수는 없]다.

외관상의 모순에 제대로 대처하기 위해 사람들은 베르너 예거의 모범을 따라 발전 가설 속에서 도피처를 찾을 수도 있을 것이다. 이에 따르면 초기 저작, 즉 《범주들》은 개별적 사물의 우위를 대변하고, 후기의 실체에 관한 책들은 종(*eidos*)의 우위를 대변한다. 그러나 아리스토텔레스는 《형이상학》 속에서, 심지어 Ⅶ 3의 동일한 장에서 두 기준들을 모두 사용한다. 실제로 모순이 있는가 하는 질문은 형상(*eidos*)을 상세히 해석함으로써 해결된다. 사람들은 세 가지 제안들을 이념형에 따라 구분할 수 있다(Steinfath 1991 참고). (1)사람들은 《범주들》의 존재론적인 기본 주장인 개별 사물의 우위를 유지하면서 형상을 실체의 술어로 여기지만, 인식 가능성이라는 기준과 정의 가능성이라는 기준 때문에 형상을 첫 번째 실체라고 특징짓는다(Leszl 1975). (2)'플라톤의' 해법을 따르면 형상에, 즉 최하위의 보편성[=사람이나 말과 같은 단일 종]으로서 첫 번째[93] 실체에 우위가 놓인다(Reale 1968 und Krämer 1973; unter Leugnung der Echtheit von Cat.: Schmitz 1985). (3)형상이 개별자로 여겨진다. 정확하게 말하면, 개체의 구조적인 형태로 여겨진다(Frede/Patzig 1988, Ⅰ 48 이하; 그리고 Frede 1987 a/b, 이전에 Albritton 1957과 Sykes 1975). 이 해석[=(3)]은 아리스토텔레스가 보편자(*katholou*)와 이데아를 비판(Ⅶ 13-16)하는 것을 정당화한다. 이 해석에 따르면 말을 말로 만드는 것, 즉 말의 '말임'은 실체로서 개별적인 말에 달려 있지, 그것 '옆에서(*para*)' 독자적으로 존재하는 '말임[=말의 이데아]'에 달려 있지 않다. 그러나

93) 여기서 첫 번째라는 의미는 유가 아닌 종이라는 뜻이다. 이렇게 분류하면 유는 하위 실체이고, 첫 번째 실체는 종이다.

개별자의[94] 형상을 가정하는 것은 다른 주장, 즉 두 명의 개인-소크라테스와 칼리아스-이 단지 수로서 다르지만, 형상에 따르면 동일하다는 주장과는 모순된다(Met. Ⅶ 8, 1034a6 이하).

사람들이 형상에서 두 기능들을 구분하자마자 아리스토텔레스의 외관상의 모순은 제거된다(Rapp 1995a). ①'개별자의 실체로서 종[의 형상]'이라는 측면에서 보면 종[의 형상]으로 특정한 개체를, 예컨대 '이 사람'[95]을 지칭하는데, ②'보편성으로서 종[의 형상]'이라는 측면에서 보면 종[의 형상]으로 그에 상응하는 개체들의 부류를 지칭한다. 예를 들면 "소크라테스와 칼리아스는 인간이다." 술어적인 표준 명제("S는 P이다")에 따라 생각해보면 전자(①)에서, 즉 종을 개체화시키는 가운데 내지 구체적인 보편성에서 종은 일반적으로 [이 '사람(소크라테스)'은 P_1이고, 저 '사람(칼리아스)'은 P_2라는 것처럼] 주어로 나타나지만, 그와 반대로 후자(②)에서, 즉 종에 따라서 부류로 나누는 과정에서 종은 술어[S는 '사람'이다]로 나타난다. 전자(①)에서, 즉 개별적인 인간에서 종에 대해 어떤 것이 진술되는 데[=이 '사람'은 P이다] 반해서, 후자(②)에서는 종이 진술된다[예컨대 S_1과 S_2과 S_3는 '사람'이다]. 즉 서로 다른 [구체적인] 사람들의 공통적인 특징[=사람]이다. 《범주들》의 기준과 부합하게 종은 질처럼 나타난다(*poion*: Cat. 5, 3b20 이하). [이 경우에] 종은 특정한 이것(*tode ti*)이 아니라 오히려 어떠어떠한 것이다(*toionde*(이러한): Met. Ⅶ 13, 1039a1 이하). 《범주들》의 견해를

94) 독일어 'individuell'은 일반적으로 '개별적'으로 번역한다. 그러나 여기 'ein individuelles eidos'에서는 개별자 각각의 형상을 의미하기 때문에 의미가 모호해지는 '개별적 형상' 대신에 '개별자의'로 번역하고 앞으로도 이런 문맥에서는 그렇게 번역한다.

95) '이 사람'은 개별자이지만 소크라테스나 칼리아스와 같은 개별자와는 어감이 다르다. 개별자이지만, 종을 통해서 표현되었다. 그래서 '이 사람'은 개별적 실체로서의 종이면서도 '저 사람'과는 다를 수 있다.

이렇게 이해하면 《형이상학》은 [개별자의 종을 가리킴으로써 오히려] 첫 번째 실체에 충실하다. 그러나 《범주들》은 저기서[=《형이상학》에서] 그렇게 분명해지지 않은 것, 즉 원래적인 의미에서의 실체[개별자]가 본질과 고유성 속에서 종의 개념에 결부되었다는 점을 분명하게 상술한다.

3.[개별자들 사이의 서열] 개별적 사물들 내지 실체들의 영역에서 아리스토텔레스는 서열의 차이들을 상정한다. 특히 《형이상학》 XII권에서 실체는 비교급의 개념이 된다. 잠재성과 현실성이라는 존재론적 개념들이 가진 비율(Maβgabe)에 따르면(Met. IX 1-9; 그리고 XII 6 참고), 현실적인 존재자가 잠재적인 존재자보다 서열이 높다. 이에 따라 인간은 심지어 식물들이나 동물들보다 우월할 수 있다. 그러나 그것들 전부가 제일 낮은 부류에 속한다. 즉 사멸하고 변화하는 존재에 속한다. 행성이라는 영원하고 변화하는 존재가 더 높은 지위를 점하고, 최상의 지위는 순수한 현실성, 즉 부동의 원동자 내지 신이 점한다. 이런 근거로 단지 자연철학만이 정점이 아니고, 철학적 신학 속에 있는 존재론 역시 정점이다(VI 1, 1026a19 이하 참고). 플라톤과 일치하게 감각적 존재에 비해서 정신적 존재에게 절대적인 우위가 주어진다. 감각계의 두 '존재 영역'[96] 모두가 함께, 그것들이 그 현실성을 위해 '그 스스로 감각될 수 없고 오히려 순수하게 지성적인 실재'[97]에 의존한다는 의미에서 '파생된' 세계를 형성한다.

존재론을 구성하는 세 부분의 통일성을 요약해보자. 첫째[모범

96) 감각계에는 ①달 아래의 일반적 사물들과 ②달 위의 별들의 세계가 있음을 말한다.

97) 여기서 작은따옴표(' ')는 독일어 구문에 맞추기 위해 이미 쉼표로 갈라놓은 속에 또 갈라놓기 위해 사용한다. 쉼표나 작은따옴표 모두 우리말 문법에 맞는 것은 아니지만 이해를 도와줄 수 있다고 여겨지기 때문에 시도해본다.

적 존재자로서의 실체], 그것에 의존해서(auf das hin) [다른] 모든 것이 [어떤 의미에서는 그것들도 역시] 존재한다고 여겨지는 하나(das Eine)[98]가 범주론의 영역에서는 우연적 속성들에 반하는 실체다. 둘째[종을 앞서는 개체로서의 실체], 하나는 보편 개념에 앞서는 '개별적인 실체로서 종'이다. 셋째[개별자들 사이의 서열], 하나는 감각적인 실체들에 앞서는 지성적인 실체[=신]다. *pros hen*(하나를 향한)-관계의 [바로 이] 세 번째 종류를 위해 아리스토텔레스는 구성원들이 공동의 복지를 위해 서로 다른 방식으로 기여하는 가정(家庭)[99]을 지시한다 (Met. XII 10, 1075a19 이하).

11.3 플라톤의 이데아 비판

아리스토텔레스가 자신의 가장 중요한 선배 플라톤과 씨름한 것이 특별히 풍부한 주제들과 풍부한 측면들을 형성한다. 이미 다양한 관점이 논의되었다. 이를테면 많은 수의 상대적으로 독립적인 개별 분과들, 변증법과 삼단논법, 그리고 생물학과 같은 새로운 분과들의 전개, 더 나아가 감각의 새로운 평가와 커다란 인식적인 관용이 그런 것들이다. 그 이외에도 시학(詩學)에 대한 서로 다른 평가들, 그리고 상기설 비판과 데미우르고스적인 우주론 비판도 포함된다. 그 이상의 관점들이 윤리학에(14.1장을 보라), 그리고 정치철학에(16장을 보라) 뒤따른다. 여기서 우리는 단지 이데아론만을 살펴본다.

98) 여기서 '하나'는 *pros hen*(하나를 향한)-관계에서 나오는 하나인 실체를 말한다.

99) 여기서 아리스토텔레스가 전체 세계에서 다른 존재자들과 신의 관계를 가정의, 노예가 아닌, 자유민 구성원들과 가정의 선(善)과의 관계에 유비시킨다. 다른 존재자들이 신을 열망하면서 활성화되듯이 가정의 자유민 구성원들도 가정의 선을 열망하면서 활동하는 것을 의미하고 있다.

'아테네 학당'이라는 유명한 그림에서 라파엘(1508~1511년)은 고대의 두 위인인 플라톤과 아리스토텔레스를 가운데 세운다. 그를 통해 "두 사람을 같은 무게로 높이 평가한다(괴테, 《색채론을 위한 자료들》, 3. Abt.: Zwischenzeit)." 라파엘은 플라톤이 집게손가락으로 강력하게 위를 향해, 즉 하늘을 향해 가리키게 하는 반면, 아리스토텔레스의 손은 절제 있는 태도로 땅을 향하게 했다. 이런 대조 속에는 다음과 같은 일반적인 견해가 표현되어 있다. 아리스토텔레스는 거의 항상 경험에서 출발하기 때문에, 또한 그는 유행하는 의견을 근거로 삼기 때문에, 그리고 특히 그는 플라톤의 핵심 사상, 즉 이데아론을 비판하기 때문에, 사람들은 [흔히] 플라톤이 이상주의를 따르는 반면에 아리스토텔레스 속에는 일상적인 오성의 경험론자와 현실주의자가 들어 있다고 믿는다. 혹은 괴테(앞의 책)와 함께, "플라톤은 세계에 대해, 마치 자신이 잠시 동안[만 이] 세계에 머무는 것에 만족해하는 그런 행복한 정신처럼 태도를 취한다. … 그에 반해서 아리스토텔레스는 건축자처럼 세계에 대해 서 있다."

이와 같은 견해들은 플라톤과 아리스토텔레스의 관계를 이해하는 데 적절치 않다. 이데아론 비판 자체도 이상주의와 현실주의 내지 경험주의의 피상적인 대조로 되고 마는 주장보다는 더 섬세한 것이다. 아리스토텔레스가 플라톤 못지않게 감각적인 것보다 순수하게 사고된 것의 우위를 인정한다고 하는 사정 자체가 이미 피상적인 대조에 반대한다. 피히테나 셸링, 헤겔의 독일관념론의 주장보다 더 과격한 것은 예지계가 그에게—플라톤과 다르지 않게—존재의 원형이라는 점이다.

아리스토텔레스의 플라톤 비판—전적으로 아카데미에서 사전 준비가 이루어졌을 것인데—에는 모든 인식과 언어에 포함된 일반 개념들이 어떠한 방식으로 '존재하는가' 하는 질문이 중요하다. 플라톤에 따르면 그것들은 이데아로서 존재한다. 다시 말해 (1)영원하고 불변하며, (2)개별적 사물들과는 분리되어 존재하며, (3)[현실적인] 사물들의 모범과 원형(*paradeigma*)을 형성하며, (4)그것에 참여함(*methexis*)을 통해 사물들이 자신들의 '존재'를 획득하게 되는 그러한, 실체(Entität)로서 존재한다. 이데아들은 개별적 사물들을 위한 단지 고유한 실재(eine eigene Realität)뿐만 아니라, 본질적인 실재(die eigentliche Realität)도 소유하는 이상적인 모범이다. 아리스토텔레스는 이런 이해를 잡종적인 구성이며 불필요한 실체화라고 비난한다(Met. Ⅰ 9; Ⅶ 14; XⅢ-XⅣ; 또한 Soph. el. 22와 EN Ⅰ 4, 그 밖에 많은 곳에서의 서술 참고). 그의 말에 따르면, 보편적인 대상들이 비록 사고에 필수적이기는 하지만, 칸트의 존재론적 신 존재 증명 비판에 비견될 만하게, 사고의 필연성에서 독자적인 실존이 추론되어서는 안 된다. 둘째로 이데아가 학문의 가능성의 조건이어야 하는 한, 그리고 학문 속에서도 역시 부정하는(verneinend) 판단들이 나오는 한, 부정적인(negativ) 이데아가 존재해야만 할 것이다. 그런데 이것은 아카데미 대변자들에 의해서 불합리하다고 거절당한다. 비슷할 정도로 어리석게 여겨지는 것은 과거에 대해 보편적인 진술들이 존재하기 때문에 사람들이 가정해야만 하는 과거의 이데아다. 이와 마찬가지로 무가치한 것, 이를테면 더러운 것과 진창의 이데아도 존재하지 않는다. 당연히 플라톤은 이것을 이미 고민했다(《파르메니데스》 130c 이하). [또한] 범주론 역시 다음과 같은 플라톤 비판을 포함하고 있다. '있다/이다(ist)'가 근본적으로 다른, 서로서로 환원될 수 없는 의미들을 가진다는 것은 모든 존재가 이데아의 이상적인 존재에 참여한다는 견해에 반대한다.

마지막으로 '세 번째 인간' 문제가 제기된다. 논거가 심지어 자주, 그러나 아주 짧고 다양한 버전으로 거명되어서, 그것을 이해하는 것은 어렵다. 이것은 다음과 같이 이해되어야 한다. 한편에서 만약 감각될 수 있는 인간이 자신의 본질적인 속성들을 인간의 이데아에 참여함으로써 얻는다면, 그리고 다른 한편 이데아가 본질적인 실체, 즉 특정한 이것이어야 한다면, 인간은 서로서로 유사한, 감각적 인간과 이데아의 인간이라고 하는 두 개의 실체로 존재한다. 이데아론에 따르면 이제 [여럿의 현실적 사물들이 하나의] 공통적인 이데아에 참여함을 통해 유사성들이 존재하기 때문에, 이런 유사성 관계를 위해서는 또 다른 이데아가 필요한데, 이것은 그 자신도 역시 실체이고 그래서 '제3의 인간'이다(《파르메니데스》 132d 이하에서 플라톤은 스스로 두 가지 변형들을 통해 반박을 한다. 그러나 어느 정도까지 그가 이 반박을 진지하게 생각하는지는 불분명하게 남아 있다).

이 모든 비판점은 실재를 부분적으로는 모순되게, 부분적으로는 불필요하게 중복화(重複化)한다고 비난하는 것이 되고 만다. [이 비난에 따르면] ①보편 개념들을 독자적인 실재처럼 취급하는 것은 불합리하다. 아리스토텔레스는 ②인식 가능성의 기준을 독자적인 실재의 기준에 결부시키고, 더 나아가[그럼에도] 여기서 철학 이전의 신념들에 일치해서, ③실체들을 [이데아 같은 초월적인 것이 아니라, 일상적인] 독자적인 실재들로 여김으로써 중복화[라고 하는 오류]를 벗어난다. 첫 번째의 두 개를 합쳐서[=①+②] 그는 이데아론의 오류를 정확하게 진단하고, [③처럼] 이데아 대신에 보편성들, 즉 개별적인 사물들과 함께, 그리고 그것들 안에 존재하는 종의 개념들과 유의 개념들을 택하도록 만들어준다.

아리스토텔레스가 플라톤의 이데아를 하늘에서 끌어내렸다고 하는 통속적인 견해는 단지 제한된 의미에서만 정당하다(중세 스콜라철학은 *ante rem*(사물 이전에)가 아니라 *in re*(사물 안에) 존재하는 보편자들에 대해 말하게 된다). 즉 그가 이데아를 거부한 것을 보편 개념들을 [단적으로] 거부했다고 이해해서는 안 된다. 그는 [플라톤과 달리] 보편 개념들에 '사물들 너머'라는 식의 존재 [방식]이 아니라, 새로운 존재 [방식, 즉 ③처럼 개별자 안에 존재하는 방식]을 부여해서 이데아를 하늘에서 [우리 현실로] 끌어내렸다고 이해해야만 한다. 이를테면 건강은 단지 건강한, 즉 구체적인 생물의 속성으로만 존재한다. 그리고 사람임/사람이라는 존재(Menschsein)—비록 개별적인 사람에 대해서가 아니라, 단지 사람이라는 존재에 대해서만 개념이 존재하기는 하지만—는 단지 구체적인 사람이 다른 구체적인 동물보다 앞선다고 보는 그러한 어떤 것으로만 존재한다. 이에 반해 아리스토텔레스는 구체적인 존재자에서 분리되며 완전한 의미에서 실재로 만들어주는 보편자는 거부했다. 즉 보편자의 실체적 성격은 거부했다(Fine 1993 참고; 그리고 또한 Hübner 2000을 보라).

11.4 언어에 관하여

비트겐슈타인이 "나의 언어의 한계는 바로 나의 세계의 한계를 의미한다(《논리 철학 논고》 5.6)"고 말한 이후로 언어철학은 많은 곳에서 기초 철학의 유일하게, 아직도 가능한 형태로 간주된다. 이에 반해 존재론은 가망성이 없을 정도로 뒤떨어진 것처럼 보인다. 하지만 아리스토텔레스는 처음부터 존재자를 로고스/이성/언어(Logos)와 관련해서 보며, 이와 동일하게 이성과 그것의 표현, 즉 언어와 그것의 의미가 현실의 기본 구조를 해명한다고 생각한다. 로고스는 존재자가 무엇이며 왜 그것이 그러한지를 다룬다. 로고스의 과제는 진리인데, 진리는 존재자와 그 근거들을 적절하게 드러나게 하는 것으로 이해된다(*alêtheuein*: EN Ⅵ 3, 1139b15). 거꾸로 존재자는 [그 자체로 취급된다기보다는] 처음부터 인식 가능성, 진리, 그리고 그것의 학문적인 연구에 맞춰져 있는데, 이것은 존재자의 네 번째 의미인 진리치가 문제시되는 존재 속에서 표현된다. 현실과 언어의 상호성 때문에 우리는 사물에 대해 어떻게 말하는지를 관찰함으로써 그것의 실제 구조에 대한 정보에 도달한다. 로고스가 존재를 드러내는 성격을 가지고 있기 때문에 아리스토텔레스의 존재론은 현실을 나타내는 언어만큼이나 [플라톤처럼 저 세상이 아니라] 현실을 다룬다. 이 존재론-자연철학과 윤리학이 자신의 방식으로 하는 것과 마찬가지로-은 사유와 언어뿐만 아니라 세계를 구성하는 바로 그 근본 개념들을, 그리고 그것들의 다중의 의미와 본질적인 연결선들을 드러낸다. 하지만 아리스토텔레스는 언어철학을 논리학, 수사학, 시학, 자연철학, 윤리학, 그리고 정치학과 같이 고유의 분과로 인정하지 않는다. 그럼에도 무엇보다 옥스퍼드에서 야기된 최근의 언어철학은 그에게서 지속적으로 영향을 받는다(18.2장). 언어철학의 언어 비판은 아리스토텔레스에게서 그에 부합하는 철학적 실천뿐만 아니라 특히 《소피스트적 논박》에 소개되는 중요한 원칙들을 발견한다. 이 책이 소개하며 해결하는 오류 추론들은 일곱 개의 비언어적 형태(*fallaciae extra dictionem*) 외에 여섯 개의 언어적 형태(*fallaciae dictionis*)를 가지고 있다. 동음이의어, 다의성, 결합(*synthesis*), 분리(*dihairesis*), 발음, 그리고 언어 형식(*schêma lexeôs*)이 그것들이다(Soph. el. 4, 165b27; 166b10; 같이 따라오는 방어 전략들에 대해서는 Soph. el. 19-23을 보라).

여기서는 두 가지 가능성들만 살펴보자. 'Amphibolie(애매모호)'는 (다의성) 구문상의 중의성(重義性)을 의미한다. "*To boulesthai labein me tous polemious*('내가 적들을'/'적들이 나를' 잡기를 원함, Soph. el. 4, 166a6 이하)"이라는 문장에서 적들은 잡히는 대상이 될 수도 있고, [잡는] 주체도 될 수 있다. 아리스토텔레스가 더 자세히 다루는 'Homonymie(동음이의어)'는 단순히 우연히 이름이 같은 것(모호함)이 아닌 특수한 다의성, 즉 유가 다른 사물들이 같은 이름을 갖는 것을 의미한다. 그래서 '눈'은 보는 능력을 가진 신체기관뿐만 아니라, 돌에 조각되거나 그려져서 볼 능력이 없는 눈(An. Ⅱ 412b20-22)도 의미하며, '열쇠(*kleis*)'는 그리스어로 쇄골뿐만 아니라 문 열쇠 역시 의미한다(EN Ⅴ 2, 1129a29 이하). 존재론이 증명하듯이 다의적인 표현에는 한 가지의 과학이 있을 수 있는 반면에 동음이의의 표현에는 그럴 수 없다.

언어 비판에서 중요한 것은 사물들과 그것들의 명칭 사이에 존재하는 세 가지 관계들을 구별하는 것이다(Cat. 1). 이미 언급된 동음이의어 외에 아리스토텔레스는 우리에게는 낯설어져버린 개념인 동의성(Synonymie)을 언급한다. 그는 이를테면 이름이 같고 더 나아가 유가 같으나 종이 다른 사물들을 동의어(synonym)라고 부른다. 이를테면 '사람'과 '황소'는 '생물'이라는 같은 유에 속한다는 점에서 동의어라고 부를 수 있다. 마지막으로 동위어(paronym, 同位語, '따라서 명명된')는 그것의 명칭이 다른 것에서 도출되어진, 모든 사물을 의미한다. 이를테면 문법을 따라서 문법가, 또는 용기를 따라서 용자(勇者)처럼 말이다. 네 번째 의미론적 관계는 '이름 없음(Anonymie)'인데, 많은 어절에서 메모된, 부응하는 명칭의 결여를 의미한다(예를 들면 An. Ⅲ 2, 426a14 이하; Hist. an. 15, 490a13 이하; b31 이하; EE Ⅱ 2, 1221a3). 더 나아가 아리스토텔레스는 의미 분석의 도구들로서 다의성과 *pros hen*(하나를 향한)-관계, 그리고 일련의 개념들(*systoicheia*, 예를 들면 Top. Ⅱ 9)을 알고 있으며, 이것들은 전체적으로 풍부한 도구들이다.

아리스토텔레스의 언어철학은 언어 비판과 의미론의 요소, 그리고 인식을 위한 언어 분석의 가치에 대한 논평에만 한정되어 있지는 않다(Soph.el. 7, 169a30-35; 16, 175a1 이하; 33, 182b22 이하 참고). 네 그룹의 논문들－(1)동물학(Hist. an. Ⅳ 9 그리고 Ⅱ 12)과 심리학(An. Ⅱ 8), (2)오르가논(Cat. 1-4; Int. 1-4; Soph. el. 1, 4-6, 19-23), (3)《시학》(19-22)과 《수사학》(Ⅲ 1-12), (4)《정치학》(12, 1253a7-19)－으로 나누어진 풍부한 성찰들 안에서, 다음과 같은 오늘날의 언어철학이 개략적으로 다루어지는 것을 발견할 수 있다. 즉 기호학(기호론), 의미론(어의학), 그리고 화용론(언어사용론)이 다루어진다.

《수사학》 Ⅰ 3(1358a36 이하)은 주목할 만한 가치가 있다. 아리스토텔레스가 여기서 화자와 대상과 청자라는 의사소통 삼각형의 개요를 제시하며 그것의 표현으로서 자문 연설과 법정 연설과 축사를 소개한다(의사소통적 관점에 대해서는 역시 Int. 3, 16b20 이하를 보라). 《시학》에서는 언어의 요소들(20장)과 품사(21장), 언어 형식(문체론, 22장)의 탐구라는 세 개의 주요 부분들로 구성된 문법이 추가된다.

생물학적이고 심리학적인 성찰의 범위 안에서 아리스토텔레스는,

인간을 자연과의 연속선상에 놓고 있으며 단지 인간에게만 언어 능력을 허락하지는 않음에도 인간 언어의 특수한 지위를 인정해주기 위해 필요한, 구분을 들여온다. 그 구분에는 다음과 같은 연속적인 네 단계가 있다. 저급한 단계에서 고차적인 단계로 나아가자면 ①언어의 음향적 부분, 즉 소리(*psophos*)에서 시작한다. 언어적 의사소통의 첫 단계로 고통과 쾌감의 전달에 사용되는 음성(die Stimme, *phônê*)이 있다(Pol. Ⅰ 2, 1253a10-14). *phônê*은 단지 정서적인 언어이다. 《영혼론》(Ⅱ 8, 420b5 이하)은 음성을 다음과 같이 정의한다. 즉 음성은 특정한 기관의 도움으로 만들어지고, 예를 들면 기침과는 다른 무언가를 표현하거나 의미하는(*sêmantikos*) 과제를 맡은 영혼을 가진 존재의 소리로 정의된다. 이 어절에 따르면, 동물조차 ②의미를 지닌 소리를 낼 수 있는 것처럼 보인다. 가령 어떤 소리는 고통을, 또 다른 소리는 쾌감을 '의미할' 수도 있을 것이다. 《해석학》에서는 의미한다는 것이 동물 사이에는 존재하지 않는 관습(*synthêkê*)과 결합되기 때문에, [《영혼론》의] 동물의 소리가 무언가를 의미한다는 주장과 《해석학》이 모순될 수도 있을 것이다. 관습이라는 요소가 비록 의미를 가진 모든 종류의 음성에 해당하지는 않지만, 로고스에는 분명 해당된다. 아리스토텔레스에 따르면 세 번째 단계인 ③분절(分節)하는 말하기(*dialektos*) 역시 아직 사람에게 특유하지는 않다. 어떤 새들도 그런 능력을 가지고 있다(Hist. an. Ⅳ 9, 536a20-22). 반면에 ④가장 높은 단계인 로고스는 사람만이 가지고 있다. 그 로고스의 요소들, 즉 단어들은 단순한 정서적인 소리와는 구별되며, 후자[소리]는 자연에서부터 그것의 의미를 가지고, 전자[단어]는 합의에 의해 의미를 가진다(Int. 2와 4). 더 나아가 기본적인 소리(모음, 자음)가 복합적인 소리(음절, 단어, 문장)로 결합될 수 있다(Poet. 20 참고). 《정치학》(I 2, 1253a14-19)에 따르면 언어는—인식 이외에—실용적이며 정치·사회적인 목적에, 그리고 동시에 윤리적 목적에도 봉사한다.

'해석학' 또는 '해석에 관하여'라는 오해를 유발하는 제목으로 전래된 저작은 언어를 특별히 자세하게 다룬다(Weidemann 1994 참고). 여기서 아리스토텔레스는 텍스트들의 주석이나 해석이 아니라, 진술과 주장의 논리적 구조를 다룬다. 그는 소피스트들과 플라톤의 언어 이론들을 배경으로 자신의 기호학이 어떻게 시작되었는지를 보여준다. 얼마 안 되는 몇몇 행(Int. 1, 16a3-8)은 기호론적으로 아리스토텔레스에게 가장 중요한 단락을 형성할 뿐만 아니라, '의미론의 역사상 가장 영향력 있는 텍스트'를 형성하기도 하다(Kretzmann 1974, 3). 여기서 언어적 표현들은 글자, 소리, 영혼의 경험, 그리고 사물이라는 네 개의 요소를 통해 규정되는 기호(*symbola*)로 여겨진다. 참과 거짓의 가장 작은 단위는 '진술하는 주장(*logos apophantikos*(명제를 나타내는 문장): 4장 이하)'을 형성한다. 진술과 기도(祈禱, Int. 4, 17a3 이하)—그리고 《시학》 19(1456b8-19)에서, 이에 더해 명령, 보고, 협박 등—를 구별함으로써, 아리스토텔레스는 오늘날 실용적 차원이나 언어 행위라고 특징지을 수 있는 언어 사용의 차이들을 보여준다. 《시학》의 어절은 언어의 형태(*schêmata tês lexeôs*), 즉 표현의 형태나 주장의 형태에 대해 이야기한다.

오늘날의 이해에 따르면 《해석학》은 문법적인 성찰을 논리적인 성찰과 결합한다. 휘터커(Whitaker, 1996)에 따르면 《해석학》은 특히 변증법적인 대화(4.2장을 보라)를 지원하기 위한 목적으로, 모순적인 진술 쌍들의 다양한 형태에 관해 탐구한 논문이다. 이런 연관성 속에서 9장은 양상 논리학에서 많이 토론된 미래에 대한 우발적인 진술들('contingentia futura')의 문제를, 그 이래로 유명해진 해전(海戰)을 예로 들어서 논의한다. 어떤 사람이 "내일 해전이 있을 것이다"라고 주장하고 다른 사람이 그 주장에 반대한다면, 그 둘 가운데 한 사람은 필연적으로 참이어야만 하는가? 다른 말로 하면, 미래에 대한 이와 같은 진술들은 이미 현재에 진리치를 가지고 있는가? 즉 그 진술들은 지금 벌써 참 혹은 거짓인가? 아리스토텔레스에 따르면 현재라는 시점에[서도 이미] 단지 필연적으로 두 진술 가운데 하나는 참이고 다른 하나는 거짓이라고만 말할 수 있는 것처럼 보인다. 왜냐하면 해전이 발생하거나 혹은 그렇지 않을 것이기 때문이다(Weidemann 1994, 223 이하와 Gaskin 1995; 그 이전에 D. Frede 1970 참고).

이러한 많은 논평을 보면 아리스토텔레스는 명백하게 근대적으로 보인다. 그가 언어에 대해 소박한 태도를 옹호하는 것은 결코 아니다. 그는 언어적 실체들, 즉 단어들(*onomata*)을 단어로 표현된 사물들(*pragmata*)과 분명하게 구분하고, 소피스트들이 이런 구분을 무시했다고 비난한다(예를 들면 Soph. el. 1, 165a6 이하). 개별적인 탐구가 진행되는 과정에서, 단어의 다양한 의미에 대해 언급하는지, 아니면 다양한 사물을 언급하는지에 관해서는 그가 당연히 항상 분명하게 말하고 있지는 않다. 아무튼 아리스토텔레스가 하나의 진술에 대한 두 개의 항, 즉 주어와 술어를 완전히 유비적으로 다룰 수 있기 때문에, 스토아학파와 후대처럼 항들의 결합에, 즉 진술 내지 명제에 의미론적인 우위를 허용하려고 생각한다고 주장하는 것은 언어철학적인 소박성일 뿐이다.

Ⅳ. 윤리학과 정치학

우리는 아리스토텔레스의 윤리학과 정치철학에서 낯선 세계를 발견하리라고 기대한다. 또 우리는 도덕, 법, 정치 같은 대상이 고대 이래 근본적으로 변화했을 거라고 가정한다. 그 이외에도 우리는 자연 목적론과 코스모스(우주) 사고, 다른 '형이상학적인' 요소처럼 낡아버린 이론적인 지침들을 예상한다. 그런데 실상 아리스토텔레스는 이런 실천철학 범위 안에서 우리의 흥미를 자극하는 대화 상대로 나타난다.

예를 들면 그는 인간 행위의 모델로서, 칸트식 의지의 윤리학으로 말미암아 비로소 의미를 상실하지만 단적으로 해소되지는 않는 그런 욕구 모델을 *poiêsis*와 *praxis*, 즉 생산과 행위라는 중요한 구분과 함께 발전시킨다. 이와 흡사하게 아리스토텔레스의 정치 이론은 근대에서 비록 상대화되지만 단적으로 가치가 없어지지는 않는다. 이를테면 사람을 정치적 존재로 보고 다양한 국가 형태를 논하는 것은 오늘날까지도 가치가 있다. 시간적으로 멀리 떨어져 있음에도 정의와 우정, 의지박약과 쾌락에 대한 그의 숙고 역시 [오늘날] 직접적으로 담론을 불러일으킨다. 이렇게 되는 근거는 단순하다. 그 실천철학에서 기초를 이루는 질문들이 당대에 묶여 있지 않고, 그의 논거들이 일반적으로 그리스 폴리스의 특수성에 아주 밀착해 있지는 않아서, 그것들이 문화를 넘어서며 보편적인 담론을 미리부터 차단하지는 않아서다.

12. 실천철학

12.1 윤리학의 독자성을 위하여

우리는 윤리학을 규범적인 분과라고 생각한다. 즉 근본적인 의미에서 볼 때 무엇보다도 도덕의 원리에 대해 질문하는 도덕적 행동의 철학이라고 생각한다. 아리스토텔레스는 이런 식의 윤리학을 철저히 발전시키지만 그것으로 만족하지는 못한다. 기반을 이루는 단어[100]인 *êthos*[101](친숙한 장소)는 요컨대 세 가지를 의미한다. 즉 익숙한 삶의 장소와 그 장소에서 흔한 관습, 그리고 결국 사고방식이나 성향 혹은 성격을 의미한다. 첫 번째 의미가 있기 때문에 아리스토텔레스는 [자기 주위의] 사회적이고 정치적인 제도들도 다룬다. 정치학은 넓은 의미에서의 윤리학에 속한다. 두 번째 의미 때문에 그의 윤리학은 풍속학적인 경향을 띤다. 여기서 풍속학이란 *êthos*와 같은 어원을 가진 *ethos*(습관, 관습)에 대한 이론이다(EN Ⅱ 1, 1103a17 이하 참고). 아

100) 아리스토텔레스는 윤리학의 목표를 윤리적 덕의 형성에 둔다. 이때 '윤리적'이라고 번역하는 '*êthikos*'는 '*êthos*'에서 나온 형용사다. 그래서 저자는 여기서 '기반을 이루는 단어(Grundwort)'라는 표현을 사용한다.

101) *Êthos*는 저자 자신이 설명하듯이 기본 주거지, 관습, 성격의 의미를 지닌다.

리스토텔레스는 당연히 당대에 일상적이던 것들 정도를 탐구한 것이 아니다. 경험적인 행동 연구나 경험적인 사회학과는 달리, 그는 인간 행위 일반의 토대를 일차적으로 탐구했다. 그리고 *êthos*의 세 번째 의미에 걸맞게 도덕원리보다는 훨씬 더 많은 것에 관심을 기울이는 규범 윤리를 발전시킨다.

좁은 의미에서의 윤리학은 세 권으로 전해져 내려온다. '전체 헬레니즘기의 문헌 중에서 유일한(Schleiermacher 1817)', 이 텍스트들이 처한 상황은, 즉 '세 권의 윤리학 수수께끼'는 오늘날까지 해결되지 않았다(Dirlmeier [5]1983, 93 이하). 《에우데모스 윤리학》과 특별히 《대윤리학》(라틴어로 *Magna Moralia*라고 하는데, 그 진위는 논쟁 중이다)에 비해 《니코마코스 윤리학》이 후대에 제일 상세하게 논의된다. 그 밖에 《니코마코스 윤리학》은 후대에 아주 대단한 영향력을 떨쳤다. 이 두 이유 때문에, 그리고 특별히 "《에우데모스 윤리학》이 내용이 더 풍부하다"고 하는 케니(Kenny)의 주장을 거부하기 때문에, 우리는 이하에서 보통 《니코마코스 윤리학》을 다룰 것이다. 그런데 이 책에 왜 니코마코스라는 이름이 붙었는지는 해명되지 않는다. 이 명칭은 아리스토텔레스의 아버지이거나, 그의 아들이거나, 니코마코스라고 하는 이름의 또 다른 사람을 가리킬 것이다.

원숙한 저작인 《니코마코스 윤리학》은 많은 부분이 잘 구성되어 있다. 첫 번째 권(Ⅰ)은 '인간 행위의 주요 목표'라는 주제를 향해 빠르게 달려가며, 주요 목표를 행복(*eudaimonia*)[102]으로 정하고 여러 시도들

102) 아리스토텔레스의 행복 개념은 현재 우리가 생각하는 행복한 감정같이 찰나적이어서 수시로 변화하는 것이 아니라, 인간의 성격, 내적 태도에 결부되어 지속적인 상태를 지칭한다. 이를테면 자신의 내적 가능성을 남김없이 계발하고 이를 실천할 수 있는 지위에 있는 것이 행복한 상태에 가깝다.

을 통해서 그 개념을 발전시킨다. 이 개념에서 두 종류의 실천적인 능력인 성격적인 덕/탁월성[103]과 지성적인 탁월성이 도출되어 나오고, Ⅱ-Ⅵ에서 이 탁월성들을 논한다. 그다음 권들에서는 '거기에 연관된' 다음과 같은 주제들이 결합된다. 즉 의지박약(Ⅶ 1-11), 쾌락(Ⅶ 12-15, 그리고 Ⅹ 1-5), 그리고 우정(Ⅷ-Ⅸ)이 그런 주제들이다. 행복으로 인도하는 삶의 두 가지 형태인 이론적 실존과 도덕적·정치적 실존에 대한 논의가 정점과 결론(Ⅹ 6-9)을 형성한다(개별적인 부분들에 대한 상세한 주석을 위해서는 1980년의 Rorty 책과 1995년의 Höffe 책을 볼 것).

《니코마코스 윤리학》은 서론의 장에서 이미 암시한 세 개의 요소들을 통해 상세한 윤곽을 얻게 된다. 즉 욕구라는 개념을 통해, 그리고 좋은 삶에 대한 질문을 통해, 그리고 우리의 시작점인, 이른바 방법론적 여론(Exkurs)에 대한 세 개의 규정들을 통해 상세한 윤곽을 얻는다. 이에 따라 윤리학은 정치학에 속하고, 실천적이고 심지어 실존적인 권리를 청구하며, 이중적으로 독특한 지식을 통해 특징지워진다(EN Ⅰ 1, 1094a7-1095b13; 그 밖에 벙법론에 대한 심사숙고는 Ⅰ 1, Ⅰ 7, Ⅰ 8-9, Ⅱ 2, Ⅶ 1, 1145b2-7에서 찾아볼 수 있다).

아리스토텔레스는 첫 번째 규정으로 윤리학과 정치학을 결합시키려고 한다(1094a27-b7, 그리고 곳곳에서의 서술 참고). 그러나 헤겔에

103) 저자가 'Tugend(덕)'으로 번역하는 '*aretê*'는 원래―도덕적인 의미를 지닌―덕이라기보다는 탁월성에 가깝다. 예컨대 구두장이의 탁월성이나 장군의 탁월성 같은 것을 의미했다. 그러나 인간으로서의 탁월성은 무엇일까 하고 질문한다면, 우리가 덕으로 번역하는 인간으로서의 탁월성, 즉 도덕적 탁월성에 도달하게 된다. 그러므로 Tugend의 일상적인 번역어인 덕 대신에 탁월성으로 번역했다. 그리고 아리스토텔레스에 따르면 덕/탁월성은 성격의 탁월성과 지성의 탁월성으로 구분할 수 있는데, 이에 따라 성격적 탁월성과 지성적 탁월성으로 번역한다.

이어서 사람들이 상정하듯이 그는 정치학에 더 상위의 의미를 부여하지는 않는다. 이와는 반대로 행복, 덕/탁월성, 정의와 우정 같은 공통적인 기본 개념들이 《니코마코스 윤리학》에서 발전된다. 그래서 더 이상 위계질서를 세우지 않는, 포괄적인 다른 제목, 즉 '인간사(人間事)에 관한 철학(*hê peri ta anthrôpeia philosophia*)', EN X 10, 1181b15)이 사태에 더 적합하다. 한 쪽에 우선권을 주지 않은 채, 윤리학과 정치학은 함께 '인간사의 철학', 즉 진정한 철학적 인간학을 형성한다. 그 테두리 안에서 《니코마코스 윤리학》이 공통적인 규범적인 기본 개념들 이외에도 개인의 행동을 논하며, 제도와 헌법의 탐구는 《정치학》에게 넘겨준다.

얼마 전부터 파치히(Patzig)가 말하는 '형이상학이 없는 윤리학'에 대한 요구가 퍼지고 있다. 단지 보편적이고 많은 개별 학문 분야를 포괄하는 기본 개념들에 관한 한, 윤리학은 오늘날도 아직 '형이상학적인' 요소들을 지니고 있다고 할 수 있다. 그러나 '형이상학'을 최고의 존재자에 대한 이론으로 생각하는 한, 혹은 저 세계에 대한 이론으로 이해하는 한, 이미 아리스토텔레스는 '형이상학이 없는 윤리학'이라는 계획을 실천한다. 《형이상학》에 관련해서조차, 이를테면 플라톤의 이데아론 비판(EN Ⅰ 4)에서, 그리고 '이론적 삶(*bios theôrêtikos*)'에 포함된 신과의 관계(EN X 6-9)에서 결정적인 논거들은 윤리적이다. 더 나아가 물론 목적론이 보이기는 하지만, 윤리학과는 무관한 자연의 목적론은 아니고 다만 행위 개념에서 나오는 목적론이다. 그리고 아리스토텔레스는 인간에게 고유한 기능을 근거로 제시하는 곳(Ⅰ 6, 1097b24 이하)에서 비록 본질을 진술할 수 있다고 믿기는 하지만 그 내용은 아주 조심스러운 '본질주의'를 담고 있으며, 《형이상학》의 의미에서의 전제는 없이 작업해나간다. 그는 무엇보다도 최고선(最高善)의 이론을 발전시키는데, 여기서 그는 플라톤의 선의 이데아라는 형이상학적 실재의 원형(Prototyp)에 명백히 반대(Ⅰ 4, 특히 1096b33-35 참고)하면서 최고선을 '실천할 수 있는 모든 선 가운데 최고(*to panôn akrotaton tôn praktôn agathôn*, Ⅰ 2, 1095a16 이하)'로 규정할 뿐 아니라 '인간적인 선(*anthrôpinon agathon*, Ⅰ 1, 1094b7)'으로도 규정한다. 토마스 아퀴나스(예컨대 *Summa Theologiae*(《신학대전》) Ⅰ-Ⅱ, quaestio 3, art. 4 ad 4)가 자연스러운 욕구라는 개념(desiderium naturale 내지 appetitus naturalis)을 위해 욕구에 관한 이론을 《자연학》의 목적론 및 《형이상학》의 신적인 원동자(原動者)의 이론과 결합시키고 그 완전한 행복(beatitudo perfecta)을 저 세상에서야 비로소 기대할 때, 그는 아리스토텔레스에 존재하던 진술들을 엄격한 형태로 체계화시킨 것이다.

아리스토텔레스는 아주 자명하게 거의 형이상학적인 전제 없이 윤리학을 발전시킨다. 오히려 관계가 전도되어 있다. "왜 형이상학인가?"라는 질문은 실천적이고 심지어 실존적이기도 한 질문이기에 '윤리학이 빠지지 않은 형이상학'으로 이해하는 것이 맞다. 철학의 분과로서 윤리학과 형이상학은 광범위하게 서로 독립적이다. 그런데 순수한 인식을, 즉 결국 자연철학과 형이상학을 탐구하는 삶을 정당화하는 것은 윤리학적 과제의 영역에 속한다. 그 이외에도 여러 다른 분과와의 연결점들이 있다. 1권의 마지막 장에서 《니코마코스 윤리학》은 이론 심리학의 근본 특징들을 발전시킨다. 6권은 완성된 형태라 할 수 있는 학문을 포함한 다양한 지식의 형태에 대한 이론을 탐구한다. 또한 《변증론》(3권)과 《수사학》(특히 Ⅰ 4-7, 11과 Ⅱ 2-11)은 윤리적 관점들의 보고(寶庫)를 제공한다.

12.2 목표는 실천이다

윤리학과 정치학이 실천을 다룬다는 것은 자명하다. 그런데 그것들이 지식이 아니라 행위를 목표로 해야만 한다("그 목적은 지식이 아니라 실천이다(*to telos estin ou gnôsis alla praxis*"): EN Ⅰ 1, 1095a5 이하; Ⅱ 2, 1103b26 이하와 X 10, 1179a35-b2도 유사)는 점은 그렇게 자명하지 않다. 영어권의 윤리학에 영향을 준 한 저작, 즉 《윤리학원리(*Principia Ethica*)》(1903, § 14)에서 조지 무어는 다음과 같은 반대 명제를 주장한다. "윤리학의 직접적인 과제는 지식이지 실천이 아니다." 그러나 아리스토텔레스 역시 윤리적으로 경고하기 위해서나 정치적인 일화들을 통해서 실천적인 의도를 추구하는 것은 아니고, 오히려 단지 개념, 논거, 그리고 원리들의 규정을 통해서만 그 의도를 추구한다(EN Ⅰ 2, 1095a30 이하, Ⅰ 7, 1098a33-b8 참고). 실천철학 역시—타이히뮐러(Teichmüller, 1879, § 2) 이래로 사람들이 항상 말하듯이—실천이성, 윤리적 통찰력(*phronêsis*)[104] 내지 사려 깊음에서 생겨나는 것은 아니다. 오늘날의 이해에 따르면 직접적인 행동이 아니라, 그 인식에 초점을 맞추기 때문에 실천철학은 이론에 속한다. 그러나 '실천적인 학설'로서의 실천철학은 '이론적인 학설'과는 반대로 자체목적이 아니라, 자기 이외에 다른 것, 즉 실천에 봉사한다.

[실천철학의] 실천적 성격은 방향 설정의 어려움과 정당화의 어려

104) 아리스토텔레스가 '*phronêsis*'를 동물들도 가지고 있다고 하기 때문에, 저자는 *phronêsis*를 윤리적 통찰력으로 번역하는 것을 원치 않고 사려 깊음으로 번역하고자 한다. 그러나 여기서는 두 단어가 모두 나와 이렇게 일상적으로 번역한다.

움을 파악하는 능력에서 시작한다. 아리스토텔레스가 생각하는 다음과 같은 세 가지 사항들은 당연히 별로 형태조차 변하지 않은 채로 오늘날까지 절실하다. [우선] 도덕적이고 실천적인 어려움에 어울리게 경쟁하는 삶의 방식들(*bioi*; Ⅰ 3)이 존재해서 그것들[이 하나가 아니기] 때문에 사람들은−아리스토텔레스가 보기에는 행복인데−자신의 중심 목표에 어떻게 하면 제일 잘 도달하는지를 알지 못한다. 둘째로 윤리적인 어려움에 따라 대상, 즉 선과 정의가 불안정하고 불확실(*diaphora kai planê*(차이/다툼과 가변성)해서 모든 것이 단지 인간의 작업, [인간의] 규정(*nomos*, 관습)으로 보이고 그 이상의 어떠한 관점/요인(*physis*: 자연)도 없다(Ⅰ 1, 1094b14-16). 셋째로 학문 이론적인 어려움에 따라서 정확한 인식을 가능하게 해주는 불변성이 대상에 결여되어 있다(Ⅰ 1, 1094b16 이하).

실천의 어려움을 보여주기 위해서 아리스토텔레스는 [《니코마코스 윤리학》] 1권에서 행복의 개념을 설명하고, [《니코마코스 윤리학》] 마지막에 어떠한 삶의 방식이 이 개념을 만족시키는지를 보여준다(Ⅹ 6-9). 그는 당시의 관습(*nomos*)과 자연(*physis*)의 대립을 반복하지 않고서도 두 번째 어려움을 극복하기 위해 다음과 같은 실증성 이상의(überpositiv) 요소들을 입증한다. 즉 필수불가결한 중심 목표로서 행복, 행복을 가져올 수 있는 삶의 행태로서 이론적인 삶과 정치적인 삶, 의식적이고 자발적인 행동, 도덕적인 탁월성과 지성적인 탁월성, 그리고 특히 이것들의 결정적인 요소로서 우정을 입증한다.

아주 냉정한 아리스토텔레스 같은 사람은 단순히 언어의 힘에 기대지는 않는다. 그는 심지어 도덕철학적인 통찰력들이 젊은이들에게 유용하다고 하는 것을 명시적으로 부정한다(Ⅰ 1, 1094b27 이하;

1095a2 이하; 셰익스피어, 《트로일러스와 크레시다》 Ⅱ 2, 166 이하 참고, '아리스토텔레스가 도덕철학을 청강하기에는 부적절하다고 생각한 젊은이들과는 달리'). 왜냐하면 젊은 시절에는 실천적 경험, 특히 교육과 익숙해짐을 통해 획득하며 한 번 획득되면 순간적인 격정[105]들을 따르지 않고 합리적인 삶에 견고한 뿌리를 내릴 수 있게 해주는 '도덕적 성숙함'이 결여되기 때문에 젊은이가 비록 수학자는 될 수 있을지 몰라도 아직 사려 깊지는 못하기 때문이다(Ⅵ 8, 1142a11 이하). 그래서 실천철학은 의도했던 실천 자체를 해낼 능력이 없다. 그러나 여기에 언급된 어려움과 관련해 실천철학은 실천을 자신과 관련시켜 해명할 수 있으며, 이렇게 해명함으로써 대단히 비판적인 가능성을 발전시킬 수 있다.

아리스토텔레스는 당시의 생활세계 해석학이라는 의미에서의 상식 윤리학에만 머무르지 않는다(6.2장을 보라). 반대되는 예를 하나 들면, 대안적인 삶의 형태들의 경쟁에 직면한 그는 쾌락적 삶(*bios apolaustikos*, Ⅰ 3, 1095b17)이라는 대중의 도덕에 반대할 뿐 아니라, (도덕적) 정치적 실존(*bios politikos*)에서는 결국 명예(*timê*, b22-31)가 중요하다는 널리 퍼진 견해에도 반대한다. 다른 한편 그는 이를테면 플라톤처럼 그 심부에까지 이르는 과격한 전회를 목표로 하지도 않는다. 즉 그는 '단순한 해석학 혹은 과격한 변경' 내지 '상식 혹은 근본적인 비판'이라는 단순한 양자택일을 넘어 제3의 길, 즉 비판의 능력이 있는 상식 윤리학의 길을 간다. 그는 우선 아직도 모호하고도 얽히고설킨, 한편에서는 (명예에 관해서) 피상적인, 다른 한편에서는 (쾌락

105) 여기서 저자는 그리스어 '*pathos*'를 'Leidenschaft'로 번역한다. Leidenschaft/*pathos*는 일반적으로 '격정'으로 번역할 수 있는데, '감정' 혹은 '정렬'로도 번역할 수 있으며, 원래는 어떤 특별한 사건이 일어났을 때 생겨나는 격렬하거나 그렇지 않은 정서적 반응을 의미한다.

적 삶에 관해서) 호도하는, 그러면서도 어떤 식으로든 올바른 견해들을 더욱 분명하게 만듦으로써, 사람들에게 인생의 목적, 즉 행복을 그 요소들과 조건들과 함께 아주 분명하게 제시해서 마치 [훈련된] 궁수처럼 목적에 도달하게 만든다(Ⅰ 1, 1094a22-24).

이러한 윤리학에서 실천은 그 자체로 해명될 뿐 아니라, 도덕적으로 개선되기도 한다. 습관을 통해 획득된 기본적인 도덕에 근거해서 자신의 행동 원리들을 인식하는 사람은 더 이상 단순히 습관에 따라서만 행동하는 것이 아니라, 통찰력과 확신으로 행동한다. 일차적으로 칸트 이래로 합법성이라고 불리는 올바른 것과의 단순한 일치가 도덕성을 향해 개방된 내적인 동의로 확장된다.

오해는 피해야만 한다. '실천적 지식'이라는 말은 우리들의 귀에 오로지 실증적(positiv)으로만 들린다. 그래서 사람들이 생각하기에 철학은 결국 그 유용성과 무관함을 버리고 실천적인 가치를 획득한다. 그러나 아리스토텔레스에 따르면 그 스스로 때문에 욕구되는 것만이 완전한 의미에서 가치가 있다. 공리적인[=그 자체가 아니라, 다른 목적을 위한] 이득 속에 인간의 단점이 들어 있다(3.3장을 보라). 실천철학은 직접적으로는 인식[자체]를 목표로 하고 단지 간접적으로만 행동을 목표로 하기 때문에 자체로 욕구된 인식, 즉 순수한 이론에 접근하게 된다. 그런데 사람들이 객관적인 관찰자로서가 아니라, 즉 일정 정도 제3자로서가 아니라, 주체나 대상의 관점에서, 즉 당사자로서 실천철학을 알게 되자마자 그것은 실천적 의미를 지닌다. 저자가 아니라, 독자가 그에 관해서 판단한다고 하는 사정에서, 아리스토텔레스가 그렇게 생각하지 않았던 것이 생겨난다. 즉 윤리학이 실제로 실천철학이 된다는 것은 단지 철학자[=윤리학의 저자]의 손에만 놓여 있는 것이 아니다.

[아리스토텔레스가 추구했던] 실천철학이라는 사고의 영향력에 대해서 다음과 같이 논평할 수 있겠다. 그 근본에서 실천철학이라는 사고는 정확한 연구 계획을 담고 있지도 않고, 또한 특정한 방법 역시 담고 있지 않으며, 오히려 단지 연구 의도만 담고 있다. 이런 연구 의도는 근대에 이르기까지, 심지어 현재까지도 타당하다. 칸트부터 니체의 도덕철학까지, 비판 이론부터 롤스까지 도덕철학자들은 [다른 것이 아니라 바로] 실천을 위해서 실천을 해명하려고 노력했으며 그를 통해서, 그들이 원했던 그렇지 않던, 이러한 관점에서 그들은 아리스토텔레스주의자이다. 그리고 그렇지 않은 철학자들은 스스로 다음과 같이 자문해보아야만 한다. 즉 아리스토텔레스의 실천철학이 지적인 유리알의 유희를 추구하는 것은 아닌가?

12.3 개요-지식[106)]

세 번째 어려움, 즉 [탐구 대상이 가변적이라는] 학문 이론적인 어려움 때문에 아리스토텔레스는 특별한 지식의 형태를 도입한다(EN Ⅰ 1, 1094b11-27; Ⅰ 7과 Ⅱ 2를 비교할 것). 사람들은 통일적인 기준, 즉 수학의 연역적 증명이라는 기준으로 학문들의 학문성을 재고 나서 윤리학과 정치철학에 학문성이 결여되어 있다고 확정한다(심지어 Rorty 1980, 2). 아리스토텔레스는 입증하는 학문의 이상을 폐기하지 않으면서도 자신의 학문 이론적인 융통성[=각각의 학문에 적합하고,

106) 개요-지식(Grundriβ-Wissen)은 우선 개괄적인 설명을 제공하는 역할을 한다. 나중에 상세한 설명을 할 수 있다.

서로 다른 정확성을 추구한다는 융통성]에 충실하게 머무른다. 수공업에서 이와 유사한 상황을 지시하면서—쇠를 다루는 대장장이에게는, 금을 다루는 대장장이에게는 금지하는 그러한, 융통성을 허용한다고 논한다—아리스토텔레스는 바로 잘 훈련된 엄밀성 안에서 대상에 따른 정확성의 원리를 발전시킨다(EN Ⅰ 1, 1094b12 이하; Höffe [2]1996, Ⅱ부 참고).

윤리학의 대상이 두 가지 관점에서 항구성을 결여하고 있기 때문에, 원리는 근본적으로 서로 다른 두 가지 결과를 가져온다. 용기나 부와 같은 선들은 인간의 행복에 기여하기 때문에, 행복과 관련해서는 칸트가 믿는 것처럼 단지 주관적인 충고들뿐 아니라, 아주 객관적인 진술들도 존재한다. 그런데 이미 언급된 선들은 항상 행복에 도움이 되는 것이 아니기 때문에, 부는 질투를 불러일으키거나 도둑을 부를 수 있고 용기는 자신의 생명을 위태롭게 만들 수 있다. 한편으로 윤리학은 대부분 맞지만, 항상 그렇지는 않은 진술들로 만족한다(*hôs epi to poly*(많은 경우에 그러한): EN Ⅰ 1, 1094b21; Ⅲ 5, 1112b8 이하; Ⅳ 14, 1137b15 이하; 다음을 참고 An. post. Ⅰ 30, 87b20; 자연학 Ⅱ 4, 수사학 Ⅰ 13, 1374a31). 다른 한편으로 윤리학을 구체적으로 적용하기 위해서는 민감하고도 창조적인 반성의 능력, 즉 숙고가 필요하다(*boulê*(숙고): EN Ⅲ 5).

이 능력은 두 번째 비항구성을 가리킨다. 즉 구체적 행위가 상황들뿐 아니라 사회 체제들의 상이성에 의존됨을 가리킨다. 그 때문에 필요한 과제인 현실을 넘어서는 ('자연적인') 의무들을 구체적인 현실들에 결합시키기 위해 아리스토텔레스는 *typô*(개요)-지식, 윤곽-지식 혹은 개요-지식의 개념을 도입한다. 이 표현은 두 가지로 쓰인다. 비교해본다는 점에서 그는 나중이나 혹은 다른 곳에서 더 상술하게 되는 임시적인 진술을 의미한다(예컨대 EN Ⅴ 1, 1129a6-11; 또한 Top. Ⅰ 1, 101a18-24; 형이상학 Ⅶ 3, 1029a7 이하; Hist. an. Ⅰ 6, 491a8). 이와는 반대로 방법론적 여론에서 말하는 '절대적인' 이해는 끝을 맺지만 완전하지는 않는 진술을 의미한다. 이런 의미로 *typô*는 예컨대 EN Ⅰ 11, 1101a24-28 혹은 Ⅲ 5, 1113a12-14에 사용된다.

대상에 상응하는 정확성의 원리는 첫째 경우에, 윤리학에 특징적인, 작용 범위에 도달한다. 즉 윤리학의 진술은 대부분 타당하지만, 항상 그런 것은 아니다. 두 번째 경우에 그 원리는 사태에 걸맞는 상세함을 의미한다. *Typô*-진술은 예컨대 객관적이거나 주관적 개연성에 관계된 것이 아니라, 오히려 진리(*talêthes*: Ⅰ 1, 1094b20)라고 주장한다. 그것들이 실제로 사태의(행복의, 탁월성의 등) 본질을 맞추지만, 구체적인 행위는 열려 있다. 불필요한 세부 서술로 말미암아 주요 안건이 부수적인 사태들로 너무 무성해지는 것을 피하기 위해, 올바른 행위에 대해서 완벽한 서술이 아니라, 단지 일종의 (규범적인) 구조 얼개만이 제공된다. 첫째로 이 얼개는 변치 않는 본질을 서술한다. 둘째로 그것은 구체적인 실현이 사태의 본질에 포함된다는 점을 바라보며, 셋째로 거기에 딸린 것은 의식적으로 지정하지 않은 채로 놓아둔다(X 10, 1179a34 참고). 요컨대 딸린 것은 상이한 각 상황에 의존하고, 더 나아가 다양한 능력과 보조 수단에 의존하며, 또한 사회적 관습의 차이에도 의존한다. 당연히 규범적 측면은 미결정인 채로 내버려 두지 않으나—탁월성에 맞는 행동에의 권유와 그것에 대한 개념 규정은 무제한적으로 타당하다—개인적이거나 사회적인 문맥화는 [정확하게 규정하지 않고] 그대로 놓아둔다.

그래서 '실천철학'이라는 자랑스러운 요구를 하는 윤리학은 여러 가지로 신중하게 자기비판적이 되려고 노력한다. 사람들은 도덕적인 삶에 익숙해진 경우에나 윤리학이 그 실천적인 목표에 도달할 수 있다는 사실을 알기 때문에, 윤리학은 이차적이고 부차적인 유익에 만족한다. 그리고 바로 이 점에서 윤리학은 한편으로 대체로 …하다는 진술에, 다른 한편으로 규범적인 구조 얼개에 관한 지식, 즉 개요적 지식에 머문다.

13. 행위 이론

사람들은 아리스토텔레스의 윤리학을 그것의 규범적인 주요 이념인 행복(*eudaimonia*)에 맞춰서, 칸트 이래로 논쟁해왔던 행복주의로 분류한다. 최근에는 당연히 칸트에 반대해서 아리스토텔레스를 복권시키려는 시도들이 존재한다. 이것들은 판단력이라는 이름이거나, 공동체의 관습이라는 이름이거나, 또한 계몽주의에 반대하는 회의로서, 그리고 일반적으로는 칸트식의 정의론과 대조되는 좋은 삶의 이론으로 등장한다. 판단력과 좋은 삶에 관해서는 칸트 역시 논의한다. 아무튼 우리는 아리스토텔레스를 헛되이 단지 관례들의 옹호자로 보려고 하는데, 정의는 그에게도 역시 중요하다. 그리고 후대에 '계몽'이라 불리는 것에 대한 근본 사상은 그에게 의심의 여지가 없다. 부차적인 강조점의 변화 이상을 추구하는 '윤리학의 재(再)아리스토텔레스화(化)'는 더 깊이 시도되어야 한다. 또한 (도덕적) 선이라는 개념은 충분하지도 않다. 왜냐하면 칸트와 마찬가지로 아리스토텔레스는 그 개념을 무제약적인 선으로 정의하면서도 그것을 다양한 행위 이론과 결부시키고 바로 그래서 상이한 도덕 원칙들에 도달한다. 칸트가 의지 개념에서 출발하기 때문에 그 자신이 자신에게 법칙을 부여한다는 원리(자율)를 대변하듯이, 아리스토텔레스는 [인간의] 욕구 개념에서 시작하기 때문에 행복의 원리를 대변한다(아리스토텔레스와 칸트의 관계에 대해서는 Höffe 1995, 277-304).

13.1 기본 개념 욕구

아리스토텔레스는 관찰을 통해 행위 이론의 기본 개념을 제시한다(EN Ⅰ 1, 1094a1-3; Ⅰ 2, 1095a14 이하 참고). 인간에게 전형적인 활동들은 사람이 적극적으로 선(*agathon*)이라고/좋다고 평가하는 그런 목표를 욕구한다. 이 결합, 즉 도덕철학자들이 즐겨 간과하는 '좋은'이라는 규범적인 근본 개념을, 행위 이론적인 근본 개념, 여기서는 목표 지향적인 행위인 욕구(*orexis*)에 결부시키는 것은 크니도스의 에우독소스에게서 그 기원을 찾아볼 수도 있을 것이다(X 2, 1172b9 이하 참고).

욕구[개념]은 당연히 생물의 일반적인 운동 방식에 붙여진다(An. Ⅲ 9-11; Mot. an. 6-7 참고). 아리스토텔레스는 인간을 자신의 순수한 고유성 안에서 자신의 특유한 방식으로 정의하지 않고, 오히려 자연의 연속 속에서 우선 욕구에 결부시키고 나서 이성(Logos)을 통해 인간이 가진 분명한 특별 위치를 인정한다(Cael. Ⅱ 12, 292b1 이하도 역시 참고). 그런데 욕구는 반드시 이성적일 필요가 없다. 또한 단적으로 감각에 의해 규정되기도 한다(*ê logistikê ê aisthêtikê*(한편

이성적이고 또 한편 감성적인): An. Ⅲ 10, 433b27-29). 그래서 욕구를 위해서뿐 아니라, 선을 위해서도 두 개의 양자택일적인 형태들이 존재한다(EN Ⅰ 1, 1095a7-11와 Ⅲ 6, 1113a16을 볼 것; An. Ⅲ 10, 433a28 이하와 수사학 Ⅰ 10, 1369b22 이하 참고). 감각이 결정적이게 되면 인간은 정념에 따라(*kata pathos*) 살고, 겉으로 보기에 선한 것(*phainomenon agathon*)을 욕구해서 '노예적으로(*andrapôdodeis*; Ⅰ 3, 1095b19 이하)' 산다. 즉 욕망(*epithymia*)과 격정(*thymos*)에 굴복한다. 이와는 반대로 그 인간이 이성을 추구한다면(*kata logon*) 그는 제한이 없는 선, 즉 단적인 (그리고 진실한) 선(*tagathon*; 수사학 Ⅰ 10, 1396a2-4)을 추구하게 된다. 이와 함께 다른 추진력들은 이를테면 의심받지는 않지만, [이성에 의해서] 유도된다. 즉 행동에 대한 충동과 에너지는 먼저 주어져 있는 것이다(MM Ⅱ 7, 1206b17 이하). 칸트와 마찬가지로 아리스토텔레스도 근본적인 양자택일을 알고 있다. 그러나 칸트의 의무와 경향성의 이분법[107]과는 달리 아리스토텔레스의 양자택일, 즉 이성과 정념의 이분법에서 볼 때 순수하고 그 자체로 실천적인 이성에 대한 사고는 낯설다.

이성적인 욕구 안에서 아리스토텔레스는 짧게 논했음에도 [후대에] 새로운 기원을 열게 되는 그런 구분을 짓는다(EN Ⅰ 1, 1094a3 이하; 외부의 글들에 대한 참고와 함께 Ⅵ 4, 1140a1-5; Ⅵ 5, 1140b6 이하; 또한 Pol. Ⅰ 4, 1234a1-8 참고). 기술적인 의미에서의 욕구, 즉 생산이나 제작(*poiêsis*)에서는 활동의 완성이 아니라, 마지막의 결과

107) 칸트 윤리학은 의무(Pflicht)를 지키기 위해서냐, 아니면 경향성(Neigung, 원래 하고 싶은 경향)에서 나온 것이냐를 양자택일시킨다. 그리고 순수하게 의무를 지키기 위한 행위가 아닌, 조금이라도 경향성에서 나온 행위는 도덕적 가치가 없다고 단언한다. 예컨대 어머니의 자식 사랑은 자식을 돌볼 의무에서 나온 것이 아닌, 사랑 그 자체로는 도덕적 가치가 없다.

가 중요하다. 정통 철학에서는 의미심장하게 *actio transcendens*([자체를] 넘어서는 활동), 즉 자신을 넘어서 [활동 자체에서] 분리된 목적을 지향하는 활동에 관해 가르친다. 이와는 반대로 고유한 의미에서의 행위, 즉 *praxis*(실천) 혹은 *actio immanens*([자체에] 머무는 활동)에는 활동의 완성 속에서 달성되지 않는 목적은 없다. [아리스토텔레스가 드는] 실례들은 항상 이를테면 도덕적인 것에 한정되지 않는다. 보는 자는 《형이상학》 IX 6(1048b23 이하)에서 논의되는데, 또한 이미 보았다[108](들음과 감각 일반에 대해서 *De sensu* 6, 446b2 이하 참고). 숙고하는 자는 숙고했다. 사유하는 자는 이미 사유했다. 여기서 그리고 용기, 절제 혹은 정의의 행위들에서 행위의 목적은 그 행위의 수행과 일치한다. [그 행위의] 질[적 평가]는 결과에 의해서 결정되지 않는다. 좋은 행위(*eupraxia*)는 그 자체로 목적이다(EN VI 5, 1140b7).

아리스토텔레스는 자신의 윤리학을 발전시키는 가운데, 다양한 종류의 생산이 인간에게 필수 불가결하지만 전체로서의 인생은 생산이 아니라 행위로 이해되어야만 한다고 주장한다. 결국 특별한 생산이 문제가 아니라, 단순한 수행, 즉 단적인 삶(*zên*)이 문제가 되며, 거기에 더해서 행복이라고 부르는 성공이 문제가 된다. 이 차이, 즉 단적인 삶에서 좋은 삶(*eu zên*)으로의 상승 또한 인간에게 전형적이다.

행위 이론에 관한 많은 주제에 대해 우리는 아리스토텔레스에게서 표준적인 분석들을 얻는다. 그런데 가장 기본적인 인간 활동 가

108) 살을 빼기 위해서 트레이닝을 하는 경우에는 살 빼기를 한다고는 말할 수 있으나, 트레이닝은 그 자체로 끝나는 활동이 아니기 때문에 아직 살 빼기가 이루어진 것은 아니다. 그러나 보거나 숙고하거나 사유하는 활동은 그 자체로 이미 완결되어서 이미 보았고 숙고했고 사유했다.

운데 하나인 노동 개념이 빠져 있다. 이 결함은 아리스토텔레스가 *oikonomia*(가족 활동/경제 활동)을 정치철학 중에서는 상대적으로 독립적인 부분들로서 독자적으로 다루었기 때문에 더 이상하다(Pol. Ⅰ 3-11). 우리는 비록 그에게서 노동 개념을 위한 기초들을, 즉 생산(*poiêsis*)의 요소와 수고(*ponein*; Pol. Ⅷ 3, 1337b38-40)의 요소 같은 것들을 발견한다. 하지만 이런 요소들은 한꺼번에 다뤄지지 않으며 욕망 충족을 위한 목적으로 자연을 변형한다는 요소로 확대되지도 않는다. 고대에 일반적이었던 이런 결함은 귀족적인 여유사회로 설명될 수 있다. 여기서는 학문, 정치, 극장, 연극, 스포츠, 예술과 같은 경제 활동과는 무관한 활동들이 중요했던 반면에, 전형적인 '노동 직업', 즉 수공업자와 일용직 노동자에게는 심지어 탁월성도 결여된 것으로 보았다(Pol. Ⅲ 5, 1278a20 이하).

13.2 결정[109]과 판단력

Prohairesis, 결정. 여러 가지 행동 가능성을 인지하고 그 가능성들을 타진해보며 그것들 가운데 하나를 하려고 생각하는 사람은 선택 혹은 결정에 따라 행위하는 것이다. 이를 위해 아리스토텔레스는 *prohairesis*라는 표현을 사용하면서, 이 표현을 일종의 어원학적으로 '다른 것보다 우선적으로 선택된'으로 번역할 수 있는 '*pro heterôn haireton*'이라고 설명한다(EN Ⅲ 4, 1112a17). 역사적 실재, 즉 우리가 개인이나 한 그룹에게 책임을 물을 수 있고 그 때문에 칭찬하거나 비

109) 저자가 '*prohairesis*'의 번역어로 사용한 독일어 'Entscheidung'은 '결정'으로 번역하는 것이 맞다. 그러나 그리스어 *prohairesis*에는 선택이라는 요소가 더 강하게 들어 있기 때문에 그렇게 좋은 번역은 아니다. 그렇지만 저자의 의도를 살려서 결정으로 번역하고자 한다.

난하거나 용서하게 되는 그런 역사적 실재는 [우연이 아니라] 결정을 통해 생겨난다. 거꾸로 말해보면, 행위자의 성격을 판단할 수 있기 위해서는 그 행위자의 결정을 주목해야지, 외적으로 나타난 그의 행동을 주목해서는 안 된다(EN Ⅲ 4, 1111b5 이하; 그리고 Rhet. Ⅰ 13, 1374a11 이하, 그리고 b14 참고). 아리스토텔레스는 이와 같이 모범적이라 할 만큼 철저하게 해당 연구를 수행한다(EN Ⅲ 1-7, 특별히 4-7; EE Ⅱ 6-11; 그리고 또한 EN Ⅵ 2, 1139a17-b13; Rhet. Ⅰ 10 참고). 그래서 헤겔은 이 연구들을 '가장 최근까지 최선의 것들'이라고 칭찬할 수 있었다(《철학사 강의》, in: 전집 19, 221; 다른 참고 문헌 중에서는 Loening 1903, Sorabji 1980, Kap. 14-18 그리고 Meyer 1993).

결정이란 '숙고적 욕구(*bouleutikê orexis*: EN Ⅲ 5, 1113a10 이하; 그리고 Mot. an. 6, 700b23 참고)'로 규정된다. 그에 따라 ①의지적인 요소와 ②지적인 요소, 이 두 요소들이 [결정 속에서] 서로 결합하고 있다(EN Ⅲ 4-7과 Ⅵ 2). 무엇보다도 이 이중적 본성 때문에 결정은 자발적으로 하는 것과는 다르다. 아이들과 동물들은 자발적으로 행동하지만 결정에 따라서 행동하지는 않는다(Ⅲ 4, 1111b6-9). 또한 결정은 일련의 비슷한 현상들에서 구분될 수 있다. 즉, 욕망과 분노는 이성이 없는 존재들에게도 나타나기 때문에 [결정에서] 그것들이 구분될 수 있으며, 또한 바람/막연한 소원[110](*boulêsis*)은 불사와 같이 도달할 수 없는 것을 향할 수도 있거나, 다른 사람의 권력에 놓여 있는 것을 향할 수도 있기 때문에 그것과도 구분될 수 있다. 그 이외에도

110) 여기서 '*boulêsis*'를 '소원'으로 번역했지만 꼭 맞는 것은 아니다. 왜냐하면 *boulêsis*에는 합리성이 좀 더 중요하기 때문에 우리말 '소원'이 욕망(*epithymia*)이나 분노(*thymos*) 등에서 나올 수도 있는 것과는 대조가 되기 때문이다(이창우 등 번역, 《니코마코스 윤리학》, 이제이북스, 2007, 457쪽의 용어해설 참고).

이 세 현상들에는 판단이라는 요소가 결여되어 있다. 다른 한편으로 결정은 의견(*doxa*)도 아니다. 왜냐하면 의견은 좋고 나쁨의 영역이 아니라 참과 거짓의 영역에 속하기 때문이다. 그 이외에도 의견에는 갈망의 요소가 빠져 있다. 단순한 생각은 아무것도 일으키지 못한다(Ⅵ 2, 1139a35 이하).

결정에 근거해서 일어나는 것은 한 요소, 즉 ①의지적 요소에 따라서 일어나기에 강제(*bia*)나 무지에 의해서(*di' agnoian*) 일어나지 않고 오히려 자유의사에서, 그리고 ②지식에서 일어난다. 사람들은 ①고의로(*hekôn*) 혹은 자발적으로(*hekousion*) 행동한다. 이와는 반대로 자기 행위의 상세한 부분들을 ②모르는 사람은 자발적으로 행동하지 않는다. 예를 들면 오이디푸스는 ①[강제가 없다는 점에서] 자발적으로 한 사람을 죽이지만, ②[아버지라는 것을 모르고 했기 때문에] 자발적으로 자기 아버지를 죽인 것은 아니다. 움직임의 근원이 행위자 자신 안에 놓여 있기 때문에(EN Ⅲ 1, 1110a15-17; Ⅲ 3, 1111a22 이하), 아리스토텔레스는 명확하게 *aitiasthai*(탓으로 돌리다)에 대해 말한다(Ⅲ 1, 1110b13). 해당자는 행위자라고 하는 중립적인 의미에서 책임이 있는 사람이고, 그래서 그에게 민·형법상 책임을 포함한 책임을 물을 수 있다. 아리스토텔레스의 예들 속에서 당시의 처벌 과정을 볼 수 있다. 그래서 아이스킬로스는 자신의 비극 속에서 ②[자신도 모르게, 즉 의도치 않고] 엘레우시스의 신비들을 누설했다고 하는 고발과 더 나아가 ②부주의한 살해 때문에 일어난 다양한 재판에 관해 들어볼 수 있다(1111a9-11).

형법에 관한 배경—일상 토론의 정교한 구분들과 함께—은 왜 상세한 문제들이 거의 궤변적인 정확성을 가지고 탐구되는지를 설명한다. 만취하거나 분노에 차서 행한 행위들에 관해서 아리스토텔레스는 그것들이 무지 때문에(*di' agnoian*) 일어난 것은 아니지만, 모르고(*agnoôn*: Ⅲ 2, 1110b25-27) 행한 것이라고 말한다. 그렇지만 그 행위들은 책임을 물어야하지 용서되어질 수 있는 것은 아니다. 왜냐하면 술에 취하는 것은 당사자의 손에 달려 있기 때문이다(Ⅲ 7, 1113b32 이하). 《니코마코스 윤리학》은 자발성(*hekôn*)과 비자발성(*akôn*) 다음에 행위의 세 번째 양태로 '[내켜서] 자발적이지 않음(*ouch hekôn*: 1110b18-24)'을 소개하는데, 그것은 무지에서 행해지기는 했지만 추후에 후회하지 않는 행위들이어서 이런 행위들에는 성격적 탁월성에 문제가 있다(Kenny의 아리스토텔레스 비판: 1979, 169). 그리고 사람들은 그 자체로는 거부하지만, 특별한 사정들 때문에 특정하게 감수하게 된 부수적 결과로서 선택하는 행위들에 대해, 그것들은 "[자유와 부자유가] 섞여 있지만 그러나 동시에 오히려 자발적이라 할 만하다"고 한다. 그래서 사람들은 부모나 자식들을 참주의 손에서 구하기 위해 불의한 일을 행하거나, 선원들이 풍랑이 일 경우에 목숨을 구하기 위해 귀중품들을 던져 버린다(Ⅲ 1, 1110a4 이하).

다른 요소인 ②지적인 요소에 따라 신중하게 검토하고 계획하고 판단으로 이끄는 숙고(*bouleusis*; 그리고 Rhet. Ⅰ 4, 1359a30-b1 참고)라는 합리성의 특별한 형태가 결정에 속한다. 이것은 방법론적이기도 하고 창조적인 성취인 기하학적인 도형의 구조에 비교된다(EN Ⅲ 5, 1112b20 이하). 어떤 것을 숙고한다는 것은 이미 주어진 목표를 위해 실현할 수 있으며 '그것이 좋다고 하는 것을 아주 확실히 아는' 그런 행동을 구상함을 의미한다(Ⅲ 4, 1112a7 이하). 그러므로 사람은 목표가 아니라 목표(혹은 목표들로: Ⅲ 5, 1112b12)로 이끄는 수단과 방식을 숙고한다(*ta pros to telos*[목표로 향하는 것]: Ⅲ 4, 1111b27). 당연히 중간 목표들의 영역에서 하나의 숙고가 가진 목표는 다른 숙고의 수단이 될 수 있다. 단지 최종 목표들만은 사람들이 더 이상 숙고하지 않는다. 아리스토텔레스의 예들을 보면, 의사는 치료해야 함을 알고 웅변가는 설득해야 함을 알며 정치가는 국가에 좋은 질서를 건설해야 함을 안다(b13 이하). 직업이나 역할 또는 공직을 통해 이미 과제가 주어져 있는 곳에서는 개별적인 숙고는 사실상 요구되지 않는다. 경우에 따라서는 사람이 [목표를 다시 숙고하는 것이 아니라] 자신의 능력이나 직책을 오용할 수 있[을 뿐이]다.

만약에 숙고가 여러 길들을 만나게 된다면, 그것은 가장 짧고 가장 좋은 길을 찾게 된다(Ⅲ 5, 1112b16 이하). 그런데 많은 경우 목표는 직접적으로 달성되지 못하고 단지 행위의 긴 그물망들을 통해 달성될 수 있다. 숙고–그것 또한 기하학적인 구조에 상응한다–는 목표에서 보면 되돌아서서 근원, 즉 행위자에 도달하기까지 행위들의 그물망을 추적한다. 근본적인 부분은 본질상 상황에 대한 분석인데, 아리스토텔레스는 상황 분석을 가장 중요한 관점이라고 부르고 또한 그것을 모르면 (부분적으로나마) 자발적이지 않게 된다(Ⅲ 2, 1111a2-6). 숙고해야만 할 것은 (1)누가 행동하며 (2)무엇을 하며 (3)행동의 대상이 무엇이고 (사물이나 사람), 더 나아가 (4)수단이 무엇이며 (5)목적 그리고 (6)어떻게, 요컨대 고요하게 혹은 격렬하게이다. 이것들 말고도 다른 곳에서 《니코마코스 윤리학》은 다음과 같은 것을 든다. (7)언제(Ⅱ 2, 1104b26) (8)얼마나 많이, 즉 어떤 규모(Ⅱ 9, 1109a28)로 (9)얼마나 오랫동안(Ⅱ 9, 1109b15) (10)어디서(Ⅳ 2, 1120b4)가 그것들이다.

결정의 이성적 측면인 숙고가 최종 목표들을 다루지는 않기 때문에, 아리스토텔레스는 책임을 수단적인 것의 영역에 한정시키는 것처럼 보인다. 그러나 그는 가장 기초적인 삶의 전략들인 쾌락적 삶에 대해서도 결정함(*prohaireisthai*(결정하다): Ⅰ 3, 1095b20; 그리고 Met. Ⅳ 2, 1004b24 이하 참고)에 대해 말한다. 그가 비록 지나가는 식으로 말하기는 하지만, 그는 일정한 방식으로 키르케고르의 실존주의적 윤리학을 미리 말한다. 즉 삶을 영위하는 기본적인 형태 가운데 하나를 선택하라고 하는 요구가 그것이다. 다른 한편으로 그는 삶의 영위 방식을 선택하기 위한 기준들을 제공한다.−그것들은 [삶의] 목적(*telos*)인 '행복'에서 나온다(EN Ⅰ 3, 그리고 Ⅹ 6-9 참고). 이것은 키르케고르에게 가능하지는 않다. 그 결과 *prohairesis*[선결정(先決定)[111)]에서 결국 실용적인, 즉 바로 행복에서 생겨나는 선택이 문제가 된다.

그런데 사람들이 선결정의 형태로 [선택한] 목표에 대해 지게 되는 책임은 [행위에 대한] 도구적인 이해를 반대하는데, [왜냐하면] 선(先)결정[이라고 표현하지만 그것]은 선천적인 것이 아니라 우리가 좌우할 수 있는 것이[기 때문이]다[112)](Ⅲ 7, 1113b6 이하; 그리고 Ⅲ 8, 1114b32 이하 참고). 여기서 결정의 3번째 요소로서 '행위에 앞서 주

---

111) 저자가 다음 문단에서 'Vor-Entschiedenheit(선결정)'으로 번역한 그리스어 '*prohairesis*'는 13.2 처음에 '결정'으로 번역하고 그 뒤로도 계속 그렇게 했다. 그러나 여기서는 저자에 따라 '선결정'으로 번역한다. 이 그리스어 단어는 보통 '선택'으로 번역하지만, 의향, 의지, 의도 등으로 번역하기도 한다. 그러나 '미리'라는 요소를 첨가한 것은 그리스어 '*pro*'에도 그렇고 독일어 'Vor-'에도 '미리'가 들어가 있으며, 일반적으로 우리가 의식적으로 A 대신 B를 선택하는 것과는 달리 의식적이거나 혹은 무의식적이거나 상관없이 인간 행위 고유의 선구조(先構造)인 삶의 목표에 대한 결정이기 때문이다. 수단은 결국 목표 선택에 달려 있다.

112) 여기서 말하는 '우리가 좌우할 수 있다'고 하는 주장의 의미도 단지 매번 어떤 결정을 했기 때문이라기보다는 우리가 삶의 방식을 결정하고 그에 따른 탁월성을 추구할 수 있다는 의미로 보아야만 한다. 아리스토텔레스에 따르면 좋은 사람에게는 진정으로 좋은 것이 좋아 보이지만, 나쁜 사람에게는 나쁜 것이 좋아 보인다.

어진 것으로서의 삶의 지침'이 등장한다. 이 지침은 행위자를 올바른 [개별적인] 목표들로 이끄는, 성격적 탁월성들로 이루어져 있다.

아리스토텔레스는 선택과 책임에 관해서 전체로 다음과 같은 세 영역을 알고 있지만 단지 암시만 한다. (1)기본적인 삶의 형태에 대한 선택, 그리고 상세히 설명해서 (2)성격적 탁월성에 포함된[개별적인] 목표에 대한 책임, 또한 특히 (3)명시적인 결정이 그 영역이다. 결정에는 세 가지 요인들이 함께 작용한다. 선결정 내지 성격적 탁월성[113]은 상황에 맞는 수단에 대한 숙고 및 자발적인 선택과 결합되어 있다. 이런 기본 구조는 오늘날까지 타당하게 여겨지기 때문에 근대에 주도적인 이론 형태들, 즉 결정에 대한 ①결단주의(決斷主義)적인 이론과 ②합리주의적인 이론은 문제가 많은 축소를 포함하고 있다. ①결단주의적인 이론에 따르면 특히 본질적인 결정들에서 행위의 대안적인 가능성들을 보장해줄 충분한 근거들이 없다. 결정이 절대적인(souverän) 자의에 떨어질 경우에 결정은 순전히 자의적인(rein voluntativ) 성격을 갖는다. 아리스토텔레스에 따르면 의지의 이런 불합리성에 반대해 사람들은 결정들을 비록 학문적으로 계산할 수는 없지만, 그럼에도 결정들에는 특정한 형태의 합리성이 결부된다. 그 합리성이 바로 숙고(*boulê*, 그리고 EN Ⅲ 5 참고)이다. 그리고 숙고는 ②합리주의적인 결정 이론들이 만족할 만한, 그런 과제 이상의 내용을 포함하고 있다. 즉 주어진 행위 가능성들에 직면해 유익을 최대화하거나 유익에 대한 기대치를 최대화한다는 과제 이상이다. 이 [유익의 최대화] 이상[의 과제]가 비록—때때로 [유익의] 최대화 과제처럼—

113) 성격적 탁월성은 아리스토텔레스 윤리학의 목표다. 선결정이 반드시 의도적 결정이 아니기 때문에 성격적 탁월성이 보장하는, 거의 습관적으로 이루어지는 행동에 선행하는 '결정'이다.

학문적인 정확도를 가지고 해소될 수는 없지만, [유익의 최대화] 이상이 결정의 합리성을 전체적으로 높여준다. 성격적인 능력들을 합리적인 능력들과 자발성의 의지적 요소에 결부시킨 것으로서 결정은 순수한 결단도 아니고, 순수하게 합리적 과제도 아니다.

Phronêsis, 사려 깊음[114]. 결정에서 합리적 요소를 기대하는 사람은 결정을 하나의 능력으로, 그리고 준비 상태로 키워야 한다. 즉, 행동을 이끄는 능력(*praktikê*: Ⅵ 8, 1141b21 그리고 곳곳에서의 서술 참고)을 지닌, 지적인 탁월성으로 키워야 한다. 아리스토텔레스는 그것을 *phronêsis*라고 부르는데, 이것은 '윤리적 통찰력'이 아니라, '사려 깊음'라고 번역하는 것이 최선이다(Jaeger, Dirlmeier; "moral insight(도덕적 통찰력)": Engberg-Pedersen). 왜냐하면 개미나 벌처럼 장래 쓸 것을 모으거나(Hist. an. Ⅰ; 그리고 Met. Ⅰ 1, 980b22 참고) 혹은 학처럼 태풍이 가까울 때 준비 조치를 취하기에(Hist. an. Ⅸ 10, 614b18 이하), 이렇게 미리 대비하는 능력이 있는 동물들도(Ⅵ 7, 1141a27 이하) 사려 깊다고 여겨지기 때문이다. 사려 깊음은 예술/기술(*technê*), 학문(*epistêmê*), 사려 깊음, 지혜(*sophia*), 그리고 정신 내지 지성(*noûs*)이라는 5가지 지성적인 탁월성을 다루는 6권의 범위(Ⅵ 5, 그리고 8-13) 안에서 탐구된다. [여기서] 아리스토텔레스는 다시금 자신의 섬세한 정신(Esprit de finesse), 즉 자신의 상세하게 구분하는 높은 능력을 입증한다.

사려 깊음에 관해서 아리스토텔레스는 '마키아벨리적인 사려 깊음',

114) 저자는 아리스토텔레스 윤리학의 최고 핵심 개념 중 하나인 *phronêsis*를 Klugheit로 번역했는데, 이 독일어의 일상적 번역어는 '영리함'이다. 그러나 우리말 '영리함'은 비윤리적인 냄새를 풍기기에 선택할 수 없고, 또한 *phronêsis*의 일반적 번역어인 '윤리적 통찰력'도 저자가 반대하기 때문에 피했다. 그래서 결국 그나마 긍정적인 느낌을 주는 '사려 깊음'을 선택했다.

즉 뱀의 사려 깊음 내지 늑대의 사려 깊음이 존재한다는 사실을 인정한다. 배제할 만한 경우가 심지어 두 가지나 된다. 즉 윤리적으로는 중립적인, 단지 도구적인 판단력–그는 이것을 예리함(*deinotês*)으로 부른다–과 잠재적으로 부도덕한 판단력, 즉 교활(*panourgia*, Ⅵ 13, 1144a23-27)이 그런 경우다. 사려 깊음 역시 당사자에게 좋고 유익한 것을 추구하기도 하지만, 도덕적인 지침과 결합함으로써[115] 단순히 이해타산이 지배하는 예리함과는 구분된다. 아리스토텔레스는 강조해서 말한다. 여기 탁월성이라는 의미에서 좋지/탁월하지 않은 자는 사려 깊지 않다(Ⅵ 13, 1144a36 이하, 또한 a8 이하, 그리고 a30).

교활과 순진(*euêtheia*: EE Ⅱ 3, 1221a12; EN Ⅵ 5, 1140a24 이하)의 중간으로서 사려 깊음이 단적으로 수단과 길들을 담당하기는 하지만, 이것은 단지 임의의 목표와 관련해서 사려 깊다는 것이 아니다. 심지어 건강과 같은 자명한 부분적인 목표들과 관련해서 사려 깊다는 것조차 아니다. [임의의 목적이 아니라] 본질적으로 전체로서 성공적인 삶(*eu zên holôs*)인, 단수이고 정관사가 붙은[116] 목적(*pros to telos*)을 향함은 처음부터 사려 깊음의 정의에 속해 있다(Ⅵ 13, 1145a6 그리고 Ⅵ 5, 1140a27 이하). 성격적 탁월성들이 *eu*(제대로, 잘)과 행복을 향한 기본적인 방향을 담당하는 반면에, 지성적인 덕인 사려 깊음은 그 방향 가운데서 상황에 맞는 구체화를 담당한다. 사려 깊은 사

115) 저자가 '*phronêsis*'를 '윤리적 통찰력'이 아니라, '사려 깊음'으로 번역했기 때문에 이 주장은 이해하기 어려워진다. 그러나 헛똑똑이가 아니라, 진정으로 사려 깊어지기를 원한다면 우리 삶의 목표가 무엇인지 진정으로 깨달아야만 한다는 것으로 이해하면 좋을 것이다. 그렇지 못한 사려 깊음은 내게 좋은 것 같은 것을 추구하지만 이것이 내게 진정으로 좋을 수는 없기 때문이다.

116) 저자가 제시하는 그리스어 표현 '*to telos*(목적)'는 임의의 목적이 아니라, 단수이고 관사 *to*가 붙어 있는 특정한 목적, 즉 삶 전체의 목적을 의미한다.

람은 중심 목표인 행복을 고려해서 숙고할 줄 안다. 이와 동시에 개인의 안녕, 가정의 안녕, 그리고 국가의 안녕을 위한 입법, 숙고(행정), 사법이 중요하다(Ⅵ 8, 1141b29-33).

사려 깊음에 대한 더 정확한 개념은 여러 가지 오해에 부닥쳤다. 예컨대 사람들은 사려 깊음이 [실천적으로] 도덕적으로 숙고할 수 있을 뿐 아니라 [이론적으로] 도덕철학을 할 수도 있다고 믿는다. 그러나 *phronêsis*에 관한 이론(과 윤리학의 다른 모든 대상에 관한 이론)은 *phronêsis*의 실천과 다르다. 이론에서는 사려 깊음이 분석되지만 실천에서는 실천된다. 실천에서는 개별적인 경우들에 대한 능력이 문제지만, 이론에서는 모든 개별적인 경우에 공통적인 어떤 것, 일반적인 어떤 것이 문제다. 더 나아가 [실천에서는] 도구적인 이성이 아니라, 바로 실용적인 혹은 행복주의적인, 행복을 책임지는 이성이 등장한다. 마지막으로 사려 깊음이 이해력(*synesis*) 및 좋은 이해력(*eusynesia*)과는 달리 결국 판단에 도달하는 것이 아니라, 실천할 것을 명령하는 한, 사려 깊음은 이론적 성격이 아니라 실천적 성격을 갖는다. 사려 깊음은 무엇을 하고 무엇을 하지 말아야 할지를 제시함으로써(Ⅵ 11, 1143a8 이하), 행위를 규정하는 힘을 가진다. 그런데 사려 깊음은 당연히 올바른 목적을 향하는 시야를 어둡게 하는 힘들, 즉 정념들을 제약할 능력이 없는데, 바로 그 때문에 사려 깊음은 성격적 탁월성들의 협조에 의존한다. 예를 들면 용기 있는 처신에서 탁월성은 위험에 대해서 겁먹지도 무모하지도 않고 놀라지도 않은 채 반응하게 해준다. 이에 반해서 사람들은 사려 깊음을 이용해 다가올 행동을 숙고한다. 그러므로 사려 깊음은 윤리 고유의 판단력[에 한정되는 것]은 아니고[117], 그렇다고 해서 도덕과는 무관한 판단력도 당연히 아니다. *Phronêsis*는 도덕적이고 실천적인[118] 판단력 이상도 이하도 아니다. 윤리 고유의 판단력은 칸트에 와서야 비로소 생겨난다(Höffe 1990 참고).

13.3 의지박약

윤리의 시작이란 다음의 것들 사이에서 단적인 선택을 의미한다. 즉 '정념에 따르'거나 아니면 '이성에 따라서' 선택하는 것을 의미한다. *Akrasia*, 즉 의지박약 혹은 절제 못 함을 탐구하는 가운데 상황이 좀 복잡해 보인다. 아리스토텔레스는 이 복잡한 문제에 대해 사려 깊음에 속하지는 않은, 상대적으로 독립적인 논문[119]을 배치한다(EN Ⅶ 1-11). 이것은 《니코마코스 윤리학》의 매우 잘 구성된 부분에 속하면서도 몹시 어려운 부분에 속한다.

함께 다루어진 현상들을 주시해보면 여기서 다루는 주제—이 주제는 서론의 암시를 발전시킨다(Ⅰ 1, 1095a7-11)—는 실천이성의 힘과 무능이다. 무능의 편에서 우리는 의지박약(*akrasia*) 이외에도 유약함

117) 사려 깊음이 결과적으로는 윤리적 결과를 가질지는 몰라도 윤리적 판단력이라고 말할 수는 없다. 다만 적절한 순간에 '참으로' 좋은 행동을 찾는 능력일 뿐이다. 여기에 성격적 탁월성이 더해질 때 비로소 윤리적 통찰력의 역할을 하게 된다.

118) 여기서 저자가 '*phronêsis*'를 단순히 윤리적 통찰력으로 번역하는 것에 만족하지 못했던 이유가 분명해진다. 사려 깊음은 단순히 이른바 도덕적이라는 영역에만 머무는 것이 아니라, 그보다 더 넓은 실천적 영역에서 인간의 중심 목표인 행복을 위해서 작용한다. 그래서 'moralisch-praktisch(윤리적-실천적)'이라고 하는 것이다.

119) 여기서 '논문(Abhandlung)'이라고 하는 표현은 아리스토텔레스의 저작이 전해져 내려오는 과정에서 우리에게 '강의 초안'과 '저작'이라고 하는 장르 이외에 따로 '논문'이라고 할 만한 형태가 있기 때문에 저자가 특별히 명기한 것이고 실제로는 《니코마코스 윤리학》의 한 부분이다.

(*malakia*)과 무절제(*akolasia*)[120]를 발견하고, 힘의 편에서는 자제함(*enkrateia*)과 강인함(*karteria*), 그리고 절제(*sôphrosynê*[121], 무절제에 관련해서는 이미 Ⅲ 13-15에서 언급되었다)를 발견할 수 있다. 그래서 전체로 6가지 가능성들이 존재한다.

우리는 (Davidson 1980과 함께) 아리스토텔레스가 의지박약을 도덕적인 것에 선행하는 행위 이론의 문제로는 인식하지 못했다고 비판할 수도 있을 것이다. 그런데 다른 곳에서와 마찬가지로 여기서도《니코마코스 윤리학》이 도덕적으로 중립적인 행위 이론에는 관심이 없다. 단지 도덕적으로 좋은 습관과 관련해서만 의지박약을 다뤘기 때문에, 아리스토텔레스에게는 특수한 형태의 도덕적 병리학, 즉 도덕적 연약성이 문제가 된다. 다른 두 형태는 *kakia*, 즉 악 혹은 악덕, 그리고 *thêriotês*, 즉 짐승 같은 야만성이다(Ⅶ 1, 1145a16 이하).

아리스토텔레스는 다음의 세 가지 질문에 따라 자신의 견해를 발전시킨다. 자제하지 못하는 자는 알면서 그런가 아니면 그렇지 않은가(Ⅶ 5)? 그리고 그는 각종 쾌락과 불쾌에 관련되었는가(Ⅶ 6-7)? 마지막으로 실천이성의 힘과 무능력의 다양한 형태가 서로서로 어떤 관계인가(Ⅶ 8-11)? 구조상 제일 중요한 첫 번째 질문에서 결정적인 대화 상대자는 소크라테스인데, 그는 "자제력 없음이라는 개념과 싸웠으며 자제력 없음은 없다고 공언했다. 왜냐하면 아무도 더 나은 지식에 반대해서 행동하지 않고, 다만 무지해서 그럴 뿐이기 때문이다(Ⅶ

120) 여기에 나오는 의지박약, 유약함, 무절제는 유사한 개념들인데, 아리스토텔레스에 따르면 의지박약은 쾌에 대해 약한 것이고, 유약함은 고통에 약한 것이며, 무절제는 별로 쾌나 고통이 크지 않더라도 이성을 따르지 못함을 의미해서 가장 나쁜 상태다.

121) 그리스어 '*sôphrosynê*'를 관례에 따라 '절제'로 번역할 것이지만, 우리말의 절제는 너무 금욕적인 느낌이 들어서 원래의 의미를 잘 살리지 못한다. 원래 의미-플라톤의 이해처럼-는 감정, 충동, 욕망 등에서 벗어나 '제정신을 차림'이다.

3, 1145b25-27)." 소크라테스의 입장은 "덕은 지식이다"라는 슬로건으로 알려졌다. 아리스토텔레스가 이 입장을 다룬 시기는 소크라테스가 의지박약의 현상을 인정하기는 했으나, 이 현상을 지식 결여의 특수한 형태로서 토론했을 때다(Ⅶ 3, 1145b23). 아리스토텔레스의 위대한 숭배자인 단테는 《신곡》-과식과 소유욕과 분노-에서 지속적으로 발생하는 잘못된 처신(5번째 곡 56줄 이하, "관능적 쾌락에 그녀가 몹시 굴복했기에/그녀의 법칙은 욕망을 허용한다.")인 의지박약을 특별한 죄라고 이해한다. 그러나 아리스토텔레스에게 의지박약은 단지 우연적인 악을 의미한다. 그는 도덕적으로 악한 습관들을 따르는 사람이 아니라, 분노와 욕망, 쾌락 때문에 좋은 습관들을 [잠시] 떠난 사람을 의지박약이라고 규정한다. 그리고 고통에 근거해 이런 일이 일어나는 경우에는 연약함이라고 규정한다(Ⅶ 8, 1150a9-16).

본질적인 규정에 따르면 의지박약한 것은 결정 없이 혹은 결정에 반해 행동하는 사람이다(Ⅲ 4, 1111b13 이하; Ⅶ 9, 1151a7). 결정에는 세 가지 요소가 속해 있기 때문에(13.2장을 보라), 아리스토텔레스는 여기서 그렇게 말하지는 않지만 의지박약을 규정하기 위해 세 가지 가능성이 있다. 의지박약에는 도덕적 지침이 결여되어 있거나, 합리적 숙고가 결여되어 있거나, 자발성이 결여되어 있다. 결정적인 5장에서 행위들과 관련된, 이른바 실천적 삼단논법을 다루고 있으며, 이에 따라 의지박약을 지식의 문제로 토론한다. '실천적 삼단논법'이라는 표현은 단지 다른 곳에서만 등장하지만(Ⅵ 13, 1144a31 이하), 아리스토텔레스는 여기서 삼단논법의 요소들을 들여온다. 즉 전제(Ⅶ 5, 1147a1, 그리고 b9), 결론(a27), 더 나아가 이것들이 행위를 이끈다는 지적(Hinweis)(b10)이 그런 요소들이다. [여기서] 실천적 삼단논법을 설명할 가치가 있는지는 논란이 많다. 의지박약에 관한 논문 속에서 실천적 삼단논법이 행위 이론에 기여하지 행위 자체에는[=행위를 유도해내는 데는] 기여하지 않는다. 아리스토텔레스는 이를테면 (도덕적인) 결정과 행위를 수학적으로 연역하려고 하지는 않지만, 비도덕적 행위 구조와 간접적으로 도덕적 행위 구조 역시 이해할 수 있게 만든다. 이 목적을 위해 그는 지식에 대한 세 개의 개념적 구분들을 들여오고 '자연과학적인(*physikôs*)' 숙고 하나를 통해 그것들을 보충한다. 이 네 요소들은 네 개의 독자적인 해결책들이 될 수도 있을 것이다(그래서 Robinson in: Höffe 1995, 188). 그러나 더 설득력 있는 것은 그것들을, 모두 합쳐져서 아리스토텔레스의 해결책을 이루게 되는 네 개의 구성 요소들로 보는 것이다.

지식의 사용과 비사용(*theôrounta/mê theôrounta*)이라는 첫 번째 구분의 배경을 뒤로하고 잠재력과 행위라는 한 쌍의 개념이 놓여 있다. 이것의 도움으로 의지박약을 너무 빈약한 지식으로 보지 않고서도 의지박약 속에서 인식적인 결함을 볼 수 있다. 실제로 그는 충분한 지식을 '지니고 있다.' 그러나 그것은 죽은 지식과 흡사할 뿐이다. 두 번째 구분(VII 3, 1146a35 이하)에 따르면, 두 전제 가운데 대전제는 보편적인 것이고 소전제는 개별적인 것이다. 도덕적 탁월성이 일반적인 구조에, 그리고 사려 깊음이 구체인 개별적 상황들에 책임이 있는 한, 실천적 삼단논법은 언급된 행위 구조, 즉 성격적 능력과 지성적 능력의 공동 작업을 지나가듯이 표현한다. 그 이외에도 두 종류의 도덕적 병리학이 나타난다. 일반적인 것에 대한 '지식'이 결여된 사람은 나쁘다. 개별적인 것에 대한 지식이 결여된 사람은 사려 깊지 못하거나 어리석다. 그런데 무절제 속에 세 번째 병리학이 놓여 있다. 그것은 첫 번째 [잠재성과 현실성의] 구분을 고려할 때 분명해진다. 그 구분에 따라서 사람은 [보편적이고 특수한] 두 전제들에 대한 지식을 '가지고 있다.' 그럼에도 그 사람이 개별적인 전제를[=상황에 따른 지식을] 가지고도 그 지식을 활성화시키지 않기 때문에(*chrômenon* … *mê*: a2 이하; *ouk energei*: a7) 이와는 달리 행동할 수 있다(*para tên epistêmên*: Ⅶ 5, 1147a2).

세 번째 구분은 활성화시키지 않는 현상을 상세히 해명하는 데 도움을 준다. 사람은 마치 '정상적인', 깨어 있는 사람처럼 혹은 잠들거나 미쳤거나 혹은 취한 사람처럼 지식을 가지고 있다. 두 번째 경우의 사람이 예를 들면 엠페도클레스의 증명이나 명언들처럼 어려운 것들을 외울 수는 있다(a19 이하; 그리고 b12 참고). 그런데 그 사람은 마치 무대 위에 있는 배우처럼 다른 역할을 한다. 그 사람은 스스로 말하는 것이 아니라, 다른 사람이 생각한 것을 단지 앵무새처럼 말[만 하고 행동은 안] 한다. 네 번째, 이제 더 이상 개념 분석이 아니라, '자연과학적인' 숙고에 따라서 두 개의 경쟁하는 대전제들이 있다—이를테면 "달콤한 것을 먹는 것이 금지되어 있다." 그리고 "이 달콤한 것은 기분이 좋다." 그런데 현실적인 욕망 때문에 두 번째 (달콤한 것으로 향한) 대전제가 관철된다.

욕망 그리고 이와 마찬가지로 분노를 극복하는 것은 두 가지 방식으로 가능하기 때문에 의지박약의 정확한 개념을 위해 또 다른 구분이 필요하다. 이것은 더 이상 실천적 삼단논법과 관련되어 있지 않다(Ⅶ 9, 1150b29-36). 습관적으로, 그리고 뉘우침도 없이 옳지 않은 대전제를 따르는 사람은 만성적이고 고칠 수 없는 악, 즉 무절제(*akolasia*)를 앓고 있다. 이와는 반대로 뉘우칠 수 있으며 원칙적으로 올바른 대전제를 인정하는, 물론 실제적인 행동에서 그렇지는 않지만, 사람은 때로는 중단될 수도 있는, 즉 고칠 수 있는 악, 바로 의지박약을 앓고 있다. 이 다섯 번째 요소가 왜 사람만이 의지가 박약할 수 있는지를 설명한다. 단지 개별적인 소전제만이 아니라, 거기에 더해 올바르고 일반적인 대전제도 문제가 되기 때문에, 그리고 동물들은 일반적인 것에 도달할 수 없기 때문에 동물들에게는 의지박약이 근본적으로 불가능하다(Ⅶ 5, 1147b3-5).

다섯 가지 요소들의 도움으로 이제 의지박약한 사람이 '결정 없이 혹은 결정에 반대해서' 행동한다고 하는 의미를 구체화해볼 수 있다. 의지박약한 사람은 술 취한 사람과 흡사한 한에서 결정의 첫 번째 요소, 즉 의지적인 요소의 관점에서 볼 때 자발적으로 행동한다.−왜냐하면 그는 무엇을 왜 하는지 알기 때문이다(Ⅶ 11, 1152a15 이하).−그러나 제한된 의미에서 무지하다. 두 번째 요소, 즉 숙고의 관점에서 볼 때 두 가지 가능성 모두가 열려 있다. "의지박약이 부분적으로는 너무 서두름이고, 다른 한편으로는 연약함이다. 어떤 사람들은 숙고하기는 한다. 그러나 정념에 따르기 때문에 숙고에 머무르지 않는다. 다른 사람들은 숙고가 결여되어서 정념들에 휘둘린다(Ⅶ 8, 1150b19-22)." 마지막으로 무절제한 사람과는 달리 윤리적 지침을 가지고 있으나 이것이 그에게 제대로 뿌리내리지 못한 사람은 성격상의 지침의 관점에서 볼 때 의지박약이다(Ⅶ 5, 1147a22).

서론적으로 언급한 복잡한 사태를 결말지어 보자. 의지박약에 관한 논문에 따르면 사람은 욕망들에 대해 전체로 6가지 관계를 맺을 수 있다. 이것들을 단적으로 나란히 세워본다면 어떤 개념이 주도하는지가 충분히 분명하게 보인다. 절제 있는 사람(*sôphrôn*)은 격렬한,

그리고 무엇보다 나쁜 욕망에서 벗어난(Ⅶ 3, 1146a11 이하), 조화로운 영혼을 지니고 있는 데 반해, 무절제한 사람(*akolastos*)은 '조화롭게[=어떠한 경우에도]' 나쁜 욕망들에 원칙적으로 사로잡혀 있다. 자제력 있는 사람과 강인한 사람의 영혼은 분열되어 있기 때문에 그들이 좋은 욕망뿐만 아니라 나쁜 욕망도 가지고 있지만, 자제력 있는 사람(*enkratês*)은 원칙적으로 나쁜 욕망보다 더 강한 데 반해, 강인한 사람은 단지 욕망에서 생겨나는 고통에 저항할 능력만을 가지고 있다. 이에 반해 유약한 사람(*malakos*)은 이 고통[에 맞서 싸우는 대신 이 싸움]을 회피한다. 그리고 의지가 박약한 사람(*akratês*)은 [싸우기는 하지만 결국] 욕망에 굴복한다. 이성과 욕망의 경쟁에서, 원칙적으로 그런 것은 아니지만 욕망이 되풀이해서 승자가 된다. 무절제한 사람은 전적으로, 그리고 의지가 박약한 사람은 단지 '절반만 나쁘다(*hêmiponêros*: Ⅶ 11, 1152a17).' 전체적으로 분명한 순서가 생겨난다. 좋음의 정상에는 (1)절제가 서 있다. 그다음에 좋음이 줄어든다는 의미에서 점차적으로 (2)자제력 있음, (3)강인함, (4)유약함, 그리고 (5)의지박약이 뒤따른다. 그리고 더 나쁜 것이 (6)무절제함이다. 그런데 가장 나쁜 것은 (7)짐승 같은 야만성이다.

13.4 아리스토텔레스는 의지의 개념을 아는가?

철학사가들 가운데, 근대에 몹시 중요한 의지 개념이 기독교적 사고, 그중에서도 아우구스티누스에서 비로소 생겨났는지, 아니면 그것이 이미 아리스토텔레스에게 있었는가 하는 질문에 대한 논란이 있다. 아리스토텔레스에 따르면 좋은 삶은 단지 두 가지 요소, 즉 선에 대한 욕구와 그에 상응하는 수단에 대한 숙고에만 달려 있다고 하는 점을 확신하기 때문에, 고티에/욜리프(Gauthier/Jolif, [2]1970, Ⅱ 218), 딜레(Dihle, 1985), 맥킨타이어(MacIntyre, 《도덕 탐구에 대한 세 가지 경쟁하는 견해들》, 1990, 111), 그리고 호른(Horn, 1996)이 부정적인 답변을 하며 또한 이와 마찬가지로 [아리스토텔레스] 이전에도, 즉 당연히 고대 내지 그리스인을 연관시켜서 일반적으로 흄(《도덕의 원리들에 대한 탐구》, App. Ⅳ)과 키르케고르(《죽음에 이르는 병》, 2. Abschn., Kap. 2)가 부정적인 대답을 한다. 그런데 더 오래되었고 더 널리 퍼진 것은 긍정적인 답변이다. 이 답변은 이미 [아리스토텔레스의] 그리스의 주석가 아스파시우스(Aspasius)(XIX, 27-32)와 나중에 아리스토텔레스의 *boulêsis*('소원')을 '*voluntas*(의지)'로 번역한 토마스 아퀴나스(*Summa theologiae* Ⅰ q. 80a. 2; *De veritate* q. 22a. 3-4)에 의해 대변된다. 헤겔 역시 아리스토텔레스가 의지 개념을 알고 있다고 믿으며, 그와 마찬가지로 케니(Kenny, 1979)와 어윈(Irwin, 1992)도 역시 받아들인다.

앞선 해석에 따르면 논란이 되는 이 질문에 대해 단적으로 '이다' 혹은 '아니다'로 대답하는 것은 불가능하다. 행위 이론적인 기본 개념은 분명한 '아니다'를 암시한다. 왜냐하면 욕구는 미리 정해진 목표, 궁극적으로는 행복에 대한 추구로 되어 있는데, 의지라는 측면에서 보면 목표는 주어진 것이 아니라, 선택해야만 하는 것이기 때문이다. 의지에는 본질적으로 좋은 것을 알지만 악한 것을 할 수도 있는 가능성을 포함해서 목표에 대한 의식된 인정이 속한다. 더 나아가 [의지] 개념은 '그것들이 우리의 손아귀에 있는 한 모든 수단을 동원할 것'을 요구한다(칸트, 《정초》, Akad. Ausg. Ⅳ 394). [이렇게] 욕구 이론적 단초가 비록 의지 이론적 단초와 명백하게 모순됨에도, 아리스토텔레스가 의지적인 요소를 자신의 이론 속으로 들여온 것은 인간 고유의 욕구를 인간 이전의 욕구와 대조시킬 수 있게 해주는 특징들을 통해서다. 그런데 ①행복에 반대하려는 추진력이 있고 또한 그에 따라서 이성적인 삶과 정념적인 삶의 ②양자택일이 등장하기 때문에 욕구를 구분할 수 있게 해줄 특징들이 꼭 필요하다.

인간적 욕구의 첫 번째 특징인 자발성은 우선 의지의 선결 조건이라 할 수 있다. 그렇지만 이 조건은 아직 의지 자체의 차원에는 도달하지 못한다. 행동[의 책임]을 그 당사자에게 묻는 것은 아이들이나 동물들[=②에서 정념적 삶]에게도 가능하다. 그 외에도 ①욕망과 분노라고 하는 합리적이지 않은 추진력들이 작동하고 있는데, 이것들은 합리적인 추진력을 의미하는 의지가 배재하는 것들이다. 나는 또 다른, 그리고 이제 인간에게 고유한 특징인 *boulêsis*('소원')에서는—토마스 아퀴나스, 어윈(Irwin)과 또한 기곤(Gigon, 1991)에 반대해서—의지가 아직 분명하게 주어진 것으로 여기지 않는다. 다시 말해 *boulêsis*는 단지 어리석은 사람만이 원할 수 있는 것으로도, 그리고 도달할 수 없는 것으로도 향하기 때문에, '소원'에는 합리적인 요소가 속하기도 하지만(An. Ⅲ 10, 433a22-25), '소원'은 [아직] 희망과 제대로 된 의지 사이에서 움직이고 있다.

[자유의사와 소원에 이어서] 아리스토텔레스의 세 번째 의지적 특징은 '결정' 안에 들어 있다. 결정은 비록 좋은 삶에 속하는 전체 영역을 향하고 또한 단지 수단을 향하지만, 그래도 또한 목표들을, 그것도 최종 목표를 향하기도 한다. 다만 행복이라고 하는 두 번째 단계의 최종 목표만이 결정의 대상에서 제외되어 있다. 그러나 행복해지기에 실

패한다면 그것은 인식적 결함 탓일 것이라는 식으로 바로 이 행복이 생각되지는 않는다. 이와는 반대로 두 번째 단계의 목표로서의 행복은 일정 정도 의지적 요소를 요구한다. 아리스토텔레스는 정당하게도 행복을 순수한 지침이라고 생각한다. 행복이 목표들의 목표다움의 조건으로 이해되기 때문에(14.1장을 보라), 사람들이 행복에 찬성하거나 반대하는 결정을 하는 것은 거의 불가능하다. 그러나 행동, 입장, 삶의 형태 자체의 범위 안에서는 결정이 중요하다. 사람이 여기서 더 나은 결정에 반대해서 살기도 한다는 [현실] 상황이 최소한 부분적으로나마 좋은 것에 대해 찬성하거나 반대하는 결정을 가능하게 만든다.

《수사학》의 한 어절(I 10, 1368b6 이하)은 완전한 의지 개념에 가까워진다. 여기서 불의한 행동은 단지 자발적으로(*hekonta*) 행해질 뿐 아니라, 숙고 끝에 나온 결정(*prohairounta*)에 의해서도 행해질 수 있다. 이제 나쁜 것이 법률에 대립되는(*para ton nomon*) 것으로 정의되며, 여기에 나오는 법률은 모든 사람에게 공통되는, 그래서 도덕법칙에 가까운, 당연히 성문화되지 않은 법률도 포함시킨 것이다. 이런 점에서 아리스토텔레스는 지식과 의지를 가지고 있고, 결정에서 생겨나는 불의를 알고 있다. 그러나 그는 당연히 아직 도덕 이론적 귀결, 즉 새로운 원리인 의지의 자율을 위해 행복이란 원리를 상대화시키는 것까지 생각하는 것은 아니다.

행복에 도달하게 만드는 성격적 탁월성 역시 의지에 관여한다. 아리스토텔레스는 성격적 탁월성이 인지적 능력도, 합리성 이전의 능력도 아니라고 규정하며(14.2장을 보라), 그것이 좋아지는 것도 또한 나빠지는 것도 우리가 좌우할 수 있다고 강조해서 말한다(EN Ⅲ 7). 무엇보다 중요한 것은 *akrasia*, 즉 도덕적 연약성[122)]에 관한 논문에서 행위의 의지적 성격이 드러난다는 점이다. 그리스인들의 '지성적인 정언명법'이라고 하는 키르케고르의 표현(《죽음에 이르는 병》, 2. Abschn., Kap. 2)은 소크라테스에게 적합하기는 하다.—이것은 그를 겨냥한 것이기도 하다.—왜냐하면 그에 따르면 사람은 더 나은 지식이 있음에도 선에 반대[해서 행동]하지는 않기 때문이다. 실천적 삼단논법이라는 생각을 통해 아리스토텔레스 역시 도덕적 연약성을 [어떤 의미에서는] 지식의 결함으로 해석한다. 그러나 도덕적 연약성이 [소크라테스와는 달리 오히려] 선과 경쟁하는 추진력, 즉 욕망이나 분노의 탓으로 돌려지기 때문에 원래 지식의 결함이 아니라, 당연히 의지의 결함이다.

이렇게 짧게 고찰해보기만 해도 아리스토텔레스가 의지 개념의 요소들을, 인지적 성격을 지니지도 않고 그렇다고 해서 합리성 이전의 성격을 지니지도 않은 목표들에 대해 책임이 있는 것으로 이해하고 있으며, 그렇게 하는 한 그가 의지적 요소들을 [이미] 알고 있음이 드러난다. 그러나 그는 욕구 개념이 설정한 한계에 머물러 있다. 단지 때때로, 이를테면 이미 언급한 《수사학》의 부분들과 더 나아가 행복의 원리를 일정하게 약화시킨 곳에서만(14.4장을 보라) 이 한계를 벗어난다. 그 이외에는 선과 악에 대한 자유로운 결정으로서의 의지에 대한 완전한 개념이 등장하지 않는다.

아우구스티누스는 타락한 천사의 예에서 의지에 대한 완전한 개념을 아주 분명하게 들여온다. 이런 범위에 속한 신학 이론들, 즉 창

122) 저자는 '*akrasia*'를 보통 의지박약으로 번역해왔으나, 여기서는 도덕적 연약성으로 번역하고 있다.

조, 타락, 그리고 변신론[123]의 사고는 아리스토텔레스에게 낯설다는 지적을 함으로써 그에게 [의지에 대한] 적절한 개념이 없음에 대한 책임을 면해줄 수도 있을 것이다. 또한 보편성을 추구하는 도덕 이론이 이런 관점에서 특별한, 더 나아가 계시 신학에 결부된 기독교와 결별하기 때문에 도덕철학자들에게 그 결함은 장점이 된다고까지 추가해볼 수도 있을 것이다. 다른 한편에서는 제대로 된 의지 개념의 결여가 도덕적인 결함 혹은 도덕철학적인 결함일 수 있는가 하는 질문을 할 수 있다. 제대로 된 의지 개념이 결여된 문화에는 도덕의식이 덜 발달되었는가 혹은-최소한-충분히 발전된 도덕의식에 관한 이론이 덜 발달되었는가? 도덕과 비도덕의 '인습적' 경우들을 위해서 혹은 선과 악이나 의지의 강력 혹은 의지박약에 대한 질문들을 위해서는 아리스토텔레스의 이론이 충분한 것처럼 보인다. 아마도 그의 이론은 칸트가-'극단적'이라는 의미가 아니[라 '근본적'이라는 의미에서의]-근본(radikal)[124] 악으로 표현하려는 경험, 즉 인간이 불의로 향하는 성향을 가지고 있는데 이를 완전히 극복할 수는 없다고 하는 경험에는 취약할 것이다. 사람이 '단지' 절제와 자기 제어'만'을 위해서는 상대적이지 절대적이지는 못한 개념을 형성할 수밖에 없을 것이다.[125] 그러나 [그렇다면] 칸트에 따르면 사람이 '본성상 악'하다고 할 만한 몇몇 자연적 종족의 '살해 현상에서 보이는 도저히 좋아할 수 없는 잔혹성의 등장'에 대해서는 어떻게 말해야 할 것인가(《종교적 저술》, Akad. Ausg.

123) 변신론(辯神論, Theodizee)은 인간이 도저히 정당화시킬 수 없는 불행 등에 대한 서구 기독교 신학의 주요한 주제였다. 그 주요한 해결책 가운데 하나가 의지의 타락이다.

124) '근본'으로 번역된 독일어 'radikal'은 두 가지 의미를 가진다. 하나는 '극단적'이고 다른 하나는 '근본적'이다.

125) 칸트의 근본악은 인간 노력의 절대적인 한계를 나타내는데, 아리스토텔레스의 절제 개념에는 이런 절대적인 한계가 결여되어 있다.

Ⅵ 33)?

그런 현상들과 관련해서라야, 아리스토텔레스 해석을 넘어서는 체계적인 [근본악(根本惡)에 대한] 질문에 대해 [제대로] 판단할 수도 있을 것이다. 좀 더 상세한 탐구는 아리스토텔레스가 자신의 행위 이론에서는 고려하지 않은, 극단적으로 비도덕적인 형태라고 하는 (당연히 미세한) 영역을 지시할 수도 있었을 것이다. 혹은 그가 선이 파괴되는 것이 아니라, 아예 존재하지도 않는 짐승 같은 야만성(*thêriotês*)을 참고할 수도 있었을까(EN Ⅶ 7, 1150a1 이하; 그리고 Ⅶ 1, 1145a17; Ⅶ 6, 1149a1 참고)? 그리고 해치고 법에 대립해서 악을 행하기로 결정하는('결정하다': *prohairounta*), 그런 악을 참고할 수 있었을까(Rhet. Ⅰ 10, 1368b12-14)? 왜냐하면 칸트 역시 악을, 추진력이 되어버린 법 위반으로 규정하기 때문이다(《종교적 저술》, Akad. Ausg. Ⅵ 20).

14. 좋은 삶

14.1 행복이라는 원리

아리스토텔레스의 선 개념의 영역에는 많은 표현이 속한다. [우리가 보통 선으로 번역하는] *agathon*은 누군가를 위해서 좋은, 어떤 것을 의미한다. 정관사를 가진 단수인 *tagathon*(선)과 [최상급이기는 하지만] 최상급 이상인 *ariston*(최상)은 도덕적 선에 가깝다. 그리고 이것들을, 절대적인 타당성을 가지며 단지 타인들에 대해서뿐만 아니라 자신에 대해서조차 타당한 의무로 생각한다면, 그것은 도덕적 선을 넘어서게 된다. 올바른 것과 정의로운 것인 그리스어 *dikaion*은 타인에 대한 의무 중에서 특정한 영역에 속한다. 알맞은 것, 적절한 것인 *prepon*은 자기 문화의 관습들, 일상적인 것들을 지시한다. 적절한 것인 *deon*은 도덕 고유의 특성을 가진다. 그리고 그 자체로 좋은 것, 끌리는 것, 미(美), 어떠한 유용성에 관한 언급도 넘어서는 것인 *kalon*은 도덕적 선에 가장 가깝다.

이런 개념 군들 속에서 아리스토텔레스는 자신의 행위 이론적 단초로서 주요 개념을 선택한다. 오늘날 '도덕 원리'라고 부르는 것, 즉 인간 행위의 최고의 기준은 욕구 개념과 연관된, 단적으로 최고의 목표이자 실천적 선의 최고봉인 *eudaimonia*(행복)이다. 아리스토텔레스는 욕구 개념에서 출발하기 때문에 그의 윤리학은 고유의 의미에서 도덕에 맞닿게 되는 좋은 삶의 이론, 더 정확하게는 심지어 최상의 삶의 이론이 된다. 이에 반해 자기 공동체에 일반적인 사고는 단지 부차적인 역할밖에 못 한다.

잘 규정된 개념을 찾기 위해 아리스토텔레스는 너무 작은 행복인 "행복하다!"는 것[=행복한 기분]을 거부할 뿐 아니라(EN I 10, 1099b10 이하; Pol. VII 1, 1323b26 이하), 또한 너무 커다란 행복인 신에게 할당된 행복(*makariotês*)도 거부한다(EN X 8, 1178b21 이하). 수동적으로 자신에게 닥친 것이 아닌, 그리고 단지 신의 선물로 여길 것이 아닌, 능동적으로 획득해야만 하는 욕구의 대상으로서의 행복은 행복에 대한 향수와는 달리 삶과 행위(*eu zên*(좋은 삶)), 그리고 *eu prattein*(제대로 실천함)에 내재한 완성이다. 문자적으로 보면 영혼이 좋은 정신에 사로잡힘인 *eudaimonia*라는 표현 속에는 축복과 구원이 같이 들어 있다. 지식 이론에 따른 칸트의 반박에 따르면 행복이라는 개념은 매우 불확실하지만(《정초》, Akad. Ausg. Ⅳ 418), 아리스토텔레스는 잘 규정된, 더 나아가 객관적인 규정에 성공한다.

삶의 형태들. 행복은 무엇으로 되어 있는가 하는 질문에 《수사학》(Ⅰ 5, 1360b19-24)은 다음과 같은 기다란 목록을 가지고 대답한다. 즉 '훌륭한 출신, 많고 올바른 친구들의 호의, 부, 잘 양육된 수많은 자녀, 행복할 만한 연령, 거기에 건강, 아름다움, 힘, 육체 훈련을 잘할 수 있는 능력과 같은 육체적 장점들, 그 외에도 좋은 명성, 외관, 행운(*eutychia*), 그리고 마지막으로 사려 깊음, 용기, 정의 그리고 절제와 같은 그 부분들을 포함한 탁월성'이 그런 목록이다. 《니코마코스 윤리학》은 그리스의 일반적인 신념에서 말하는, 이런 모든 요소와 같은 것에 관심을 기울이는데, 물론 그 나름의 독특한 강조점을 부가한다.

첫째로 《니코마코스 윤리학》은 행복을 삶의 형태들(*bioi*)에 따라서 토론한다(Ⅰ 3, 그리고 X 6-9). 삶의 형태란 전체로서의 삶을 영위하는 대안적인 형태인 동시에, 인간임(Mensch zu sein)의 특정한 유형을 의미한다. 이미 이 출발 자체가 세 진술을 포함한다. 첫째로 그것은 다음과 같이 잘 알려진 어려움을 암시한다. 즉 ①누구나 행복을 추구하는데 [이 추구는] ②삶의 형태에 따라 다르기 때문에 직접적으로 행복 추구를 시작할 수 없다. [① 때문에] 볼테르가 "… 그 때문에 나는 행복해지기로 결정했다"라고 말했다고 하는 것은 [② 때문에] 행복을 '쾌락주의적인 계산'의 도움으로 계산하고자 하는 공리주의자 벤담의 추구나 마찬가지로 불가능하다. 행복에 대한 질문에는 최소한 세 단계의 대답이 필요하다. (1)사람은 행복을 불러올 수 있는 삶의 전략을 찾는다. (2)그런 한에서 사람은 특정한 기본 태도를('탁월성을'), 혹은 두 번째 단계의 행동 규칙을, 즉 원칙을 발달시킨다. (3)이것들에서 비로소 구체적인 행동을 규정해야만 한다.

둘째로 아리스토텔레스가 암시하다시피 삶의 형태가 선택되는 한에서(EN Ⅰ 3, 1095b20; 그리고 Met. Ⅳ 2, 1004b24 이하), 인간은 외부적인 힘들이라기보다는 자신에 의해서 행복을 획득한다. 음악을 하는 데 악기가 문제되는 것처럼, 외적 선들이 문제되지만, 더 중요한 것은 연주 능력이다(Pol. Ⅶ 12, 1332a25-27). 결국 행복이란 [지금 만사가] 매우 잘되어가고 있다는 (지나가버리는) 상태와 동일시될 수도 없고, 또한 예컨대 그리스 고대기에 많이 이야기되던 아킬레우스나 안티고네의 영웅적 위업 같은 탁월한 개별적 성취들과 동일시될 수도 없다. 확실성을 가지고 도달할 수 있으며 '행복의 민주화'라는 의미에서 많은 사람에게 열려 있는 것(EN Ⅰ 10, 1099b18-20)은 삶에 관한 특정한 개념이 얻을 수 있는 그런 행복이다.

《니코마코스 윤리학》의 시작(Ⅰ 3)에서 아리스토텔레스는 향유적 삶, 정치적 삶, 그리고 이론적 삶이라는, 주로 논의되는 세 개의 삶의 형태들을 네 번째 선택지인 승리 지향적 삶, 즉 경쟁과 함께 제시한다. 정치적 삶은 두 가지 형태로 나타나기 때문에 전체로 다섯 경쟁자들이 있으며 그중에서 셋은 배제된다.

소피스트인 트라쉬마코스의 견해(플라톤, 《국가》 1, 343b 이하)에 따르면 정의롭게 행동하는 자는 불행해진다. [여기에 전제된] 행복한 사람의 이상은 단지 자신에게 좋게 여겨지는 대로 행동하는 참주다. 이 견해에 직접적으로 연결하지 않으면서 아리스토텔레스는 이 견해를 근본적으로 거절한다. 해당 삶인 *bios apolaustikos*, 즉 향유적 삶은 대중들을 제외하고도 사르다나팔루스(아슈르바니팔) 같은 힘 있는 통치자들이 선택한다. 그들은 삶 자체를 확보하는 대신에 감각적 욕망과 정념 내지 격정에 굴복하고 그래서 노예 같고(*andrapodôdeis*), 마치 가축 같다(EN Ⅰ 3, 1095b19 이하; Ⅲ 13, 1118a25, b4, b21; 쾌와 불쾌를 도덕적으로 나쁜 행동들과 태도들의 원인으로 보는 것에 관해서는 EN Ⅱ 2, 1104b9-11; 그리고 Ⅵ 5, 1140b17 이하 참고).

순수하게 향락적인 삶이 행복에 도달하지 못하지만, 쾌락(*hêdonê*)이 행복의 필수적인 구성 요소를 형성한다(Ⅰ 5, 1097b4 이하). 이 구성 요소를 정확하게 규정하는 것이 쾌락을 위한 논문들 모두의 과제이다(EN Ⅶ 12-15=A; X 1-5=B; 그리고 Gosling/Taylor 1982; Ricken in: Höffe 1995 참고). 특이하게도 그것들은 대상을 서로 다르게 규정한다. 예를 들면 A가 쾌락을 [자연이 그 스스로를 회복하는 데] 방해받지 않은 행동[126)]과 동일시하는 것에 반해서(Ⅶ 13, 1153a14 이하; Ⅶ 14, 1153b10 그리고 16), B는 쾌락 속에서—절정기에 드러나는 아름다움[127)]에 비교될 수 있는—완전한 행동에 따라오는 완성[128)]을 본다(X 4, 1174b33). 그 이외에도 쾌락은 서로 다르게 평가된다. 그래서 단지 B만이, 쾌락이 최고선이고 모든 쾌락은 추구할 가치가 있다고 하는 크니도스의 에우독소스의 쾌락주의적 견해를 거부한다. 그런데 엄격한 반(反)쾌락주의와는 달리 몇몇 쾌락 형태는 그 자체로 추구될 만한 것으로 인정된다. 다른 지점에서 A와 B는 의견이 일치한다. 그것들 둘 모두 쾌락을 운동(*kinesis*)이 아니라, 현실태(*energeia*)[129)]로 여

126) 이것은 설명이 필요하다. 예컨대 배고플 때 밥을 먹으면 쾌감이 생기는데, 배고픔은 결핍이기 때문에 밥을 먹는 것은 본성이 방해받지 않고 발휘되는 활동이다. 여기서 느껴지는 감각이 쾌감이라는 의미다.

127) 청년기에는 가장 아름답다.

128) 예컨대 관조적 활동에는 인간적 완성이 뒤따르고 이것이 곧 기쁨이다.

129) 아리스토텔레스에 따르면 운동(*kinesis*)이란 가능태(*dynamis*)에서 현실태(*energeia*)로의 이행이다. 꽃의 개화라는 운동은 개화할 가능성이 현실화된 것이다. A에 따르면 본성상 적당하게 밥이 채워진 상태, 그리고 B에 따르면 자기 스스로가 충분히 개화해서 완성된 상태

긴다. 무엇보다도 주된 취지가 일치한다. 쾌락이 자신이 하고 있는 것에 대한 자발적 긍정으로 이해되기 때문에, 쾌락은 각각의 활동을 증진시키며(X 5, 1175a30-36 그리고 b14 이하) 동시에 좋은 삶을 증진시킨다. 그러나 탁월성 중의 하나인 용기가 상처받음을, 심지어 죽음을 받아들일 준비를 포함하는 한 좋은 삶이 모든 관점에서 쾌락과 결부되어 있지는 않다(Ⅲ 12, 1117b7-16).

순수하게 향락적인 삶보다도 더 행복에 기여할 수 없는 것은 막스 베버가 자본주의의 기초라고 서술하게 될, 삶의 형태인 단지 경제적 이익만을 추구하는 실존(*chrêmatistês bios*)이다. 아리스토텔레스는 부를 경멸하지는 않는다. 이와는 반대로 그는 외적인 선들을 행복의 조건들로 여긴다(예컨대 EN X 9, 1178b33 이하). 그리고 많은 소유가 [재산상의] 관용을 '도량이 큼'으로 상승시킬 수 있다(Ⅳ 4-6). 비난할 만한 것은 결국, 부와 같은 수단을 자체 목적으로 전도시키는 변질이다(Pol. Ⅰ 9-10과 Ⅶ 1, 1323a36 이하 참고). 그렇다면 사람은 돈을 무제한적으로 모으게 되는데, 이것은 자본의 축적 과정을 상기시킨다. 정치적 삶(*bios politikos*)이 *timê*, 즉 명성과 명예를 추구한다면, 그것 역시 비난을 받게 된다. 아리스토텔레스가 여기서, 자신을 후대의 기억 속에 자리를 차지하게 만들려는 그리스인들의 고유한 관심을 비난하는 것은 아니다. 그런데 그는 명예를 단지, 사람이 원래 추구하는 것[130)]의 외적인 표식으로만 여긴다.

단지 삶의 두 개의 형태만이 행복을 위한 경주에서 살아남아 있다.

를 지각할 때 생기는 감각이 쾌감이다. 둘 모두 운동, 즉 이행 과정이 아니라, 운동이 완성된 상태, 즉 가능성이 충분히 실현된 상태에서 느껴지는 것이 쾌감이다.

130) 사람들이 원래 추구하는 것은 자신을 완성시켜서 진정으로 위대한 업적을 달성하는 것이고, 명예는 이런 '탁월한' 사람에 대한 '외적인 표식'에 불과하다. 그러므로 명예 자체를 구할 것은 아니다.

자신의 탁월성(*aretê*: Ⅰ 3, 1095b22 이하; 그리고 Ⅳ 7, 1124a22 이하 참고)을 추구하는 한에서의 정치적 삶과 이론적 실존이 그런 형태다. 이 경쟁을 제대로 결정하기 전에 다른 많은 문제를 분명하게 만들어야만 한다. 그래서 우선 행복의 정확한 개념을 확정해야만 한다. 아리스토텔레스는 다음과 같은 세 계열의 논거들을 따라서 그 개념을 규정한다. 플라톤 비판(EN Ⅰ 4, 그리고 EE Ⅰ 8 참고), 그리고 형식적이고 의미론적 심사숙고(Ⅰ 5), 그다음에 내용적이고 인간학적인 심사숙고(Ⅰ 6)가 그런 논거들이다.

선의 이데아 비판. 플라톤은 그것에 참여하는 많은 것을 위해 표본과 기준을 제공하는 그러한, 공통된 형상을 이데아라고 부른다. 이데아는 이상적인 원형이다. 윤리학을 위해서는, 규범적 의미를 지닌 보편적인 것은 없다고 하는 상대주의적인 논거를 통해 이데아를 거부할 수도 있을 것이다. 그러나 아리스토텔레스는 자신의 윤리학 전체를 단 하나의 중심 개념인 행복에 맞춤으로써 상대주의를 논박한다. 그는 플라톤에 대해 규범적 보편성의 사고 [자체]를 비판하는 것이 아니고, 오히려 우선 그 정확한 개념과 그 유효 범위를 비판한다. 첫 번째의 다섯 논거들－①우선순위 논거(Ⅰ 4, 1096a17-23), ②범주 논거(a23-29), ③지식 논거(a29-34), ④사물화 논거(a34-b3), ⑤영원성 논거(b3-5)－은 선의 다양성이 ②하나의 이데아에 포섭될 수 있다고 하는 가정을 반대한다. 범주 논거는 다음과 같이 주장한다. '존재하는'의 서로 다른 의미들을 위한 [단] 하나의 공통적인 상위 개념이 존재하지 않는 것과 마찬가지로, 진실로는 윤리학의 근본 술어인 '좋은'의 서로 다른 의미들을 위한 [단] 하나의 공통적인 상위 개념은 존재하지 않는다. ③그다음 논거에 따르면 공통된 이데아의 영역에는 단 하나의 학문만 존재할 수밖에 없는데, 실제로는 [선에 관해서] 학문이 복수로 존재한다. 전쟁술, 의술, 체육술 등이 그런 것들이다. 철학적 윤리학이 모든 종류의 선을 담당하지 못한다면, 이 지식 논거는 간접적으로 그것의 요구를 제한한다. 그 이외에도 ④아리스토텔레스는 '선 그 자체'를 개별적인 선 사물들에서 분리시키는, 보편 개념의 사물화(실체화)를 반대한다(11.3장 참고).

그다음 세 개의 논거들(1096b8 이하)은 우선 플라톤이 할 수 있을 법한 반박을 소개하고 그다음에 그 논박을 시도한다. [아리스토텔레스가 그렇게 믿지는 않지만] 만약에 이데아론이 모든 선이 아니라, 단적으로 그 자체로 추구될 만한 선만을 다룬다면, 언급했던 삶의 형태들의 근저에 놓여 있는 선, 즉 사고, 특정한 기쁨, 그리고 명예가 [선의] 이데아의 소관이어야 한다는 결론이 나온다. 그런데 이것들을 위해서도 역시 공통의 이데아는 없다. [그렇다면] 단지 [선의] 이데아만이 그 자체로서 추구될 가치가 있는 것으로 여겨진다. 그렇다면 [선의] 이데아는 *eidos mataion*[공허한 형상], 즉 불필요할 뿐만 아니라 내용이 없는 개념이 되고 만다(논거 7). 결국 아리스토텔레스는 이제까지의 '존재론적인' 비판은 대상이 없다[=적절치 못했다]고 시험 삼아 가정해본다. 그렇게 해도 아직도 여전히–이제 실천적인–반론이 남아 있다. 즉 이데아라고 이해된 선은 도달할 수 없다. 아리스토텔레스는 이데아를, 이를테면 요구가 너무 많은 목표라고, 즉 아름답기는 하지만 기만적인 원형이라고 생각한다. 자신들의 직업에 가능한 한 잘 통달하려고 노력하지만, 선의 이데아에는 관심이 없는 수공업자들, 의사들, 그리고 장군들을 지시함으로써 아리스토텔레스는 [현실에서] 분리되어 존재하는 이데아는 우리의 실천에 어떠한 영향도 주지 못할 것이라고 말한다(Met. Ⅰ 9, 991a8 이하, 그리고 XⅢ 5, 1079b12 이하 참고).

논의를 진행시켜가면서 《니코마코스 윤리학》에서 개별적으로 탐구하는 가운데 이데아 비판은 지속된다. 예컨대 사람이 정의로운 행동을 통해 정의로워지고 절제 있는 행동을 통해 절제 있게 된다(EN Ⅱ 3, 1105b9-11, 그리고 곳곳에서의 서술 참고)고 하는 명제는, 연습하고 삶을 실천하는 것이 문제이지 선의 이데아가 문제가 아니라고 주장한다. 더 상세한 비판은 《니코마코스 윤리학》의 구성 속에 숨겨져 있다. 플라톤에게 이데아론과 원리론은 정점을 형성하고 있으며 해당 대화편들인 《파이돈》과 《국가》는 이 정점을 향해 나아간다. 아리스토텔레스에게 [선의 이데아에] 어떤 의미에서 기능적인 등가물인 행복 개념은 삶의 형태들의 기준을 제공하기는 한다. 행복에 관해서는 그가 《니코마코스 윤리학》 시작과 마지막에 다루지만 더 이상 발전시키지는 않는다. Ⅰ 5장의 행복 개념의 의미론도, 그리고 X 6-9장의 행복을 보장하는 두 삶의 형태들에 대한 논의도 다음과 같은 다른 탐구들이 그리로 합류하게 되는 그런 정점의 무게를 갖지 않는다. 자발성과 결정에 관한, 도덕적 탁월성에 관한, 무절제에 관한, 우정에 관한, 그리고 쾌락에 관한 비교적 독립적인 논의들이 그런 탐구들이다.

단적으로 최상인 목표. 행복이 가지는 목표로서의 독특한 성격을 이해하기 위해 아리스토텔레스는 사람이 단적으로 단지 추구할 수밖에 없는 '①극단의 것(das Äußerste)'과 '②최종적인 것(das Letzte)'이라는 두 개념을 탁월하게 주조해낸다(EN Ⅰ 5). 첫 번째 개념(①)을 위해 그는 목표들(*telê*) 사이에 세 단계로 되어 있는 위계질서를 구성한다. (1)부와 마찬가지로 다른 것을 위해 선택하는 단순히 중간 목표들, (2)쾌락, 명예, 그리고 정신처럼 그 자체를 위해서도 선택되는, 목표다운 목표들(*telê teleia*), (3)결국 '언제나 단지 그 자체 때문이지 결코 다른 것을 위해' 추구되지는 '않는', 가장 목표다운 목표(*teleiotaton*), 즉 행복(I 5, 1097a15-b6)이 그것이다. 그런데 최고의 목표라는 성격에 관해서 행복은 부동의 원동자[131]와 비슷하다. 거기서는 자연의 과정이, 그리고 여기서는 행위가 근거 없는 것이 아니기 위해서는 자연의 경우에는 부동의 원동자이고, 행위의 경우에는 행복인, 궁극적인 목표를 상정해야만 한다.

아리스토텔레스의 논쟁에서뿐 아니라, 사태에 관한 논쟁에서도 최고의 목표에 관해서는 두 가지 해석이 존재한다. ①행복이 단일적으로, 즉 다른 모든 목표를 넘어서는 중심 목표로 이해되거나(예컨대 Heinaman 1988; Kenny 1992), 아니면 ②다양성을 포함하는 어떤 것으로, 다른 모든 목표를 포함하는 포괄적인 목표로 이해된다(Ackrill in: Höffe 1995). 폴리스에는 두 가지 규정 모두가 어울린다. 왜냐하면 가족 및 마을과 비교해볼 때 폴리스는 ①다른 모든 것을 넘어설 뿐만 아니라, ②그것들을 [모두] 포함하기도 하기 때문이다(Pol. I 1, 1252a4-6). 또한 행복 개념에는 두 규정 모두가 어울리지만, 둘 모두 제한적으로 어울린다. ①아리스토텔레스가 행복을 일반적인 최종 목표에 비해 논리적으로 더 높은 단계에 있다고 규정하는 한, 그는 그 행복에 주도적인 성격을 부여한다. 행복은 행복<u>이나</u> 쾌락 혹은 행복<u>이나</u> 인식 … 같은 식의 선택지를 제공하지 않기 때문에, 주도적인 목표라는 일상적인 개념이 행복에는 들어맞지 않는다. [이와는 달리] 이

131) 부동의 원동자란 다른 모든 것이 사랑해서 추구하는 대상이고 이와 마찬가지로 행복도 누구나 언제나 추구하는 대상이다.

성은 명예에 대해 같은 레벨에서 주도적이다. 그런데 ②행복이 많은 '최종 목표를' 서로 결합시키는 한, 행복은 포괄적인 성격을 지닌다. 최소한 쾌락은 완성의 요소로서 항상 행복에 포함된다. 아리스토텔레스 역시 《니코마코스 윤리학》을 전개하는 과정에서, 《수사학》에 언급된 그리스적 표상들의 모든 요소를 제시한다. 물론 그가 단지 모든 요소를 함께 실현시킨 사람만이 행복하다고 주장하는 것은 아니다. *Bios politikos*, 즉 정치적인 삶은 이 요소 가운데 일부가 없는 채로 행복하고, *bios theôrêtikos*, 즉 이론적 삶은 이 요소 가운데 많은 요소가 없는 채로 행복하다.

아리스토텔레스의 행복 개념은 신의 존재론적 정의를 연상시킨다. 안셀름이 존재자(*ens*)에 관해 말한 것—신이란 자신을 넘어서는 어떠한 더 큰/위대한 것도 생각될 수 없는 그런 것이다(*id qua maius cogitari nequit*)—이 여기서 선 또는 목표의 관점에서 타당하다. *Telos teleiotaton*, 즉 가장 목표다운 목표로서 행복은 더 이상 능가할 수 없이 최고라는 의미에서 목표다움을 가진 목표로서 제시된다. 이 목표가 일반적인 목표들보다 더 높은 단계에 서 있지만 이 목표들 '내에서'만 실현되는 한, 그것은 선험적인 성격을 가진다. 아리스토텔레스는 비록 칸트가 요구했을 법한 방식으로 종합적 선천성을 입증하지는 않는다. 하지만, '…에 대한 가능성의 근본적 조건을' 제시하라는 요구를 충족시키는 것은 사실이다. 행복은 모든 목표의 목표다움을 판단하기 위한 조건이다.

아리스토텔레스는 행복의 두 번째 조건으로서 자족함(*autarkeia*: I 5, 1097b6)을 확립하고, 다시금 '바랄 만한(*hairetos*)'에 대해 최상급을 확립한다. 개념의 특이성을 약화시키려는 시도에 반대해서 *mê synarithmoumenê*([선 중의 하나로] 셈하지 않다)를 첨가한다. 뒤에서 말하겠지만 쾌락의 삶은 사려 깊음을 덧붙임으로써 더 바랄 만하게 되는 데 반해, 행복은 그것에 아무것도 첨가시킬 수 없기 때문에 단적으로 바랄 만하다(I 5, 1097b17; 그리고 1172b31 이하; Top. Ⅲ 참고). 정의와 같은 탁월성은 칭송된다. 이에 반해 행복은 절대적 의미에서 자체 목적이기 때문에 사람들이 신적인 것으로, 더 나은 것으로 칭찬한다(I 12, 1102a1-4).

인간적인 자기실현. 사람들은 오늘날 보편적인 윤리학을, 문화나 시기에 따라 특수한 윤리학과 구분한다. 이데아론 비판뿐 아니라 행복의 의미론을 가지고도 아리스토텔레스는 첫 번째 [보편 윤리학] 계열에 합류하고, 이와 함께 그것이 일반적으로 생각하는 것보다 더 대단하다는 사실을 보여준다. 동일한 것이 세 번째 논거 계열에도, 즉 내용적 규정[132]의 추구에도 타당한데, 이 추구는 단지 의미론적인 규정만으로는 진부한 진리에 도착하고 말 수도 있을 것이기에 필요하다. 다시금 아리스토텔레스는 이를테면 그리스 폴리스의 특수성에 기대지 않고 문화를 넘어서는, 이제 인류학적인 심사숙고에 의지한다(EN I 6, 그리고 I 13 참고). 그의 규범윤리학의 기본 표본은 행위 이론과 (구성적) 의미론을 더한 인간학이다.

오늘날은 인간학적인 심사숙고에 대한 회의가 지배적이기는 하다. 그렇지만 아리스토텔레스가 진행하는 방식은 어쨌든 아직도 신뢰감을 준다. 그는 인간에게 고유한 기능에 대해 질문하며(*ergon [tou] anthrôpou*: I 6, 1097b24 이하, 1098a7, 그리고 a16 참고), 이런 방

132) 플라톤 비판(EN I 4, 그리고 EE I 8 참고), 그리고 형식적이고 의미론적 심사숙고(I 5), 그다음에 내용적이고 인간학적인 심사숙고(I 6)의 세 가지 중에서 세 번째이다.

식으로 당연히 객관적인 의미로서의 행복을 인간의 자기실현과 동일시한다. 사람은 이성에 맞게 살아가는 동안에 자신의 진정한 자아를 실현한다. 그 때문에 생겨나는, 지성적인 영역에 너무 큰 가치를 둔다고 하는 위험에서 아리스토텔레스는 다음과 같이 함으로써 벗어난다. 즉, 그는 한편으로 《정치학》(I 2, 1253a9 이하)에서 이성의 도덕적이고 실천적인 성격을 강조하면서, 또 한편으로는 《니코마코스 윤리학》에서 이성이 두 가지 방식으로 현존하는 것으로 생각한다. 즉 '본질적으로 그리고 그 자체로서'뿐만 아니라, '이성을 아버지처럼 따름으로써(I 13, 1103a3과 함께 I 6, 1098a 이하)' 그런 위험에서 벗어난다. 본질적인 이성은 학문적이고 철학적인 삶 속에서 드러나며, '따르는 이성'은 성격적 탁월성들에 걸맞는 삶 속에서 드러난다.

솔론에 따르면 행복은 생의 마지막에서야 비로소 문제가 되지만, 행복하다고 불려야 하는 것, 즉 삶은 지나가버린다(I 11). 이런 모순에 대해 아리스토텔레스는 행복이란 '전체로서의 삶'을 지속해야만 한다는 사실을 지적함으로써 대답한다(I 6, 1098a18). 왜냐하면 프리아모스[133]처럼 늙어서 불행을 당한 사람을 행복하다고 부르지는 않을 것이기 때문이다(I 10, 1100a5-9). 이 짧은 진술은 유태인 욥[134]의 다음과 같은 경험을 상기시킨다. 즉, 성실하게 행복을 추구하던 사람 역시 자신을 초월하는 힘에 내맡겨지게 된다. 그러나 세속적인 사상가인 아리스토텔레스는 이 [초월적인] 힘을 신학적으로 이해하는 것이 아니라, 우발적인 운명의 총괄 개념으로 이해한다.

133) 프리아모스는 트로이의 마지막 왕으로 부귀영화를 누렸으나 트로이 전쟁의 패전으로 자식도 다 잃고 자신의 왕국이 멸망하는 것도 목격하게 된다.

134) 욥은 성경에 나오는 인물로 신을 경외하며 행복했던 삶이 사탄의 시험으로 완전히 풍비박산되고 만다.

행복을 불러올 만한 삶의 형태 역시 삶의 불확실성과 위기에서 자유롭지 못하기 때문에, 이성이 합리적인 삶의 의미인 행복을 보장할 수 있는 능력이 없다고 하는 견해는 [나중에 등장하는] 스토아적 견해를 미리 비판하고 있는 것처럼 읽힌다. [스토아에 따르면] 현인은 가난하고 병들어도, 그리고 거기에 더해 고문을 당하는 경우에도 행복할 수 있다. 삶의 경험은 아리스토텔레스가 옳다고 판정하게 될 것이다. 다른 한편 《니코마코스 윤리학》의 마지막에 이론적이고 정치적인 삶을 평가하는 데서 인간이 해야만 하는 어떠한 노력에도 불구하고 행복이 쉽게 부서질 수 있는 선으로 남는다고 하는 사실은 어떠한 역할도 하지 않는다. 사람은 자신이 행복할 만한 자격이 있는가 하는 데만 책임이 있지, 행복 자체에는 책임이 없다고 하는, 중요한 결론을 아리스토텔레스는 내리지 않는다. 이 결론은 또한 그의 행복 원리를 심하게 상대화시켰을 것이다. 그 대신에 그는 탁월성에 따른 행위들이 인간의 기능 중에서 어떠한 것보다도 더 항구적이라고 하는 견해를 확정한다는 점에서 정당하다(I 11, 1100b12 이하).

14.2 성격적 탁월성

사려 깊음이 인간의 궁극적 목표인 행복을 추구하기는 하지만, 이 추구에 결정적인 것은 사려 깊음 자체가 아니라, 그 필수적인 보충물인 *aretê êthikê*, 즉 성격적 탁월성이다. 단지 이 둘 모두, 즉 사려 깊음과 성격적 탁월성 모두를 지닌 사람만이, 즉 [아리스토텔레스의 용어로 말하자면] 우수한 사람(*spoudaios*)만이 자기 자신과 일체가 되어 산다. 그는 그것이 단지 좋기 때문에 좋은 것을 행한다. 그래서 이것은 칸트의 윤리성 개념을 충족시킨다. 동시에 그는 자신의 행복에도 기여한다. 나쁜 사람과는 달리 그는 내적인 갈등에 시달리지 않는다. 그는 유쾌한 기억과 희망을 가지며 나중에 아무것도 후회할 필요가 없다(EN Ⅸ 4, 1166a1 이하).

성격적 탁월성은 고전적인 방식으로 유와 종을 통해 정의된다. 성격적 탁월성이 유로는 태도나 자세(*hexis*)이고, 종으로는 우리들을 위해서/우리들에게 중간이다(*meson pros hêmas*). 첫 번째 개념은 *bios*(삶의 형태) 개념을 보충한다. [내적인] 태도에 따라 사는 사람은 자신이 그렇게 하는 것이 우연에 의해서나 혹은 행복한 기분에 의해서가 아니라, 자신의 인격의 확고한 요소에 의해서 그렇게 하기 때문에 몹시 신뢰할 만하다. 이와 동시에 아리스토텔레스는 비교급을 중시함으로써 칸트의 도덕성을 다시금 연상시킨다. 그는 강조해서 말한다. 특정한 규칙성을 가지고 올바로 행동하는 사람이 벌써 탁월성을 가진 것이 아니라, 올바른 것에 즐거움을 느끼는 사람만이 비로소 탁월성을 지녔다(Ⅱ 2, 1104b4 이하; 그리고 Ⅲ 11, 1117a17 참고).

그러한 [내적인] 태도에는 전적으로 해당 자연적 소양이 존재한다(Ⅵ 13, 1144b1 이하). 사람은 본래적인 탁월성을 배워야만 한다. 그런데 그것은 이론화에 달려 있는 것이 아니다. 그런 오해에 반대해 아리스토텔레스가, 사람이 단지 정의로운 행동을 통해 정의로워지고, 단지 절제 있는 행동을 통해 절제 있어지며, 일반적으로 말해서 단지 탁월성에 어울리는 행동을 함으로써, 단적으로 연습을 통해서만 탁월성을 지닌 사람이 될 수 있다고 강조하기에 지칠 줄 몰랐다(Ⅱ 3, 1105b9-12, 그리고 곳곳에서의 서술 참고). 사람이 만약 자신의 격정에 대해 적절한 태도를 취할 수 있고 그 사이에 올바른 목표를 자발적으로 추구한다면, 그의 배움의 과정은 효과적으로 끝이 난 것이다(Ⅱ 4, 1105b25 이하).

탁월성의 규정의 두 번째 요소인 중간의 개념은 비상한 영향력을 행사한다. 그런데 오늘날은 그것이 모호하거나 공허하게 여겨진다. 법 이론가인 켈젠(Kelsen, 《법에 관한 순수한 학설》, 1960, 375)은 이를테면 여기서 도덕적 선이 모호한 방식으로 규정되고 있다고 믿는다. 그러나 텍스트는 '우리들을 위해서/우리들에게(*pros hêmas*)' 중간에 대해 말하고 있으며, 수학적인 방식의 규정 가능성인 객관적 중간(*pragmatos meson*)은 명시적으로 거부한다(Ⅱ 5, 1106a29-31). 칸트가 '두 악덕들 사이의 중용'을 반대해 덕과 악덕은 단지 정도의 차이가 아니라, 질에서 다르다고 주장했을 때(《덕이론》, Einleitung XⅢ, §10) 그 역시 오해하고 있었다. 고대는 중간을 단지 수학적인 의미에서, 두 개의 점 혹은 선분에서 같은 거리에 있는 한 점으로만 이해하지는 않는다. 중간이란 완성된 어떤 것 역시 의미한다. 이런 의미에서 아리스토텔레스는 탁월성을 최상급을 통해 규정한다. 그는 그것을 최선, 극단, 그리고 장점과 좋음에서 최고의 것으로 생각한다(Ⅱ 2, 1104b28; Ⅱ 5, 1106b22; Ⅱ 6, 1107a8과 a23; 그리고 Ⅳ 7, 1123b14, 그리고 곳곳에서의 서술 참고; 그리고 Wolf in: Höffe 1995 참고).

위험과 관련해서 올바른 행동이라는 예를 들어보자. 용기와 시민의 용기인 *andreia*는 만용과 비겁의 중간으로 규정된다는 사실(Ⅱ 9-12)은 만용의 사람은 너무 많은 담력을 가지며 비겁한 사람은 너무 적은 담력을 가짐도 역시 의미하기는 한다. 그러나 더 중요한 것은 한 사람이 어떠한 위험에도 물러서지 않음으로써, 그리고 다른 사람은 모든 위험에 위축됨으로써 두 사람 모두 자연스러운 경향성에 굴복한다는 점이다. 이와는 달리 '용감한' 것은 예컨대 위험에 대해 놀라지 않고 의연하게 대처해서 그 위험을 자신 있게 다룰 줄 아는 사람이다. 그런데 이 태도가 정확하게 어떠한지는–'우리를 위해(중간)'라는 첨가물이 암시하는 것처럼–주체와 무관하게 진술될 수 있는 것이 아니다. 위험에 놀라서 물러서는 사람에 대해서는 위험을 향해 '맹목적으로 달려가는' 사람과는 다른 것이 기대되어야 한다. 그 외에도 위험의 종류와 크기가 문제시된다.

용감한 사람이 모든 위험을 감수하지도 않고 그렇다고 모든 위험에서 물러서지 않는 한에서 그는 이제 중간적 태도를 취한다. 그런데 단지 그는 자신의 격정에 대해 적절한 태도를 취함으로써만 상응하는 자세를 획득한다. 사람들은 그가 격정을 이성적으로 조직하고 있다고도 말할 수 있다. 탁월성을 가진 사람은 자신의 격정에 대해 심사숙고하며 그래서 그것들을 넘어서게 된다. 그가 이런 식으로 격정에 단순히 빠지지 않기 때문에, 격정 없음이라는 자격을 지닌 것이 그의 특징이다(*apatheia*: Ⅱ 2, 1104b24-26).

다른 탁월성도 [이와] 유비적인 관계에 있다. 육체적인 쾌락에 관련해서 자연적인 경향은 고삐 풀린 상태이거나, 아니면 아주 드문 경우이긴 하지만, 둔감하다. 이에 반해 적절한 실천은 절제다(*sôphrosynê*: Ⅲ 13-15). 돈 문제에서 자유인(*eleutheros*)에게 어울리는 태도는 [재산상의] 관용(*eleutheriotês*: Ⅳ 1-3)이다. 이는 낭비뿐만 아니라 인색의 반대가 된다. 단지 자신의 재산에 소심하게 붙어 있지 않는 사람만이 인격적인 의미에서 자유롭다. 큰 규모의 [재산상의] 관용을 위해서는 아리스토텔레스가 독자적인 탁월성을 지정하기까지 한다. 즉 '도량이 큼(*megaloprepeia*: Ⅳ 4-6)'이 그것이다.

탁월성에 대한 논의 가운데 아주 인상적인 장은 명망, 인정, 그리고 명성을 의미하는 *timê*에 대한 자신의 감각이 일반적인 수준의 *philotimia*(명예 사랑)을 아주 뛰어넘는 그런 사람을 묘사하고 있다. 그런 사람은 포부가 큰 사람이다(*megalopsychos*: Ⅳ 7-9). 그 배후에서 있는 것은 귀족제의 신분 의식이다. 귀족제는 명망이 혈통에 결부되어 있는 데 반해 아리스토텔레스는 근본적으로 명망을 혈통에서 분리시킨다. 유전적 귀족의 자리에 일정 정도 도덕적 귀족이 들어선다. 명망에 대한 권리는 단지 고유의 업적에 근거한다. 명예는 탁월성에 대한 포상으로 여겨진다(Ⅳ 7, 1123b35). 왜냐하면 "실제로 단지 좋은/탁월한[135] 사람만이 명예를 받을 만하다(Ⅳ 8, 1124a25)." 다시금 아리스토텔레스는 스토아가 [후에] 이상으로 제시하게 되는 그런 것과는 구분을 둔다. 그의 견해에 따르면 탁월한 도덕적 인격은 정치의 세계와 사회에서 퇴각하지 않는다. 포부가 큰 사람은 아주 활동적이고 중요한 소수의 일에 집중한다. 자신의 고유한 가치에 대한 의식에서 그는 일반적으로 부나 권력과 같은 외적인 선들에 대해 적절하게 처신한다. 그는 행운을 과도하게 즐거워하지도 않고 불행에 탄식하지도 않는다. 그는 거기에 원한을 품지 않으며 이익과 유익을 가져오는 것들보다 그 자체로 좋은 것들을 더 사랑한다. 포부가 큰 사람에 대한 아리스토텔레스 윤리학의 관점은 특별히 분명하게 드러난다. '사물들에 대한 원칙과 기준'은 '좋은/탁월한 사람'이다[136](Ⅲ 6, 1113a32 이하; 비슷한 것은 Ⅸ 4, 1166a 12 이하, 그리고 Ⅲ 12, 1117b17 이하). 그러

135) 여기서 '좋은(gut)'으로 번역한 그리스어는 '*agathos*'이다. 이 단어는 단지 '좋은'만을 의미하는 것 이상으로 '탁월한'을 의미하기도 하는데, '탁월성/덕을 지닌'으로 이해하는 것이 좋을 것이기에 '좋은/탁월한'으로 번역했다.

136) '만물의 척도는 인간이다'라는 프로타고라스의 주장을 상기시킨다.

므로 바로 이 한 사람에 맞춰서 동료 인간들과 관련을 맺고 사는 개인이 그의 윤리적 표상 속에서는 그들로부터 독립적이다.

[아리스토텔레스가 서술하는] 이러저러한 탁월성들 속에는 각각의 과제 영역을 규정하며, 그리고 특별히 그리스적인 조건들이 아니라, 인간 일반의 조건들에서 생겨나는 상황의 유형이 보인다. 아리스토텔레스의 성격적 탁월성은 [단지 당시의] 공동체의 관습들에서 생겨난 것이 아니라, 사람들이 역사 속에서 특정한 유형의 정념들과 행위의 영역들과 관련해 도덕적으로 실천해온 것들을 도식화해서 생겨난 것이다. 그래서 우리는 다시 보편적인 요소들에 직면한다. 동일한 것이 [모든 사람에게] 자연스러운 반응에도, 그리고 상황의 [특별한] 유형에 대한 반응에도 유효하다.

플라톤에게, 그리고 심지어 이미 피타고라스학파 사람들에게 다음과 같은 네 개의 주요 탁월성 내지 기본 탁월성의 도식이 존재했다. 절제, 용기, 사려 깊음 내지 지혜, 그리고 정의가 그것이다. 아리스토텔레스가 한편에서는 상황 유형들을 네 개 이상 발견하고, 다른 한편에서는 적절한 근거를 가지고 두 유형들 속에서 하나 이상의 도덕적 태도를 발견하기 때문에, 그는 탁월성을 도식화하기를 포기한다(그러나 Pol. Ⅶ 1, 1323a23 이하에서는 아직 아니다). 서구 정신사는 개별적 규정들에서 종종 아리스토텔레스를 따르기는 하지만, 일반적으로는 경전화를 강화하고(《신학대전》, 1-Ⅱ quaestio 61, 그리고 곳곳에서의 서술 참고), 동시에 그에 동반되는 단순화도 강화한다.

14.3 정의, 자연법, 공정성

수입과 재산에 관해서는 아리스토텔레스가 [재산상의] 관용과 '도량이 큼' 이외에도 정의(*dikaiosyne*; Bien in: Höffe 1995; Williams in: Rorty 1980 참고)라는 세 개의 탁월성을 알고 있다. 당연히 정의에서는 단지 돈을 다루는 방법만이 문제되는 것이 아니다. 법 윤리에 중요한 채무자의 특징이 정의에 전형적이며 그 특징을 통해 아리스토텔레스는 법과 도덕을 분리시키는데, 푸펜도르프(Samuel Pufendorf)와 볼프(Christian Wolff) 같은 근대의 아리스토텔레스주의자들은 분리하지 않는다. 빚이 있다면 강제력을 동반한 법이 개입하지만, 다른 경우에는 그렇지 않다는 점을 통해서 정의는 [재산상의] 관용 및 '도량이 큼'과 [같은 도덕에서] 구분된다. 아리스토텔레스는 '타인의 선(*allotrion agathon*, EN Ⅴ 3, 1130a3 이하, 그리고 Ⅴ 10, 1134b5 참고)'에 대해 언급하는데, 타인의 선이란 다른 사람이 권리를 가지는 그런 선으로 이해할 수 있다. 중간에 대한 더 이상 주관적이지('우리를 위한 중간') 않은, 객관적인('사태에 따른 중간') 개념 혹은 칸트도 덕과는 달리 법에 대해서는 요구하는 (《법 이론》, Einleitung§ E), '수학적 정확성'은 채무자의 특징에 상응한다.

'정의로운' 그리고 '불의한'이라는 표현은 일반적으로 두 가지 의미를 가지고 있다. 객관적이고 제도적인 이해에서는 이것들이 규칙, 특별히 법의 규칙(법률), 그리고 제도, 심지어 정치적 공동체의 근본 질서에 관련되어 있다. 주관적 내지 인격적 이해에서는 개인들의 입장이 문제가 된다. 아리스토텔레스가 해당 논문, 즉 《니코마코스 윤리학》 5권에서 두 의미 모두를 다룬다. 그는 객관적인 의미에서 *dikaion*(올바름), 즉 올바른 것과 정의로운 것에 대해 말하고, 주관적인 의미에서 *dikaiosynê*(정의), 즉 탁월성으로서의 정의에 대해 말한다.

두 번째 [주관적인] 개념이 중심 개념을 형성하기 때문에 디를마이어(Dirlmeier)의 주석([9]1991, 438)과 마찬가지로 사람들은 이제 '[정의를] 새롭게 법률주의적으로 다루는 것'에 대해서는 거의 언급할 수 없다. [정의를 다루는] 거의 처음에 아리스토텔레스는 정의에 대해서 말하면서, 사람은 단순히 정의[라는 품성 상태]를 통해 정의로울 수 있으며 정의롭게 행동할 뿐 아니라, 그것을 원한다고 말한다(Ⅴ 1, 1129a8 이하; 그리고 Ⅴ 10, 1135a5-Ⅴ 13 참고). 그러므로 정의에는 칸트가 (사법적인) 합법성이라고 부르게 될, 정의에 대한 일치보다 더 많은 것이 들어 있다. 그 이외에도 칸트는 위탁물의 예에서 아리스토텔레스(와 플라톤 《국가》 Ⅰ 331)의 전통에 서 있으며, 아리스토텔레스는 위탁물을 벌에 대한 두려움에서가 아니라 자발적으로 돌려주는 사람만이 본질적인 의미에서 정의롭다고 한다(EN Ⅴ 10, 1135b4-8). [이와] 유사하게 아리스토텔레스는 단지 [내적인] 태도에 의해서 불의하게 행동하는 곳에서만 진정한 의미에서의 불의를 본다(Ⅴ 13, 1137a22 이하; Rhet. 113, 1374a11 이하는 *prohairesis*에 대해 말한다).

객관적인 의미에서의 정의는 법률에 맞는 것(*nomimos*)과 동등성으로 규정된다(*isos*(공정한 사람): EN Ⅴ 2, 1129a33 이하). 첫 번째 규정은 부분적으로는 성문법을, 그리고 부분적으로는 불문법을 의미한다. 그리고 두 번째 규정은 민주주의의 평등성 계명 같은 것이 아니라, 법에 따라 주어지는 것보다 더 적게 받아도 안 되고 특히 더 많이 받으면 안 된다고 하는 사정을 의미한다. 불의한 사람은 만족할 줄 모르기 때문에(*pleonektes*: b1 이하) 늘 더 많이 가기기를 원하는 데 반해, 정의로운 사람은 불의를 행사하는 것과 불의를 당하는 것의 중간의 길을 간다. 더 나아가 아리스토텔레스는 항상 별문제 없이 분명한 것은 아닌, 그러나 고착된 강단철학에서는 근대에 이르기까지 바로 표준적 위치에 오른, 다음과 같은 구분을 들여온다.

첫 번째 구분은 대상에서 온 것이다. 정의가 탁월성 전체(*holê aretê*)를 형성하는 한—강단철학은 [이런 정의를] 보편적 정의(*iustitia universalis*)라고 부른다—완전한 탁월성으로 여겨진다(*aretê teleia*: EN Ⅴ 3, 1129b26-1130a13). '자신의 일에서' 탁월한/덕스러운 것이 더 쉽기 때문에, 다른 사람들의 일에 대해 그럴 수 있는 사람은 더 잘할 수 있다. 전체의 탁월성은—아리스토텔레스가 플라톤(《법률》 Ⅰ 631c-d)에 반대해서 이렇게 제한한다—정의인데, 다른 사람에 관계해서 그렇지, 자신에 관계해서 그런 것은 아니다. 물론 5권 15장에서 그는 전형적으로 자신에 대한 불의, 자살을 금지된 것으로 여긴다. 그러나 그는 그것을 폴리스에 대한 불의로 해석한다. 아리스토텔레스는 자기 자신에 대한 불의라는 플라톤의 사고를 단지 비유적인 의미에서만 인정할 수 있다고 여긴다.

놀랍게도 보편적인 정의가 법률적 정의(*iustitia legalis*)와 동일시된다(Ⅴ 15, 1138a8-10, 그리고 곳곳에서의 서술 참고). 이것의 근저에는 다음과 같은 견해가 놓여 있다. 법률은 '모든 것에 대해 논하기에' 예를 들면 용기가 요구하는 것을 지시한다. 즉 자기 위치를 떠나지 말라. 혹은 절제에 속한 것을 지시한다. 즉 간통과 폭력적 행위를 하지 마라(Ⅴ 3, 1129b14-25). 그럼에도 여기서 법이 도덕화되고, 동시에 법질서에 너무 많은 것을 요구하는 것을 정당화하고 있다고 두려워할 필요는 없다. 왜냐하면 아리스토텔레스의 견해에 따르면 법률들은 해당되는 탁월성을 요구할 수는 없고 다만 탁월성의 결과(*erga*)만을 요구할 수 있기 때문이다(Ⅴ 3, 1129b19 이하). 그 이외에도 법률이 실제로는 탁월성의 한 부분인 금지에 만족하는데, 게다가 간통의 금지 같은 것은 당시에 법률 위반으로 여겨졌다.

아리스토텔레스는 특히, 좋은 폴리스에서는 시민들의 올바름과 폴리스의 법률이 완전하게 상응한다고 하는, 전통적인 견해를 받아들이지 않는다. 그는 두 번째 종류인 [탁월성 전체가 아니라, 탁월성의] 특별한 부분으로서의 정의를 통해(*en merei aretê*: Ⅴ 4 이하) 법률적 정의를 상대화시킨다. 그것, 즉 특수한 정의(*iustitia particularis*)는 외적인 재화에 관계하는데, 외적인 선은 정치적 삶의 영역에서 먼저 충족시켜야 하는 조건으로서 중요하다. 그는 공직과 지위(명예: *timê*), 수입 내지 돈(*nomisma*), 그리고 건강 내지 안전(*sôtêria*: Ⅴ 4, 1130b2)을 사회적인 근본 재화라고(Rawls)–당연히 분배를 요구하지는 않고–규정한다.

특수한 정의(Ⅴ 8, 1132b24 이하)는 (1)분배적 정의(*nemêtikon dikaion*, die *iustitia distributiva*)와 (2)토마스 아퀴나스 이래로 교환적 정의(*iustitia commutativa*)라고 불려오지만, 아리스토텔레스는 그런 식으로 생각하지 않은, 사업상 거래를 정리하는[=시정적(是正的)] 정의(*diorthôtikon*(교정하는 것); 또한 *epanorthôtikon*(시정하는 것): 1132a18)로 나눈다. 그 기준은 산술적인 비율이다('a:b =b:c'). 시정적 정의는 그 자체(2.1)로 자발적인 영역, 즉 오늘날의 민법–사람은 바로 여기에서만 교환적 정의에 대해서 언급하며 그것도 단지 재화들이 문제가 될 때만–과(2.2) '비자발적인 영역', 즉 오늘날의 형법으로 나눠지며, 강제적 영역에서 다시(2.2.1) '숨겨진 불법행위(2.2.2)'가 '폭력적 불법행위'와 구분된다. 법 영역에서는 [아리스토텔레스 이래로] 눈에 띄는 변화가 없다. 아리스토텔레스가 주장하는 바(V 5, 1131a1-9)는 오늘날까지도 매우 현실적이다.

플라톤에게 화폐는 의심스럽고 필요악 이상이 아닌 데 반해, 아리스토텔레스는 유럽에서 첫 번째로 시정적 정의와 관련시켜서 화폐에 관한 이론을 발표한다. 그는 놀라울 정도로 분명하게 화폐의 본질과 기능을 서술한다. 화폐는 서로 다른 상품들과 서비스들을 비교할 수 있게 만들어줌으로써 분업적 사회에서 교환을 가능하게 만든다. "아리스토텔레스의 천재성은 그가 상품들의 가치를 동등성 관계(Gleichheitsverhältnis) 속에서 발견한다는 점에서 빛난다. 단지 그가 살았던 시대의 빗장만이 그가, 동등성 관계가 '진실로' 무엇으로 이루어져 있는지를 찾아내는 것을 방해한다"라고 마르크스조차 인정한다(《자본론》, MEW 23, 74). 마르크스는 [동등성 관계가] 인간의 노동이라고 생각한다. 이와는 달리 아리스토텔레스는 사용 가치와 수요 가치에 초점을 맞추고 그래서 화폐를 수요의 대변자라고 규정하는데(EN V 8, 1133a29), 이 점은 마르크스에 대한 대안으로 이해될 수 있다.

두 번째 구분은 대상이 아니라, 법률의 통용 범위에 맞춰져 있다. 짧은 구절들 속에서 아리스토텔레스는 서구의 법률에 대한 사고에 오늘날까지도 각인되어 있는 한 쌍의 개념을 도입한다. 그는 자연적인 법(*to physikon* 내지 *physei dikaion*)과 [인간에 의해서] 규정된 법(*to nomikon*: V 10, 1134b18-1135a5; 그리고 Rhet. 113, 1373b4 이하)을 언급한다. 이후에 사람들은 자연법과 실정법이라고 한다. [특정 지역에서만 통용되는] 특수한 법과 일반적인 모든 사람에게 공통인 당연히 제정되지 않은 법이라는, 《수사학》 I 10에 등장하는 대조가 실정법과 자연법의 구분에서 중요하다. 자연법—그리고 이와 마찬가지로 일반적인 법—은 도덕적인 법의 이념에 상응하는데, 아리스토텔레스에게는 두 가지 특징들을 가지고 있다. 즉 보편성—이것은 어디서나 같은 위력을 가진다—과 임의적이지 않음—이것은 인간의 의견에 의존하지 않음을 의미한다—이 그것이다. 놀랍게도 아리스토텔레스는 [자연법이] 실정법과 충돌할 가능성에 대해서는 논하지 않는다. 그는 오직 《수사학》 I 13에서만 소포클레스의 《안티고네》와 관련해서 이 가능성을 인정할 뿐이다.

자연법이 종종 시대에 뒤떨어졌다고 여겨지기 때문에 오늘날 사람들은 [자연법 대신에] 영원히 동일하게 남아 있는 이상(理想)에 대해서 생각하는데 반해, 아리스토텔레스는 자연법을 변화하는(*kinêton*) 것이라고 믿는다. 그렇지만 그가 이상 자체가 변한다고 생각했는지, 아니면 늘 불완전하게 이뤄지는 실현을 그렇게 생각했는지는 당연히 불분명하다. 그렇지만 그가 실증법을 대신해야만 하는, 보편타당한 법률 조항들의 완성된 체계를 생각하지 않았음은 분명하다. 《니코마코스 윤리학》에서 그는 기준들조차 설정하지 않는다. 《정치학》에서 헌법의 이론을 다루면서 본질적으로 그는 공공의 복지에 대한 생각만을 반복한다(16.2장을 보라). 그래서 아리스토텔레스에게 자연법은 '규제적 이념', 즉 자세하게 정의되지는 않은 공공의 복지이며 바로 이를 통해 사회비판적인 잠재력을 지닌다. 그 이외에도 그는 특정한 원리들을 확정하는 것을 피한다. 그런데 《정치학》의 마지막 몇 권에서 이상적인 폴리스를 묘사하면서 그가 아마도 자연법의 지향점을 구체적으로 확정하려고 노력한 것 같다. 그런데 거기서 상술하는 바는 보편성과 임의적이지 않음이라고 하는 두 기준 모두를 따르지는 않는다. 최소한 명시적으로 그렇지는 않다.

정의를 공정성(*epieikeia*, 근원적인 공정성: EN Ⅴ 14)과 구분하는 아리스토텔레스의 세 번째 구분은 법률에 의해서 지시된 것의 교정과 관련된다. 생각해볼 수 있는 것은 '개량'으로서의 교정이다. 입법가는 충분히 조심하지 않은 경우에 수정할 생각이 자주 들 것이다. 《니코마코스 윤리학》은 이 과제를 암시하고 있으며 너무 서둘러 제정된 법률에 대해서 언급한다(Ⅴ 3, 1129b25). 그런데 공정성은 또 다른 교정을, 즉 적용에서의 교정을 다룬다. 법률들이란 그 개념에 따라서 보편적이기 때문에 그것들이 모든 개별적인 경우에 적절하지는 않다. 공정성은 너무 협소한 정확성뿐 아니라 아량 없는 정확성 역시 방지한다. 그래서 키케로가 《의무론(*De officiis*)》(Ⅰ 10, 33)에서 최고의 법에 대해 그것은 최고의 악법으로 변질될 수도 있다(*summum ius summa iniuria*)고 말했을 때 그는 아리스토텔레스를 증인으로 내세울 수도 있었다. 키케로가 제시한 로마 격언은 당연히 이중적인 의미를 지닌다. 첫째 부분에서는 법적으로 보증된 법이 문제시되는데, 두 번째 부분에서는 도덕적인 불법 같은 것이 문제시된다.

공정하게 행동하는 사람은 심지어 법이 자신의 편인 곳에서조차 융통성 있게/관대하게 행동할 준비가 되어 있다(EN Ⅴ 14, 1137b34-1138a3). 이와 같은 포기에 대해 칸트는 정당한 근거를 가지고(《법 이론》, "Anhang zur Einleitung in die Rechtslehre") 강요될 수 없다고 말한다. 아리스토텔레스는 강제력을 가진 교정을 담당한 기관, 즉 판사를 영혼을 가진, 살아 있는 정의라고 규정하기는 하지만(*dikaion empsychon*: Ⅴ 7, 1132a22), 이는 공정성과 연결시키지는 않는 한, 칸트의 견해에 동의하는 것이다. 그리고 《수사학》(Ⅰ 13, 1374b19-22)은 판사(*dikastês*)가 법률을 따르도록 명시적으로 규정하며, 아테네에 있던 독자적 기관인 중재재판관(*diaitêtês*)에게는 공정성을 고려하는 것을 허락한다.

정의와 공정성은 두 개의 탁월성으로 소개되지만, 그것들이 반드시 서로 다른 품성이라고 여겨지지는 않는다(EN Ⅴ 14, 1138a3). 공정성을 요구하는 상황은 어떤 의미에서, 사람이 자신의 정의를 시험받는 경우이다. 공정성은 기계적으로 포함시키는 것에 반대해 판단력을 요구하며 그런 한에서 사려 깊음을 보충한다(Ⅵ 11, 1143a19-24 참고). 공정성이 경우에 따라서 법률을 교정할 준비가 되어 있다면, 사려 깊음은 정확한 교정을 확정한다. 다른 탁월성 역시 개별적 경우에 따라야 하기 때문에 그것 역시 교정이 필요할 수도 있을 것이다. 그러나 다른 탁월성은 정의와는 달리 규칙을 꼭 따라야 할 의무가 있는 것은 아니고 '우리를 위한 중간'으로서 그런 의무를 명시적으로 거부하기 때문에 공정성이 교정자로서 해내는 것, 즉 상황에 따른 융통성이 그것들 안에는 이미 들어 있다.

규칙들이 개별적 경우의 정의를 제한하기 때문에 사람들은 규칙들을 전적으로 무시하고 싶어 할 수도 있다. "만약에 법률이 [개별적인 경우를 고려할 수 있는] 능력을 갖지 못한다면 최선은 [법률이 아니라] 통찰력을 지닌 왕이다"라고 플라톤이 《정치가》 294a에서 주장할 때, 그는 바로 이런 견해를 대변하고 있다. 아리스토텔레스는 《정치학》(Ⅲ 15)에 이와 같은 양자택일을 제시하지만 플라톤과는 달리 두 선택지 모두, 즉 법률이라고 하는 규칙에 맞춘 정의와 공정성이라는 개별적 정의 어느 것도 포기할 수는 없다고 생각한다. 법률이 정념에서 전적으로 자유로운 한 법률이 더 낫고, 그와는 반대로 인간이 개개의 경우에 더 잘 판단할 줄 안다(Pol. Ⅲ 15, 1286a17-21). 여기에 긴장감이 결부된 '올바르고 공정한'과 '아주 공정하고 정의롭게 사고하는 모든 사람'이라고 하는 결합을 보여주는 일상 언어가 보존하고 있는, 이중적 과제가 나타난다. 한편에서 법률이 동등함을 배려하는 가운데 일반적인 규칙이 필요하면서, 또 다른 한편에서는 독특한 특수성을 가진 개별적 경우를 존중해야만 한다.

14.4 이론적인 혹은 실천적인 실존?

《니코마코스 윤리학》의 마지막 탐구(X 6-9)에서 이제까지 결정하지 않고 놓아둔, *bios theôrêtiko*, 이론적인 삶의 형태와 *bios politikos*, 윤리적이고 정치적인 삶의 형태 사이의 경쟁을 결정짓는다. 동시에 최고의 목표와 자족의 의미론적인 관점뿐 아니라―쾌락 이외에도―인간에게 고유한 기능의 관점 역시 하나의 역할을 한다. 인간이 이성(Logos)을 통해 동물들과 차이가 나기 때문에 [어느 것이 더 우위인지에 대한] 결과가 주어진다. 우선권은 아리스토텔레스가 예컨대 아낙사고라스와 탈레스에게서 발견한 그런 삶에게 주어진다(EN Ⅵ 7, 1141b3). 모범적인 인간의 전형은 심지어 제일 어렵고 제일 놀라운 그러나 아주 쓸모가 없는 사물들조차 알고 있는 사람이다(b6-8). 그는 적용에 관심이 있는 사람이 아니라 순수하게 이론적인 과학자요 철학자다(Pol. Ⅶ 1-3, 특별히 1325b14-32). 아리스토텔레스에 따르면 *theôria*(이론/관조(觀照))의 삶은 행복의 기준인 자족을 최고로 만족시킨다. 왜냐하면 실천적 삶과는 달리 *theôria*는 외적인 재화도, 그리고 정의롭고 관대하게 행동해야 할 동료 시민이나 친구도 필요로 하지 않기 때문이다(EN X 7, 1177a29-32). 그 외에도 *theôria*는 방해가 되는 상황들에 의해 발생하는 위협을 벗어났다. 그리고 그 자체를 위해서 수행되는 실천으로서(Met. Ⅰ 2, 982b24-28) *theôria*는 정당성을 그 자체 안에 가지고 있다(그런데 이론/관조는 종교적인 기원을 가지고 있으며 거기서 제례적 집회에 참여함을 암시한다. 아리스토텔레스가 의미를 세속화시켰기 때문에 근원적인 이해는 단지 아직 이론/관조의 대상 속에서, 즉 영원성 속에서만 잔존한다).

이 대답에는 두 가지가 눈에 뜨인다. 하나는 아리스토텔레스 스스로가 선택한 삶의 형태가 최고의 지위에 있다는 점이다. 다른 하나는 이 삶의 형태가 몇몇 사람에게만 가능하다는 점이다. 《니코마코스 윤리학》은 정신적인 귀족주의를 찬양한다. 종교적인 텍스트들이나 예술가들의 발표물은 당연히 이 전략을 선호한다. 저기서는[종교에서는] 신을 최고봉에 세우지만, 여기서는[예술에서는] 창조적인 예술가가 그렇다.

Theôria(이론/관조)의 단호한 우위를 주장하는 이론은 당시에는 오늘날보다 아직 더 도발적이었다. 요컨대 아리스토텔레스 시대에 학문에 관해서 오랫동안 자리 잡고 높은 인정을 받는 기관은 아직 없었다. 플라톤의 아카데미처럼 제도에 가까운 기관들은 의심스럽게 여겨졌다(아리스토파네스의 《구름》에 나오는 날카로운 철학자 비판 참고; 또한 플라톤의 《국가》 Ⅶ 500b; 또한 《고르기아스》 484d 이하 등등 참고). 《형이상학》의 입문적 문장은 '독창적인 우선순위 전략을 통해', 즉 순수한 지적 욕구의 인간학적 위치를 통해 이런 경향에 반대한다. 그 이외에도 지적 욕구–게다가 놀라울 정도의 순수성과 항구성을 가

지고―가 인간에게 최고의 쾌락을 선사한다고 EN X 7, 1177a22-27이 보충한다. 그리고 "배움이란 단지 철학자들에게만 즐거운 것이 아니고, 다른 사람들에게도 그렇다. 그런데 다른 사람들에게는 아주 적은 사람들에게만 그러하다"고 《시학》은 지지 발언을 한다(4, 1448b13-15). 거기에다 사람은 *theôria*를 가지고 신을 닮아가고, 신은 그런 사람을 가장 사랑한다(EN X 9, 1179a30). 국가가 불행으로 멸망하지 않으려면 철학자가 왕이 되어야 한다(《국가》 V 473c-d; 그리고 《편지》 VII 326a-b 참고)는 플라톤의 유명한 요구는 오늘날 애호되는 기준인 '사회적인 유효성'을 인정한다. 순수한 *theôria*에 대한 아리스토텔레스의 변호가 비로소 타협의 여지없이 그것[사회적 유용성]을 거절한다.

아리스토텔레스를 원용하면서 장 보댕은 《국가에 관한 6권의 책》(1583: I 1)에서 '개인과 국가의 최고선'은 '동일하다'고 설명한다. 이론적/관조적 삶의 형태(*bios theôrêtikos*)의 우위는 이에 반대한다. 베르너 예거([3]1954, Bd.1, 16 이하)의 조심스러운 해석, 즉 인간은 단지 폴리스의 영역 안에서만 자신의 가능성을 완전히 계발할 수 있다고 하는 '정치적 휴머니즘'의 사고 자체가 아리스토텔레스에게는 단지 제한적으로만 타당하다. 왜냐하면, 이성과 그것를 통해 인간성을 향상시키는 이론적 삶의 형태(*bios theôrêtikos*)는 그 자체로 보면 비정치적이기 때문이다.

특이하게도 이론적 삶의 우위는 분명해지지만 무제약적으로 타당하다고 여겨지지는 않는다. 도덕적이고 정치적인 실존 역시 행복해질 수 있다. 왜냐하면 단적으로 필수적이지 않은 것, 즉 *theôria*(이론/관조)의 자유는 경제적이고 문화적인 높은 발전 단계에 근거해서야 비로소 가능하기 때문이다. 그 이외에도 단지 소수의 사람들만이 그런 삶을 살 능력이 있으며 또한 그들 자신에게 *theôria*가, 사람이 노력하는 한, 그를 불사로(*athanatizein*: EN X 7, 1177b33) 만들어주지만, 그에게 언제나 잠깐 동안만, 즉 완전히 충족된 순간에만 가능한 삶의 모습으로 나타난다(Met. XII 7, 1072b14 이하).

인간이 스스로 신적인 것의 실현에만 집중하는 한, 그는 도덕적이고 정치적인 삶을 넘어선다. 아리스토텔레스에 따르면 당연히 더 이상 왕이 되지 못하는 철학자들은 폴리스에서 퇴각한다. 그러나 그들이 체념 같은 것에 의해서—정치적 희망들에 실망해서—그런 것은 아니고, 정치적 책임감이 적어서도 아니며, 자신의 본질에 대한 통찰력 때문에 그렇게 한다. 인간은 자신의 이성적 본질에 근거해 정치적 삶을 초월하게 되어 있다. 이 초월을 완성하는 곳에서 인간은 '가장 인간다운 인간'이다(EN X 7, 1178a7).

철인 왕 명제에서 플라톤은 철학과 폴리스의 일치를 대변하는데, 이 일치는 철학자들이 당연히 자발적으로 실현하는 것이 아니다(《국가》 VII 519b-521b). 아리스토텔레스는 이런 상대적인 일치에 완전한 반대 같은 것, 즉 정치적 실존과 이론적 실존의 완전한 분리를 부각시켜서 주장하는 것은 아니다. 폴리스라는 본성을 초월하는 것은 '좀 더 변증법적으로' 일종의 내재적 초월로 이해되어야만 한다. 초월은 초월되는 것과 결합되어 있다. 인간은 삶에 필수적인 것들에 의존하며, 그것들 때문에 사는 것은 아니지만, 그것들의 결과로 살며 자신과 동등한 존재들과 함께 삶에 의존하기 때문에 이론적 삶의 형태(*bios theôrêtikos*)는 행복의 의미론적 조건들을 전적으로 충족시키지는 못한다. 정치적 삶의 형태(*bios politikos*)와 관련해서 생각해볼 때 이론적 삶의 형태는 비록 주된 목표이기는 하지만 절대적이지는 않고, 단지 상대적으로만 우선적인 목표라는 점이 드러난다. 이론적 삶이란 단지 정치적 삶과 결부되어서야 더할 나위 없이 바람직하다고 하는 기준을 충족시킬 수 있다. 정치적 삶은 대다수 사람들에게, 그것 안에서 그것 자체를 위해 그들이 살 수 있는 [삶의] 형태를 의미한다. 그렇지만 [이론적 삶을 사는] 단지 소수일 뿐인 사람들도 정치적 삶 속에서 *theôria*(이론/관조)를 추구하며 또한 그들이 순수한 지성이 아니라, 오히려 육체와 영혼으로 이루어져 있기(X 7, 1177b28 이하) 때문에 항상 정치적 삶으로 다시금 되돌아가게 마련이다. 다수의 사람들에게 정치적 삶은 하나의 선택지이지만, 소수의 사람들에게는 그것이 이론적 삶의 보충물이다. 이론적 삶에 헌신하는 사람은 부분적으로 정치를 넘어선 삶을 살지만, 결코 정치 밖에서 삶을 살 수는 없다.

결론적인 비판적 논평은 다음과 같다. 정치적 삶은 《니코마코스 윤리학》이 대략적으로 묘사한 요소들에 의해서 규정되기 때문에, 즉 성격적 덕에 의해서, 더 나아가 사려 깊음에 의해서, 특히 그 자체를 위해서 존재하는 우정의 최고 형태에 의해서 규정되기 때문에, 사람은 무언가 이익을 위해 정치적 삶을 영위하는 것은 아니다. 정치적 삶은 아리스토텔레스적 의미에서 자유롭다. 그럼에도 우리는 《니코마코스 윤리학》의 마지막 논의 안에서 이런 암시를 헛되이 추구한다.

15. 정치적 인간학

15.1 '정치학'의 현실성에 대하여

다른 문화권의 법사상과 국가사상들을 존중한다고 하더라도, 기반에 대한 철학적인 반성을 경험적 탐구와 규범적 가치 판단에 결부시키는, 제대로 된 이론은 그리스인들에게 소급된다. 호머에게 법질서가 아직 성스럽게 여겨지던 시대 이후에 아이스킬로스(예컨대 《오래스티》), 소포클레스(《안티고네》), 에우리피데스(《오레스테스》)의 해당 비극들, 그리고 역시 역사가들인 헤로도토스와 투키디데스가 두 명의 탁월한 이론가들인 플라톤과 아리스토텔레스를 예비한다. 이 두 사람 모두 그 대상인, 법, 정의, 그리고 국가를 포함하는 정치학을, 분석적 능력과 사변적인 능력을 통합한, 유일무이한 방식으로 다룬다. 추론적인 첫 번째 연구를 위해서는 아리스토텔레스를 기다려야만 한다.

플라톤의 주된 의도인 '이상국가'의 초안(Pol. Ⅱ 1, 1260b28 이하 참고)이 비록 아직도 남아 있지만, 아리스토텔레스는 국가의 크기, 특성, 바닷가에 인접 정도, 사회적 계층, 결혼 연령, 교육, 그리고 심지어 토지 배분 등을 상세하게 요구한다. 그는 이상을 다루기 전에 실제의 폴리스와 그 기초들, 구조들, 그리고 위험들을 탐구한다. 해당 텍스트인 오늘날까지 그에 동등한 것을 찾을 정도로 정치학의 걸작인 《정치학》은 단지 철학자들, 문헌학자들 그리고 역사가들만이 연구하게 되는 것이 아니라 법 이론가, 헌법 이론가, 정치학자, 그리고 경험적 사회학자조차 연구하는데, 이것은 정당하다. 이 고전의 다음과 같은 수많은 문제는 중세와 근세를 넘어서 미국과 프랑스의 혁명에 이르기까지 남아 있으며, 영향을 미치는 적도 드물지 않다. '지배' [개념의] 의미의 다양성 강조(Pol. Ⅰ 1), 정치적 인간학의 주요 명제(Ⅰ 2), 그리고 이자와 고리대금에 대한 중요한 비판(Pol. Ⅰ 10, 1258a38 이하)과 마찬가지로 중요한 노예제의 정당화와 함께 경제 이론의 기초들(Ⅰ 3-13), 문제사적인 헌법 논쟁(Ⅱ), 합법적이고 비합법적인 국가 형태들을 포함해 정치적인 것에 대한 형태론의 (형태학) 전형(Ⅲ-Ⅳ), 정치적인 것의 병리학을 포함한 정치 사회학의 개요들(Ⅴ), 수반되는 부담을 곰곰이 따져보는 민주정치에 대한 이론(Ⅵ 1-5), 특히 이상적인 공동체의 소묘라는 의미에서의 정치적 유토피아(Ⅶ-Ⅷ) [등의 문제들이 그렇다]. 특기할 만한 점은 많은 주제와 중요한 명제들이 아리스토텔레스로 소급되며 그를 통해 수 세기 동안이나 표준적인 작품들이 생겨났다는 점이다.

《정치학》은 '통짜로 된 작품'은 결코 아니다. 만약에 그 8권의 책들 전체가 처음부터 통일성을 갖췄다면, 이를테면 《니코마코스 윤리학》처럼 자연스럽게 읽힐 수 없겠지만 동시에 본질적으로 수미일관한 이론을 제공했을 것이다. 의심할 나위 없이 이 책들은 시간에 연관되고 시기에 연관된 요소들을 가지고 있다. 우리에게는 공동체가 작다는 점이 우선 낯설다. 다시 말해서, 에게해의 해변 지역들에 있는 좁은 면적의 그 도시 공화국들[=폴리스들]과 비교해보면 오늘날의 아무리 작은 국가들이라 할지라도 전체적 조망이 불가능할 정도로 커다란 공동체들로 여겨진다. 더 나아가 [당시의] 법질서는 규칙이 아주 치밀하지 못하며 직업적인 판사들과 법률가들도 존재하지 않았다. 무엇보다도, 우리의 대의적 민주주의는 말할 것도 없고, 직접 민주주의의 오늘날의 전범인 지방 공동체와 함께하는 스위스의 주(州)에게조차 낯설 정도로 직접적인 민주주의가 지배한다. 이와는 달리 다른 요소들, 특히 노예제도 내지 노예 신분과 여자의 불평등이 거슬린다. 그러나 그것들은 당연히 어디서나 마찬가지로 [그리스에서도] 존재했으며 유럽과 미국에서조차 19세기까지 남아 있었다.

그런데 오늘날까지 국가 이론에서 중요한 요소가 그리스인들에게 알려져 있다. 그들의 공동체는 민법과 형법을 가지고 있었다. 그들은 세금을 부과하고 군대를 소집하며 도편재판(*ostrakismos*)을 통해서 추방하며, 소크라테스를 생각해볼 수 있듯이, 사형 판결을 한다. 간략히 말해서 그들은 공공의 폭력과 그를 통해서 개념의 중립적인 의미에서의 지배를 알고 있었다. 그리고 방법적으로 보면《정치학》은《니코마코스 윤리학》과 비슷하게 형이상학적 요소 없이 작업한다. 아리스토텔레스는 본질(*physei*, *ousia*)에 따라서 전체가 부분보다 앞선다고 설명하거나(Pol. Ⅰ 2, 1253a20-22), 자연은 목적이 없으면 아무것도 이루지 않는다고 말할 때(1253a9) [얼핏 보기에는 그렇지 않은 것처럼 보이지만] 인간학적이고 사회 이론적으로 또 제도 이론적이거나 [당시] 헌법들을 비교하면서 생물학에 근거를 둘 때도 있지만 항상 형이상학 없이 논증했다. 또한《정치학》에서는 이론과 경험을 결합하고 실천적이며 정치적인 관심을 가지고 현대적으로 말했다.

새로운 사회 철학적 방향인 공동체주의는 기꺼이 아리스토텔레스를 증인으로 내세운다. 왜냐하면 이미 그는 보편적인 정의의 원칙들에 대해 회의적이었으며 그 대신에 작은 공동체들의 특수한 삶의 형태들을 찬양하기 때문이다. 진실로 아리스토텔레스는 자신의 공동체의 전통들을 상대화시키며 다양한 '선과 정의'에 대해 알고 있다. 그는 오직 전통(*nomô*)에만 근거하는 대신에, 현실 이전의 그리고 현실을 초월하는(*physei*) 제도들을 변호한다. 그는 어디에서도, 보편적이고 최소한 광범위하게(*hôs epi to poly*) 인정된 규범성들을 통해 미리 평가되지 않은 관습과 전통을 변호한 적이 없다. 그리고 사람이 추상적인 세계 사회 안에서가 아니라, 자신의 공동체 내에서 탁월성들을 배운다고 하는 사정에서 사람이 다만 자기 공동체의 특수성들에만 갇히게 된다는 주장이 나오는 것은 아니다. 아리스토텔레스에 따르면 사람은 일차적으로 다음과 같이 보편타당한 어떤 것을 배운다. 사람은 [보통] 비겁하거나 무모하기보다는 용감하게 반응한다거나, 사람이 낭비적이거나 인색한 것이 아니라 관대하게 돈을 다룬다거나, 사람이 고통이나 쾌락에 대해서 절제 있게 행동한다는 등을 배운다.

가능한 한 국가에서 자유로운 공동체를 찬성하는 공동체주의자가 아리스토텔레스의 우정에 대한 가치 인식에 근거한다면, 그는 아리스토텔레스가 비록 소속감들과 개인적 관계들의 가치를 강조하지만 동시에 그것들이 법질서도 정치적 관직들도 공공의 지배들도 대체해버리지는 않는다는 점도 알게 될 것이다. 지배에서의 해방에 대해서는 아리스토텔레스는 회의적이며, 그 대신에 요구되는 법질서와 국가 질서를 위해서 그가 자신의 방식으로 심지어 보편적인 정의의 원칙들을 인정한다. 그는 비록 기본권과 인권의 목록을 제시하지는 않지만 법률이 다음과 같은 것들을 금지한다는 점을 제시한다. 예컨대 도둑질, 학대, 살인, 강도질, 그리고 모욕(EN Ⅴ 5, 1131a5-9)이 그런 것들이다. 그는 금지들을 통해 간접적으로 다음과 같은 기본권들을 옹호한다. 즉 소유의 보호, 육체와 생명의 불가침성, 그리고 좋은 이미지의 권리를 옹호한다. 정치적으로 협력할 권리들은 그에게 단적으로 자명하다. '공동체의 선' 역시 공동체주의자들이 생각하는, 반(反)보편주의적 특징을 갖지는 않는다. 아리스토텔레스에게는 공공의 복지에 대해서 비록 [실제로는] 공허하지만 그래도 의도상으로는 보편주의적인 사고가 중요하다(아리스토텔레스를 공동체주의적으로 받아들이는 것에 대한 비판은 또한 Nussbaum in: Patzig 1990도 보라).

15.2 '본성상 정치적인'

아리스토텔레스에게서 정치적 인간학의 근본 관념이 생겨난다. 인간은 본성상 정치적 동물(*physei politikon zôon*)이다(이를 위해서 Höffe 2003, 134-141). 《정치학》 처음(I 2, 1253a2 이하)에 그것은 다른 세 주장들과 함께 등장한다. 즉 폴리스는 완전한 공동체이며(1252b28) 자연적이며(1253a2; 그리고 a18 이하 참고), 그 외에도 본성상 가정과 개인보다 우선한다(1253a19; 그리고 a25 참고). 네 개의 정리 모두 수 세기 동안 거의 반대 없이 인정되었다. 근대 초기에야 비로소 점증하는 비판에 부닥쳤다. 즉 그 정리들이 [오늘날에도] 타당성을 유지하고자 한다면, 그것들은 현대의 길(via moderna)에 의해 해소되는 하나의 옛날 길(via antiqua)로 격하되어야만 할 것이다.

가장 날카로운 비판은 홉스에게서 나온다. ①홉스는 인간을 갈등적 존재로 보지만 별로 사회적 존재로 보지 않기 때문에, 그는 정치적 공동체 속에서 '단순한 모임이 아니라, 그 결성을 위해서는 충성과 계약들이 필수적인 그러한 동맹을' 본다(《시민에 대하여》, 11, 각주). 이 주장에서 그는 [아리스토텔레스에게] 분명히 반대되는 명제를 도출해낸다. 공동체란 자연에 의해서가 아니라 기술(*art*)에 의해서 생겨난다(《리바이어던》, 서론). 그리고 그 이상의 아리스토텔레스의 오류는 국가 안에서 인간들이 아니라, 법률들이 통치해야만 한다는 가정이다(《리바이어던》, 46장).

홉스의 첫 번째 반박 이후에 ②정당화 이론적인(legitimations-theoretisch) 반박이 추가된다. 이 반박에 따르면 아리스토텔레스는 인간에 대해서 인간이 실제로 어떠하다는 명제에서 인간은 자신과 동일한 존재들과 더불어 존재해야만 한다고 결론 내린다. 그러므로 그는 존재-당위 오류를 범한 것이다. 결국 ③[아리스토텔레스식의] 공동체는 나중에 생겨난 것이기 때문에, 그 때문에 이미 인간은 정치적 존재일 수가 없다[고 홉스는 주장한다].

아리스토텔레스가 역동적인 개념을 사용했음에도 홉스는 정태적인 자연 개념을 사용하기[137] 때문에, 마지막, 즉 ③역사적 반박은 상대적으로 쉽게 반박될 수 있다. ②정당화 이론적 반박에 대해 아리스토텔레스는 기술적(記述的)인 요소와 규범적인 요소를 서로 결합시킨다[고 반박해볼 수 있을 것이다]. 생물학적 과정의 표준을 따르면 ①정치적인 인간학과 연결해서 '자연'은 발전을 의미하고 심지어 다음과 같은 세 개의 관점들을 따르는 발전을 한다. 즉 ⓐ시작 그리고 동시에 원동력, ⓑ목표 ⓒ발전의 경과가 그 관점들이다.

ⓑ[자연적인 발전의 세 의미들 가운데] 중간의 의미[=목표]에 따르면 [아리스토텔레스가 말하는] 자연은 인간의 본질과 자기실현에 연관된다. ①아리스토텔레스는 인간 존재가 원래 항상 도시공화국[=폴리스] 안에 존재하게 되어 있다고 주장하지는 않지만, *ergon tou*

137) 홉스가 자연을 정태적으로 보아서 원래는 개인들이었다가 나중에 계약에 의해서 비로소 국가가 되었다고 주장하지만, 아리스토텔레스는 자연을 역동적으로 보기 때문에 전후 관계의 역사적 사실을 따지는 것이 아니라, 자연에 따르면, 즉 우리가 경험하는 현실에 비추어보면 인간은 공동체적이라고 주장하는 것이다.

anthrôpou, 즉 인간 고유의 기능이 (14.1장을 보라) 폴리스 공동체 안에서라야 비로소 완전히 실현된다는 주장은 한다. 추가적인 반박에 따르면 개별적 인간뿐 아니라 가족 공동체 역시, 전체로서 그리고 살아 있는 유기체의 범위 안에서만 고유한 기능을 발휘할 수 있는 기관들에 비유된다(Pol. Ⅰ 2, 1253a20-22). 그렇다고 해서 그가 [국가] 공동체를, 그것이 위계질서에 따라 조직되어서, 그것 안에서는 [시민들이 서로서로] 질적으로 달라서 한편 지배하는 기능들뿐 아니라 또한 봉사하는 기능들이 [따로따로] 존재하는 유기체라는 식으로 이해하는 것은 아니다. 이와는 달리 폴리스가 자유인들의 공동체로 규정되기 때문에(16.2장을 보라) [폴리스 안에 존재하는] 사람들 중의 일부는 단지 봉사하기만 하는 존재인 노예이기 때문에 아리스토텔레스에게 그들 중 어떠한 사람도 시민들이 아니기는 하지만, 다른 일부는 시민으로서 서로서로 병렬적이고 원칙적으로 동등한 권리를 가진다. 유기체 유비를 통해서는 아리스토텔레스는 개인들뿐 아니라 [가정이나 마을과 같은] 정치 이전의 공동체들도 역시 폴리스에 대해서 본질적 관계를 가진다는 점을 강조한다. 개인들을 생각해본다면, 이 관계가 단지 대다수에게만 본질적일 뿐 전부에게 그렇지는 않다. 왜냐하면 공동체를 이룰 능력이 없는—그래서 당연히 야생의 짐승과 같은(*thêrion*)—사람들이 있으며, 그 이외에도 비정상적인 자족에 의해서—그래서 신(*theos*)과 같은—공동체가 전혀 필요치 않은 사람들도 존재하기 때문이다(Pol. Ⅰ 2, 1253a27-29).

아리스토텔레스는 생물학주의적 오류에도 역시 굴복하지 않는다. 이 오류에 따르면 정치적 공동체들이 인간의 의식적인 고유한 업적[의 도움이] 없이도 '단지 자기 혼자서' 발전해나간다. 아리스토텔레스는 폴리스를 만들어낸 사람에 대해 그를 최상의 재화 생산자라고(Pol. Ⅰ 2, 1253a31) 부르고, 그럼으로써 홉스에 가까이 간다. 그래서 키트(Keyt)의 서술(1987, Keyt/Miller 1991에 나오는)과는 달리 두 사상가는 옛 길과 현대의 길이라는 단순한 양자택일인 아리스토텔레스냐, 아니면 홉스냐 하는 구도를 이루지는 않는다. 아리스토텔레스는 홉스에게 [국가 속에] 인공의 요소도 존재한다는 점을 인정할 수도 있을 것이다. 그러나 정치적인 것이 인간 본성에 어긋나기 때문에 그것이 자연에 반(反)한다는 의미로 인공적이라는 생각에는 반대한다. 홉스와 마찬가지로 아리스토텔레스 역시 국가가 인간을 그 본성에서 소외시킨다는 견해에 반대한다. (플라톤의 [국가 건설 설화에서] 두 번째 단계의 국가처럼) 그것이 사치와 타락으로 그러하던, 아니면 (무정부주의적인 국가 비판에서처럼) 지나친 자유의 제한으로 그러하던 간에 그런 견해에 반대한다. 그 두 사람에게 국가는 인간에게 도움이 되는 공동체의 형태다.

인간을 인간 이하의 동물과 관련시켜서 제시한다는 점에서도 역시 아리스토텔레스는 '현대적'이다. 왜냐하면 [아리스토텔레스에게] 정치적이라고 하는 특성은 동물들에게서도 발견되기 때문이다. Hist. an. Ⅰ 1에서 아리스토텔레스는 혼자 사는 동물을 군집 생활하는 동물과 구분해서 후자를 흩어져 살면서도 '정치적인' 동물 그룹으로 분류하고 '정치적인' 동물의 예로 인간, 벌, 말벌, 개미, 그리고 두루미를 든다. 그것들은 모두 함께 살면서 공동의 업적을 성취한다(*koinon ergon*: 487b33-488a10). 정치적인 것의 개념을 위한 두 번째 주요 부분인 Pol. Ⅰ 2는 생물학적 규정 같은 것을 거절하지 않으며 비교해서 사용함으로써 그것을 보충한다. 그에 따르면 인간만이 정치적인 동물인 것은 아니지만, 벌이나 다른 군집 동물들보다는 더 정치적(*politikon* … *mallon*)이다(Pol. Ⅰ 2, 1253a8 이하).

이 비교급을 우리는 순전히 양적으로 [인간이 동물보다 더 '많이' 정치적이라는 식으로] 이해할 수도 있을 것이다. 그러나 아리스토텔레스에게는 양적인 비교가 문제되지 않는다. 이를테면 [인간이 더 정치적이라는 근거로] 우선 오늘날의 이해로 보아서 '참으로 정치적인 것(das genuin Politische)'도 역시 문제되지 않고, 직책과 제도도 문제되지 않으며, 법과 권력 투쟁도 문제되지 않는다. 그보다 오히려 그는 [인간이 더 정치적이라는 근거로] *koinon ergon*(공동의 업적/작업)에 대해서 언급한다. 그런데 여기서 그는 협동 작업의 신뢰성은 별로 중요하게 생각하지 않는다—다툼, 심지어 전쟁을 중시하는 사람은 인간이 벌과 개미보다 더 협동적이라고는 거의 믿기 힘들다. [단지 차이 나는 것이라고는] 동물에게는 [협동 작업이 필요한 이유로서] 단순한 생존(*zên*)이 중요하다면, 인간에게는 좋은 삶(*eu zên*)이 중요하[다는 점이]다. 아리스토텔레스가 벌써 요즘 유행하는 보충성(補充性, Subsidiarität)[138]라는 사고를 전개하기 때문에—보충성(subsidium)으로서의 공동체/사회, 즉 개인을 위한 도움과 원조로서, 그리고 더 낮은 형태의 공동체/사회를 위한, 그리고 결국에는 개인을 위한 원조로서의 더 높은 형태의 공동체/사회—특히 그 때문에 그는 '현대적'이다.

아리스토텔레스가 정치적 본성을 근거 짓는 것은 네 개의 특별히 치밀한 논거 계열들에서 생겨나는데, 여기서는 다음과 같이 세 개만 요약하겠다. 첫 번째 논거 계열(Pol. Ⅰ 2, 1252a26-1253a7)은 개인

138) 상급 단위가 소단위를 돕되, 일차적으로는 소단위에게 자율성을 허용하고 꼭 필요한 부분만을 보충한다는 원칙을 말한다.

그 자체는 자족할 수 없고(*ouk autarkês*) 많은 동료을 필요로 한다고(*pollôn endees*: 《국가》 Ⅱ 369b) 하는 플라톤의 사고를 받아들인다. 아리스토텔레스가 당연히 이 사고를 확장해서, 플라톤과는 달리, 이 사고를 분업과 삶의 [어려움의] 완화라는 경제적 의미에서만 다루는 것이 아니다. 그는 상호 의존의 두 가지 형태들에서 출발한다. 이 상호성 안에는 규범적 요소가 드러나며 이 요소가 교환적 정의라는 다음과 같은 절제된 형태를 통해 아리스토텔레스를 다시 한 번 현대적으로 보이게 만든다. ①본능에 가까운 충동(*hormê*: 1253a30)인 성욕 때문에 남자와 여자가 결합한다. 그리고 ②질적으로 서로 다른 소질에 근거해 주인과 종 내지 노예가 협력한다. 다른 곳에서는 거기에 세 번째 관계로서 ③(도움이 필요한) 어린아이들의 부모들에 대한 관계가 첨가된다. 세 겹의 결합에서 사회적이고 동시에 경제적인 기초적 통합, 즉 가정(*oikos*, *oikia*)이 생겨난다. 성장한 아이들이 자신의 가족과 가정을 꾸미기에 동일한 혈통을 가진 가정들의 공동체인 혈족 내지 부족의 의미에서 촌락(*kômê*)이 생겨난다—이렇게 해서 두 번째 발전 단계가 이루어진다. 여러 혈족들에서 결국 폴리스가 생겨나는데 여기서는 더 이상 혈통 결사체가 아니라 성공적인 삶에 대한 관심이 결정적인 요소를 이룬다.

첫째 논거 계열이 폴리스를 위해서 자연스러운, 즉 부분적으로는 ①+③생물학적인(남자-여자, 부모-자식), 부분적으로는 ②생물학적이고 경제적인(주인-종/노예) 사회적 추진력에서 출발하는 데 반해, 두 번째 계열은 언어적 능력과 이성적 능력에 근거한다(Ⅰ 2, 1253a7-18). 두 논거들은 당연히 완전히 다르지 않다. 왜냐하면 노예는 이성의 결여, 즉 예측하는 지성의 결여를 통해서 특징지워지기 때문이다(Pol.

Ⅰ 2, 1253a31-34). 서구 인간학의 두 근본 규정들, 즉 인간의 정치적 본성과 언어적 그리고 이성적 본성이 이렇게 서로 결부되어 있다. 이성적 능력 없이는 인간은 자신의 정치적 본성을 실현시킬 수 없는 데 반해, 이성적 능력은 폴리스의 범위 안에서 계발되지만 단지 폴리스 밖에서만 이론적 삶의 형태(*bios theôrêtikos*)라고 하는 완성에 도달한다(14.4장을 보라).

아리스토텔레스는 세 단계를 나누고 그것들 각각에 하나의 소통 능력의 단계를 귀속시킨다. 첫째 단계인 실천적 합리성의 전(前) 단계인 고통과 쾌락의 단계는 동물들 역시 소유하고 있다. 이 단계는 그 단순한 형태로서의 정치적인 것, 즉 개인과 유(類)의 생존을 가능하게 만든다. 두 번째 단계인, 해로운 것과 이로운 것에 대해서 반성할 수 있는, 제대로 된 합리성의 단계 때문에, 사람은 기본적인 중심 목표인 생존을 부분적이고 중간적인 목표들로 분화시킬 수 있으며, 그것에 해당하는 목적들을 결부시킬 수 있다. 마지막에는 이성이 실천적인 유용성들의 관점을 초월할 수 있는 능력이 있으며 그것을 통해 제대로 된 정치적 차원, 즉 단순히 좋고 나쁨의 공동체뿐만 아니라 역시 옳고 그름의 공동체에도 도달한다(Pol. Ⅰ 2, 1253a14-18).

여기까지 전개된 인간학에 반대해서, 정치적인 것이란 단지 협동 작업의 형태로 이해되고 있다고 하는, 홉스의 의구심이 등장한다. [홉스의 생각으로는] 협동 작업이 이뤄지기를 원하는데 여기에 갈등이 위협하고 더 나아가 거저먹으려는 사람들이 위협하기 때문에, 강제할 수 있는 권력을 가진 직책과 제도가 필요하다. 실제로 그리스 폴리스 역시 지배의 요소가 없는 특수한 공동체가 아니다.

이제 《정치학》도 역시 법률들과 법에의 복종에 대해서, 그리고 우리가 근대의 권력분립(權力分立) 이론에서 아는 세 개의 공적 권력들에 대해서 다룬다(Pol. Ⅳ 14). 만약에 정치적 인간학(Pol. Ⅰ 2)이 협동작업에 대해서는 많이 언급하면서 강제할 수 있는 권력과 지배에 대해서는 언급하지 않았더라면 훨씬 더 놀라웠을 수도 있을 것이다.[139] 만약에 그랬다면 순수하게 정치적인 것이 [역설적으로] 비정치적인 성격을 가지게 되었을 것이며, 아리스토텔레스는 암묵적으로 근대에 비로소, 즉 프랑스 혁명기에 명시적으로 드러나게 되는 어떤 것에 찬성하는 것이 되었을 것이다. 만약에 아리스토텔레스가 단지 협동적 작업에만 의지했다고 한다면, 그는 그것의 부분들에서 폴리스를 구성해 내겠다고 하는 그의 논증의 목표에 도달하지 못했을 것이다. 단지 사회적 본성만으로는 강제할 권력을 지닌 사회적 질서, 즉 '국가를 만들지 못'했을 것이다.

이제까지 언급한 두 숙고들 이외에 아리스토텔레스가 논거들의 세 번째 그룹을 들여온다. 그러나 홉스와 많은 다른 사람들은 이것을 간과한다. 폴리스 밖에서 사는 사람에 대해서 아주 명백하게 그는 "전쟁을 목말라 한다"고 말한다. 그리고 더 나아가 그는 '야생의 동물'과 같다. 아리스토텔레스는 특히, 최악은 무기를 지닌 불의라고 말한다(Pol. Ⅰ 2, 1253a6, a29, a33 이하). 여기서 홉스가 말하는 '만인에 대한 만인의 투쟁' 그리고 인간은 인간에 대해서 늑대라는 진술을 선취한다. 그 이외에도 우리는 올바름과 정의(*dikaion*)의 개념을 단지 사회적 본성으로만 읽어서는 안 된다. 짧게 말해서, 아리스토텔레스의 정치적 인간학 속에서 단지 사회적 본성만을 보는, 홉스식의 독해 방식은 놀라울 정도로 일면적이다. 그러나 홉스와는 달리 아리스토텔

139) 이 문장부터 이 문단 끝까지는 모두 접속법 2식으로 되어 있다.

레스에 따르면 전쟁의 위험에 반하는 단지 하나만의 치료수단이 있는 것은 아니다. 최소한 올바름과 정의만큼 중요한 것이 우정이다(15.3장을 보라).

개략적으로 소개한 세 개의 논거 계열들이 전적으로 통일성 있는 것으로 여겨지지는 않는다. 첫 번째 논거[=함께 삶의 필요성]가 폴리스를 *eu zên*, 즉 좋고 성공적인 삶이라는 더 진지한 과제에 세운다. 이에 반해 다른 두 논거들은 상호적인 유익과 올바름, 그리고 정의의 공동체로 만족한다. 《정치학》의 진행 중에 두 규정들 가운데 첫 번째 규정, 즉 [단순히 삶이 아닌] 좋은 삶의 규정이 예컨대 Ⅲ 9장(1280a32, b33)에, 그리고 두 번째의 규정이 Ⅲ 12(1282b17: *politikon agathon to dikaion*[정치적 선은 정의])에 등장한다. [그런데] 완전히 달성되는 것은 오히려 두 번째 목표다. 폴리스가 비록 교육의 과제도 맡기는 하지만 폴리스가 행복의 완성된 형태, 즉 이론적인 삶을 담당하는 것도 아니고 정치적 삶의 범위 안에서라도 탁월성의 완전한 정도를 담당하는 것도 아니다. 폴리스는 동료 인간들에게 향하는 의무의 부분에 만족한다(15.3장을 보라). 그래서 좋은 시민(*politês spoudaios*)의 일상적인 탁월성이 완전한 탁월성(*aretê teleia*)과 동시에 발생하지는 않는다(Pol. Ⅲ 4, 1276b16 이하 내지 b34).

[아리스토텔레스가 말하는] *politikon*, 즉 정치적인 것에 대한 ① 첫 번째의 특화되지 않은 이해에 따르면 정치적 본성이란 단지, 인간이 혼자서만은 행복하지 못하고 자신과 동일한 존재들과 함께하는 삶에서야 비로소 그렇다는 것만을 말한다. 그리고 [정치적인 것의] ②두 번째의 특화된 이해가 함께 삶의 종류를 엄밀하게 규정한다. 성이나 노동에서 이미 사람이 자기 스스로가 되는 것이 아니고, 경제적인 '자

기 배려(Pol. Ⅶ 5, 1326b27-30 참고)'와 경제적인 복지에서도 아니고, 또한 범법자에 대항한 원조에서도, 그리고 내적이고 외적인 평화에서도 아니다. 사람이 자기 스스로가 되는 것은 오히려, 이 관점들을 제쳐 놓는 대신에 그것들을 인정하고 동시에 그것들을 진지한 삶에 통합시킴으로써 그것들을 초월하는 경우에 비로소 이루어진다. 이런 방식으로 '정치적인' 것이 그 이상의 분야를 포괄한다. 그런데 이것은 거의 비정치적이라고 할 만한 가족들의 경제적 관계에서 시작한다. 만약 친족 관계들이 그래서 종교적이고 문화적 공동체와 외부, 내부의 안전이 문제가 된다면 정치적인 것이 상승한다. 그리고 올바름과 정의의 공동체를 통한 폴리스가 제일 정치적이다. ①인간-보충성(補充性, Subsidiarität)의 첫 번째 단계라는 의미에서-이 일반적으로 '자신과 동일한 존재와의 함께 삶'에 의존한다는 것과 그가 사회적 존재(ens sociale)라는 것 ②그리고-보충성의 두 번째 단계에서-함께 살 수 있는 기회가 자유롭고 동등한 사람들 스스로가 함께 삶을 조직한 그러한, 공동체 안에서 비로소 성취된다는 것과 그가 진정한 정치적 존재(ens politicum)라는 것. 이런 이중적인[=①+②] 주장 속에 아리스토텔레스가 주장한 정치적 본성에 대한 두 가지 독해 방식에 공통적인 주장이 놓여 있다. 물론 근대는 공동체가 그 시민들의 행복에 대해 지는 책임에 반대해, 특히 행복을 인간에 내재한 이성이라는 가능성의 실현이라는 아리스토텔레스의 진지한 해석에 반대해, 혹은 좀 더 일반적으로 말해서 자아실현과 인간성에 반대해, 점점 더 많이 회의적이 되었다. 점차로 근대가 법률 관계들과 국가 관계들이 일반적으로 시민들이 자아실현을 하도록 도울 가능성을 가진다는 점을 회의한다. 무엇보다도, 사회적 힘들의 자유로운 작용과 개인들의 사적 영역들 안으로 관여하는 법적 존재이자 국가 존재가 그래서 전체주의적인, 최소한 자유를 억압하는 경향성을 발전시키고 고유한 목표인 인간성을 역행하는 것을 근대는 두려워한다.

그런데 아리스토텔레스에게서는 행복의 형식적인 규정과 실질적인 규정을 구분해야만 한다. 형식적으로 볼 때 아리스토텔레스에게 행복이 '실증적(實證的)인' 목표가 아니고 필연적인(notwendig)[140] 목표, 즉 모든 일반적인 목표와 관심들이 여기서 그 의미를 발견하게 되는 그런 지평이다. 그리고 그 때문에 사람이 아리스토텔레스의 실질적인 행복 개념에 대해서는 근본적으로나 아니면 정치적인 정당화 논쟁이라는 범위 내에서 회의적일지라도 그의 형식적 규정에는 동의한다. 그 밖에도 행복을 위한 폴리스의 직접적인 의미는 단지 간접적인 의미와 구분되어야만 한다. 그런데 아리스토텔레스는 이것을 늘 지킨 것은 아니다(예컨대 Ⅶ 2, 1325a7 이하는 아니다). 더 나아가 사람들은 친근한 지리와 시민을 가진 [너무 크지 않아서 전체로서] 개관해볼 수 있는 장소로서의 그리스 폴리스가 단순히 목적 결사체일 뿐 아니라 고향이기도 하며 바로 그 때문에 [단지] 체계라는 성격을 띤 당대의 [이를테면 페르시아 같은] 국가보다 훨씬 더 많은 직접적인 인간성의 가능성을 제공한다는 사실을 잊어서는 안 된다. 그 이외에도 이런 제국에는 그 다양한 관료적이고 치안 유지적인 수단 때문에 고대 폴리스보다 훨씬 더 커다란 남용의 가능성들이 존재하고 있다. 특히 사람이 좋은 삶이라는 이념 속에서 규범적 요소를 너무 강조해 해석해서는 안 된다. 아리스토텔레스는 이 점을 충분히 주의하지 않지만, 폴리

140) 아리스토텔레스가 행복을 형식적으로 규정할 때 현실과 무관하게 모든 목표의 위계질서를 상정하기 때문에, 행복이 다른 모든 목표를 수렴할 수 있는 궁극적 목표로서 필연적으로 도출된다.

스는 쾌락의 삶이나 상인의 삶을 추구하기 때문에 [아리스토텔레스식의] 실질적인 행복 개념에 역행하는 삶의 전략을 추구하는 사람들을 위해서도 이롭다. 무엇보다도 아리스토텔레스는 여기서 좋은 삶에 대한 개인적인 개념이 아니라, 그 본질이 올바름과 정의의 공동체인 정치적 개념을 사용하고 있다.

15.3 우정과 다른 전제

아리스토텔레스가 인간의 정치적 본성만을 입증하고 정치적인 것의 전제 조건들과 한계들을 도외시했더라면, 그는 정치적 사고의 가장 탁월한 사람들 가운데 한 명은 못 되었을 것이다. 가장 중요한 요소는 우정이다. 일반적으로 말해 우정은 단지 삶에서 가장 필수적인/기본적인 것에만 속하지는 않는다(EN Ⅷ 1, 1155a4 이하). 폴리스가 좋은 삶을 위해 존재하는 한, 폴리스는 "친족관계들과 씨족 연맹들과 종교적 축제들과 사교적 삶의 형태들"에 의존한다. 이 모든 것이 "우정의 작품이다. 왜냐하면 우정이란 다름 아닌 함께 살겠다는 결정이기 때문이다(Pol. Ⅲ 9, 1280b36-39; 그리고 EN Ⅷ 13 참고)." 아리스토텔레스는 우정을 '낭만적인', 전적으로 개인적인 영혼의 우애라는 특수한 경우에 한정시키지 않고, 오히려 모든 종류의 의도적인('결정'을 참고) 관계지만 어쨌든 폴리스 형태의 제도화된 관계가 아닌 그런 관계를 의미한다.

우정에는 제도화되지 않은 관계들이 문제되면서도 또한 정의와 밀접한 관계이기 때문에, 우정이 《니코마코스 윤리학》(Ⅷ-Ⅸ; 그리고 Ⅱ 7, 1108a26-30; EE Ⅶ 참고; 또한 Rhet. Ⅱ 4)에서 다뤄진다. 동등한 사람들끼리의 우정에는 세 종류가 있다(EN Ⅷ 3-8 그리고 15). 즉 공동의 유익이거나, 아니면 공동의 친구이거나, 아니면—완성된 형태인 '성격적 우정'—진정한 선, 그리고 동시에 친구 그 자체가 문제가 된다. 이 세 가지 모든 동기 속에서 우정이란 인간이 기꺼이 가지게 마련인 관계에 대한 사회적 반성으로서 드러난다. 왜냐하면 "아무도 다른 사람이 되는 것을 원치 않기 때문이다(Ⅸ 4, 1166a20 이하)." 누군가가 맺게 되는 우정의 종류는 그의 삶에서 가장 중요한 것이 무엇인지를 드러낸다.

다른 우정들은 동등하지 않음에 기초하고 있다(Ⅷ 8-10; 역시 Ⅷ 12-13 그리고 16). 여기에는 부모와 자식 간의, 그리고 남자와 여자 간의, 그리고 심지어 주인과 노예 간의 관계가 들어간다. 다시 말해 노예 역시 인간으로 고찰되어 우정의 능력이 있다(Ⅷ 13, 1161b5 이하). 동료, 젊은이의 우정, 그리고 개인적 친숙 같은 다양한 우정, 또한 여행 가서 알게 된 관계, 주인과 객의 관계, 가족과 이웃 사이의 관계들, 그리고 또한—현대적으로 말해보면—동호회적 삶, 협력자, 그리고 유용성 관계망, 심지어 드물지만 선을 위한 결사(Ⅷ 6, 1157b23; 13, 1161a13-27)까지의 다양한 우정이 홉스식의 만인에 대한 만인의 투쟁을 저지한다. 우정은 폴리스의 직책이나 제도에서는 잘 생겨나지 않는 그러한, 인간들 사이의 단결을 이룩한다. 이런 방식으로 정치적 단결을 이룩하며 그 때문에 아리스토텔레스에 따르면 입법자에게 정의보다 더 중요하다(Ⅷ 1, 1155a23 이하). 다시 말해 친구 사이에는 정의가 필요하지 않다(이익을 위한 우정에는 당연히 필요하지만, EN Ⅷ 15, 1162b16 이하). 그런데 정의로운 사람들도 추가적으로 우정을 필요로 한다(Ⅷ 1, 1155a26 이하).

우정을 위해 자신의 독자성을 상실하지 않으면서도 다른 사람들과 진정으로 올바른 관계를 맺을 수 있는 능력이 필요하다. 사람은 이 목적을 위해 두 종류의 격정, 즉 한편에서 뻔뻔스러운 아양과 계산된 아첨에서, 그리고 다른 편에서는 투쟁심과 무례함에서 해방되어야만 한다. 두 격정들이 서로 모순이 되기 때문에, 그 중간도 역시 우정에 포함된다(EN Ⅱ 7, 1108a26-30; 그리고 EE Ⅲ 7, 1233b30-33 참고). 그 중간이란 성격적 탁월성의 표시이며, 반성과 숙고를 통해서 그 두 격정들에 제대로 된 관계를 맺는다.

누구를 가장 사랑해야만 할 것인가라는 질문에 대해 《니코마코스 윤리학》은 좋은 사람은 자신을 사랑해야 하며(*philautos*; EE Ⅶ 6 참고), 나쁜 사람(*mochthêros*)은 그래서는 안 된다고 하는 놀라운 대답을 한다. 따라서 아리스토텔레스의 논거는 좋은 사람은 도덕적으로 행동하며 그래서 자신과 동시에 타인도 이롭게 한다는 것이다. 좋은 사람은 자기 친구들과 조국을 위해서 진력하고, 필요한 경우에 돈을 제공하며, 급한 경우에는 자신의 생명도 바친다. 그러나 나쁜 사람은 나쁜 격정을 쫓기 때문에 그는 자기 자신뿐 아니라 이웃도 해친다(EN Ⅸ 8, 1169a11 이하). 아리스토텔레스에 따르면, 당연히 좋은 사람에게서만 자신의 행복과 다른 사람의 행복이 일치를 이룬다. 친구는 '다른 자기 자신'이다(Ⅸ 4, 1166a32; 9, 1170b6; EE Ⅶ 12, 1245a30). 여기서 행복주의의 근본 문제인, 행복의 원리를 추구하는 어떤 사람이 어떻게 동시에 이타주의자가 될 수 있는가, 하는 질문(Annas 1993, Ⅲ 12장 참고)이 해결된다. 그는 '행복이라는 이름으로', 자신의 유익을 훨씬 뛰어넘는 우정을 맺기 때문에 그렇게 될 수 있다(행복한 사람은 친구를 필요로 하는가 하는 질문에 대해서 역시 EN Ⅸ 9-11도 보라). 그래서 이타주의를 특별히 명령하지 않아도 이타주의는 행복주의적 윤리학 내에서 자연스럽게 자리를 잡는다. 행복주의적 이타주의는 당연히 단지 몇몇 사람에게만 향하는데, 비록 적은 수는 아니지만 그렇다고 모든 사람을 향하는 것은 아니다. 사람을 향한 일반적인 우정, 즉 성경의 사마리아인 비유의 모범을 따른 이웃 사랑이 고려되지는 않는다.

아리스토텔레스의 우정에 대한 이론은 플라톤의 《국가론》 비판과 연결된다(Pol. Ⅱ 1-6, 이를 위해서 Stalley in: Keyt/Miller 1991). 부인과 자녀와 재산의 공유제가 일으키게 마련인 익명의 관계들에 반대해서 아리스토텔레스는 개인적 관계의 장점을 옹호한다. 싸움이나 말다툼, 폭력 행사가 적어지며 사람들은 서로를 더 많이 보살핀다. 특히 사회적 관계들은 [공유제보다] 더 분명하다. 사람들은 때때로 아리스토텔레스에게 개인이 정치적 공동체 안으로 소멸한다는 비난을 하는데, 그는 이것에 반대해서 자신을 변호한다. 사람들이 이런 표지를 붙인다면 아리스토텔레스는 공동체주의자의 편이 아니라 '사회적 자유주의'자 편에 속한다(16.2장을 보라).

폴리스의 두 번째 전제 조건은 그것들로부터 폴리스가 세워지는 요소들이며-플라톤 비판이 암시하듯이-그것들에게 아리스토텔레스가 고유의 권한을 허용하는 요소들 속에서 드러난다. [이러한] 정치 이전의 요소들 때문에 단지 경제적 관계만이 생기는 것이 아니라, 더 나아가 남자와 여자의 관계와 부모의 자식에 대한 관계도 생긴다. 이 관계들의 합법성 역시 정치 이전의 것이다. 그래서 공동체가 이 관계들을 정지시킬 수는 없고 단지 무시할 수는 있다. 《정치학》이-그 점에서도 역시 《정치학》이 상대적으로 근대적으로 여겨지는데-마치 당연한 것처럼 [정치 이전의 영역의] '고유의 권한'을 인정한다. 가족 공동체의 구조와 합법성을 다루는 부분(Pol. Ⅰ 3-13) 그 어디에서도 좁은 의미에서의 정치철학이 그 고유 권한을 건드리지 않는다. 철학을 포함한 모든 학문 역시 고유의 법칙을 따른다.

또 하나의 전제 조건이 폴리스와 복합적인 관계를 맺고 있다. 성격적 탁월성은 폴리스의 전제일 뿐 아니라 결과, 즉 결국 폴리스를 벗어나는 어떤 것이기도 하다. (1)전제가 없으면 폴리스의 존립과 복지가 위태로워질 때 비로소 그것은 전제이다. 탁월한/덕이 있는 인간에게 법률은 결국 자유로운 동의를 얻게 되고 그래서 강제적 요소가 작아지며 폴리스는 항상 강제적 수단에 의존할 필요가 없다. 강제적 수단은 폴리스에게 단지 지나친 부담을 주게 될 뿐이거나, 아니면 그 왜곡, 즉 전체주의적 국가로 인도할 뿐이다. 여기서 아리스토텔레스는 근대의 자유주의가 점차적으로 획득해왔던 통찰력을 실현한다. 즉 자유주의는 그에게 어울리는 도덕에 의존한다. (2)탁월성들의 대부분이 사회적이거나 정치적인 관계들에 합당하고 그래서 사람이 탁월성들을 폴리스 내에서 실천하기 때문에 폴리스의 귀결이 탁월성들이다. 시민의 탁월성은 완전한 탁월성의 일부일 뿐이기 때문에 (3)탁월성은 결국 폴리스를 넘어선다. 통치자들에게는 당연히 시민의 탁월성이 인간의 탁월성과 하나가 된다[141](Ⅲ 4, 1277a12 이하). 아리스토텔레스는 국가가 참으로 완전한 인간들로만 이루어질 수 없음을 인정한다(Pol. Ⅲ 4, 1277a37 이하). 또한 폴리스는 좋은 삶을 전체로 담당하는 것은 아니고 본질상 단지 올바름과 정의의 공동체만을 담당한다(Pol.

141) 일반 시민으로서는 인간으로서의 완성된 탁월성을 지닐 필요까지는 없지만, 최고의 통치자라면 시민의 탁월성뿐 아니라, 인간으로서의 탁월성도 지닌 완전한 사람이어야 함을 말하고 있다.

Ⅰ 2, 1253 a15-18, 그리고 그와 유사한 곳 참고). 그래서 개인과 폴리스가 동일한 선을 추구한다고 하는 《니코마코스 윤리학》에서 많이 인용되는 명제(Ⅰ 1, 1094b7 이하; 그리고 Pol. Ⅶ 1, 1323b40 이하와 Ⅶ 15, 1334a11 이하 참고)는 축소해서 이해할 필요가 있다. 폴리스가 좋은 삶을 위해서 경제적이고 사회적이고 법률적인 부문을 공급한다. 그러나 각각의 시민 스스로가 이 부문에서의 삶을 상세히 규정하고 스스로 영위해야 한다. 그런데 개인의 복지와 공동체가 항상 일치하는 것은 아니다.

폴리스의 더 근본적인 한계는 [인간의] 이성적 본성에 존재한다. 이성은 협동적 실천에만 배타적으로 봉사하는 것도 아니고 일차적으로 그러는 것도 아니다. 이와는 반대로 인간 [이성]의 자기실현의 최고 형태인 이론/관조가 *eupraxia*, 즉 좋은 행위에 속한다(Pol. Ⅶ 3, 1325b14 이하). 아리스토텔레스가 자족하기 때문에 공동체가 필요 없는 인간에 대해서 그가 나쁘거나 아니면 (공동체에 결부된) 인간보다 더 높다고 말했을 때(1253a4; 그리고 28 참고) 아마도 그는 이론적 삶을 염두에 두었을 것이다. 어느 경우든 정치적 본성은 여러 가지 근거로 해서 인간 전체는 아니다. 국가에서의 삶은 전체 인간성과 일치하지 않는다.

아리스토텔레스의 논증은 오늘날까지도 일리가 있다—물론 단지 원칙상으로. 왜냐하면 최소한 두 가지 비판이 떠오르기 때문이다. 한편에서, 그 논증이 일차적으로 질서의 잠재력을 파악하고 지배적 성격을 과소평가하는 한, 그것은 공공의 폭력을 '미화시키는 시각'으로 바라본다. 다른 한편으로 언급할 만한 가치가 있는 결함이 존재한다. 그리스인들에게는 공통의 제도들이 존재한다. 이를테면 올림픽 경기나 델피의 신탁, 더 나아가 공통의 화폐, 그 이외에도 무역동맹과 전쟁동맹, 그리고 헬라스 외부의 공동체에 대한 관계들이 그런 제도들이다. 그렇지만 폴리스를 넘어서며 최소한 헬라스 내에서의 법률 공동체에 대한 이론은 그 발단조차 존재하지 않는다. 필리포스 2세가 아테네와 테베와의 전쟁에서 승리하고(기원전 338년) 나서 평화회의를 소집했는데, 이 회의에서 범헬라 동맹이 생겨났으며 이 동맹은 보편적인 평화를 수립해야 했다. 그런데 아리스토텔레스 철학은 이에 대한 반성을 하지 않는다. 알렉산더에 대한 정치적 경고 속에서 아리스토텔레스가 세계국가의 비전, 즉 하나의 헌법과 하나의 정부를 가지며 전쟁이 없는 우주적 폴리스의 비전을 발전시켰을 것이라고도 한다(Stein 1968). 그런데 《정치학》처럼 그렇게 다양한 주제를 지닌 저작이 이러한 방향에서는 단초조차 지니지 않았다는 사실은 오히려, 아리스토텔레스가 아랍어로만 전해져오는 해당 텍스트를 저술했을 것이라는 주장을 회의적으로 바라보게 만든다. 아리스토텔레스가 전적으로 유념한(Pol. Ⅱ 6, 1265a20 이하) '국제적인' 관점에서 볼 때 그는 틀림없이 전쟁에 익숙한 문화의 '아이'다. 그는—플라톤과 다르지 않게(《국가》 Ⅱ 373d-e)—전쟁을 준비하고자 하는 동기는 발견하지만 '국제적인' 법질서를 목표로 노력하려는 동기를 발견하지는 못한다. 근세 초기의 아리스토텔레스주의자인 알투시우스(Johannes Althusius)는 자신의 《정치학》(^{3}1614, c.17, §§25-33)에서 당대에 발전된 더 포괄적인 통일성들을 주목하게 된다. 그렇지 않다면 그는 아리스토텔레스의 논증의 기본적인 선례를 그대로 답습했을 것이다. 정치적인 것의 기본 개념이 *consociatio symbiotica*, 즉 삶의 공동체다. 그 가장 작은 형태가 결혼을 이룩하고 이로부터 점차로, 그리고 유기적으로 사회적 전체를 건설한다. 우선 가족, 그리고 협동조합(길드), 그다음에 지방자치단체, 도시 내지 주(州) 내지 지방, 결국 제국으로 이어진다. 마지막 두 사회적 단계를 가지고 알투시우스는 개별 폴리스를 향한 아리스토텔레스의 방향 설정을 넘어선다. 그러나 그에게도 역시 세계적인 법질서의 사고는 결여되어 있다.

16. 정치적 정의

16.1 기본적인 불평등

아리스토텔레스는 인간들을 언어 능력과 이성 능력으로 규정하지만, 그가 이 능력에 근거해서 그들에게 근본적인 법적이고 정치적인 동등성을 허용하지는 않는다. 이와는 반대로 그는 그 당대의 불평등, 즉 노예들과 야만인들, 그리고 부인들이 동등한 권리를 가지지 못한 것을 정당화한다. 최소한 언급된 논거들의 일부가 이데올로기적 성격을 지닌다.

16.1.1 노예

[아리스토텔레스가 그리는 아테네의] 노예들-탄광과 수공업장에서, 그리고 개인 가정과 농업 생산에서 일하는-은 법적으로 스파르타의 노예들(예속자들)보다 더 열악한 위치에 있다. 스파르타에 있던 노예들도 비록 토지 소유와 법적 권리에서 배제되어 있으며 주인들에게 세금을 낼 의무를 지고 있지만, 그들은 고정된 장소에서 살고 있다. 이

에 반해 [아테네의] 노예들은 팔렸거나 전쟁에서 잡혀왔으며 다시 팔릴 수 있다. 그들이 법적으로 더 열약하다는 사실 이외에 정주할 수 없고 고향이 없다는 점이 추가된다.

다른 사람들, 예컨대 소피스트 알키다마스(Alkidamas)가 노예들의 합법성을 의심한 반면(에우리피데스, 《이온》 854 이하; 또한 Pol. Ⅰ 3, 1253b20 이하), 아리스토텔레스는 단지 *bia*, 즉 폭력에 근거한 노예만 있는 것이 아니라 *physei*, 즉 본성에서 나온, 그러므로 정당한 근거에서 생겨난 노예도 있다(Pol. Ⅰ 4-7; 그리고 Ⅶ 14, 1334a2 비교: 노예에 어울리는 인간이 존재한다; Schofield in: Patzig 1990; Schütrumpf 1991, Ⅰ 234 이하 참고)고 주장한다. 《정치학》에서 그는 태생적 노예와 태생적 주인을 설정한다(Ⅰ 5, 1254a23 이하). 그런데 놀랍게도 다른 곳, 즉《에우데모스 윤리학》과 《대논리학》 역시 노예제를 다루기는 하지만, 거기서는 이 사고방식이 빠져 있다.

우리가 비록 아리스토텔레스를 존경하기는 하지만 태생적 노예가 존재한다는 생각은 우리를 단적으로 불쾌하게 만든다. 그러나 자세히 살펴본다면 그 불쾌감은 조금 줄어들 것이다. 예컨대 주인의 노예에 대한 관계가 상호 간의 번영에 봉사해야 하며(Pol. Ⅰ 2, 1252a30-34; Ⅰ 5-7 그리고 13), 그래서 호혜주의와 이를 통해서 정의에 연결되어 있다. 본성적으로 주인인 사람은 자신의 지성적 능력 덕분에 자신의 삶을 배려할 수 있는 사람이고, 본성적으로 노예인 사람은 이런 능력을 가지고 있지 않기 때문에 자연적 소질에 의한 단점인 선천적인 불구에 근거해 자신을 대신해서 사고해주는 사람에게 의존되어 있으며, 더욱 '필수적인 것을 생산해내기'에 적합한 육체를 가지고 있는 사람이다(Ⅰ 5, 1254b22 이하).

실제로 극단적인 지적 저하의 경우에 노예의 법적 지위에 상응하는 미성년의 지위가 필수적이기는 하다. 그렇지만 여러 논거들이 아리스토텔레스를 반박한다. 이를테면 지적인 결여는 전체 인구의 35~40퍼센트에 해당될 정도로 그렇게 자주 발생할 수는 결코 없다. 그런데 고전기의 아테네에서 노예들이 차지하는 부분이 그렇게 높다. 그 외에도 지적 장애가 기껏해야 더 힘든 노동에 더 적은 급료를 주는 것을 허용한다고 치더라도, 법적으로 그리고 정치적으로 불공평을 허락하지는 않는다. 더군다나 지적 장애가 육체적 노동에 더 많은 능력을 주지는 않는다. 그런데 아리스토텔레스의 입장은 일관적이지 않다. Pol. Ⅶ 10(1330a32 이하)에서 그는 노예에게 그 수고에 대한 대가로 자유를 약속하라고 충고하는데, 정말 그렇게 했더라도 이것이 태생적 노예에게는 무의미했을 것이다. 그는 또한 사람이 노예를 노예로서가 아니라 인간으로 본다면 노예와의 우정도 존재할 수 있으리라는 점을 시인한다(EN Ⅷ 13, 1161b5 이하).

노예제에 대해서 아리스토텔레스는 지적 결핍과 육체적 특성에 이어서 이제 세 번째 정당화 근거로 성격적 연약성인 용기의 결여를 제시하는데, 이것은(Ⅶ 7, 1327b27 이하) 헤겔의 《정신 현상학》의 유명한 장인 '주인과 노예'를 연상시킨다. 사람이 주인이냐 노예냐를 결정짓는 것은 예견적인 사고의 능력에 달린 것이 아니라 생과 사가 걸린 전투에 대한 각오에 달려 있다. 그런데 각오가 결여되어 있다고 해서 법적이고 정치적인 불평등[을 부과할] <u>권리</u>[142]가 생기는 것은 아니고 기껏해야 패배한다고 하는 <u>사실</u>이 생길 뿐이다. 그 외에도 아리스토

142) 직역하자면 법적이고 정치적인 불평등의 권리(Recht auf rechtliche und politische Ungleichheit)를 사용했기에 이렇게 번역했으나, 권리는 긍정적인 것이기에 '[을 부과할]'을 추가했다.

텔레스가 주인과 노예의 관계를 실제로 호혜주의의 관점에서 관찰하는 것은 아니고 주인의 입장에서 관찰한다. 주인은 여가활동에 전념할 것이고 그래서 생산에 사용되는 일반적인 도구 이외에 행위를 위해 돕는 사람으로서 '살아 있는 연장'이 또한 필요하다(Pol. Ⅰ 4). 너무 가난한 사람은 그 대신에 황소를 사용한다(Ⅰ 2, 1252b12). 그런데 노예를 가질 수 있는 사람은 관리자를 고용하고 정치나 철학에 종사한다(Ⅰ 7, 1255b35-37). 여기서 상황이 바뀐다. 결점은 (육체적) 노동을 싫어하고, 공정한 분업을 따르는 것처럼 보이는 것에서 참으로 더 큰 유익을 얻는 주인에게 있다. 그래서 《정치학》은 단지 전쟁에서 강제로 노예가 되는 것에 대해서만 정의의 결핍을 허용하는데(Pol. Ⅰ 6), 이것은 정당하다. 다른 한편으로 아리스토텔레스는 노예제에 과도한 칭찬은 하지 않는다. 이와 반대로 그는 노예제도에서 어떠한 숭고한 것도 발견하지 못한다(Ⅶ 3, 1325a25 이하). 그럼에도 이상적인 폴리스 자체가 이 제도에 토대를 둔다(Ⅶ 10, 1330a25-33). 그 이외에도 최초의 인권선언, 버지니아의 권리 장전이 노예국가 안에서 일어난다는 사실을 잊으면 안 된다.

16.1.2 비그리스인/야만인

바르바리안들(Barbaren)이라고 부르는 것은 그리스인들이 다른 언어 공동체의 구성원들을 중립적으로 부르는 것이 아니고, 상위 문화의 언어인 그리스어를 말하지 않는 사람들을 부르는 것이다. [Barbar 이라는] 의성어는 다른 언어를 쓰는 사람을 문화적으로 저급하다고 차별한다. 고전기에 당연히, 이를테면 헤로도토스에게 Barbaren(비(非)그리스인들), 즉 이집트인들과 페르시아인들은 그들의 과학과 지혜와 인간성 때문에 경탄의 대상이다(예컨대 《역사》 Ⅶ 136에서 헤로도토스는 페르시아의 왕 크세르크세스가 스파르타인들에게 보여준 고결함에 대해 보도한다). 그럼에도 아리스토텔레스는 시인의 말(에우리피데스, 《아울리스의 이피게네이아》, V. 1400)에 동의하면서 다음과 같이 인용한다. "그리스인이 이방인들(Barbaren)을 다스리는 것은 적당하다(Pol. Ⅰ 2, 1252b8)." 여기서 그는 문화적 우월성에서 정치적 특권을 도출해낸다. 그 이외에도 그는 이방인을 태생적인 노예의 단계에 놓음으로써 시인의 말을 강화한다. 그 근거로서 그는 그들에게는 '본성상 다스리는 것'이 결여되어 있다는 말을 인용한다. 그러나 이집트인들, 페르시아인들 등이 경제적이고 문화적인 전성기와 정치적인 안정기를 누리고 있었기 때문에 예견적인 사고의 결여라는 주장은 벌써 맞지 않는다.

아이스킬로스가 《페르시아인》(V. 181-199)에서 이방인의 세계와 그리스인의 세계를 동일한 가치를 지닌 삶의 질서들로 묘사한다. 단지, 그리스인들을 낯선 나라로 몰아넣으려는, 시도만이 비판된다. 소크라테스와 동시대인인 안티폰도 명백하게 어떠한 인간학적 차이도 부인한다. "자연으로부터 우리 모두, 즉 그리스인과 마찬가지로 이방인 또한 모든 관점에서 동일하게 창조되었다(Diels/Kranz 87 B 44)." 이런 의미에서 알렉산더는 모든 민족을 동일한 권리를 가진 것으로 취급하며, 지도층들을 서로 융해시키려고 노력하게 된다.

아리스토텔레스는 이런 가치판단에 합류하지는 않고 그보다는 오히려 입헌정치의 독특성, 즉 자유민에 대한 자유민의 지배를 지지해 이것을 그리스인들이 비그리스인들보다 도덕적이고 정치적으로 우수하다는 증거로 해석했지만(Pol. Ⅶ 14, 1333b27-29) 그의 탐구적 호기심이 방해받을 수는 없다. 《수사학》에서 그는 재삼재사 정치적 상황들의 비교 연구를 시도한다(예컨대 14, 1360a30-37). 그리고 그는 카르타고의 헌법과 같은 헌법들에 높은 경의를 표한다(Pol. Ⅱ 11, 1272b24 이하).

16.1.3 여자

아테네에서 여성들은 법적으로 후견인에게 종속되어 있는데, 보통은 아버지나 남편이다. 남편을 자유로이 택할 수는 없다. 후견인이 그녀들의 거래를 감시하는데, 그녀들에게는 상속권이 없다. 그렇지만 여성들이 [남자 상속인이 없어서] 상속녀인 경우에 아들에게 유산을 물려줄 수 있다. 다른 한편 그녀들은 법적으로 자유롭고 법적으로 보호를 요청할 수 있으며, 학대 받는 경우에 고소할 수 있다. 아리스토텔레스가 이에 관해서 진술하는 바는 전체적으로 일관되지는 않는다. 한편으로 여성이 탁월성에서 남자보다 열등하며(Pol. Ⅰ 13, 1260a20-24) 남자가 가정 전체를, 그래서 여성도 역시, 군주처럼 다스린다(Pol. Ⅰ 7, 1255b19). 다른 한편 《니코마코스 윤리학》은 [남편의] 우선권을 [군주정에서] 귀족정으로 약화시키며 게다가 [부부 사이의] 분업을 말한다(Ⅷ 12, 1160b32 이하; Ⅷ 13, 1161a22 이하). Pol. Ⅰ 12-13에서 [부부 사이의] 관계를 '정치적'이라고까지 규정하는데, 그래서 [부부 관계가] 동일한 자들 사이의 관계가 된다. 그러나 비교급이라는 뒷문을 통해서 아리스토텔레스는 불평등을 몰래 들여온다. 남편은 비록 혼자서 다스리는 것은 아니지만, 다스림에 더 어울린다(*hêgemonikôteron*: Pol. Ⅰ 12, 1259b2).

상속녀에게, [또한 더 나아가] 여성들에게 집을 '다스릴' 권한을 주는 당시의 법제도 때문에 이미(EN Ⅷ 12, 1161a1-3; 그리고 Pol. Ⅱ 9, 1270a26 이하 참고), 더 나아가 다른 민족들 사이에서는 여성들이 지배한다는 사정 때문에(*gynaikokratoumenoi*: Pol. Ⅱ 9, 1269b24 이하) 경험주의자인 아리스토텔레스는 여성의 지배 능력이 떨어진다고 하는 가설에 회의를 가졌었을 수도 있다. 아무튼 그는 스파르타 헌법에서 여성에게 능동적 위치를 부여하고 있음을 언급한다(Pol. Ⅱ 9). 그는 또한 여성들이 '자유민의 절반'을 구성하고 있음을 인정한다(Ⅰ 13, 1260b19). 그러나 더 자주 그리고 더 중요한 것은 그의 [남녀 불평등의 약화를] 반대하는 진술들이다. 이를테면 그는 다음과 같이 소포클레스의 《아이아스》(Ⅴ. 293)를 인용한다. "여성에게 침묵은 명예를 가져온다(Pol. Ⅰ 13, 1260a30)." 더 나아가 해당 텍스트에서 좋은 인간이 아니라 좋은 남성의 탁월성을 논하며(*aretê andros agathou*: Ⅲ 4, 1276b17), 그 이외에도 아이와 관련해서 단지 아버지에 대해서만 논하며(Ⅰ 3, 1253b6 이하), 아이들의 교육에서 단지 아들에 대해서만 논한다(Ⅷ 3, 1338a31). 그래서 여기서도 아리스토텔레스 역시 당시의 풍습을 따르고 있다. 특정한 제식(祭式)에서(델피의 아폴론 여사제 참고), 그리고 중요한 축제에서 여성들이 주도적인 역할을 맡고 있고, 호머와 비극 작품들 속에서 위대한 여성들의 모습이 등장하고 있으며—페네로페, 안티고네, 이피게니, 메데아—그리고 역시 꽃병 그림들 속에서도 문화적이고 공공의 활동에서 부유한 여성의 삶이 우리에게 드러나고 있음에도, 그리스인은 우리에게 무엇보다도 시민, 군인, 가장, 세대주로서, 짧게 말해서 남자로서 등장한다.

16.2 자유민의 자유민 지배

아리스토텔레스의 정치적 인간학(Pol. Ⅰ 2)은 사회적 정당성의 최소 조건인 모든 구성원의 호혜적인 유익을 다룬다. 사람들은 여기서 폴리스를 정당화하는 정의에 대해 언급할 수 있다. 정치적 조직은 모든 사람을 더 낫게 만들어주기 때문에 그것이 없는 것과 비교해볼 때 그것은 정당하다. 그러나 아리스토텔레스의 《정치학》은 폴리스에 규범을 제공하는 정의를 위한 초석들을 마련한다. 그 초석들은 *archê*(지배)에 관한 심사숙고 속에서 발견된다.

사회가 *archê*, 즉 지배 혹은 통치를 필요로 한다는 사실에 대해서 아리스토텔레스는 아무 곳에서도 의심하지 않는다. 그 근거를 다음과 같은 상황 속에서 찾아볼 수도 있을 것이다. 그가 *archê*라는 표현 속에서 질서와 지도의 요소보다는 강제적 성격을 덜 고려하고 그래서 *archê*의 결여 속에서 일차적으로 무질서, 지도의 부재, 그리고 불법을 지각한다. 이미 호머(《일리아스》 Ⅱ 703 und 726), 헤로도토스(《역사》 Ⅸ 23), 에우리피데스(《헤카베》 V. 607; 《아울리스의 이피게니》 V. 914) 그리고 플라톤(《국가》 Ⅷ 558c와 560e)처럼 아리스토텔레스 역시 *anarchia*, 즉 무정부 속에서 자유를 위한 기회가 아니라 군사적이고 정치적인 몰락의 근거를 본다(Pol. Ⅴ 3, 1302b27-31). 무정부는 그에게, 선장이 없이 항해하는 배처럼 추구할 만한 가치가 없게 여겨진다—배는 작은 국가의 고전적인 비유다(Pol. Ⅲ 4, 1276b20 이하; 그리고 이미 플라톤, 《국가》 Ⅵ 488a 이하). 아리스토텔레스는 지배를 '자연에서 온' 사실이라고 여긴다(Pol. Ⅰ 2, 1252a31-34). 한 곳(Ⅵ 2, 1317b15)에서 그는 비록 *mê archesthai*, 즉 다스려지지 않음에 대해서 말하기는 한다. 그러나 거기서 그는 단지 민주주의를 그렇게 이해해도 되는가 하고 질문한다. 그리고 그런 해석을 비난한다. 고대 전반에서 단지 헤로도토스(《역사》 Ⅲ 80-83)만이 위대한 페르시아인 오타네스에 대해서 보도하는데, 그는 다스릴 마음도 또한 다스려질 마음도 없다는 논거를 가지고 완전한 민주주의를 변호했다고 한다.

아리스토텔레스에게 지배의 존속이 당연한 만큼 지배의 상세한 종류는 그에게 당연하지 않다. 정당한 지배가 다섯 가지 방식으로 제한되었다. 첫 번째 한계는 아리스토텔레스가 세분화한 지배 개념 속에 들어 있다. 그에 따르면 다음과 같은 것들이 차별을 낳는다. 사람이 폴리스에서 정치를 하는가, 아니면 왕으로 지배하는가, 아니면 집을 관리하는가, 아니면 노예를 명령하는가(Pol. Ⅰ 1, 1252a7-13; 그리고 Ⅶ 3, 1325a27-30 참고). 가장은 그리스어로 *despotês*인데, 그래서 Despot(전제군주)인데, 자유롭지 못한 사람을 다스리는 데 반해, 폴리스 지배자는 자유로운 사람을 다스린다. 여기서 지배는 시민에 의해서 규정되고 동시에 제한된다. 정당한 지배는 자유민을 대상으로 한다. 따라서 자기 스스로 복종하고 자기 스스로를 위해서 사는 사람을 대상으로 한다(Pol. Ⅰ 7, 1255b20 이하; Met. Ⅰ 2, 982b26). 자유민은 예속적 지위를 맡지 않으며 삯일을 맡지도 않는다(Pol. Ⅷ 2, 1337b5 이하). 왜냐하면 그는 부유하기 때문에 생존 유지의 염려는 다른 사람들에게 맡기고 자신은 공적인 일에 헌신할 수 있기 때문이다. 더 나아가 그는 소심하게 돈에 얽매이지 않으며 오히려 [재산상의] 관용으로 특징지워진다.

여기서 '자유' 개념의 영역으로 주제가 돌려진다. 아리스토텔레스—일반적으로 그리스인들과 마찬가지로—는 자유의 영역에 대해서 통일성을 아직 발견하지 못한다. 그는 [자유에 대한] 부분적 현상들의 다양성을 알고 있다(Raaflaub 1985 참고). 아리스토텔레스에게는 전체적인 개념이 결여되어 있으며, 그는 상세하고도 풍요로운 문제의식도 가지고 있지 않다. 다음과 같은 여섯 가지 중요한 관점들을 살펴보자.

(1)자발성(*hekôn* 내지 *hekousion*)의 행위 이론적인 개념은 무엇보다도 개인의 소극적인 자유를 의미한다. 자발적으로 행위하는 자는 외부적 강제에 의해서도 그렇다고 무지에 의해서도 행위하지 않고 오히려 자유롭게, 자기 스스로 행위한다. (2)행위의 자유에 해당하는 적극적 개념을 위해서 아리스토텔레스는 *prohairesis*, 즉 숙고된 결정이라는 표현을 사용한다(13.2장의 첫 번째와 두 번째 항목을 보라). (3)자유의 다른 개념은 전적으로 충분함(Rundum-Genug-haben), 즉 *autarkeia*(자족)이다(14.1장을 보라). (4)경제적이며, 그를 넘어서, 법적이고 정치적인 의미에서 자유는 *eleutheria*[143]를 의미한다. 이런 의미에서는 노예와는 반대로 주인의 소유가 아니며 그래서 자기 자신을 위하여 그리고 좋은 삶을 위하여 존재하는 자가 자유롭다(Met. Ⅰ 2, 982b26 참고). 자신과 같은 존재들과 함께 살면서 법률과 일군의 공직들에게만 복종하기 때문에 그가 이중적 의미에서 정치적으로 자유롭다. 즉 적극적인 의미에서, 그가 돌아가면서 다스리고 다스림을 받는다(Pol. Ⅵ 2, 1317b2 이하). 그리고 소극적 의미에서, 그는 원하는 대로 살아도 된다(b12).

그래서 아리스토텔레스는 오늘날까지 정치적 자유주의를 위해서 결정적인 차원들 중에서 세 가지를 알고 있다. 뱅자맹 콩스탕

143) 이 *eleutheria*라는 개념은 예를 들면 노예가 아닌, 자유민을 의미하는 것 같은 경우에 사용된다.

(Benjamin Constant)의 유명한 논문《현대의 자유와 비교된 고대의 자유(*De la Liberté des Anciens comparée à celle des Modernes*)》(1819년)에 따르면, 고대는 두 번째인 정치적인 차원의 자유를 알지만 세 번째인 개인적 차원은 몰랐다.−첫 번째 차원은 콩스탕에게 아무 의미가 없다.−아리스토텔레스 철학은 ①경제적 자유뿐 아니라 ②적극적인 정치적 자유, 즉, 우리의 민주주의들의 공동 결정을 훨씬 넘어서는 그러한, 민주적인 공동 결정, 마지막으로 ③소극적인 정치적 자유 내지는 개인적 자유, 즉 자신이 좋아하는 대로 그리고 자신의 표상을 따라서 살 권리 자체도 가지고 있다. 당연히 세 번째 차원이 기본권으로 보장되는 것은 아니고 단지 인구 중의 일부, 즉 정주하고 있는 외국인들과 노예들과 여자들과는 반대로 자유로운 남자 시민들에게만 주어진다. 그리고 첫 번째 차원이 결여된 곳에서는 사회복지국가 체제를 통해서 상쇄되어야 함을 아리스토텔레스는 알지 못한다.

(5)아리스토텔레스에 따르면 도덕적이고 실천적인 의미에서는 자신의 재산에 매달리거나 그것을 낭비하는 대신에 외적 재화들을 주도적으로 처리하고 그로써 [재산상의] 관용으로(*eleutheriotês*) 특징지워지는 사람이 자유롭다. (6)마지막으로 자기 자신에게 법을 부여하는 공동체, 즉 *autonomia*(자율성)을 가진 공동체가 자유롭다(Pol. Ⅴ 11, 1315a4-6 참고).

여섯 가지 관점들이 서로서로 연결되어 있으며 폴리스에서 전체로서 역할을 수행한다. 지배가 그 특정하게 정치적인 형태로 자유로운 (그리고 동등한) 사람들을 대상으로 삼는다면 그리고 폴리스가 자유민들의 공동체로 규정된다면(Pol. Ⅲ 6, 1279a21), 그리고 자유로운 시민들과 관계를 맺는다면 그것은 관점 (4)와 관련해서 발생한다. 즉 삼중의, 즉 경제적이고 법적이고, 정치적인 자주성 가운데 있는 자유. 정치적 분야에서 관점 (3)인 폴리스의 자족성과 관점 (6)인 폴리스의 자율성의 결합이 이 자유에 상응한다. 개인의 자주성으로서의 자유를 위해서 관점 (2)인,《니코마코스 윤리학》에서 다뤄진, 결정의 능력과 또한,《니코마코스 윤리학》에서 알려진, 관점 (1)인 소극적 자유가 전제되었다. 자족 (3)이 다시금 《정치학》에서뿐 아니라 《니코마코스 윤리학》에서도 중요하다. 《정치학》에서는 자족이 공동체 형태인 '폴리스'를 특징짓고 《니코마코스 윤리학》에서는 행복의 원리를 특징짓는다.

이 여론 다음에 우리가 통치에 규범을 제공하는 요소로 되돌아가자. 플라톤이 철인왕 명제에서 좋은 통치자에게 갈채를 보내는 반면에 아리스토텔레스는 (좋은) 법을 찬성한다(Pol. Ⅲ 16, 1287a18 이하 참고). 여기서 그가, 그리스에서 아주 존경하는 시인이자 (격정이 없는) 법률이 '만물의 왕'이라고 여기는, 핀다르(기원전 518~446년경)를 따른다(플라톤,《고르기아스》 484b, 그리고 《서신》 Ⅷ 354c 참고). 올바른 통치의 두 번째 한계는 본질에 있어서 '법의 지배'이다(Ⅲ 11, 1282b2 이하). 보편적이며 [모든] 당사자에게 동일하게 적용되어야만 하는 규정들을 통해서 법의 평등성이 성취되는데, 법의 평등성이, 인간들이 기꺼이 자신의 복지를 위해 행동하기 때문에 그들이 쉽게 참주가 된다고 하는, 위험에 맞서서 작용한다(EN Ⅴ 10, 1134a35-b2). 법률들이 격정에서 자유로우며 그 외에도, 오래 걸리며 경험이 풍부한, 심사숙고들에서 생겨난다(Rhet. Ⅰ 1, 1354a-b2). 당연히 비로소 이것들과 함께 첫 단계의 법의 평등성, 즉 규칙의 중립적인 적용이 생겨나는데, 이 적용이 노예들과 여성들의 불공평한 법적 지위를 단적으로 허용한다. 그 이외에도 아리스토텔레스가 일반적인 규칙들 속에 내재한 한계들을 의식하는 가운데 법률을 교정해줄 수단, 즉 공정성을 제공한다(14.3장을 보라). 아무튼 그리스는 전문 재판관도, 또한 다른 직업적인 전문가들도 가지고 있지 않았다. 그래서 정치가 국민에게 더 가깝고 ("더 민주적이고") 덜 법제화했다. 법률 전문가들 대신에 유사(類似) 전문가들, 즉 웅변가들이 존재한다(4.3장을 보라).

이미 아리스토텔레스가 세 개의 공공 권력들을 구분한다(Pol. Ⅳ 14-16). 권력분립의 사고를 선취한 이 구분 가운데 세 번째의 통치의 제한이 드러난다(Pol. Ⅳ 14, 1297b37 이하). 심의 기구는 어느 정도 입법기관에 해당한다. 왜냐하면 이것이 전쟁과 평화, 동맹과 계약, 법률, 선거와 관리의 감사를 판단하기 때문이다(EN Ⅵ 8, 1141b32 이하가 그 자체로 그리고 심의와 구분하여 입법을 소개한다). 관리들이 행정부를 형성한다. 그리고 세 번째 것으로서 재판이 있다. 실제로, 아리스토텔레스는 다루지 않은, 권력분립의 두 번째의, 심지어 이중의 종류가 하나 더 있다. 그리스 내에서 서로 다른 도시국가들이 권력을 분점하고 또한 이것들이 전체적으로 "정신적 중심"인 델피와 영향력을 나눈다.

두 번의 세 개[144]의 헌법들 내지 국가 형태들에 대한 그의 영향력이 풍부한 이론 가운데 아리스토텔레스가 공공의 복지에(*to koinê sympheron*) 방향을 맞춘 헌법을 통치자의 복지에(*to tôn archontôn*) 방향을 맞춘 헌법과 대조시켜 첫 번째 것들을 단적으로 정의롭다고 부르고 그와 반대로 다른 것들은 잘못된 것이라고 부른다(Pol. Ⅲ 6, 1279a17-20). (홉스에게는 이 기준이 상실되어 있다: 《리바이어던》, 19장.) 이 네 번째 기준에 따르면 정당한 것은, 왕정이고 참주정은 그

144) 2×3=6을 의미한다.

렇지 않다. 귀족정은 그렇고 과두정은 그렇지 않다. (부자들의 지배, 그래서 과두정을 금권정치라고 부른다). 마지막으로 정체/혼합정체(Politie)[145]는 그렇고 민주주의는 그렇지 않다. 왜냐하면 민주주의를 아리스토텔레스가 가난한 자들의 지배로 이해하기 때문이다(16.3장을 보라). 그런데 민주주의가 "나쁜 정체들" 중에는 "제일 견딜 만한 것"으로 여겨진다(Pol. Ⅳ 2, 1289b2-5). 참주정은 현대 국가 형태들인 전제주의나 혹은 독재국가와 비슷한 점이 전혀 없으며 전체주의적 지배에 대해서는 전적으로 침묵한다. 그리스의 참주는 현대의 국가기구들의 통제 가능성들과 억압 가능성들을 대략적으로라도 갖추지 못했다. 그는 지배적인 가문들 중의 하나의 출신으로 우선 사병, 무장한 무리들을 키우고 그다음에 공공건물들을 (신전들, 우물들, 요새들) [건축함을] 통해서, 즉 공공의 복지에 기여함을 통해서 [자신의 부당한] 지배를 정당화하려고 노력한다. 이런 노력들 중 하나가 시인들, 미술가들, 제의적 축제들의 후원자로서 등장하는 것이다.

《정치학》의 Ⅳ 10장에서 아리스토텔레스가 참주정을 세 종류로 구분한다. 그와 동시에 첫 두 종류 모두가－특정한 야만인들 사이에 존재하는 제한되지 않은 일인 통치와 태고기(太古期)의 그리스에 존재하던 소위 *aisymnêtês*(선출된 군주) 지배(Pol. Ⅲ 14-15 역시 참고)－소포클레스의 비극 《오이디푸스 왕》의 오이디푸스와 마찬가지로 일인(一人) 통치자로 규정되며, 상속에 의하지 않고 권력에 오른 그렇게, 도

---

145) 여기서 우리말 '혼합정체'라고 번역한 저자의 독일어 번역인 Politie와 그 그리스어인 *politeia*는 원래 다수의 지배란 의미가 아니고, 일반적으로 정체(政體)를 의미한다. 그러나 여기서는 나쁜 의미인 '민주주의'와 반대되는 개념, 즉 '좋은 의미에서의 다수자 통치'의 의미로 사용되었다. 그리고 아리스토텔레스에게서 당대의 일상적 의미에서 민주주의보다 좋은 정체는 민주주의와 과두정의 혼합정체이기 때문에 독일어 번역인 Politie를－큰 무리가 없는 이상－앞으로 '혼합정체'로 번역할 것이다.

덕적이고 정치적으로 중립적인 참주정 개념에 상응한다. 아리스토텔레스가 언급한 두 경우 모두에 지배가 법적인 근거에 기초하며-국민에 의해 선출되었기 때문에?-자발적으로 따르는 사람들을 대상으로 한다(Pol. Ⅳ 10, 1295a15 이하). [여기에 등장하는] '그럼에도 자의적으로 지배한다(a 17)'는 언급이 일관성이 없는 첨가물처럼 여겨진다. 세 번째 종류 그리고 본래의 참주정이야말로 비난할 만하다는 기준을 충족시킨다. (1)책임을 짐이 없이 일인 통치자가 다스린다 (2)자기와 비슷한 사람들뿐 아니라 심지어 자기보다 우수한 사람들도 모두 다스리며 (3)자신의 이익을 위하지 다스림을 받는 사람의 이익을 위하지 않고 (4)아무도 자발적으로 복종하지 않는다(a 19-22).

아리스토텔레스가 비록 기준을 갖고서 제대로 의미 규정을 함에도 공공의 복지라는 개념이 이상하게 불분명하다.

아리스토텔레스가 직접적으로 공공복지의 개념을 설명하지는 않는다. 그러나 그가 이상적인 폴리스를 묘사하는 그림에서 몇 가지 요소들이 얻어질 수 있다. 첫째 요소로 국토방위를 들어야만 한다. 국가의 지정학적 위치가 문제시 되든지(Pol. Ⅶ 5, 1326b39-1327a7), 바다와의 인접성도 같이 문제가 되든지(Ⅶ 6, 1327a18-25), 도로들의 설계가 문제가 되든지(Ⅶ 11, 1330b17-31) 항상 아리스토텔레스는 군사적 안전에 가치를 둔다. 두 번째 요소가 무역관계들이거나(Ⅶ 5, 1327a7-10) 아니면 경제정책의 일반적인 질문들이다. 세 번째 요소가 농토 분배이다. 아리스토텔레스가 네 (명확하게 동일하지는 않은) 부분들을 추천한다. (1)공동소유지(국가의 땅). 그 수확으로 제례 행위에 드는 비용을 지불하고(1.1) 그리고 공동 식사에 드는 비용을 지불한다(1.2). (2)개인소유지. 정의를 근거로 해서 뿐 아니라 적대적인 이웃들을 화합시키기 위해서도 모든 시민이 두 필지를 받는다. 그것들 중 하나는 국경 근처에(2.1) 그리고 다른 하나는 영토 내부에 도시 가까이에(2.2) 놓여 있다(Ⅶ 10, 1330a9-23). 이와 같은 공동소유와 사적 소유의 혼합체계는 두 극단, 즉 토지의 완전한 '사회화' 내지 국가화뿐 아니라 단지 사적 토지 소유 모두를 반대한다. 그와 동시에 공동소유를 통해서 공공 임무의 비용지출과 (아리스토텔레스는 단지 제의적 행동들만) 모든 시민의 충분한 생활비('공동의 식사')라고 하는 두 가지가 보장된다.

공동 소유의 사회적 과제들 때문에 우리가 아리스토텔레스에게서 복지국가주의와 분배정의의 단초들을 발견한다. 공공의 기금으로 지불하는 공동의 식사시간이—크레타의 모범을 따르고(Ⅱ 10, 1272a19-21) 이를테면 스파르타에는 반대되는—존재한다(Ⅱ 10, 1272a12 이하). 그 기본적인 중요성 때문에 이상국가는 물을 보살핀다. 이 물은 단지 마시기 위해서만 사용되어야 하며 다른 필요를 위해서는 사용할 수 없다(Ⅶ 11, 1330b11 이하). 공공집회 참석 시 지불하는 돈이 가난한 사람들이 민회에 참석할 수 있게 만들어주기는 하지만 아리스토텔레스가 그와 같은 '민주적인 제도들'을 반대하기 때문에, 누스바움(Nussbaum)과는 반대로(in: Patzig 1990), 아리스토텔레스의 사회주의 국가이념의 작용 범위를 너무 넓게 잡으면 안 된다. 다른 요소들 역시 첫눈에는 몰라도 자세히 검토해보면 사회주의 국가적으로 해석될 수 없다. 아리스토텔레스가 《국가론》을 비판하는 동안에 그는 소유물 문제에 있어서 혼합 형태를 찬성하는 발언을 한다. 소유(*ktêsis*)는 사적으로 남지만 이용(*chrêsis*)은 공동으로 이뤄져야 한다. 공동 사용이 국가에 의해서 중재되어진다고 한다면 단지 그럴 경우에만 사회주의 국가이념으로 이해될 수 있을 것이다. 그러나 아리스토텔레스가 공동 사용에 대해서 국가에 의한, 그래서 익명의, 더 나아가 강제적인 형태를 말하지 않고, 그 대신에 [재산상의] 관용으로 특징지어지는 우정 속에서 개인적이고 자발적인 형태를 말한다(Ⅶ 10, 1329b39 이하에도 불구하고). 아리스토텔레스의 이상 국가가 강한 귀족주의적인 색채를 띠고 있다는 사실도 역시 사회주의 국가이념에 반대된다. 그래서 토지가 비록 모든 사람에게 분배되지만 그것은 노예들에 의해서 운영된다(Ⅶ 10, 1330a25-33). 노예들과 이방인들 이외에도 수공노동자들, 상인들 그리고 일상적인 농부들도 역시 시민권에서 제외된다. 아리스토텔레스가 요구하는 좋은 삶을 위해서는, 청소년기에는 군대에 복무하고 성년기에는 국가 경영과 사법 처리에 봉사하고 늙어서는 사제적인 업무에 봉사하는 그렇게, 일하지 않는 적은 수의 집단만이 남아 있을 뿐이다(Pol. Ⅶ 9).

사람이 두 중요한 규정들, 폭정과의 거리 두기와 공공의 복지에 대한 의무를 모두 결합시킨다면 정당한 지배가—항상 제한되어, 즉 제대로 된 시민들의 범위에 한하여—정치적 억압뿐만 아니라 ("부자유민에 대한 지배") 착취도 역시 ("지배자의 사적 이익을 위한 지배") 배제한다. 반대로 모든 인간의 동등권과 같은 진지한 원리는 아리스토텔레스가 알지 못한다. 완전한 권리를 가진 인간들이란 노예들도 여성들도 어린아이들도 아니고, 이상국가에서는 심지어 농부들도 수공 노동자들도 상인들도 아니다.

결국 아리스토텔레스가 공공의 복지를 추구하는 국가 형태 가운데 다수(多數) 지배인 혼합정체를, 한 사람인 왕이 그리고 소수인 귀족들이 다스리는 정체들보다 선호한다(특이하게도 EN Ⅷ 12, 1160a32-36

에서는 혼합정체 내지 금권정치가 군주정과 귀족정보다 나쁘게 여겨진다). 혼합정체는 정치적인 정체, 간단하게 말해서 "정치적인 폴리스" 혹은 "시민국가"이고 여기서 시민이라는 것은-당연히 전체 국민 중에서 작은 부분만 속하기는 하지만-강조적인 의미에서 정치 참여를 통해서, 즉 지배에의 참여를 통해서 정의된다. Res publica(공화국)라고 하는 라틴어 번역을 거쳐서 혼합정체가 모든 유럽 언어 속에서, 권력과 직책을 가질 자격을 한 개인이나 작은 무리들에게 한정하는 모든 정체를 배제하는 그러한, 이상(理想)으로서 현존한다.

오늘날 '공화국'은 독일어 번역어인 '자유 국가(Freistaat)'와 마찬가지로, 거기서는 왕과 귀족이 지배하는 특권을 상실한 국가를 이르는 그러한, 헌법 이론적인 개념이다. 그리스적 원형에는 그 이상, 지배가 공공의 복지를 책임질 의무와 지방 공동체와 함께 하는 스위스의 주(州)조차 알지 못할, 정도의 직접 민주주의라고 하는, 두 가지 요소가 더 있다. 완전한 의미에서의 시민은 모든 재판과 모든 행정 관직에 참여하며(Pol. Ⅲ 5, 1278a36) 그리고 돌아가면서 스스로를 다스린다(Ⅰ 1, 1252a15 이하). 공직의 다수는 추첨에 의해서 분배된다(많은 공직과 공직과 유사한 기능이, 가장 작은 것에 이르기까지, 임명 방식과 공직의 기한과 보상과 함께 열거되어 있는 《아테네인들의 국가》 42-69장을 참고; 이를 위해 Chambers 1990). 이로써 아리스토텔레스가, 근대의 민주주의들 속에 널리 퍼진, 권력의 공고화를-주로 그 대의제도와 대표자의 직업화 때문에-거절한다. 아리스토텔레스에 따르면 전적으로 합당한 지배란 호혜성과 균형의 관계를 포함하는데, 이것은 아버지의 부재 시에 서로 돌아가면서 다스리는, 형제 관계, 어떤 의미에서는 고아들 간의 관계와 유사하다. 아리스토텔레스가 인간이 본성상 형성하게 되어 있다고 믿는, 폴리스 안에서 완전한 의미에서의 시민들은 마치 영국 상원의원들이나, 아카데미 프랑세즈의 회원들, 또는 고전적 (독일) 대학에서의 정교수들처럼 같은 신분의 동배(同輩)들처럼 동등한 사람들이다.

16.3 민주주의 혹은 시민국가?

정당화 이론적 관점에서 보았을 때 근대 국가는 두 기둥, 즉 "모든 권력은 국민에게서 나온다"라고 하는 민주주의의 헌법 이론적 개념과 평등성이라는 엄밀한 인권 개념에 기초하고 있다. 아리스토텔레스는 인권적인 평등성을 알지 못하고 민주주의를 명시적으로 거부하기 때문에, 그의 정치적 이상은 전근대적인 것처럼 보인다. 그러나 그는 민주주의를 비판하면서, 현대 민주주의에 의해서 대체된 체제인 군주제를 변호하지는 않는다. 그보다는 오히려 그는 한편에서 민주주의 개념을 구분하고 다른 한편에서 민주주의와 과두정치의 혼합적인 정체를 이상으로 여기는데(Pol. Ⅳ 8-9와 11 이하), 이 정체는 그의 규정에서는 혼합정체이기에 오늘날은 알지 못하지만, 사태로 보자면 지금 '공화국'이라는 이름으로 살아남아 있는 시민국가('혼합정체')이다.

1. 아리스토텔레스가 민주주의들에 대해서 언급하는 도중에 헌법 이론적인 질문—"누가 주권자(*kyrios*)인가?"—을 절대주권을 지닌 국민의 부분에 대한 사회 경제적인 질문과 결합시킨다. 민주주의의 가장 의미심장한 대안인 과두정치에서는 부자들이 주권을 가지고 있는데, 민주주의에서는 이를테면 전체 국민이 아니라, 가난한 자들의 집단이 그러하다(Pol. Ⅳ 4, 1290b1 이하). 물론 이들을 거지들로 이해

해서는 안 되고—그것에 의해서 아리스토텔레스가 귀족주의자로 드러나는데—농부들과 일용직 노동자들과 수공 노동자들과 상인들로 이해해야만 한다.

지배 능력이 있는 (지배가 허용된) 시민들의 범위와 그들의 지배 자격의 범위를 어떻게 정하느냐에 따라서 아리스토텔레스는 네 개의 형태들을 나누고 그를 통해서 민주주의에 대한 비교 개념을 들여온다(Ⅳ 4). 세 형태들에게 공통적인 것은 법의 구속력이다. 이와 같은 법치국가 이념의 범위 내의 민주주의들 중에서 첫 번째 그리고 가장 연약한 형태에서는 조세 할당, 즉 조세 평가[=재산의 규모]가 중요하다. 두 번째 그리고 강력한 형태에서는 문제없는 혈통이면 충분하다. 양(兩)부모가 모두 시민들이어야만 한다. 세 번째 그리고 더 강력한 형태에서는 출신 기준이 느슨해져서 모든 시민이 지배할 수 있다. 모든 시민이 공직을 맡을 수 있으며 그를 넘어서 법의 구속력이 폐지되는 곳이자 민주주의들 중에서는 네 번째 형태에서 비로소 그 과격한 혹은 완전한 형태에 도달한다. 그 속에서는 모든 시민이 지배할 수 있다. 그리고 민중선동가들(*dêmagôgoi*)이 원하는 것처럼 국민은 모든 법률적 제약에서 벗어나서 투표를 통해 모든 것을 결정할 수 있고, 그래서 세인의 주목을 끄는 법 위반들을 감행한다. 그와 동시에 국민은 공공의 복지가 아니라 자신의 복지를 중시하게 마련이므로 국민이 '더 우수한 자들을' 독재자처럼 지배한다. 과격한 민주주의는 다수의 참주정으로 변한다(Ⅳ 4, 1292a15 이하; 그리고 Ⅳ 14, 1298a31-33과 이와 유사한 곳 참고).

네 개의 민주주의 형태들에 대한 두 번째 서술(Ⅳ 6)에서 아리스토텔레스는 법률들을 인정하는 혹은 부인하는 근거를 열거한다. 놀랍게도 그 근거가, 법률들은 편파적이지 않다고 하는, 정당화 이론적인 통찰력에 있지 않다. 비록 아리스토텔레스가 다른 곳에서 보자면 이 통찰력을 알고 있음에도(예컨대 Pol. Ⅲ 15, 1286b17-21: 격정에서 벗어나 있음). 그보다는 오히려 그는 주권자에게, 이를테면 농부들에게는, 영원한 정치를 위한 한적한 시간(*scholê*)[146]이 결여되어 있다고 하는, 사회 경제적 근거를 든다. 그런데 폴리스들이 커지고 무엇보다도 부유해진다면 그래서 가난한 사람들이, 이제 특별히 수공 노동자들과 일용직 노동자들이(Ⅳ 12, 1296b29 이하 참고), 그만큼 보수를 더 받기 때문에 정치를 위해서 필수적인 한가한 시간을 갖게 된다면 사람들은 법률을 폐지하고 국민 전체가 지배를 맡는다(Ⅳ 6, 1292b41-1293a10).

민주주의의 기반인 자유를 위해서 아리스토텔레스는 두 개념들을 알고 있다. 사람이 돌아가면서 다스리고 다스림을 받게 되는 그러한 적극적이고 정치적인 자유(Ⅵ 2, 1317b2 이하)와 소극적이고 정치적인 자유인, 사람이 원하는 대로 해도 된다는, 주목할 만한 자유주의적인 개념(b12; 그리고 Ⅶ 12, 1316b24; Ⅷ 4, 1319b30을 보라)이 그것이다. 첫 번째 개념에서 민주주의적인 제도들이 생겨난다(b27 이하). 공직들이 모든 시민에 의해서 차지된다든지 모든, 최소한 아주 중요한, 결정이 민회에 주어지는 등의 제도들이 생겨난다.

아리스토텔레스는 이제 특히 과격한 민주주의를 비판한다. 예컨대 그는 (민회에 참여하는 것을 위한) 회의 수당에 반대하는데, 이 수

146) 여기서 여유시간으로 번역한 *scholê*는 일상적으로 여가라고 번역하나, 이는 현대적 의미에 물들어 있는 우리에게는 오해를 불러일으킬 수 있는 번역이 되기에 한적한 시간으로 번역한다. 여가라는 개념에는 우리가 여가 산업이라는 말에서 보듯이 재미있게 보내야 할 시간 같은 어감이 있는데, 아리스토텔레스의 의미와는 전혀 다르다. 그는 *scholê*를 사색하고 자신을 돌아볼 수 있는 한적한 시간으로 사용한다.

당은 재산세와 재산 몰수로부터 재정이 지원된다(Pol. Ⅵ 5, 1320a17-24). 좀 더 근본적인 것은 전문 능력의 결여에 대한 비판이다. 민회에 지나친 부담이 주어진다(Pol. Ⅲ 11, 1281b25 이하). 사람이 펠로폰네소스 전쟁을 살펴본다면, 이 전쟁을 부자들–그들이 함대 값을 지불했어야만 했다–이 반대했으나 다수인 가난한 사람들이 격렬하게 지지했다. 그렇다면 아리스토텔레스가 아마도 옳을 것이다. 알다시피 전쟁이 아테네의 패배로 끝난다. 그러나 다른 편에서 아리스토텔레스는 민주주의를 위한 논거들도 진술한다. 이를테면 그는 특정한 문제들에 관해 소수의 엘리트들보다 다수가 더 능력 있다고 여긴다(Ⅲ 11, 1281a39 이하).

근거 제시가 놀라울 정도로 냉담하며, 그가 무능력을 비난한 것과도 역시 모순된다. 다양한 사람의 탁월성과 사려 깊음이 단순히 합산될 수 있으며 그래서 두 종류에서, 즉 성격적인 관점에서뿐 아니라 지성적인 관점에서도 더 우수한 집단 능력이 등장한다는 것이다. 여기서는 논거가 맞느냐는 점이 문제가 되는 것이 아니라 민주주의를 찬성하는 내용이 중요하다. 좋은 시민이, 다스림을 받고 스스로 다스린다고 하는, 둘 모두에 정통하며 또한 둘 모두를 할 수 있음에 틀림없다고 하는 언급도 역시 민주주의에 찬성한다(Ⅲ 4, 1277b14 이하). 말하고자 하는 바는, 돌아가면서 복종하고 명령할 수 있는 능력과 그를 넘어서, 두 역할 모두 속에서 '사심이 없이' 공공의 복지를 위해서 작업할 준비이다.

2. 시민국가. 아리스토텔레스의 정치적 이상은 민주주의와 과두정치의 혼합으로 되어 있다. 이 이상이 이를테면 '연역적으로' 얻어진 것이 아니라 오히려 솔론의 개혁 이래로 부각되어 온 실재를 개념화한

것이다. 아리스토텔레스는 다시 헌법 이론적인 요소들을 정치 사회학의 관점들과 결합시킨다. (부유한) 지도 엘리트들과 (그렇게 부유하지 못한) 대중 사이에서 균형을 잡기 위한 목적으로 넓은 중간계층을 요구한다. 왜냐하면 소유가 중간 정도 되는 경우에 사람이 아주 쉽사리 이성을 따르며 더 나아가 더 쉽게 우정을 맺으며 그 외에도 소요와 다툼이 가장 적게 위협하고 특히 최상의 입법자들(솔론, 리쿠르고스, 카론다스)이 중류층에서 나왔다(Pol. Ⅳ 11).

혼합정체에 대한 사고는 투키디데스의 《펠로폰네소스 전쟁사》에서 기원전 411년의 정체 발전이 서술되고 있는 곳에서 이미 암시된다(Ⅷ 47 이하, 63 이하 그리고 89 이하). 그러나 [제대로 된] 이론의 단초를 얻기 위해서는 우리가 플라톤의 후기 저작인 《법률》(Ⅲ 693d 이하) 그리고 《제8 서한》(Ep. Ⅷ 354a 이하)을 기다려야만 한다. 그러나 플라톤은 아테네를 모범으로 삼은 것이 아니라, 최악의 경쟁자인 스파르타를 모범으로 삼는다.

시민국가 내지 혼합정체가 오늘날의 의미의 민주주의와 얼마나 조화를 이룰 수 있겠는가 하는 질문이 민주주의의 개념에서 결정된다. 근대적 민주주의의 토대가 되는, 지배 일반에 대한 정당화에 대한 질문을 아리스토텔레스는 하지 않는다. 그러나 그는—부분적으로는 명시적으로, 또 부분적으로는 암묵적으로—오늘날의 민주주의를 대신할 수도 있었을 법한 [아리스토텔레스 당대에 유행하던] 정당화의 형태들을, 즉 모든 권력이 신에게서 나온다거나 혹은 상위의 권력으로 나온다거나 혹은 해당 혈통에서 나온다고 하는 견해들을 비난한다. 게다가 혼합정체가 모든 당사자의 복지에 대해서, 공공의 복지에 대해서 의무를 지고 있기 때문에 그리고 그 정체에서 모든 중요한 결정이

ekklêsia, 즉 민회에 의해서 결정되기 때문에 정당화의 토대에서 생각해본다면 그 정체는 오늘날의 의미에서도 역시 포괄적으로 민주적이라고 인정될 수 있다. 그런데 아리스토텔레스는 "우리가 오늘날 혼합정체 (내지 공화국)이라고 부르는 것을 과거에는 민주주의라고 불렀다"고 하는, 주장을 시인한다(Pol. Ⅳ 13, 1297b24 이하). 공화주의적 사고-이것을 우리는 잊으면 안 된다-가 그 기원을 미국 혁명에서도 그렇다고 프랑스 혁명에서도 찾을 수 없고 그렇다고 해서 로마 공화국에서 비로소 찾을 수도 없고 오히려 아테네에서 찾아야만 한다. 그리고 여기서 가장 중요한 이론가가 아리스토텔레스이다.

아리스토텔레스의 정치적 이상과 근대의 정치적 이상 사이에 있는 또 다른 공통점은 본질적으로, 공직자들이-당시에는 직접적으로, 오늘날은 간접적으로-국민에 의해서 선출되며 그들에게는 감사를 받을 의무가 있다는, 사실에 놓여 있다. 그와는 달리 민주주의의 변질을 막기 위해서 통치직(統治職)들은 일반적으로 지도층 출신의 사람들에게 맡겨진다(Pol. Ⅱ 12, 1274a18 이하 참고). 여기에 비로소 비민주적인, 귀족주의적인 내지 과두제적인 요소가 들어온다. 다른 한편 혼합정체와 근대의 민주주의 사이에는 무시할 수 없는 차이들도 역시 존재한다. 근대의 대의적 민주주의에는 직접적 민주주의적 요소가 빠져 있거나 아니면 약하게 남아 있는 반면에 고대의 시민국가는 기본권들과 인권들과 같은, 정당들과 단체들과 같은, 언론이나 심지어 헌법재판소 같은 제도들을 알지 못했다. 그리고 근대적 의미에서의 입법자들도 역시 아직 없었다.

V. 후대에 미친 영향

아리스토텔레스의 영향사는 가히 독보적이다. 17세기부터 18세기까지의 문턱을 넘어서, 2천 년 동안이나 철학과 학문들은 부분적으로는 수용과 후속 발전을 통해, 부분적으로는 비판을 통해, 어느 경우든 아리스토텔레스를 통해 심대한 영향을 받는다. 부분적으로는 직접적으로, 많은 부분에서 라틴어 번역들을 통해서 철학자[=아리스토텔레스][147]의 많은 개념이 학문 언어들의 확고한 구성 요소가, 심지어 유럽과 이웃 국가들의 일상 언어의 확고한 구성 요소가 된다. 이와 마찬가지로 수많은 분과 학문의 이름들이 그리고 특히 그 기본 개념들과 많은 논증의 선례들이 아리스토텔레스로 소급된다. 심지어 근대가 진행되는 동안에 그의 가능성을 부인하고 난 이후에도 항상 반복해서 체계적으로 철학을 함에 있어서 중요한 이야기의 실마리가 된다. 종종 뒤엉키고 아직도 모든 면에서 탐구되지는 않은 길들에서 단지 소수만이 그다음 시기에 화제가 된다고 하는 사실은 당연하다.

---

147) 관사를 붙인 철학자라는 표현이 아리스토텔레스를 지칭한다는 것은 중세 때부터 내려온 오랜 관행이다.

17. 고대와 중세

17.1 초기

아리스토텔레스의 직접적인 동시대 사람들은 특히 그의 논리학과 윤리학의 업적 때문에 그를 높이 평가하지, 날카로운 만큼 박식하기도 한 자연 탐구 때문은 결코 아니다. 그의 사후에 그가 다대한 영향력을 발휘한다. 그 영향력은 변동은 있지만 기원후 3세기까지 지속된 아테네학파[148)]에서 생겨난다. 그 첫 번째[149)] 수장인 테오프라스트(기원전 372~287년)의 영도 아래 이 학파는 놀라운 성황을 이룬다. 디오게네스 라에르티오스(V 2, 37)에 따르면 2천 명 이상의 학생들이 있었다. 테오프라스트가 아직 아리스토텔레스의 광범위한 지적 지평을 간직하고 있었다면—그는 그의 《형이상학》, 더 나아가 식물학적 저작들과 성격들에 관한 책을 통해서 알려진다—그의 후계자 스트라톤에게는 경험적인 자연 탐구가 전면에 등장한다. 그 이후 뤼콘과 함께 "아리스토텔레스 철학의 죽음과 같은 잠(U. v. Wilamowitz)"이 시작된다. 개별적인 특수 분야에서는 아직도 특별한 업적들이 생겨나지만 새로운 철학적 자극들은 생겨나지 않는다. 아마도 로도스에서 아리스토텔레스의 제자 에우데모스를 거쳐서 철학적 전통이 지속되고 후에는 스토아 철학자 파나이티오스와 포세이도니오스를 거쳐서 키케로에게 영향을 미친다.

페리파토스학파/소요학파의 몰락에는 공식적인 학파 도서관의 분

148) 우리에게는 흔히 소요학파로 알려져 있다.

149) 아리스토텔레스까지 친다면 두 번째가 맞겠으나, 저자는 아리스토텔레스를 제외하고 테오프라스트로부터 센한다.

실도 책임이 있다. 이 분실 덕택에 헬레니즘기에는 아리스토텔레스가 그의 대화편들과 외부에 공개된 텍스트들을 통해서는 알려지지만 그의 교육적 저서를 통해서는 알려진 바가 없다. 알렉산드리아에 그리고 아테네와 로도스에도 역시 존재했을 것인 복사본들이 어떠한 영향력도 발휘하지 못한다. 여기에[=소요학파의 몰락에 그들의] 정도 높은 전문화도 기여한다. 한편에서는 이 전문화가 헬레니즘기의 위대한 연구자들과 학자들이 아리스토텔레스학파에 참여하게 되는 결과를 낳는다. 지리학자요 박식가인 메세네의 디카이아르크(기원전 340년 출생), 태양 중심적인 천체[운행] 모델의 설립자인 사모스의 아리스타르크(대략 기원전 310~230년), 수학자요 지리학자요 천문학자인 프톨레마이오스(대략 기원후 85~160년), 문법과 통사론의 창시자인 아폴로니오스 디스콜로스와 그의 아들 헤로디안(둘 모두 대략 기원후 2세기), 작시법과 운율학의 체계자, 특히 의사인 폴리히스토르와 아리스토텔레스 주석가 갈렌(기원후 129~199년). 그러나 다른 한편 아리스토텔레스가 경험적 연구를 (근본적이고) 철학적인 관심들과 결부시킨 것을 계승해 나가는 것이 [전문화 덕택에] 더 어려워지기도 한다. 특히 학문 이론적 탁월성인 통일적 체계의 결여가 아리스토텔레스학파의 몰락에 기여한다.

열한 번째 학파 수장인 로도스의 안드로니코스가 비로소 다시 철학적 수업을 강화하고 이 목적으로 로마에 이제까지 잊혔던 논문들의 전집(全集)을 출판한다(기원후 1세기 후반). 고대의 전승에 따르면 그가, 운이 좋고 거의 믿을 수 없는 우연들 덕분에 결국 당대의 정치적이고 문화적인 중심지인 로마에 도달했던, 원본의 사본들을 사용할 수 있었다. 아리스토텔레스학파의 마지막 멤버로서 테오프라스트의 사본들을 물려받은 넬레우스가 그것들을 그의 고향인 옛 트로이에 가까운, 소아시아의 스켑시스로 가져온다. 도서수집가인 아펠리콘이 거기서 200년 후에 그것들을 사서 아테네에서 그것들을, 당연히 특별히 신뢰할 만한 것도 없는, '전집'으로 관심있는 사람들에게 제공한다. 기원후 86년에 페리파토스학파에 우호적인 집정관 술라가 아테네를 정복했을 때 그는 그의 서적들과 예술 작품들의 노획물 속에 아펠리콘의 도서관도 함께 가져온다.

안드로니코스의 판본이, 단지 지성적인 의미만 가진 것도 아닌, 아리스토텔레스 르네상스를 가져온다. 젊은 옥타비안(아우구스투스) 같은 영향력이 많은 로마인이 아리스토텔레스주의자들에게서 수업을 받는다. 그리고 후에 마르쿠스 아우렐리우스가 아테네에 아리스토텔레스 연구를 위한 강좌를 개최한다. 이 시기에 아리스토텔레스의 가르침을 부분적으로 통일화시켜서 아리스토텔레스 윤리학 개요를 만든다. 부분적으로 이것이 플라톤의 사고와 결합되어서 *Peri kosmou* (*De mundo*), 《세계에 대하여》(Strohm [3]1984 참고)라는 소책자로 되는데, 이것은 프로클로스가 의심했음에도 오랫동안 아리스토텔레스가 자신의 우주론을 그 스스로 요약한 것으로 여겨진다. 이미 언급한 갈렌이 부분적으로는 플라톤을 의지하고 그러나 자연과학적 질문들에 있어서는 주로 아리스토텔레스를 의지한다. 아리스토텔레스의 방법론을 사용하여 학문으로서의 의학의 토대를 세우려는 그의 노력을 통해서 철학이 의학 입문서로서의 무게를 얻게 된다. 13세기에도 황제 프리드리히 2세의 규칙을 따라서(*Liber augustalis*, Ⅲ 46) 의사가 되려는 사람이 우선 3년 동안 철학을, 특히 논리학과 학문 이론을 공부하고 난 다음에 5년 동안을 의학 공부를 한다.

안드로니코스와 함께 시작해서 첫 번째 아리스토텔레스 르네상스 기간 동안에 수많은 주석서가 등장한다(Moraux 1973 그리고 1984, 또한 Sorabji 1990도 역시 참고). 단지 아리스토텔레스주의자들뿐 아니라 스토아주의자들이나 플라톤주의자들도 역시 저술을 했는데 그들이 우선 특히 《범주들》을, 그래서 아리스토텔레스의 초기 존재론을 선택했으며 후에는 아스파시오스가 (기원후 2세기 초반) 《니코마코스 윤리학》을 선택했다. 고대의 아리스토텔레스 주석 작업이 아테네에서 영향을 떨쳤던 아프로디시아스의 알렉산드로스에게서 (기원후 200년경) 최고봉에 도달한다. 그의 주석들이 분명하고 신뢰할 만하기 때문에 사람이 그를 '두 번째 아리스토텔레스'라고 부르며 그래서 그가 스스로 철학하는 대신에 해석하고 있다는 사실을 잊게 된다. 알렉산더가 당연히 단지 주석가인 것만은 아니다. 그가 숙고할 수 있는 인간의 능력으로부터 선택의 자유라는 의미에서의 의지의 자유의 존재를 입증하려고 노력한다. 또한 논리의 도표, 이른바 당나귀 다리(pons asinorum) 역시 그에게서 기원한 것이다. 그리고 그가 부동의 원동자를 활동적 정신(*noûs poiêtikos*)과 일치시킴으로써 그는 정신 형이상학의 역사에서 핵심 인물이 된다. 그는 신플라톤주의를 거쳐 아베로이스와 독일 신비주의에 영향을 미친다(Merlan 1955, 또한 Krämer ^{2}1967을 보라).

아프로디시아스의 알렉산드로스 이후 시기에 아리스토텔레스가 우선 스토아주의자들과 에피쿠로스주의자들에 의해서 영향력을 상실하며 신플라톤주의자들에 의해서 비로소 다시 주목받는다. 위대한 신플라톤주의자들, 플로틴(204~270년), 그리고 특히 그의 제자 포르피리오스(240~325년)가 이론의 차이들을 알게 되지만 그 때문에 종합을 하려는 의도를 포기하지는 않는다. 신플라톤주의에서 아리스토텔레스가 철저하게 주석된다. 이를테면 콘스탄티노플의 테미스티오스가 《영혼에 관하여》(4세기)를, 더 나아가 프로클로스의 스승인 시리아노스가 《형이상학》을, 알렉산드리아에서 암모니오스가 《범주들》, 《해석학》, 《분석론 전서》를, 그리고 결국 암모니오스의 제자 심플리키오스가 《범주들》, 《영혼에 관하여》, 《천체에 관하여》와 《자연학》을 주석한다. 일반적으로 당대의 지성적 중심지들 속에서, 즉 아테네, 콘스탄티노플 그리고 알렉산드리아에서 아리스토텔레스의 주석들에 힘입어서 철학이 가르쳐졌다. 신플라톤주의자들이 아리스토텔레스에 대해서 쓴 텍스트들 중에서 가장 유명한 것이 포르피리오스의 아리스토텔레스 《범주들》에 대한 입문서이다. 보에티우스가 그것을 아리스토텔레스의 작품과 함께 라틴어로 번역하게 된다. 오늘날도 아직 사람들은 포르피리오스의 저서인 아리스토텔레스의 《범주들》을 출판하곤 한다.

17.2 기독교, 이슬람교, 유태교

세 계시종교—기독교, 이슬람교, 유태교라는 역사적 순서 속에서—가 모두 아리스토텔레스와 대결한다. 변증론적인 목적에서 그것들이 자신을 '이교도' 철학의 지적 수준에 어울리도록 맞추어야만 한다. 이와 함께 그것들이 《오르가논[150]》의 논리적이고 학문 이론적인 진술들을 받아들이며 이것들의 도움으로 신학을 개념적으로 분명하게 만들고 논거를 치밀하게 만든다. 그 이외에도 그것들이 신(神) [존재] '증명'

150) 학자들 사이에서는 'Organon'을 그냥 음가대로 '오르가논'으로 번역하는데, 이는 논리학 저서들을 총괄하는 제목이다.

이라는 구상을 위해 《자연학》 Ⅷ 5와 《형이상학》 XⅡ 6을 사용한다. 그렇게 해서 그것들이 철학적 저작들을 신학적 텍스트들과 마찬가지로 접근한다. 사람들은 인용하고 주석을 달지만 비판적 분석을 하려고 하지는 않는다. 아리스토텔레스가 그 철학자로 여겨지며 심지어 "praecursor Christi in naturalibus"로, 즉 자연적인, 이것이 의미하는 바는: 세상적인 사물과 관련해서 그리스도의 선구자로 여겨진다.

중요한 문제들에 관해서 신학자들이 아리스토텔레스 속에서 해결하기 어려운 문제를 본다. (1)부동의 원동자는 인격적인 신(神) 이해와 결코 조화될 수 없다. (2)자족적인 신이라는 우주론적 개념이 신의 예지나 세계 배려에 어떠한 여지도 주지 않는다. (3)창조에 대한 사고와 모순되게 아리스토텔레스가 세계를 영원하다고 여긴다. (4)그가 영혼불멸을 거부한다. (5)특히 신의 계명을 증거로 대는 것은 아리스토텔레스의 윤리학에는 낯설다.

초기 기독교 신학이 서로 다른 방식으로 그와 같은 어려움에 대응한다. 라틴 교부들, 즉 터툴리안(대략 160~220년)과 히에로니무스(347~419년) 같은 기독교 플라톤주의자들은 아리스토텔레스의 이데아 비판도, 그리고 앞서 말한 기독교에 모순되는 그의 견해들도 용서할 수 없었다. 요한네스 스코투스 에리우게나(810~877년)를 제외하고는 라틴 세계는 12세기까지 중요한 아리스토텔레스 중계자를 한 명만 알고 있다. '서구의 교육자'인 보에티우스(480~524/5년)가 바로 그 중계자다. 아리스토텔레스의 모든 저작을 번역한다고 하는 그의 계획이 《분석론 후서》가 없는 《오르가논》에서만 실현되고(대략 510~522년) 그중에서도 단 두 개의 번역물만 알려지기 때문에, 《범주들》과 《해석학》이 중세에 가장 많이 토론된 아리스토텔레스의 저작들이 된다.

카를 대체 아래에서 4세기 이상 재가된, 수도원 학교와 대성당 학교의 학습 프로그램, *septem artes liberales*, 7개의 자유 교과목들이 한 개뿐인 철학 과목으로서 《범주들》과 《해석학》의 토대에 근거한 논리학을 포함하고 있다. 그에 반해 그리스 교부 신학은 오리게네스(대략 185~250년)에서 니사의 그레고르(대략 330~395년)와 네메시오스를 거쳐 익명[151)]의 디오니시우스 아레오파기타(5/6세기)까지 아리스토텔레스에게서 강한 영향을 받을 수 있었다. 비잔틴의 레온티오스(6세기) 이래로 그들은 플라톤보다는 아리스토텔레스를 사용한다. 미카엘 프셀로스(11세기)에 와서야 비로소 우선순위를 바꾸는데, 그의 제자 요한네스 이탈로스는 아리스토텔레스를 새롭게 선호한다.

텍스트에 충실한 아리스토텔레스 주석의 모범인 알렉산드리아의 철학 학파는 종교적이고 사변적인 경향이 없기 때문에 새로운 세력인 기독교와 어떠한 어려움도 없다. 예컨대 485년 이후 이 학파의 수장인 암모니오스는 아리스토텔레스의 [기독교에] 상충되는 명제들을 포기하지 않고서도 기독교로 개종한다. 그런데 아테네의 아카데미는 기독교와 결코 타협하지 않는다. 그래서 529년에 유스티니아누스가 아카데미에 철학과 법학의 교육과 연구를 금지시키며 이것은 아카데미가 폐교되는 결과가 된다. 백 년 후에 동로마 제국의 수도인 알렉산드리아 출신의 스테파노스가 초빙되는데 이곳은 거의 500년 동안이나 아리스토텔레스 연구의 중심지로 부상한다(Oehler 1968 참고). 라틴 유럽이 단지 《해석학》과 《범주들》만 연구하는 반면에 동부 로마에서는 《자연학》과 《형이상학》, 더 나아가 《동물의 부분들에 관하여》와 《동물

151) 관행적인 방식으로 번역한, 여기 나오는, '익명'은 Pseudo-의 번역인데, 그 의미는 디오니시우스로 되어 있지만, 우리가 모르는 다른 사람을 말한다.

의 발생에 관하여》, 특히 《니코마코스 윤리학》과 《정치학》도 연구한다.

또 하나의 커다란 영향력을 아리스토텔레스가 시리아의 기독교인들, 네스토리우스주의자들 속에서 획득한다. 그들이 5세기에 에데사에 학파를 형성하는데 이 학파가 안티오키아학파를 계승하며 탁월한 아리스토텔레스 번역자인 이바스(475년 사망)가 이 학파를 지도한다. 시리아에서 《아리스토텔레스의 신학》이란 저작이 생겨나는데 이 책은 사실 플로틴의 형이상학인 《에네아데스》 4~6권을 풀어쓴 것을 포함하고 있으며 이후의 신플라톤주의의 영향을 받은 《형이상학》 비판을 형성한다. *Liber de causis*, 《원인론》도 사정이 비슷해 보인다. 아직 알베르투스 마그누스가 아리스토텔레스 형이상학의 완성이라고 여기는, 이것이 실상은 프로클로스의 *Elementatio theologica*, 《신학 원론》의 발췌집에 근거하고 있다.

시리아에서 아리스토텔레스는 철학과 학문의 중심으로 부상하게 될 이슬람, 아랍 문화권에 도달한다. 아리스토텔레스를 잘 아는 아랍 지배자들이, 프톨레마이오스와 유클리드 이외에도 아리스토텔레스의 작품들을—그것도 발췌본이 아닌 [전체]—가져온, 시리아 의사들을 고용한다. 사람들이 여기서는 플라톤의 《국가론》을 좋아했기 때문에 단지 《정치학》만은 빠져 있다. 830년에 아랍세계의 수도인 바그다드에서 'Bait-el-Hikma', '학문의 집'이라 불리는 학교가 세워지고 여기서 그리스어, 시리아어 그리고 중기 페르시아어로 된 모든 학문을 번역해서 아랍어로 접할 수 있게 만든다. 시리아 사람이고 기독교도인 가장 중요한 번역자 후나인 이븐 이스하크(Hunain ibn Ishaq, Johannitius, 9세기)가 그만한 가치 있는 역할을 했기 때문에 사람들은 그를 '아랍 문화의 키케로'라고 부른다.

아랍어로 저술활동을 한 초기 철학자들 가운데 가장 중요한 인물이고 《형이상학》의 번역자인 알 킨디(873년 사망)가 아리스토텔레스를 신플라톤주의적 정신으로 독해한다. 비슷한 것이, 수학자요, 음악이론가요, 철학자요, 신학자인 알 파라비(대략 870~950년)에게도 통용되는데, 당대 사람들은 그를 (아리스토텔레스 이후) "두 번째 교사"라고 칭송한다. 그의 무수히 많은 저작에서, 더 나아가 익명의 아리스토텔레스의 《아리스토텔레스의 신학》에서, 그리고 아리스토텔레스 자신에게서 페르시아의 철학자요 의사이자 이슬람의 첫 번째 위대한 사상가인 이븐 시나(아비첸나, 980~1037년)가 영향을 받는다.

8세기 이래로 아리스토텔레스의 연구, 즉 그의 논리학과 학문 이론, 그의 자연학, 형이상학 그리고 심리학, 특히 시학과 수사학이 아랍 교육의 표준이 된다. 터키인들에 의한 바그다드의 점령(1055년)으로 이슬람-아랍의 아리스토텔레스 전통의 시기는 막을 내린다. 그럼에도 그리스와 아랍의 학자들이 이전에 이미 시칠리에 그리고 특히 스페인의 코르도바에 정주했기 때문에 아리스토텔레스가 이슬람세계에서 완전히 사라진 것은 아니다. 여기 '서구의 바그다드'에 이븐 루시드(아베로이스, 1126~1198년)가 활약하면서 그의 아리스토텔레스 주석을 통해서 아리스토텔레스를 유럽의 스콜라주의로 전달하는 매개자가 된다. 아베로이스가, 종교 때문에 생겨난, 알 가잘리(1058~1111년)의 철학에 대한 회의주의를 논박하여 그 대신에 합리적인 형이상학이 신학을 넘어선다고 주장한다. 그가 아비첸나보다 더 아리스토텔레스에 충실하게 창조, 신적 예지와 개인적인 불사의 사고들을 거절하고 그로써 13세기와 14세기 아주 중요한 아베로이스주의를 건설한다.

유태교 철학은 7세기와 8세기에 시리아와 페르시아에서 아리스토텔레스의 첫 번째 자극을 받는다. 신앙의 진리들을 이성을 통해 증명한다고 하는 노력을 이미 사아자(882~942년)가 시도한다. 그러나 알 파라비와 아비첸나의 이론들을 수용한 이후에 비로소 사람이 유태적 아리스토텔레스주의에 대해서 언급할 수 있으며 이슬람 문화의 토양 위에 그리고 아랍어로 발전시킨다. 첫 번째, 전적으로 아리스토텔레스 정신이 스며든 저작은 아브라함 이븐 다비드의 《탁월한 신앙》이다(1161년). 아브라함이 아리스토텔레스 연구를 신앙 인식의 불가피한 전제로 만든다. 그러나 아리스토텔레스와는 다르게 그는 천지창조에 대한 믿음을 버리지 않는다. 이것은 아베로에스와 동시대의 사람이요 지위를 가지고 있는 학자인 모세스 마이모니데스(1135~1204년)도 마찬가지다. 그가 중세의 유태인 계몽에 가장 중요한 저서인 아랍어로 된 《방황하는 자들을 위한 안내서(*Dalalat al-Ha'irin*)》를 저작했는데, 이것은 아리스토텔레스의 사상과 유출설과 같은 신플라톤주의적 요소들을 결합하며 알베르트투스 마그누스와 토마스 아퀴나스 그리고 둔스 스코투스에 의해서 수용된다. 하지만 마이모니데스 이후의 시기에 아베로에스가 유태적 아리스토텔레스주의 내에서 확고한 위치를 차지한다. 예를 들면, 레위 벤 게르손(1288~1340년)은 무에서의 창조라는 사고를 거부한다.

17.3 위대한 아리스토텔레스 르네상스

아리스토텔레스와 관련하여, 중세의 지식인들은 수 세기 동안, 《범주들》, 《해석학》과 포르피리오스의 《*Isagôgê*([아리스토텔레스의 논리학] 입문)》의 라틴어 번역본, 더 나아가 보에티우스 본인의 논리학적 논문들로 구성된, *logica vetus*, "옛 논리학"에 만족을 한다. 또한 성 갈러 수도사 노트커(St. Galler Mönch Notker, 950~1022년)가 《범주들》과 《해석학》을 제일 처음으로 민속어(民俗語)로-특히 독일어로-번역한다. 1120년에서야 서구에서는 두 번째의, 그러나 이제 더 풍부한 아리스토텔레스 수용이 시작되었으며 13세기 중반까지 가장 강력한 아리스토텔레스 르네상스로 발전한다(Kretzmann 1982 등등 참고). 이것을 수행하는 것은 전문적이기보다는 덜 수도원적인, 그리고 무엇보다 국제적인 새로운 종류의 과학자들이다. 《오르가논》의 보에티우스의 다른 번역본들이 최초의 것으로 재등장한다. 이것으로 인해 중세 논리학의 두 번째 시대, *logica nova*('새로운 논리학')가 시작되는데, 이것은 《분석론》과 《변증론》을 포함하며 전 유럽에서 논리학과 방법론의 입문이라는 지위를 얻는다.

이것은 논리학이 아테네나 초판이 만들어진 로마에서 계속 연구되어졌기 때문이 아니라 시리아 아랍적 아리스토텔레스주의 그리고 비잔틴적 아리스토텔레스주의를 거치면서 《오르가논》에 제한되지 않는 더 풍부한 아리스토텔레스가 서구에 도달한다(그와 함께 유클리드, 프톨레마이오스, 히포크라테스 그리고 갈레노스도). 그에 요구되는 번역 작업이 비잔틴(베니스의 야콥)에서, 그리고 시칠리아와 스페인(예를 들면, 톨레도 주에 있는 크레모나의 제라르)에서 시작된다. 번역 작업이 옥스퍼드(로버트 그로스테스트, 특히 《니코마코스 윤리학》)에서 이어지고, 도미니 수도사인 빌헬름 폰 모에르베케(Wilhelm von Moerbeke) 때 절정에 다다른다. 그의 번역본들이, 그리스어를 전혀 읽지 못하는, 토마스 아퀴나스에게 연구의 토대로 사용된다.

이 시기에, 번역이 되지만 아직 알려지지 않은, 《시학》이외에도 아리스토텔레스의 《정치학》이 등장한다. 주목할 만한 점은 그것들을 알베르투스 마그누스, 토마스 아퀴나스, 그리고 오렘의 니콜라우스(Nikolaus von Oresme, 14세기)가 주석하지만 법학자는 없었다. 주석의 수를 평가 기준으로 삼는다면 아리스토텔레스는 우선적으로 논리학자로 받아들여지며 그다음이 형이상학자 그리고 세 번째에서라야 윤리학과 정치학의 철학자다. 그럼에도 대학의 분과 학문으로서 정치철학은 아리스토텔레스를 출발점으로 삼는다. 또한 교황의 통치권에 반대는 두 권의 저술들을 통해서 그의 《정치학》이 단지 유식한 연구에 그치지 않고 그 영향력을 발휘한다. 제국에 대한 단테의 《*De Monarchia*(군주제에 관하여)》(1310년경)와 파두아의 마르실리우스가 쓴 평화에 대한 논문(〈*Defensor Pacis*(평화 옹호자)〉, 1324)이 아리스토텔레스적 정신을 숨 쉬고 있다. 여기서 단테는 정치적 권력이 신에게서 기원한다고 하는 반면에, 마르실리우스는 그것이 백성에게서 나온다고 주장한다.

위대한 아리스토텔레스 수용에 대해 논쟁이 없었던 것은 아니다. 교회나 대학교에서 선포된 수많은 아리스토텔레스 금지법(예를 들면 1196년 코르도바, 1210년 파리 공의회, 1215년 라테란 공의회)이 아리스토텔레스주의 전체를 향하기보다는 그것이 기독교와 모순되는 부분들을 반대하는 것이다. 더욱이 이 철학자의 영향력이 점점 더 커지는 것을 아리스토텔레스 금지법들이 막을 수는 없다. 1255년 3월 19일 파리의 중요한 문예학부가 "*logica nova*(새로운 논리학)"뿐만 아니라 예를 들면 《자연학》, 《영혼론》, 《형이상학》, 그리고 《니코마코스 윤리학》같이 당시 알려진 아리스토텔레스의 모든 저술의 연구를 지시한다. 이렇게 아리스토텔레스의 철학을 인정함으로써 신학에서 자립해 인문학부가 탄생했다고 말할 수 있다. 곧 모든 곳에서 그렇게 되며 적어도 중세 후반까지 많은 곳에서 아리스토텔레스가 철학연구의 핵심이거나 혹은 많은 경우에 심지어 유일한 내용일 때도 있다.

아직까지 선택적인 아리스토텔레스 수용이 먼저 '만물박사(doctor universalis)', 자연 연구자, 철학자 그리고 신학자인 알베르투스 마그누스(1193~1280년)에 의해 깨어진다. 그가 처음으로 아리스토텔레스의 모든 연구를 (자연 연구도 포함하며) 신학에 유익하게 만듦으로써 기독교적이며 또한 아우구스티누스적 요소가 섞인 아리스토텔레스주의 체계의 선구자가 되었으며 이러한 시스템을 그의 제자이자 '스콜라철학의 영주', '보편 박사(doctor communis)'인 토마스 아퀴나스(1224/25~1274년)가 중세시대 사고의 절정에 다다르게 만든다. 13세기 중반에 아리스토텔레스는 서양의 우뚝 솟은 지적 권위이다. 위대한 평신도 철학자 단테가 그를 《신곡》("지옥", Ⅳ 131)에서 찬양하듯이 '모든 지식인의 스승'이다. 그리고 시리아에서는 도미니크파 주교이자 학자인 바르헤브레우스가 *Butyrum Sapientiae*('지혜의 정수(精髓)')라는 제목으로 아리스토텔레스 철학의 백과사전을 집필했다.

세 가지가 알베르투스와 토마스에게 특징적이다. 두 사람 모두 철학과 신학을 명확하고 체계적으로 분리시켜서, 이전에 ancilla theologie 즉 '신학의 시녀'로 불리던 철학이 스스로의 질문에 전념할 수 있도록 했다. 더욱이 두 사람은 아리스토텔레스의 철학을, 연결되어 있는 이론적 건축물로, 따라서 완성되었으며 폐쇄된 어떤 것으로 보는 경향이 있으며, 이로써 철학이 살아 있는 사고의 원수인 독단론에서 단지 작은 차이로 분리되어 있다. 마지막으로 두 사람은 철학과 기독교의 조화로운 일치를 믿는다.

몇 가지 요소들을 보자면, 아베로에스와 아리스토텔레스 본인과는 반대로 토마스는 세상이 신의 창조라고 여기며 창조 안에서 신의 위엄을 본다. 하지만 창조된 사물들의 완성을 위해서는 그들의 독자성과 자율적인 활동 그리고 사람에게는 자발적으로 진실을 알아볼 수 있는 능력이 필요하다. 이런 방식으로 세상과 인간적 이성은 믿음의 어떠한 후견에서도 벗어난다. 그것들이 비록 신에 의존되어 있지만 어느 정도는 스스로에게 맡겨져 있다. '다섯 가지 길(quinque viae)'로 증명해야만 하는 신의 존재라고 (그가 세상의 첫 번째 원인이며, 첫 번째 움직이는 자이며, 필연적으로 존재하는 자 등이다) 하는 토마스의 가르침은 아리스토텔레스 모델들에—그 이외에도 다마스쿠스의 요한, 아비첸나, 아베로에스, 마이모니데스—의존되어 있다(Seidl ^{2}1986 참고). 빠르게 주석이 달리기 시작했던 '초기작' 《존재와 본질에 대하여(*De ente et essentia*)》에서 시작해 토마스가 존재의 범주, 현실태-가능태와 형상-질료의 개념 쌍, 그리고 개체화 원리로서의 물질과 같은 아리스토텔레스의 존재론을 다시 관철시킨다. 동시에 그는 아리스토텔레스가 넌지시 암시했을 뿐인 모든 존재자에게 존재자로서 속하는 규정들에 대한, 즉 초월들에 대한 교리를 발전시킨다. 즉 ens(존재자), unum(하나), verum(인식할 수 있다는 의미에서 진리), 그리고 bonum(평가할 수 있다는 의미에서 선)(《진리론》 I 1). 존재론과 인식론에서 토마스가 보편 개념들에게 (유와 종) 실재성을 부여한다는 점에 있어서는 실재론을 대표한다. 행동에 관해서는 그가 아리스토텔레스보다는 긍정적으로, 모든 사람이 선천적으로 이성으로 향하는 경향이 있다고 생각한다. 윤리학에서는 그가 아리스토텔레스의 행복 개념을 받아들인다. 당연히 그가 아리스토텔레스보다는 정치적 삶에 무게를 덜 두며 그 이외에도 완성된 행복을 내세로 옮겨 놓으며(《신학대전》 I-II, 문제 1-5) 또한 아리스토텔레스의 '자연적' 탁월성에 초자연적인 탁월성들이 덧붙여진다(I-II, 문제 55-67).

《신학대전》의 관련 부분들(I-II, 문제 30-105; 법에 관해; II-II, 57-59; 법과 정의에 관해), 그 밖에 《대(對)이교도대전》의 해당 부분들과 짧은 논문인 《영주들의 지배에 관하여》와 《지배에 관하여》에서 보여주는 것처럼 토마스는 아리스토텔레스의 정치철학을 따른다. 토마스 또한 사람이 자기 자신을 위해 존재한다고 믿는다. 그럼에도 그는 인류의 타락에 의한 결과라고 해석하는 노예성(servitus)을 거부하지는 않는다. 그는 사람을 사회적, 더 정확히 말하자면 정치적 생물로 보며 국가는 사회의 완전한 형태이며 국가의 법은 공공의 복지를 위한 것이라고 생각한다. 평화가 공공복지의 중간이라는 생각은 새로운 것이다. 하지만 평화가 정의의 작품(opus iustitiae pax)으로 간주되며 이 생각은 아리스토텔레스와 닮았다. 신정(神政) 풍조를 거절함으로써 토마스는 정치적인 것의 고유한 권한을 강조한다. 자연법과 관련해서는 그가 아리스토텔레스보다 더 명확하게, 자연법칙(*Lex naturalis*)은 어겨서는 안 되는 것이고 그렇지만 않다면 인간 법(*Lex humana*)은 자유롭게 좀 더 자세한 규정들을 정할 수 있다고 말하고 있다. 하지만 토마스는 원죄로 말미암아 인간의 이성은 원래의 정의를 인식하는 능력을 잃어버렸다(《신학대전》 I-II 문제 91)고 가정하면서 아우구스티누스를 따른다. 무엇보다 그의 스승인 알베르투스와는 다르게 그는 경험론적인 자연 연구가 중요하지 않다고 생각함으로써 아리스토텔레스와 의견을 달리한다.

토마스 아퀴나스가 기독교적인 사상과 아리스토텔레스주의적 사상, 그리고 다른 철학적 사상으로 세운 종합인 토마스주의가 어디에서나 성공적이지는 못했다. 그럼에도 아리스토텔레스는 토마스주의에 반대하는 자들에게도 역시 인정을 받았다. 13세기 후반부터 철학적이고 신학적 학파들은 본질적으로 아리스토텔레스에 대한 입장에 따라 달라진다. 철학을 다시 신학의 밑으로 종속시키는 보나벤투라(1217~1274년)에게 아리스토텔레스주의는 아우구스티누스 그리고 그로 인해 플라톤의 영향을 더 많이 받았다. 브라반티아의 시게루스(Siger von Brabant, 1235~1282년)에 의해 대표되는 그와 반대되는 입장은 기독교적 교리에 반대되는 요소들도 역시 인정한다는 점에서 아베로에스를 따르는데, 이것은 이중적인 진리에 대한 학설로, 그리고 결과적으로 신학에서 철학의 완전한 해방으로 이끈다. 평신도 이성의 선구자 윌리엄 오컴(1285~1347/49년)이 보편자(普遍者) 논쟁에서 이데아론에 대한 아리스토텔레스의 비판에 기대어 보편 개념을 (보편자) 정신 밖에서도 존재한다는 점을 거절하며, 그리고 그 때문에 토마스와는 반대로 유명론(唯名論)을 옹호한다. 《자연학》의 주석에서 그는 자신의 유명한 경제 원리[152]를 발전시킨다. 그렇지만 이 원리가 정말 아리스토텔레스적인 것은 아니다(7.2장 참고).

14세기까지도 아리스토텔레스의 권위는 많은 곳에서 반대가 없었다. 프라하와 빈, 그리고 쾰른과 하이델베르크에서 대학교들이 아리스토텔레스주의라는 표지를 가지고 새롭게 설립되었다. 물론 동시에 옥스퍼드와 파리에서(Buridan, Oresme, Albert von Sachsen), 더 이상

152) 1)많은 것을 필요 없이 가정해서는 안 되며 2)더 적은 수의 논리로 설명이 가능한 경우, 많은 수의 논리를 세우지 말라는 오컴의 면도날(Ockham's Razor)은 흔히 '경제 원리(Principle of economy)', 검약의 원리 내지 단순성의 원리라고 일컬어진다.

아리스토텔레스의 반기독교적 요소들이 아닌 그의 존재론, 인식 이론, 그리고 자연철학의 특정한 정리들에 대한 반대 움직임들이 형성되기도 한다. 예를 들면 아리스토텔레스의 운동 이론에서 (초기) 근대 물리학으로 나아가는 중요한 발걸음이 되는 추동력(Impetus) 이론이 발전한다(Clagett 1961을 보라).

서구의 아리스토텔레스주의가 곧 빠져들게 되는 권위에 대한 믿음 때문에 11세기에 지적인 전위(前衛)로 시작했던 아리스토텔레스주의가 점점 더 학문적이고 철학적인 반동주의가 된다. 인문주의와 르네상스 시대에 아리스토텔레스주의가 자주 (자연)과학적으로 보았을 때 뿐 만 아니라 철학적과 신학적으로 보았을 때도 날카로운 거부에 부딪힌다. 심지어 니콜라우스 쿠자누스가 사변적 사유를 위해 스콜라 철학적 아리스토텔레스주의의 토대인 모순율(矛盾律)을 배척하려고 한다(대립자들의 일치 또는 반대자들의 일치(*oppositorum contradictoriorum*)의 구상 참고). 그가 성공하는지 그리고 정말로 아무것도 말하려고 하지 않았는지는 다른 문제이다. 다른 한편 15세기 후반에 우선 문헌학이라는 이름 아래 서양의 세 번째 아리스토텔레스 수용이 시작된다. 아리스토텔레스는 많은 다른 고대 작가처럼 원문으로 편집됐으며 라틴어와 민속 언어로 번역이 되었다. 바로 이 시기에, 후에 모든 전집의 본보기가 되는 5권짜리 《*Aldina*》[153](1495~1498년)가 탄생한다.

153) 베네치아의 알두스 마누티누스(Aldus Manutius, 1449~1515년)에 의한 판본.

18. 근대와 현재

18.1 분리와 다시 일어난 관심

중세 말에 아리스토텔레스의 혁신 가능성은 소진된 것처럼 보였다. 사람들이 수학적·실험적 자연과학의 비약이나 종교개혁을 주목해보아도, 주관성의 철학과 (데카르트) 홉스 이후의 사회계약설을 주목해보아도, 영국 경험론이나 칸트의 선험철학을 주목해보아도, 이런 위대한 혁신들은 더 이상 본질적으로 아리스토텔레스에게서 영감을 얻지 않았다. 그렇지만 사람들이 근대는 단지 아리스토텔레스로부터의 해방에 의해서만 발전되었다고 말한다면, 그것은 정신사(精神史)적인 전설[일 뿐]이다. 세 번째 아리스토텔레스 수용은 그 다양성이 특징이며 이런 다양성이 그 자체만으로도 중세의 조화로운 세계관과 그것의 권위에 대한 속박을 해체하는 것을 도와주며, 그 대신 자유로운 탐구라고 하는 아리스토텔레스적인 정신에 기회를 준다는 것이 사실이다. 그리고 이탈리아 인문주의에서는 《니코마코스 윤리학》이 집중적으로 연구되어 새로운 방법의 사유에 통합되어진다.

종교개혁 시대부터 시작해보자. 교황의 명령으로 아우크스부르크 의사당에서 루터를 심문하는 신학자 카예탄(Cajetan)이 아리스토텔레스적·토마스적인 철학이 새로운 전성기를 맞는 데 기여한 반면에, 루터는 아리스토텔레스에 대해 분열된 태도를 취한다. 그가 아우구스티누스주의에 영향을 받았기 때문에, 그리고 무엇보다 그가 아리스토텔레스를 특히 원죄와 예수의 십자가 형(刑)과 같은 성서적 견해들을 배재하도록 위협하는 지성적인 힘으로 보기 때문에, 루터는 아리스토텔레스를 부분적으로 날카롭게 비판한다(예를 들면 바이마르판 I 365, VI 186, VII 282, VIII 127). 아리스토텔레스 없이는 누구도 신학자가 되지 않을 것이라고 하는 많은 스콜라주의자의 의견에 루터는 다음과 같은 정반대 입장을 취한다. "사람이 아리스토텔레스 없이는 신학자가 되지 않는다면 누구도 신학자가 되지 않는다(I 226)." 이에 반해 그는 《니코마코스 윤리학》에 대한 강의를 하며 정의에 대한 부분을 아리스토텔레스의 최고의 작품(VI 345)이라고 칭찬하며 《논리학》, 《수사학》, 그리고 《시학》을 읽으라고 추천한다(VI 458; Kohls 1975 참고; Joest 1967, 80 이하 참고). 그 밖에도 프로테스탄트의 신학은 그의 과학적 토대가 신비주의와 광신에 의해 위협을 받자마자 분명한 체계를 형성하려는 목적으로 아리스토텔레스로 돌아간다. 멜란히톤 이래로 프로테스탄트주의의 강단철학은 《변증술》, 《자연학》, 《영혼에 관하여》, 그리고 《니코마코스 윤리학》을 토대로 한다. 타우렐루스(Taurellus, 1546~1606년), 팀플러(C. Timpler, 1567/8~1624년), 그리고 토마지우스(J. Thomasius, 1622~1684년)와 같은 작가들은 《형이상학》조차 이용한다. 그리고 16세기 호프만(D. Hofmann)에게서 시작한 프로테스탄트적 아리스토텔레스주의에 대한 투쟁은 아리스토텔레스 자체가 아닌, 신앙의 지성화(知性化)를 겨냥한 것이다.

아리스토텔레스를 향한 본래의 공격은 경험적 자연 탐구, 특히 물리학, 천문학, 그리고 자연 지배에 관심이 있는 공학 쪽에서 온다. 이를테면 아리스토텔레스 동역학을 향한 공격이 정당하다고 치더라도(7.2장 참고), 자연 탐구가 아리스토텔레스 주석에서 얻는 방법론적 자극을 간과해서는 안 된다. 아리스토텔레스의 영향을 받은 파두아학파(Pietro d'Abano, Hugo von Siena, G. Zabarella)는 아리스토텔레스적인 논리학과 학문 이론의 새로운 해석을 통해 '귀납적인(metodo risolutivo)' 방법과 '연역적인(metodo compositivo)' 방법을 구별한다. 갈릴레이는 이것을 이용해 아직 질적인 과정[으로 여겨졌던 것]을 양적인 방법으로 대체한다. 아리스토텔레스 비판가인 홉스 또한 파두아학파의 분해적·합성적 방법을 기준으로 삼는다. 우리는 행위 이론에 대해서조차(《리바이어던》, 6장) 그것이 아리스토텔레스, 이를테면 《동물의 운동에 관하여》 6-7에서 영감을 받고 있다는 인상을 받는다.

하지만 새로운 자연 탐구가 반경험론적 아리스토텔레주의와 씨름해야 한다는 것도 사실이다. 그렇기 때문에 조르다노 브루노는 코페르니쿠스가 [단] 두 장(章)들 속에서 아리스토텔레스와 모든 페리파토스학파 사람보다 더 많이 인식에 기여한다고 주장할 수 있다. 다른 한편 갈릴레이는 사람들이 아리스토텔레스의 탐구 정신이 아닌 그의 말들을 권위로 세운 것을 비판한다. 왜냐하면-갈릴레이가 말하기를-아리스토텔레스가 만약에 망원경을 가졌더라면 그 스스로가 새로운 견해들을 따랐을 것이기 때문이다(*Dialogo sopra i due massimi sistemi del mondo*, 1632, 플로렌스, 1968, 76). 코페르니쿠스 또한 단순한 아리스토텔레스 반대자가 아니다. 오히려 반대로 그는 그의 태양 중심 우주론을 (수정된) 아리스토텔레스의 《자연학》을 토대로 한 실제 모델이라고 생각한다(*De revolutionibus orbium coelestium*, 1543, 머리말).

종교재판소가 갈릴레이에게 무릎을 꿇고 그의 태양 중심적인 '오류'를 버리기로 맹세하도록 강요했다는 사실은 잘 알려져 있다. 그러나 그가 죽은(1642년) 뒤 몇 년 지나지 않아 아리스토텔레스주의와 그의 지지자들, 교회와 대학에 반대해 새로운 기관, 과학적 단체들이 생겨나는데, 이런 단체들은 독일에서(자연과학아카데미 레오폴디나, 할레, 1652), 이탈리아에서(실험 아카데미(Academia del Cimento, 1657)), 영국에서(왕립학회, 옥스퍼드, 1660), 그리고 프랑스에서(프랑스과학아카데미, 1666) 잇따라 신속하게 창립된다. 창립 직후 왕립학회에 관해서 영국의 철학자이자 신학자인 글랜빌(Glanvill)이 짧은 시간 내에 학회는 아리스토텔레스 이후 어느 개념 철학보다 더 많은 성공을 이루었다고 말한다(교조화의 허무 … 페리파토스학파에 대한 몇몇 반성과 함께 …(*The Vanity of Dogmatizing … with some Reflections on Peripateticism* …), 1661). 그럼에도 3백 년 이전에 페트라르카가 깨달았듯이, 1674년 파리에서 말브랑슈는 인정해야만 했다(Epist. 1, Ⅸ 14). "어떠한 진리든 깨닫는 사람은 아직 오늘날에도, 그것이 아리스토텔레스도 이미 발견했다는 것을 보여줘야 한다. 그리고 만약 아리스토텔레스가 그것에 반대했다면 그 발견은 잘못된 것일 것이다(《진리탐구에 대하여(*De la recherche de la verite*)》, Ⅳ권, 3장, Ⅲ절)." 많은 대학과 교회 기관들에서, 특히 도미니크파와 예수회파뿐만 아니라 프로테스탄트들에게 아리스토텔레스적이고 토마스적인 철학은 구체제 말까지 받아들여져야만 하는 학설로 간주된다. 또는 다른 데서는 그 넘어서까지 그렇게 여겨진다.

많은 영역에서 근대의 철학과 과학사가 아리스토텔레스의 파괴로 읽힌다고 할지라도 다른 영역에서는 그가 여전히 중요하다. 여기 몇 가지 증거들을 보면, 예컨대 《시학》은 그만의 특정한 영향력을 발휘한다. 또한 로크가 아리스토텔레스의 학문 이론을 날카롭게 비판함에도 그는 《수사학》 2권을 읽도록 추천한다. 왜냐하면 그 책의 도움으로 인간의 정신을 배울 수 있기 때문이다(《신사를 위한 독서와 연구에 관한 몇 가지 생각》, 1703/1720). 그리고 칸트는 비록 아리스토텔레스의 권위를 낮추는 데 일조하지만, 그는 독일 아리스토텔레스 전통에 의해—특히 크리스티안 볼프가 중요하다—자신에게 전달된, 아리스토텔레스의 개념들과 아리스토텔레스주의적 개념들을 특히 《순수이성비판》에서 자주 사용한다. 칸트의 후예 가운데, 무엇보다도 신칸트주의에서 아리스토텔레스의 거부는 지배적이다.

오랜 시간이 지난 후 처음으로 아리스토텔레스를 다시 근본적으로, 무엇보다도 원본을 가지고 연구한 위대한 철학자는 바로 헤겔이다. 오늘날까지도 그의 《역사철학 강의》(Werke, Bd 19, 132-249) 중 아리스토텔레스에 관한 장들은 읽을 만한 가치가 있다. 더 나아가서 헤겔은 특히 자신의 법철학에서 아리스토텔레스의 영향을 많이 받는다. 근대의 계약설들이 준비된 개인들을 시작점으로 삼는 반면에, 아리스토텔레스는 기본적인 사회관계들로부터 폴리스를 형성시킨다. 더 명백하게, 뿐만 아니라 더 상세하게, 그리고 근대의 주관성 이론에 기초해 헤겔은 자기 자신에 대한 의식이 개성의 한 부분이라는 점을 보여주는데, 자기의식은 상호작용 과정과 소통 과정 속에서 비로소 형성되고, 가족, 시민사회, 그리고 국가 같은 제도상의 형태 안에서만 모든 면에서 성공한 삶을 가능하게 만든다. 《백과사전》에서 헤겔은 절대정신의 최고점을, (고유의) 철학을, 아리스토텔레스의 *theôria*(이론/사변/관상)에 대한 사상, (신적인) 정신의 '자기 자신에 대한 사유하기'에서 절정에 이르게 한다(Bd 10, 395).

반면에 독일관념론의 또 다른 대변자인 피히테에게는 아리스토텔레스가 중요하지 않다. 그와는 달리 셸링은 헤겔의 활동 장소인 베를

린으로 초빙된 후에 아리스토텔레스를 높게 평가한다. 그러나 셸링의 숙고는 어떠한 흔적도 남기지 않는다. 마르크스와 엥겔스의 존경 또한 별로 달라 보이지 않는다. 예를 들면 《자본론》이 '위대한 연구자', 심지어 '가치 형태, 그리고 많은 사유 형태, 사회 형태, 자연 형태를 가장 먼저 분석한(Bd Ⅰ, Ⅰ, 1: MEW 23, 73, 430)' '고대의 가장 위대한 사상가'에 대해서 이야기함에도, 아리스토텔레스는 새로운 비판 이론에서 긍정적인 평가를 거의 받지 못한다.

18.2 아리스토텔레스 연구, 신아리스토텔레스주의

19세기와 20세기에는 역사적이고 문헌학적이며 체계적인 연구가 많다. 그 토대는 슐라이어마허의 자극으로 프로이센 과학 아카데미가 준비했다. 이 아카데미는 아리스토텔레스 저작(*Aristotelis Opera*)을 편집한다. 헤겔이 죽은 해에 임마누엘 베커의 지도 아래 그리스어 텍스트가 두 권으로 출판된다(1831). 이것이 그 이후로 표준적인 전집이 된다. 몇몇 저작에 한해서 개선된 텍스트들이 존재함에도 오늘날까지 베커판의 페이지, 세로 단, 행들에 의거해서 인용된다. 《전집》(1831)의 3권은 [아리스토텔레스의] 세 번째, 르네상스 수용기의 라틴어 번역들을 포함한다. 4권은 고대의 주석들인 고전 방주들(Chr. A. Brandis 편집: 1836)을 제공하고, 5권(1870)은 그사이에 문제가 된 단편들의 모음(V. Rose) 이외에도, 헤르만 보니츠(Hermann Bonitz)가 제공한, 오늘날까지 이상적인 아리스토텔레스 색인을 포함한다. 같은 아카데미가 1만 5천 페이지의 그리스로 된 아리스토텔레스 주석들(*Commentaria in Aristotelem Graeca*)을 발행한다(23권, 1882-

1909, R. Sorabji의 지도 아래 현재 영어 번역 작업이 진행 중이다; 런던 1987 이하).

많은 아리스토텔레스 문헌학자 가운데 19세기에는 베커와 보니츠 외에 마이어(H. Maier)와 슈베글러(A. Schwegler), 그리고 20세기의 초기 삼분의 일에는 아르님(H. v. Arnim), 베르너 예거, 주르댕(A. Jourdain), 로빈(L. Robin), 그리고 데이비드 로스(W. D. Ross)를 예로 들어보자. 번역과 논평에 중요한 출판물들은 그루마취(E. Grumach)에 의해 만들어지며 플라슈아르(H. Flashar)에 의해 출판된 '아리스토텔레스 작품들의 독일어 번역' 시리즈와 그 외 오스틴(J. L. Austin)이 주도하며 아크릴(J. L. Ackrill)이 주요 편집장으로 활동했던 《클래런던(*Clarendon*) 아리스토텔레스 시리즈》가 있다. 게다가 아리스토텔레스는 세계적으로 작업되고 있는 철학자 가운데 한 명이다. 예를 들면 루벤학파(A. Mansion, S. Mansion, E. de Strycker, G. Verbeke)와 베를린 아리스토텔레스 아카이브(P. Moraux), 그리고 1957년 이후 3년마다 개최되는 '아리스토텔레스 심포지엄(Symposium Aristotelicum)'이 있다.

헤겔 이후에 '철학의 가장 비참한 쇠퇴기에 태어나 아리스토텔레스보다 더 좋은 (스승)을(1916년 3월 21일 편지)' 찾지 못했다고 스스로 말한 트렌델렌부르크(A. Trendelenburg)와 그의 제자 브렌타노(Franz Brentano)에 의해 아리스토텔레스는 역사적이고 문헌적인 의미 이상의 가치를 부여받는다. 그 밖에 루카시에비치가 집중적인 아리스토텔레스 연구로 다치(多値) 논리학[154]을 발전시킬 수 있었다. 또한 20세기 물리학이 복합적이며 기능적인 체계들을 위해 당구공 모양의

154) 진리치를 참과 거짓뿐 아니라, 셋 이상으로 잡는 논리학.

질량 입자에 대한 생각을 버렸기 때문에 이는 뉴턴보다는 아리스토텔레스와 더 가깝다고 말할 수 있다. 20세기에 가치를 지닌 유일한 철학적인 '우주론의 개요'인 《과정과 실재》(1929, 독일어 번역은 1979)에서 화이트헤드는 아리스토텔레스의 '생성('발생')의 개념에 대한 탁월한 분석'을 칭찬한다(X 1장).

아리스토텔레스는 브렌타노의 처녀작 《아리스토텔레스에 따른, 존재자의 다양한 의미에 대하여》(1862)에서 자극을 받은, 초기 마르틴 하이데거에게 지속적인 영향을 끼친다. 《존재와 시간》(1927)이 집중적인 아리스토텔레스 연구의 결과라는 것은 외견상으로만 봐도 알 수 있다. 아리스토텔레스는 심지어 칸트보다도 더 많이, 가장 많이 인용된 작가다. 또한 § 8에 따르면, [예정은 되었지만] 끝까지 출판되지 않았던, 《존재와 시간》의 두 번째 부분—'존재론사의 현상학적 해체에 관한 개요'—은 특히 아리스토텔레스의 시간에 관한 논문, 즉 《자연학》 4권 10장을 해석할 예정이었다. 하이데거는 아리스토텔레스에게서 자신과 닮은 사유를, 그래서 이를테면 '근원적인 현상학적 인류학'을 발견했을 때, 1920년대의 강의들이 암시하는 것처럼(예를 들면 전집(Gesamtausgabe)[=GA], Bde. 18, 19, 21-22), 그는 자연철학적 시간 분석(*Physik* Ⅳ 10)을 《니코마코스 윤리학》의 지식의 형태들에 대한 이론(EN Ⅵ 그리고 X 6-7; 또한 Met. Ⅰ 1-2)과 《형이상학》의 진실에 대한 토론(Ⅳ 7; Ⅵ 4; Ⅸ 10; Met. Ⅸ을 위해서: GA Bd. 31)에 생산적인 만큼이나 변덕스럽게 결합시킨다. 이와 동시에 아리스토텔레스는 재해석을 겪게 된다. 철학적이고 윤리·정치적인 실존에 대한 상대적으로 독립적인 분석 대신에, 그리고 이와 마찬가지로 존재론과 윤리학의 포괄적인 분리 대신에 《존재와 시간》에서는 존재론과 기초 철학(Fundamentalphilosophie)으로 승격된 철학 이전의 (vorphilosophisch) 실존에 관한 분석이 등장한다.

아리스토텔레스에 대한 하이데거의 연구가 강의에서는 반영되지만 출판물에서는 결코 반영되지 않는 반면에, 그의 주변에서는 위대한 아리스토텔레스에 관한 집중 연구서들이 생성된다. 가다머의《진리와 방법》(1960, 295 이하)의 '해석학의 관점에서 본 아리스토텔레스의 현재적 의의'[155] 절(節)과 마찬가지로, 브뢰커(W. Bröcker), 울르머(K. Ulmer), 그리고 투겐트하트(E. Tugendhat)의 연구가 하이데거에게서 영향을 받는다.

20세기 중반에 시작하는 실천철학의 광범위한 복귀를 통해 사람들은 아리스토텔레스의 저작들이 더 많은 혁신 가능성을 가지고 있다는 사실을 알 수 있다. 사람들은 후에 균형을 맞춰주는 무게로서 칸트를 생각하지만 처음에는 아리스토텔레스가 더 커다란 무게를 지닌다. 예를 들면 리터(J. Ritter)는 아리스토텔레스와 헤겔의 이름으로 정치철학을 갱신한다. 더 나아가 페렐만(Ch. Perelman), 피히벡(Th. Viehweg), 그리고 헤니스(W. Hennis)는 자연과학과는 다른, 법철학과 정치철학 특유의 방법을 규정하기 위해 노력하는 가운데, 변증론과 수사학의 전통을, 이와 동시에 아리스토텔레스를 이용한다. 아리스토텔레스는 역시 분석 윤리학, 예컨대 행위 이론의 기본 개념에 대한 토론과 탁월성에 관해 재개된 토론에서도 중요하다(예를 들면 E. Anscombe, Ph. Foot, A. Kenny). 또한 최근에 사람들은 비판 이론의 전통 망각(O. Marquard)에 대항해서, 그리고 자유주의의 정치철학에 (공동체주의) 대항하는 대항 무게를 발전시키기 위해서 아리스

155) 이 절(節) 제목은 저자가 아니라 문학동네(출판사)에서 나온 한국어 번역본을 따른 것이다.

토텔레스의 윤리학과 정치학을 인용한다.

실천철학 안에서의 높은 중요성 때문에 아리스토텔레스가 단지 그 안에서만 체계적인 중요성을 가지고 있는 것처럼 보인다. 하지만 언어분석철학이 그렇지 않다는 것을 알려준다. 특히 옥스퍼드학파는 아리스토텔레스와의 다층적인 친족성(親族性)을 보여준다. 즉 [언어의] 다의성(*pollachôs legomena*)과의 친족성, 언어 비판의 이론과의 친족성(예를 들면 《소피스트적 논박》), 실천과의 친족성, 그리고 그의 난제에 대한 토론과의 친족성을 보여준다. 그러나 철학적인 사색 전체를 언어 치료로 해소하고자 하는 경향은 당연히 아리스토텔레스와 다르다.

그 첫 단계인 오스틴의 철학적 질문들에 대한, 일상 언어에 집중된 토론에서 분석철학은 아리스토텔레스의 특정한 몇 개의 방법론적 원리들을 이용하지만, 동시에 분석철학은 그의 이론들, 특히 존재론을 부분적으로 강하게 공격하기도 한다. '반본질주의'의 슬로건 아래, 가장 철저한 콰인(Quine)은 모든 종류의 실체-형이상학을 배척한다. 하지만 이미 라일(Ryle)조차도 기본적인 개념들을 구별하는 아리스토텔레스의 능력을 사용함으로써(《마음의 개념》, 1949, 112 그리고 149) 콰인의 주장을 따르지는 않는다. 더 중요한 것은 바로 스트로슨(Strawson)의 '기술(記述) 형이상학에 대한 시도'인 《개체들》이다(1959, 독일어 *Einzelding und logisches Subjekt*, 1972). 그의 개정되지 않은 형이상학에 대한 생각은 실체 존재론에 대한 분석철학의 파문을 폐지시키며 '좋은 구식(舊式) 아리스토텔레스주의적 본질주의(good old-fashioned Aristotelian essentialism)'에 자리를 내준다(Brody, in: 《종합(*Synthese*)》 1975). 그의 개정주의적이지 않은(nicht-revisionär) 형이상학은 세계에 대한 우리 사유의 실제적인 구조를 묘사하는 것에 만족한다. 특정한 사물이 무엇인지를 언급하는 실재론자적인 표현들인 이른바 종류적 술어(Sortalen)[156](이를테면 D. Wiggins, *Sameness and Substance,* 1980 참고)들을 가지고 있다면 실체 술어에 대한 아리스토텔레스의 개념이 재발견될 수도 있을 것이다. 종류적 술어들의 기본적인 종속(種屬)으로서의 '자연의 종'에 대한 사고 역시 아리스토텔레스를 기억나게 한다.

아리스토텔레스의 영향에 관한 '짧은 역사'의 결론으로 일반적인 말 한마디가 허락된다면, 철학적인 토론은 작품을 구제하거나 변명하는 것이 아니라, 오히려 자연과 사람을 더 잘 이해하는 것을 목적으로 한다. 따라서 아리스토텔레스의 재발견이 아니라 그를 창조적으로 수용함으로써 사유를 더 발전시키는 능력이 중요한 것이다. 그러므로 아리스토텔레스가 오늘날에도 아직 혁신 가능성을 가지고 있는가 하는 질문은 단지 그의 저작뿐만 아니라 독자의 혁신 능력에도 달려 있다.

156) 영어로는 'sortal predicate'라고 부르는데, 이런 술어는 대상과 관련해서도, 그렇다고 우리의 심리 분석을 통해서도 해명되지 않는, 언어 자체적인 술어다. 이런 종류의 술어는 분류적이고 기능적이며 범주적이다.

역자 후기

여기서는 먼저 저자를 간략하게 소개하고, 역자의 번역 방침과 이 개설서의 특징도 함께 소개하고자 한다. 이 책의 저자인 오트프리트 회페(Otfried Höffe)는 지금은 폴란드 땅인 레옵쉬츠(Leobschütz)에서 1943년 태어났다. 1971년 〈실천철학-아리스토텔레스의 모델〉로 박사 학위를 받았고, 1974년 〈인문주의 전략〉으로 교수 자격을 얻었다. 그 후 1976년 뒤스부르크 대학을 시작으로 여러 대학에서 교수 생활을 하다가 2011년 튀빙겐 대학에서 정년 퇴임했다. 그는 아리스토텔레스와 칸트, 실천철학과 정치철학에 관한 저서와 논문을 여럿 발표했다.

다음으로 역자의 번역 방식을 소개하고자 한다. 크게 보면 번역은 최대한 본문에 충실한 번역과 독자의 이해를 돕기 위해 역자가 적극적으로 개입하는 번역으로 나눌 수 있을 것이다. 이 책은 후자의 관점에서 본문을 원어 그대로 번역하기보다는 독자가 쉽게 이해하도록 역자가 적극적으로 개입했다. 그래서 우리말에는 어색한 명사형 구문이나 문장을 동사형이나 우리말에 가깝게 바꾸었고, 원서에는 없는 각주를 넣었다. 또 보충할 필요가 있다고 생각한 부분에는 대괄호([ ])로 표시하여 내용을 첨가했다.

그다음으로 저자의 저술 태도를 소개하고자 한다. 아리스토텔레스는 우리와 시공간적으로 아주 멀리 떨어져 있는 사람이기에 그에 관한 해설서를 저술할 때도 어려운 점이 많다. 그래서 저자는 다음과 같은 양극단을 피하려고 노력한다. 즉 모든 시대에 어디서나 통용될 수 있는 주장을 한 것처럼 아리스토텔레스를 추종하는 하나의 극단과 아울러, 이와는 반대로 그가 옛사람이라 그의 사상은 지나가버려서 이제는 더 이상 의미 없는 '옛길(via antiqua)'을 걷고 있는 것으로 취급하는 또 다른 극단을 피하려고 노력한다.

이 두 극단을 피하면서 저자는 아리스토텔레스에게 '선례와 모범이 될 사고를 기대'한다. 이 지점에서 저자는 그를 연구하는 철학사가가 아닌 동시대 철학자로 그와 마주서 있다. 그러므로 저자가 소개하는 아리스토텔레스는 지나가버린 관념 속에서만 살아 있는 것이 아니라 우리와 함께 철학한다.

> 우리는 아리스토텔레스의 윤리학과 정치철학에서 낯선 세계를 발견하리라고 기대한다. 또 우리는 도덕, 법, 정치 같은 대상이 고대 이래 근본적으로 변화했을 거라고 가정한다. 그 이외에도 우리는 자연 목적론과 코스모스(우주) 사고, 다른 '형이상학적인' 요소처럼 낡아버린 이론적인 지침들을 예상한다. 그런데 실상 아리스토텔레스는 이런 실천철학 범위 안에서 우리의 흥미를 자극하는 대화 상대로 나타난다.

이로써 저자는 우리 시대에도 통용될 수 있을 만한 실례를 아리스토텔레스에게서 발견한다. 이것은 저자로 하여금 아리스토텔레스와 토론하는 방식으로 작업하게 한다. 이때 "철학적인 토론은 작품을 구제하거나 변명하는 것이 아니라, 오히려 자연과 사람을 더 잘 이해하는 것을 목적으로 한다."

> 예를 들면 그는 인간 행위의 모델로서, 칸트식 의지의 윤리학으로 말미암아 비로소 의미를 상실하지만 단적으로 해소되지는 않는 그런 욕구 모델을 *poiêsis*와 *praxis*, 즉 생산과 행위라는 중요한 구분과 함께 발전시킨다. 이와 흡사하게 아리스토텔레스의 정치 이론은 근대에서 비록 상대화되지만 단적으로 가치가 없어지지는 않는다. 이를테면 사람을 정치적 존재로 보고 다양한 국가 형태를 논하는 것은 오늘날까지도 가치가 있다. 시간적으로 멀리 떨어져 있음에도 정의와 우정, 의지박약과 쾌락에 대한 그의 숙고 역시 [오늘날] 직접적으로 담론을 불러일으킨다. 이렇게 되는 근거는 단순하다. 그 실천철학에서 기초를 이루는 질문들이 당대에 묶여 있지 않고, 그의 논거들이 일반적으로 그리스 폴리스의 특수성에 아주 밀착해 있지는 않아서, 그것들이 문화를 넘어서며 보편적인 담론을 미리부터 차단하지는 않아서다.

물론 아리스토텔레스가 지나가버린 시대의 사고 유형을 간직하고 있는 것은 사실이다. 그는 형이상학 시대에 살았으므로 그의 용어들은 형이상학적으로 들린다. 예를 들면 《정치학》에서 "사람은 그 본성상(*physei*) …하다" 혹은 "자연은 목적이 없으면 아무것도 이루지 않는다"라고 반복하는 문구들은 형이상학적 본질주의나 목적론을 주장하는 것처럼 보인다. 하지만 자세히 검토해보면 형이상학적으로 해석하지 않을 여지도 발견할 수 있다. 이런 저자의 아리스토텔레스 이해는 해석학적이지 문자적이지는 않다. 다시 말해 해당 본문을 있는 그

대로 형이상학적으로 놓아두고 체계만 재구성하는 것이 불가능한 일은 아니다.

그러나 이는 '지금 여기서' 이해하는 것이 아니다. 그래서 저자는 형이상학 시대 사고로만 보일 수 있는 문구들에서 당대에만 통용되는 초월적이거나 선험적인 본질을 찾아내 부각시킨다기보다는 소위 '형이상학적' 주장들을, 사람이나 생물, 사회나 조직을 경험적으로 관찰한 끝에 얻어낸 인류학적인 혹은 역사적·사회학적인 추론으로 이해할 수 있음을 잘 보여준다. 예를 들면 저자는 사람이 지닌 자연스러운 충동인 인식 추구에 관한 아리스토텔레스의 주장을, 사람을 관찰해서 터득한 경험적 주장으로 이해한다.

> 아리스토텔레스의 현상학은 목적론적이 아니라, 다음과 같은 인류학적인 명제로 시작한다. "모든 사람은 그 본성상 지식을 추구한다." 오늘날 인류학을 대하는 회의적인 태도가 있음에도 이 명제는 설득력이 있다. 왜냐하면 이 명제는 최대한의 인류학, 즉 사람이라는 존재의 완성이 아니라 최소한의 인류학, 다시 말해 모든 사람이 기본적으로 갖춘, 하나의 요소를 향해 나아가기 때문이다. … 또한 '본성상'[이라는 개념]은 두 가지를 의미한다. 즉 내면적인 동의―알고자 하는 욕망은 사람의 마음에서 나온다―와 이런 욕망이 사람을 사람으로 특징짓는다는 것을 의미한다.

이렇게 이해한 저자는 아리스토텔레스의 '본성상'이라는 표현을 사람의 선천적 본성을 독단적으로 강변하는 것이 아니라, 우리가 경험할 수 있는 사람의 특성을 논의하는 것으로 평가한다. 그래서 저자는 발달심리학과 (비교)민족학(Ethnologie) 연구를 근거로 아리스토텔레스가 사람은 그 본성상 지식을 추구하는 욕구가 있다고 주장한 것을 현대적 입장에서 옹호한다.

> 아리스토텔레스는 플라톤의 《테아이테토스》(155d)를 시사하며 경탄(*thaumazein*: Met. Ⅰ 2, 982b12-17)을 인용했다. 여기서 경탄은 우주의 조화를 존경하는 것이 아니라, 부조화를 의아스럽게 생각하면서도 아직 설명하지 못한 상황에 놀라워한다는 의미다. 그래서 그 원인이나 근거를 찾는 사람은 더 높은 단계의 지식에서 느끼는 자신의 쾌락을 행동으로 증명한다.

저자의 이러한 설명은 '경탄'을 고대 철학계에서 보통 해석한 것과는 달리 해석해서 그것이 우리 시대의 인간 연구와 일치함을 드러낸다. 더 나아가 이렇게 설명한다.

> 아리스토텔레스는 본질(*physei*, *ousia*)에 따라서 전체가 부분보다 앞선다고 설명하거나(Pol. Ⅰ 2, 1253a20-22), 자연은 목적이 없으면 아무것도 이루지 않는다고 말할 때(1253a9) [얼핏 보기에는 그렇지 않은 것처럼 보이지만] 인간학적이고 사회 이론적으로 또 제도 이론적이거나 [당시] 헌법들을 비교하면서 생물학에 근거를 둘 때도 있지만 항상 형이상학 없이 논증했다. 또한 《정치학》에서는 이론과 경험을 결합하고 실천적이며 정치적인 관심을 가지고 현대적으로 말했다.

이런 방식으로 저자는 소위 '아리스토텔레스 그 자체'보다는 현재의 아리스토텔레스를 그린다. 현재의 아리스토텔레스라는 말은 예컨대 아크릴 같은 학자가 아리스토텔레스 해설서 《철학자 아리스토텔레스(*Aristotle the philosopher*)》에서 하는 작업과 비교해보면 쉽게 이해할 것이다. 역자가 생각하기에 아크릴의 이 책은 아리스토텔레스를 처음 공부하는 사람에게 좋은 입문서다. 왜냐하면 아리스토텔레스의 본문에서 가능하면 많은 부분을 예로 들어가며 그의 이론을 설명했기 때문에 아리스토텔레스가 어떻게 생각했는지를 알 수도 있지만, 그보다는 꼼꼼히 읽다보면 아리스토텔레스가 한 말들을 음미하면서 그 의미를 파악할 수 있어서다.

그러나 저자 회페는 '아리스토텔레스 그 자신'의 사상 전개에 관심을 갖기보다는 옛 사상가인 그를 '우리와 동시대 철학자'처럼 대한다. 그래서 그는 아리스토텔레스의 '공근본 이상(AFE-Ideal)'을 다시 검토한다. '공근본'은 보통 아리스토텔레스의 특징으로 볼 수 있는데, 현대의 비판적 학자들이 형이상학 시대의 뒤떨어진 특유한 이념이라고 보면서 비판의 대상으로 삼는 세 이념, 즉 Axiomatik(공리주의), Fundamentalismus(근본주의), Essentialismus(본질주의)를 축약해서 표현한 것이다.

> 일반적으로 비판은 세 부분으로 된 표준 해석과 관련 있다. 즉 아리스토텔레스의 학문은 (1)그 내용을 소수의, 더는 [다른 것으로] 소급할 수 없는 기본 판단, 즉 귀납(*epagôgê*)과 직관(*noûs*)으로 파악한 항상 참이고, 그 결과 돌이킬 수 없는 공리로 압축할 수 있어야만 한다. (2)그 공리와 다른 원리 덕분에 이른바 최종적인 논증이 가능하다. (3)학문은 존재론적 실재('본질')와 인과법칙적인 세계 관계에 맞춰진다. 사람들의 말에 따르면 [여기에서] 특징은 공리주의(公理主義, Axiomatik), 근본주의, 본질주의인데 줄여 말하면 '공근본 이상(AFE-Ideal)'이다.

그러나 저자는 아리스토텔레스가 '공근본' 이념을 지녔다는 주장 자체는 인정할 수 있으나, 그의 '공근본'은 단지 구시대 발상이라기보다는 우리도 어느 정도 인정할 만한 것이었다고 변호한다. 저자는 우선 아리스토텔레스의 공리주의를 근대 공리주의와는 다른 우리도 인정할 만한 것이었음을 지적한다.

> 《분석론 후서》를 읽어보면, 사람들은 표준 해석을 상당히 인정하게 된다. 예를 들면 Ⅱ 3-7장에 있는 근대적 의미의 공리주의라는 관점에서 그렇다. 그러나 더 자세히 읽어보면 구상이 풍요롭고, 철저히 해명했으며, 어느 정도는 설득력 있는 이론임을 알 수 있다. 그것이 다른 견해를 항상 극복하는 것은 아니지만, 별 어려움 없이 오늘날 기준에 맞출 수는 있다. 경험적이고도 재구성하는(empirisch-rekonstruktive) 이론과 비판적인 이론 뒤로 되돌아가려는 단초가 이미 주목할 만하다.

저자의 이런 견해는 아리스토텔레스의 근본주의나 본질주의에서도 마찬가지다.

> 상당수의 상세한 비판과 상관없이 아리스토텔레스의 근본주의는 논증 이론적이거나 학문 이론적인 근거로는 비판할 수 없다. 그리고 그의 본질주의는 [플라톤의 이데아론처럼 실체화와 같은] 전적으로 의문스러운 형이상학적인 전제를 포함하지 않는다.

이처럼 저자는 아리스토텔레스에게 '공근본'이 없다고 주장하지 않는다. 오히려 그의 '공근본'은 현대의 비판에 그렇게 쉽사리 무너질 만한 것이 아니라, 현재에도 설득력이 있다고 해명한다.

아리스토텔레스의 철학이 비판받는 주요 대상 가운데 하나는 포괄적인 목적론이다. 그러나 저자는 이런 비판이 주로 아리스토텔레스와 아리스토텔레스주의를 오해한 것에서 비롯되었다고 본다. 아리스토텔레스 자신은 목적론을 미리 전제하고 거기에 자신의 이론을 맞춘 것이 아니다. 그는 경험적 탐구를 먼저 수행한 다음에 무의식적인 자연이 아닌 인간의 입장에서 회고하면 목적론적으로 보이기도 한다는 식으로 해명하는 것이다.

> 비판이 과도해진 이유 가운데 하나는 아리스토텔레스와 아리스토텔레스주의를 혼동해서다. 그중 한 부분은 전체 우주가 합목적성에 지배받는다고 하는 보편적 목적론에 대한 비판이다. … '아리스토텔레스는 세계는 저절로 가진 의미로 충만하며 가치와 목표 및 목적을 향하는 존재론적으로 풍요로운 연관성, 즉 전적으로 순결하고 그 자체에서 솟아나오는 능산적(能産的) 자연(*natura naturans*)이다'라고 했지만, 이 견해는 아리스토텔레스에게서 나온 것이 아니다. … 어떤 관점에서 보면 아리스토텔레스는 근대 물리학자들과 다르지 않게 작업했다. 몇몇 플라톤주의자의 극단적인 사변과는 달리 그는 경험을 탐구할 확고한 장소를 마련하며(Cael. Ⅲ 7, 306a5-17 참고), 모든 자연 과정을 위해 고유하고 분명하게 기술한 제한된 설명을 추구했다.
>
> …
>
> 자연적 대상과 자연 과정의 한정된 부류에 제한받지 않기에 《자연학》은 실험 물리학도 이론 물리학도 아닌 물리학의 원형(Protophysik)이다. 또한 《자연학》은 자연현상 전체를 체계적인 연관 속에 집어넣는 사변적인 물리학을 의도하지도 않는다. 대문자로 쓰인 자연이 아니라 *physei on*, 즉 자연적인 존재자

를 다루면서 《자연학》은 무엇이 자연적 사물인가, 그리고 어떻게 그것을 학문적으로 탐구할 수 있는가 하는 질문을 한다. … 아리스토텔레스는 해당 숙고들을 수학만이 아니라 제일철학과도 개념적으로 분명하게 다른 독자적인 학문임을 증명했다. 그는 가장 보편적인 사고 원리들, 즉 공리를 제외하고는 형이상학의 전제 어디에도 토대를 두지 않음으로써 (근대 물리학의 개척자인 뷔리당(Buridan)이 요구하듯이) 자연학의 독자성을 아주 단호하게 제시했다.

아리스토텔레스는 자연을 탐구할 때 먼저 선험적인 목적론을 상정하고 거기서부터 다른 결론들을 추론해나가는 방식으로 작업하지 않았다. 오히려 근대와 마찬가지로 경험적인 연구를 했다. 더 나아가 근대와는 달리 인간의 관심에 종속되지도 않았다. 근대 베이컨 같은 학자들은 자연 탐구가 인간의 목적에 종속되는 것으로 보아 공리주의적인 자연 탐구를 제안했지만, 저자는 이러한 관심을 배제하고 순수한 인식을 추구한 이가 아리스토텔레스라고 주장한다.

근대 자연 탐구가 인간의 목적에 종속된다면 아리스토텔레스에게는 인식 그 자체가 문제가 된다(*tou eidenai charin hê pragmateia*: Phys. Ⅱ 3, 194b17 이하). 이 순수하게 이론적인 관심은 일어날 수[도] 있는 오용을 반대하는 윤리학이든 위험/리스크 윤리학이든 어떠한 특별한 윤리학도 [따로] 필요하지 않아서 좋다. 아리스토텔레스는 학문에 내재적인 윤리학만으로 만족할 수 있다. 본질적으로 자유로운 행위로서의 아리스토텔레스적인 자연 탐구는 그 자체에 자신의 도덕적인 정당성의 근거가 있다.

또한 저자에 따르자면 아리스토텔레스가 목적론적 사고를 한 것은 사실이지만, 그의 목적론은 선험적이고 형이상학적인 목적론이 아니라, 자연의 과정을 '회고해서' 생각해보면 보이는 목적론이다.

> 아리스토텔레스는 두 형태의 우연 모두를 불규칙적이고, 예견하지 못하며, 계획에 없던 방식으로 달성하거나 망치는 목적에 연결시켰다. 따라서 그가 '마치 …이기라도 한 것처럼－목적론'이나 [진정한 목적론의] 결핍된 양태들이 주어진 것처럼 여긴다－여기서 '그 자체에서/자연에서 일어나는 우연(*automaton*)'은 자연(*physis*)[의 활동]에 종속되고, '[사람에게 일어나는] 우연(*tychê*)'은 기술(*technê*)[의 활동]에 종속된다. 그 우연들이 결핍되지 않은 진정한 목적론을 간접적으로 지시한다는 것은 기술의 경우에는 논란이 되지 않는다. 아리스토텔레스가 제대로 논했듯이, 어떤 사람은 채무자를 만날 '의도로' 시장에 갈 수 있다. 그러나 논란거리는 단지 자연의 진행에서도 역시 원래의 진정한 합목적성이 존재하는가 하는 질문이다. 아리스토텔레스의 긍정적인 답변에 회의적인 사람조차도 다음과 같은 두 가지를 인정할 수[는] 있다. 하나는 사변적으로 나오지 않고 자연의 규칙성 속에서 만나는 합목적성을 참조해서 긍정적인 목적론이 나온다는 것이다. 예를 들면 사람의 치아에서 앞니는 끊는 능력이 있고, 어금니는 음식을 가는 능력이 있다(Phys. Ⅱ 8, 198b23 이하). 다른 하나는 아리스토텔레스가 자연이 목적을 욕구하고 그에 해당하는 수단을 선택하는 능력을 사용한다고 하는 인간 중심주의적인 견해를 명시적으로 거절했다는 것이다(Phys. Ⅱ 8, 199a20 이하). 사람 이외의 합목적성은 목적의식 없이 일어난다. 그것은 [사람이 나중에] 회고적[/회고해볼 때 비로소 드러나게 되는 식]이고 무의식적이다.

이와 같이 선험적·형이상학적이지 않은 '회고적 목적론'은 생물학이나 진화론처럼 생물의 합목적적 신체 구조나 합목적적 진화론적 발전을 설명할 때 사용하면 유용하다.

또한 저자는 아리스토텔레스의 형이상학 자체도 현대화를 시도한다. 근현대에 와서 가장 심각한 비판을 받는 것은 그의 형이상학이다. 흄이나 칸트 이래 형이상학은 비판 대상이 되어왔다.

> 아리스토텔레스는 형이상학을 지식 형태의 정점에 세워놓았다. 그것은 많은 세기 동안 '학문의 여왕'으로 여겨졌다. 그러나 칸트 때(《순수이성비판》, 머리말, 초판)와 나중에 다시 니체가, 또 다른 방식으로 빈학파(der Wiener Kreis)가 '모든 멸시'를 가하게 되는 분과이다. 많은 사람이 형이상학이 초감각적인 것을 알려주리라고 기대한다. 즉 천사나 신이나 신성, 나아가 영혼 불멸성과 자유를 알려줄 것이라 기대한다. 그리고 이런 요소가 아니면 사람이 존재하는 의미를 풀 수 없다는 생각도 드물지 않게 그런 기대와 연결된다. 또한 철학자들, 특히 독일관념론 이후 철학자들은 모든 지식을 서로 연관시켜주며 모든 사물과 사태를 전체 안에서 제각각 위치에 지정해주는 시스템을 기대한다.
>
> 아리스토텔레스는 그런 기대를 대부분 실망시켰다. 그럼에도 그는 최소한 암묵적으로라도 분석적인 형이상학 비판과 해석학적인 형이상학 비판에 따르면 의심스러운 것을 요구했다. 그것은 바로 언어와 역사에서 독립적인 지식이다. 형이상학에 대한 요구를 많은 [일상적인] 형이상학적 구상과는 다른 이해에 결합시키는 이러한 상황에 주의를 기울여볼 만하다. 아리스토텔레스는 자신의 신학에서 현세의 실존에 의미를 부여하는 내세가 아니라, 오히려 이 세계를 해명하는 것을 곰곰이 생각했다. 그리고 여기서나 다른 곳에서도 독일관념론과 비교할 만한 시스템을 요구하지 않았다. 그의 시도는 다음과 같은 두 가지 근거에서 오늘날까지 흥미롭다. 첫 번째 근거는 (자연)과학 시대에서[도 타

당할 수 있는] 형이상학을 위해 흥미롭고, 두 번째 근거는 체계 요구가 더 적다는 점에서 후기 관념론적인 형이상학을 위해 흥미롭다.

아리스토텔레스가 '언어와 역사에서 독립적인 지식'을 추구해 형이상학 체계를 세운 것은 사실이고, 그 때문에 분석철학이나 해석학은 이를 비판한다. 그러나 그가 주장한 형이상학은 저 세계 이야기가 아니라, 이 세계를 더 충분하게 해명하려는 지적 호기심에서 나온 것이다. 또한 그의 형이상학은 이 세계에 관한 이론의 정점, 즉 자연철학의 연장선 위에 있는 최고 학문이다. 더 나아가 그의 형이상학은 다른 모든 학문을 자기 체계에 포섭하려는 요구를 하지 않는다는 점에서 충분히 현대적이다.

저자는 또한 아리스토텔레스에게 갖는 일상적인 통념을 해명한다. 이를테면 플라톤이 이상적인 철학자라면 아리스토텔레스는 상식을 추구한 '상식의 철학자'라는 통념을 교정한다. '상식'이라고 하면 사람들이 흔히 지니게 마련인 피상적이거나 당대 이데올로기에 물든 의견을 의미한다. 그러나 아리스토텔레스를 '상식의 철학자'로 부른다면 이런 상식 개념에 결부시켜서는 안 된다는 견해를 피력한다. "H. 시지윅(H. Sidgwick)에서 조지 무어(G. E. Moore)를 거쳐 J. 롤스(J. Rawls)까지 아리스토텔레스의 윤리학을 그리스인들의 상식적인 도덕으로 독해하려고 한다." 하지만 이것은 사실과 다르다. 또한 아리스토텔레스의 《형이상학》 같은 저서를 보면 그는 통속적이지도 않았고, 당대 이데올로기에만 갇혀 있지도 않았다.

무엇보다도 그의 존재론은 상식으로 보면 의심할 나위 없이 낯선 생각인 '정신의 자기 자신에 대한 사고'라는 생각 속에서(10.2장을 보라) 내용적으로 최고점에 도달했다. 간략하게 말해서 상식과 유행하는 생각에 대해 아리스토텔레스는 아주 다양한, 즉 부분적으로는 해석학적이고 부분적으로는 비판하거나 긍정하는 관계를 맺었다. 그래서 그가 비록 상식의 철학자에 속할 수는 있지만 경우에 따라 제대로 된, 즉 비판에 개방적인 상식의 사상가라고 할 수 있다.

또한 아리스토텔레스가 플라톤을 하늘에서 끌어내렸다고 하는 잘 알려진 통념에도 제한을 가한다. 저자의 관점에 따르면 이 통념은 제한적으로만 참이다.

아리스토텔레스가 플라톤의 이데아를 하늘에서 끌어내렸다고 하는 통속적인 견해는 단지 제한된 의미에서만 정당하다(중세 스콜라철학은 *ante rem*(사물 이전에)가 아니라 *in re*(사물 안에) 존재하는 보편자들에 대해 말하게 된다). 즉 그가 이데아를 거부한 것을 보편 개념들을 [단적으로] 거부했다고 이해해서는 안 된다. 그는 [플라톤과 달리] 보편 개념들에 '사물들 너머'라는 식의 존재 [방식]이 아니라, 새로운 존재 [방식, 즉 개별자 안에 존재하는 방식]을 부여해서 이데아를 하늘에서 [우리 현실로] 끌어내렸다고 이해해야만 한다. 이를테면 건강은 단지 건강한, 즉 구체적인 생물의 속성으로만 존재한다. 그리고 사람임/사람이라는 존재(Menschsein)—비록 개별적인 사람에 대해서가 아니라, 단지 사람이라는 존재에 대해서만 개념이 존재하기는 하지만—는 단지 구체적인 사람이 다른 구체적인 동물보다 앞선다고 보는 그러한 어떤 것으로만 존재한다. 이에 반해 아리스토텔레스는 구체적인 존재자에서 분리되며 완전한 의미에서 실재로 만들어주는 보편자는 거부했다. 즉 보편자의 실체적 성격은 거부했다(Fine 1993 참고; 그리고 또한 Hübner 2000을 보라).

이와 같은 회페의 현재적 자세는 아주 인상적이었다. 그의 해석에 따르면 아리스토텔레스는 보편타당한 철학자도 아니지만, 그렇다고 골동품 같은 존재도 아니다. 당대의 시대 상황과 편견에 사로잡힌 면도 있지만, 진지하게 철학하려는 사람이었고 누구라도 할 법한 방식으로 철학한 사람이었다. 아주 오래전 그리스에서 살았고 거기에 물들어 있었지만, 그의 철학은 단지 거기에 갇힌 것이 아니라 현재 우리 곁에서 말을 걸어온다.

이런 해석 태도가 아주 마음에 들어 번역자는 현재 아리스토텔레스의 《정치학》을 회페의 태도로 이해하고 해석하는 개설서를 '세창 명저 산책'의 하나로 준비하고 있다. 《정치학》이 명저이고 고전인 이유는 누구나 따를 수밖에 없는 보편타당한 진리여서가 아니다. 지금 여기에서도 정치에 관해 진지하게 철학하려는 사람이라면 곁에 두고 씨름해볼 만한 책이기에 그렇다.

부록

1. 아리스토텔레스 연보

기원전 384년	그리스 북부 마케도니아 지방의 스타게이로스(할키디키)에서 마케도니아 왕 아민타스 2세의 시의였던 니코마코스의 아들로 출생.
기원전 367~347년	첫 번째 아테네 체류: 플라톤의 아카데메이아의 일원이 됨. 강의 '선에 관하여'를 포함한 플라톤의 후기 철학을 연구함. 논리학적 논문들(오르가논)과 《자연학》, 《형이상학》, 《니코마코스 윤리학》, 《수사학》의 첫 초안들이 생겨남.
기원전 약 350년	마케도니아와 아테네 사이의 정치적 갈등. 마케도니아를 지지하는 아리스토텔레스는 아테네 체류가 어려워짐.
기원전 347년	플라톤의 죽음. 아타르네우스의 통치자 헤르미아스의 초청으로 아리스토텔레스는 아소스(소아시아)로 감.
기원전 345/4년	미틸리니(레스보스)에서 테오프라스트와 함께 연구함(특히 동물학과 식물학 분야).
기원전 342/1년	마케도니아의 왕 필리포스 2세의 부탁으로 아들 알렉산더의 가정교사가 됨. 그 후 알렉산더는 마케도니아의 섭정이 됨(340/39년).
기원전 341/0년	살해된 헤르미아스의 여동생(또는 조카) 피티아스와 결혼함.
기원전 338년	카이로네이아 전투. 이 전투에서 승리한 마케도니아는 그리스를 지배하게 됨.

기원전 335/4년	아리스토텔레스는 아테네로 돌아옴. 리카비토스에서 뤼케이온('페리파토스학파')를 설립하고 학생을 가르침.
기원전 323년	알렉산더 대왕의 죽음. 아테네에서 반마케도니아 운동이 재연되어 아리스토텔레스가 고소됨.
기원전 323/2년	칼키스(에우보이아)에 있는 어머니 집으로 이주함.
기원전 322년	아리스토텔레스는 거기서 62세에 죽음.
기원전 3세기	아리스토텔레스의 학교, 페리파토스가 폐쇄됨.
기원전 약 50년	비전(祕典)의 논문들의 첫 전집이 로도스의 안드로니코스에 의해 편찬됨. 저작을 네 개의 분야로 구분함(오르가논, 윤리학적-정치적-수사학적 논문들, 자연철학적-생물학적-심리학적 논문들, 《형이상학》). 주석자들의 작업이 시작됨. 하지만 키케로가 큰 영향을 받았던 아리스토텔레스의 대화편이 상실됨.
약 200년	아프로디시아스의 알렉산드로스에 의해 고대 아리스토텔레스 주석 작업이 절정에 다다름. 그에 이어서 신플라톤주의적 주석자들(포르피리오스, 이암블리코스, 심플리키오스)은 플라톤적 요소들과 아리스토텔레스적 요소들의 통합을 시도함. 기독교적 신플라톤주의자들(요한네스 필로포노스, 엘리아스, 올림피오도로스)은 아리스토텔레스주의와 기독교 사이를 중재함.
6세기	보에티우스가 《범주들》과 《해석학》을 번역하며 주석함. 서양 중세 시대 초기에 아리스토텔레스는 이런 '구논리학'을 통해서만 현존함.
7세기	아리스토텔레스가 시리아와 아라비아 세계에서 맨 먼저 자연과학적 권위로 인정받음.
830~1055년	후나인 이븐 이샤크, 알 파라비와 이븐 시나(아비켄나)와 함께 이슬람 신학에 영향을 끼치는 포괄적인 아리비아의

	아리스토텔레스주의가 형성됨.
9세기	요한네스 스코투스 에리우게나에 의한 서양의 아리스토텔레스 수용이 시작됨.
12세기	이븐 루시드(아베로에스)와 다른 아라비아와 유태의 주석자들에 의해 아리스토텔레스가 라틴 세계로 전달됨.
11~13세기	《아리스토텔레스 전집(*Corpus Aristotelicum*)》의 거의 완전한 라틴어 번역; 이로 말미암아 자연과학은 신학에서 해방되며 큰 자극을 받게 됨.
13세기	브라반티아의 시게루스에 의한 서구 아리스토텔레스 수용(아베로에스주의), 알베르투스 마그누스와 토마스 아퀴나스가 신학에서 철학의 독립이라는 명제로 이끌게 됨.
1210/1231년 등	교회는 아리스토텔레스 저작들, 특히 《자연학》과 《형이상학》 가르침을 금지시킴.
1255년	파리대학이 아리스토텔레스의 저작들을 공식적으로 교육과정에 포함시킴.
1500~1650년	이탈리아의 르네상스-아리스토텔레스주의(P. 폼포나치), 멜란히톤에 의한 프로테스탄트적 아리스토텔레스주의, 그리고 예수회의 토마스주의 등과 같은 여러 이질적인 아리스토텔레스주의들이 발생함.
16~17세기	교회는 코페르니쿠스와 갈릴레이의 반아리스토텔레스주의적 자연과학에 반대하는 조치를 취함. F. 베이컨과 P. 가상디의 자연철학적 반아리스토텔레스주의.
1831~1837년	프로이센 학문 아카데미의 요청으로 I. 베커가 표준적인 아리스토텔레스판을 제작함.

2. 문헌

1) 저작과 보조적 작업

(1) 그리스어 판본과 개별적 판본

오늘날 인용하기 위해서 쪽수와 칸수를 따르게 되는 전집의 고전적 판본은 프로이센 왕립 학술 아카데미(die Königlichen Preuβischen Akademie der Wissenschaften)에서 작업한 것이다.

Bekker, I. (편집): *Aristotelis Opera*, 5권, Berlin 1831-1870 (Bde. I -II: 그리스어, Bd. III: 라틴어 르네상스판, Bd. IV: Scholia, Bd. V: Fragmente).

Bonitz, H.: *Index Aristotelicus*, O. Gigon이 개정한 신판, Berlin 1960; *Einzelausgabe des Index Aristotelicus*: Graz ²1955 (꼭 필요한 단어 색인).

보존된 단편들의 시간은 지났지만 대체되지 않은 수집본:

Rose, V: *Aristotelis qui ferebantur librorum fragmenta*, Leipzig ³1886 (또한 Ross, W. D.: *Aristotelis fragmenta selecta*, Oxford 1955).

"*Scriptorum Classicorum Bibliotheca Oxoniensis*" (*Oxford Classical Texts*) 시리즈로 출판된 충실하고 가치있는 개별적 판본들 1894 이하.

아직도 탁월한 서론과 주석이 달린 텍스트들(많은 그리고 부분적으로 개선된 개정판들):

Ross, W. D. Oxford, Clarendon Press:

- *Metaphysics*, 2권, 1924.
- *Physics*, 1936.
- *Prior and Posterior Analytics*, 1949.
- *Parva Naturalia*, 1955.

- *De Anima*, 1961.

주석이 딸린 중요한 개별 판본들:

Bonitz, H. 1849: *Aristotelis Metaphysica*, 2권. Bonn (개정판 Hildesheim 1960).

Brunschwig, J. 1967: *Topiques*. Tome Ⅰ: *Livres* Ⅰ-Ⅳ. Paris.

Burnet, J.: *The Ethics of Aristotle*, London 1900.

Cape, E. M. 1877: *The Rhetoric of Aristotle with a Commentary*, Cambridge.

Düring, I.: *Aristotle's Chemical Treatise. Meteorologica* Ⅳ, Göteborg 1944.

Grant, A. : *The Ethics of Aristotle*, 2권, London 1857.

Hicks, R. D.: *De Anima*, Cambridge 1907.

Joachim, H. H.: *De Generatione et Corruptione*, Oxford 1922.

Lucas, D. W. 1968: *Aristotle. Poetics*, Oxford.

Newman, W. D.: *The Politics of Aristotle*, 4권, Oxford 1887-1902, 재판 1950.

Sehwegler, A. 1847-48: *Die Metaphysik des Aristoteles*. 기본 텍스트에 번역과 주석 및 설명 논문들, Tübingen.

(2) 번역본과 주석

The Complete Works of Aristotle. The Revised Oxford Edition, J. Barnes (편집), 2권, Princeton 1984.

Aristoteles: *Werke in deutscher Übersetzung* (역사적이고 문헌학적이며 철학적인 주석들과 함께), E. Grumach가 기초했으며, H. Flashar가 편집, Berlin, 이제까지:

- *Kategorien* (K. Oehler), [3]1997.

- *Peri hermeneias* (H. Weidemann), [2]2002.

- *Analytica posteriora*, 2권. (W. Detel), 1993.

- *Rhetorik* (Ch. Rapp), 2002.

- *Nikomachische Ethik* (F. Dirlmeier), ^{10}1999.

- *Eudemische Ethik* (F. Dirlmeier), ^{4}1985

- *Magna Moralia* (F. Dirlmeier), ^{5}1983.

- *Politik, Buch I* (E. Schütrumpf), 1991.

- *Politik, Buch II und III* (E. Schütrumpf), 1991.

- *Politik, Buch IV-VI* (E. Schütrumpf / H. J. Gehrke), 1996.

- *Politik, Buch VII-VIII* (E. Schütrumpf), 2005.

- *Staat der Athener* (M. Chambers), 1990.

- *Physikvorlesung* (H. Wagner), ^{5}1995.

- *Meteorologie, Über die Welt* (H. Strohm), ^{3}1984.

- *Über die Seele* (W. Theiler), ^{7}1994.

- *Parva Naturalia II: De memoria et reminiscentia* (R. A. H. King), 2004.

- *Parva Naturalia III: De insomniis, De devinatione per somnum* (Ph. J. van der Eijk), 1994.

- *Zoologische Schriften II und III: Über die Bewegung der Lebewesen, Über die Fortbewegung der Lebewesen* (J. Kollesch), 1985.

- *Opuscula I: Über die Tugend* (E. A. Schmidt), ^{3}1986.

- *Opuscula II und III: Mirabilia* (H. Flashar) und *De Audibilibus* (U. Klein), ^{3}1990.

- *Opuscula V: De coloribus* (G. Wöhrle), 2000.

- *Opuscula VI: Physiognomonica* (S. Vogt), 2000.

- *Problemata Physica* (H. Flashar), ^{4}1991.

- *Fragmente III: Historische Fragmente* (M. Hose), 2002.

O. Gigon의 번역과 서론, 각주의 고대 세계의 총서(*Bibliothek der Alten*

Welt), Deutschen Taschenbuchverlag에서 포켓판으로 다시 출판, München:

- *Einführungsschriften*, 1982 (Zürich 1961).
- *Vom Himmel, von der Seele, von der Dichtkunst*, 1983 (Zürich 1950).
- *Die Nikomachische Ethik*, 1991(Zürich/Stuttgart 1951, [2]1967).
- *Politik*, 1978 (Zürich 1955).

Philosophischen Bibliothek Meiner, Hamburg는 옛 판본들을 개정할 것이다:

- *Kategorien. Lehre vom Satz* (E. Rolfes), 9판. 1974.
- *Lehre vom Schluβ oder Erste Analytik* (E. Rolfes; H. G. Zekl에 의한 새로운 서론), 1992.
- *Lehre vom Beweis oder Zweite Analytik* (E. Rolfes; O. Höffe에 의한 새로운 서론과 참고 문헌), 개선된 11번째 신판 1990.
- *Topik* (E. Rolfes; H. G. Zekl에 의한 새로운 서론), 1992.
- *Sophistische Widerlegungen* (E. Rolfes), 13판. 1968.
- *Physik* (H. G. Zekl), 2권, 그리스어와 독일어, 1987와 1988.
- *Über die Seele* (W. Theiler가 번역하고 H. Seidl이 서론과 주석), 그리스어와 독일어, 1995.
- *Metaphysik* (H. Seidl), 2권, 그리스어와 독일어, [3]1989와 [3]1991.
- *Nikomachische Ethik* (E. Rolfes; G. Bien 편집), [4]1985.
- *Politik* (E. Rolfes; G. Bien 새로운 서론), [4]1981.
- *Organon, Bd. 1 : Topik; Topik, neuntes Buch oder Über die sophistischen Widerlegungsschlüsse*, H. G. Zekl의 편집, 번역, 서론과 각주, 그리스어와 독일어, 1997.
- *Organon, Bd. 2 : Kategorien; Hermeneutik*, H. G. Zekl의 편집, 번역, 서론과 각주, 그리스어와 독일어, 1998.
- *Organon, Bd. 3/4 : Erste Analytik/Zweite Analytik*, H. G. Zekl의 편집,

번역, 서론과 각주, 그리스어와 독일어, 1998.

Reclams Universalbibliothek, Stuttgart의 번역:

- *Kategorien* (I. W. Rath), 1998.
- *Topik* (T. Wagner / Ch. Rapp), 2004.
- *Kleine naturphilosophische Schriften* (E. Dönt), 1997.
- *Metaphysik* (F. F. Schwarz), 1970.
- *Nikomachische Ethik* (F. Dirlmeier; E. A. Schmidt의 각주), 1969.
- *Politik* (F. F. Schwarz), 1989.
- *Rhetorik* (G. Krapinger), 1999.
- *Poetik* (M. Fuhrmann), 그리스어와 독일어, 1982.
- *Der Staat der Athener* (P. Dams), 1975.
- *Über die Welt* (O. Schönberger), 1991.

O. Höffe가 편집하는 《고전 해석(*Klassiker Auslegen*)》, Berlin:

- *Metaphysik. Die Substanzbücher* (Ch. Rapp 편집), 1996.
- *Nikomachische Ethik* (O. Höffe 편집), 1995.
- *Politik* (O. Höffe 편집), 2001.

주석을 단 몇몇 개별 번역본:

- *Prior Analytics*, R. Smith의 번역과 주석, Indianapolis 1991.
- *Il cielo*. A. Jori의 번역, 서론과 논평, Mailand 2002.
- *De anima*, R. D. Hicks의 번역과 주석, London 1907, Amsterdam [2]1965.
- *De motu animalium*, M. C. Nuβbaum의 번역과 주석, Princeton 1978.
- *Metaphysik*, H. Bonitz의 번역, U. Wolf의 새로운 편집, Hamburg 1994.
- *Metaphysik*, F. Bassenge의 번역, Berlin 1960.
- *La Metafisica*, G. Reale의 번역과 주석, 2권. Neapel 1968.
- *Metaphysik*, übersetzt, mit Einleitung und Anmerkungen von H. G. Zekl의 번역, 서론, 각주, Würzburg 2003.

- *Metaphysik*, Th. A. Szlezák의 번역과 서론, Berlin 2003.
- *La decision du sens. Le livre Gamma de la Metaphysique*. B. Cassin와 M. Narcy의 서론, 텍스트, 번역, 주석, Paris 1989.
- *Metaphysik Z*, M. Frede와 G. Patzig의 번역과 주석, München 1988.
- *L'Ethique a Nicomaque*, R. A. Gauthier와 J. Y. Jolif의 번역과 주석, 4권, Löwen [2]1970.
- *Nicomachean Ethics*, T. Irwin의 번역과 주석, Indianapolis [2]1999.
- *Nicomachean Ethics*, S. Broadie와 Ch. Rowe의 번역, 서론과 주석, Oxford 2002.
- *Politik*, F. Susemihl 번역, U. Wolf의 새로운 편집, Hamburg 1994.
- *Politics*, C. D. C. Reeve의 번역과 주석, Indianapolis 1998.
- *On Rhetoric. A Theory of Civic Discourse*, G. A. Kennedy의 새로운 번역, 서론, 각주와 색인, New York/Oxford 1991.
- *Protreptikos*. I. Düring 편집, Frankfurt a. M. 1969.

Clarendon Aristotle Series, J. L. Ackrill 편집이 제공하는 원문에 가까운 번역과 체계적이고 비판적인 각주, Oxford.
- *Categories and De Interpretatione* (J. L. Ackrill), 1963.
- *Posterior Analytics* (J. Barnes), [3]1994.
- *Topics Ⅰ and Ⅷ* (R. Smith), 1997.
- *Physics Ⅰ and Ⅱ* (W. Charlton), [2]1983.
- *Physics Ⅲ and Ⅳ* (E. Hussey), 1983.
- *De Generatione et Corruptione* (C. J. F. Williams), 1982.
- *De Anima Ⅱ and Ⅲ* (D. W. Hamlyn), [2]1993.
- *De Partibus Animalium Ⅰ and De Generatione Animalium Ⅰ* (D. M. Balme), [2]1992.
- *On the Parts of Animals Ⅰ-Ⅳ* (J. G. Lennox), 2002.
- *Metaphysics Ⅲ and XⅠ 1-2* (A. Madigan), 1999.

- *Metaphysics IV-VI* (C. Kirwan), ²1993.
- *Metaphysics VII and VIII* (D. Bostock), 1994.
- *Metaphysics XIII-XIV* (J. Annas), ²1988.
- *Nikomachean Ethics VIII and IX* (M. Pakaluk), 1998.
- *Eudemian Ethics I, II and VIII* (M. Woods), ²1992.
- *Politics V and VI* (D. Keyt), 1999.

개별 작품들에 대한 이 이상의 중요한 주석들은 해당 분야에서 찾아볼 수 있다.

(3) 사전

Bonitz, H.: *Index Aristotelicus*, O. Gigon가 새롭게 작업한 신판, Berlin 1960; *Index Aristotelicus*의 개별 판본: Graz ²1955 (필수적인 단어 색인).

Höffe, O. 2005 (편집): *Aristoteles-Lexikon*, Stuttgart.

2) 참고 문헌

(1) 개설서와 묶음

Ackrill, J. L. 1981: *Aristotle-The Philosopher*, Oxford (독일어 번역: *Aristoteles. Eine Einführung in sein Philosophieren*, Berlin/New York 1985).

Allan, D. J. 1955, ²1970: *The Philosophy of Aristotle*, Oxford (독일어 번역 *Die Philosophie des Aristoteles*, Hamburg).

Anscombe, G. E./Geach, P. T. 1973: *Three Philosophers: Aristotle, Aquinas, Frege*, Oxford.

Barnes, J. 1991: *Aristotle*, Oxford 1982 (독일어 번역 *Aristoteles. Eine*

Einführung, Stuttgart).
- (편집), 1994: *The Cambridge Companion to Aristotle*, Cambridge.
Buchheim, Th. 1999: *Aristoteles*, Freiburg i. Br.
Buchheim, Th./Flashar, H./King, R.A.H. (편집), 2003: *Kann man heute noch etwas anfangen mit Aristoteles?*, Hamburg.
Cherniss, H. [2]1964: *Aristotle's Criticism of Plato and the Academy*, Baltimore 1944.
Chroust, A.-H. 1973: *Aristotle*, London.
Detel, W. 2005: *Aristoteles*, Leipzig.
Düring, 1. 1957: *Aristotle in the Ancient Biographical Tradition*, Göteborg, Acta Universitatis.
- 1966: *Aristoteles, Darstellung und Interpretation seines Denkens*, Heidelberg.
Düring, I./Owen, G. E. L. (편집), 1960: *Aristotle and Plato in the Mid-fourth Century*, Göteborg.
Flashar, H. [2]2004: *Aristoteles*, in: 동일 저자 (편집), *Grundriβ der Geschichte der Philosophie, Die Philosophie der Antike* (Ueberweg), 3권, Basel/Stuttgart, 175-457.
Guthrie, W. K. C.: *Aristotle: an Encounter*, in: *A History of Greek Philosophy VI*, Cambridge 1981.
Jackson, H. 1920: *Aristotle's lecture room*, in: *Journal of Philosophy* 35, 191-200.
Jaeger, W. [2]1955: *Aristoteles. Grundlegung einer Geschichte seiner Entwicklung*, Berlin.
Jori, A. 2003: *Aristotele*, Mailand.
Kiernan, Th. P. 1961: *Aristotle Dictionary*, New York.
Lear, J.: Aristotle. *The Desire to Unterstand*, Cambridge 1988.

Lloyd, G. E. R. 1968: *Aristotle. The Growth and Structure of his Thought*, Cambridge.

Merlan, Ph. 1946: *The Successor of Speusippus*, in: *Transactions of the American Philological Association* 77 ([2]1976: *Kleine philosophische Schriften*, Hildesheim/New York, 144-152)

Moraux, P. 1962: *Aristote et son ecole*, Paris.

- (편집), 1968: *Aristoteles in der neueren Forschung*, Darmstadt.

- (편집), 1975: *Die Frühschriften des Aristoteles*, Darmstadt.

Moraux, P. / Wiesner, J. (편집), 1983: *Zweifelhaftes im Corpus Aristotelicum. Akten des 9. Symposium Aristotelicum*, Berlin/New York.

Moravcsik, J. M. E. (편집), 1968: *Aristotle. A Collection of Critical Essays*, London.

Mueller-Goldingen, Ch. 2003: *Aristoteles*, Hildesheim.

Rapp, Ch. 2001: *Aristoteles*, Hamburg.

Reale, G. 1975: *Storia della filosofia antica*, Bd. II: *Platone e Aristotele*, Mailand, [6]1988, 375-607.

Ross, W. D. [5]1949: *Aristotle*, London.

Russell, B. [8]1975: *History of Western Philosophy*, London, 173-217.

Zeller, E. [4]1921: *Die Philosophie der Griechen, in ihrer geschichtlichen Entwicklung dargestellt.* Zweiter Teil, Zweite Abteilung: *Aristoteles und die alten Peripatetiker*, Leipzig.

(2) 지식과 학문

Barnes, J. 1969: *Aristotle's Theory of Demonstration*, in: Phronesis 14, 123-152.

- 1993: *Aristotle's Theory of Sciences*, in: Oxford Studies in Ancient

Philosophy, XI, 225-241.

Barnes, J./Schofield, M./Sorabji, R. (편집) 1975: *Articles on Aristotle*, Bd. 1 : Science, London.

Beriger, A. 1989: *Die aristotelische Dialektik. Ihre Darstellung in der Topik und in den Sophistischen Widerlegungen und ihre Anwendung in der Metaphysik M 1-3*, Heidelberg.

Bernays, J. 1880: *Zwei Abhandlungen über die aristotelische Theorie des Dramas*, Berlin.

Berti, E. 1981 (편집): *Aristotle on Science. The ,Posterior Analytics', Proceedings of the Eighth Symposium Aristotelicum*, Padua.

Brandis, Ch. A. 1835: *Über die Reihenfolge der Bücher des Aristotelischen Organons und ihre griechischen Ausleger*, in: Historisch-philologische Abhandlungen der Königl. Akad. d. Wiss. zu Berlin 1833, Berlin, 249-291.

Chen, C. -H. 1976: *Sophia. The Science Aristotle Sought*, Hildesheim/New York.

Cole, T. 1991: *The Origins of Rhetoric in Ancient Greece*, Baltimore.

Corcoran, J. 1974 (편집): *Ancient Logic and Its Modem Interpretations*, Dordrecht.

Crivelli, P. 2004: *Aristotle on Truth*, Cambridge.

Devereux, D./Pellegrin, P. (편집) 1990: *Biologie, logique et metaphysique chez Aristote*, Actes du seminaire CNRS-NSF, Paris.

Ebbinghaus, K. 1964: *Ein formales Modell der Syllogistik des Aristoteles*, Göttingen.

Ebert, Th. 1995: *Was ist ein vollkommener Syllogismus des Aristoteles?* in: Archiv für Geschichte der Philosophie 77, 221-247.

Else, G.: *Aristotle's Poetics. The Argument*, Cambridge/Mass. 1957.

Evans, J. D. G. 1977: *Aristotle's Concept of Dialectic*, Cambridge.

Flashar, H. 1974: *Aristoteles und Brecht*, in: Poetica 6, 17-37.

v. Fritz, K. 1971: *Grundprobleme der antiken Wissenschaft*, Berlin/ New York.

- 1978: *Schriften zur griechischen Logik*, 2 Bd., Stuttgart.

Fuhrmann, M. ²1992: *Einführung in die antike Dichtungstheorie*, Darmstadt.

Furley, D.J./Nehamas, A. (편집) *1994: Aristotle's Rhetoric. Philosophical Essays*. Proceedings of the 12th Symposium Aristotelicum. Princeton.

Garver, E. 1994: *Aristotle's Rhetoric*. An Art of Character, Chicago/ London.

Gaskin, R. 1995: *The Sea Battle and the Master Argument: Aristotle and Diodorus Cronus on the Metaphysics of the Future*, Berlin/ New York.

Granger, G. G. 1976: *La thforie aristotelicienne de Ja science*, Paris.

Grimaldi, W. M. A. 1980/88: *Aristotle. Rhetoric I/II. A commentary*, New York.

Halliwell, S. 1986: *Aristotle's Poetics*, London.

Hager, F. P. (Hrsg.) 1972: *Logik und Erkenntnislehre des Aristoteles*, Darmstadt.

Hartmann, N. ²1957: *Aristoteles und Hegel*, in: 동일 저자, Kleinere Schriften, Bd. II, Berlin, 214-252.

Hellwig, A. 1973: *Untersuchungen zur Theorie der Rhetorik bei Platon und Aristoteles*, Göttingen.

Hiltunen, A. 2001: *Aristoteles in Hollywood. Das neue Standardwerk der Dramaturgie*, Bergisch Gladbach (영어 1999)

Hintikka, J. 1972: *On the Ingredients of an Aristotelian Science*, in: Nofis 6, 55-69.

- 1973: *Time and Necessity*. Studies in Aristotle's Theory of Modality, Oxford.

- 1980: *Aristotelian Induction*, in: Revue internationale de philosophie 34.

Höffe, O. 2001: *Durch Leiden lernen. Ein philosophischer Blick auf die antike Tragödie*, in: Deutsche Zeitschrift für Philosophie 3, 331-351.

Horn, Ch./Rapp, Ch. 2005: *Intuition und Methode. Abschied von einem Dogma der Platon- und Aristoteles-Exegese*, in: Philosophiegeschichte und Logische Analyse, 11-45.

Irwin, T. 1989: *Aristotle's First Principles*, Oxford.

Jones, J. 1986: *Aristotle on Tragedy*, London.

Kahn, Ch. 1978: *Questions and Categories. Aristotle's Doctrine of Categories in the Light of Modem Research*, in: H. Hiz (편집), Questions, Dordrecht, 227-278.

Kapp, E. 1920: *Die Kategorienlehre in der aristotelischen Topik*, in: 동일 저자, Ausgewählte Schriften, H. und l. Diller 편집, Berlin 1968, S. 215-253.

- 1965: *Der Ursprung der Logik bei den Griechen*, Göttingen (영어 New York 1942).

Kennedy, G. A. 1963: *The Art of Persuasion in Greece*, Princeton.

Kneale, W./ Kneale, M. 1962: *The Development of Logic*, Oxford.

Kretzmann, N. 1974: *Aristotle on Spaken Sound Significant by Convention*, in: J. Corcoran (Hrsg.), Ancient Logic and Its Modern Interpretations, Dordrecht, 3-21.

Larkin, T. 1971: *Language in the Philosophy of Aristotle*, The Hague.

Lear, J. 1980: *Aristotle and Logical Theory*, Cambridge.

Lesher, J. H. 1973: *The Meaning of Nous in the Posterior Analytics*, in: Phronesis 18, 44-68.

Leszl, W. 1970: *Logic and Metaphysics in Aristotle. Aristotle's Treatment of Types of Equivocity and its Relevance to his Metaphysical Theories*, Padua.

Liske, M.-Th. 1994: *Gebrauchte Aristoteles epagoge als Terminus technicus für eine wissenschaftliche Methode?*, in: Archiv für Begriffsgeschichte 37 (1994) 127-151.

Łukasiewicz, J. [3]1958: *Aristotle's Syllogistic from the Standpoint of Modern formal Logic*, Oxford.

Luserke, M. (편집) 1991: *Die Aristotelische Katharsis. Dokumente ihrer Deutung im 19. und 20. Jahrhundert*, Hildesheim u. a.

Maier, H. 1896-1900: *Die Syllogistik des Aristoteles*, 3 Bde., Tübingen.

Mansion, S. (Hrsg.) 1961: *Aristote et les problemes de mechode. Communications presentees au Symposium Aristotclicum tenu a Louvain*, Löwen/Paris.

Marx, Fr. 1900: *Aristoteles' Rhetorik*, Leipzig. in: Rhetorica. Schriften zur aristotelischen und hellenistischen Rhetorik. R. Stark 편집. Hildesheim 1968, 36-123.

McKirahan, R. D. 1992: *Principles and Proofs. Aristotle's Theory of Demonstrative Science*, Princeton.

Menne, A./Öffenberger, N. (편집) 1983, 1985와 1988: *Zur modernen Deutung der aristotelischen Logik*, Bd. Ⅰ: *Über den Folgerungsbegriff in der aristotelischen Logik*, Hild es heim/New York; Bd. Ⅱ: *Formale und nicht-formale Logik bei Aristoteles*, Hildesheim/New York; Bd. Ⅲ: *Modallogik und Mehrwertigkeit*,

Hildesheim/New York.

Miller, J. W. 1938: *The Structure of Aristotle's Logic*, London.

Modrak, D. 2001: *Aristotle's Theory of Language and Meaning*, Cambridge.

Nortmann, V. 1996: *Modale Syllogismen, mögliche Welten, Essentialismus. Eine Analyse der aristotelischen Modallogik*, Berlin/New York.

Oehler, K. 1962: *Die Lehre vom noetischen und dianoetischen Denken bei Platon und Aristoteles. Ein Beitrag zur Erforschung des Bewuβtseinsproblems in der Antike*, München.

Owen, G. E. L. 1961: *Tithenai ta phainomena*, in: S. Mansion (편집), *Aristote et les problemes de mechode*, Louvain, 83-103.

- 1968: (편집): *Aristotle on Dialectic. The Topics, Proceedings of the Third Symposium Aristotelicum*, Oxford.

de Pater, W. A. 1965: *Les Topiques d'Aristote et la dialecrique platonicienne*, Fribourg.

Patterson, R. 1995: *Aristotle's modal logic. Essence and entai lment in the Organon*, Cambridge.

Patzig, G. [3]1969: *Die aristotelische Syllogistik. Logisch-philologische Untersuchungen über das Buch A der „Ersten Analytiken"*, Göttingen.

Prantl, K. [3]1955: *Geschichte der Logik im Abendlande*, Bd. 1, Leipzig 1855, Graz/Berlin.

Primavesi, O. 1996: *Die Aristotelische Topik. Ein Interpretationsmodell und seine Erprobung am Beispiel von Topik B.*

Rapp, Ch. 1993: *Aristoteles über die Rechtfertigung des Satzes vom Widerspruch*, in: Zeitschrift für philosophische Forschung 47, 521-

541.

- 1996: *Aristoteles über die Rationalität rhetorischer Argumente*, in: Zeitschrift für philosophische Forschung 50, 197-222.

Reinhardt, T 2000: *Das Buch E der Aristotelischen Topik. Untersuchungen zur Echtheitsfrage*, Göttingen.

Rorty, A. O. (편집) 1992: *Essays on Aristotle's Poetics*, Princeton.

- (편집) 1996: *Essays on Aristotle's Rhetoric*, Berkeley.

Seel, G. 1982: *Die Aristotelische Modaltheorie*, Berlin/New York.

Smith, R. 1993: *Aristotle on the Uses of Dialectic*, in: Synthese 96, 335-358.

Solmsen, F. [2]1975: *Die Entwicklung der Aristotelischen Logik und Rhetorik*, Berlin.

Spengel, L. 1851: *Über die Rhetorik des Aristoteles*, Abhandlung der bayrischen Akademie der Wissenschaften, philosophisch-philologische Klasse 6, 2, München.

Sprute, J. 1982: *Die Enthymemtheorie der aristotelischen Rhetorik*, Göttingen.

Welsch, W. 1987: *Aisthesis*, Stuttgart.

Whitaker, C. W. A. 1996: *Aristode's De Interpretatione. Contrad iction and Dialectic*, Oxford.

Wörner, M. H. 1990: *Das Ethische in der Rhetorik*, Freiburg/München.

Wolf, U. 1979: *Möglichkeit und Notwendigkeit bei Aristoteles und heute*, München.

(3) 자연학, 자연철학, 심리학

Althaff, J. 1991: *Warm, Kalt, Flüssig, Fest bei Aristoteles*, Stuttgart.

Barnes, J./Schofield, M./Sorabji, R. (편집), 1979: *Articles on Aristotle*,

Bd. 4: *Psychology and Aesthetics*, New York.

Burnyeat, M. 2002 : *De Anima II 5*, in: Phronesis 47, 29-90.

Cassirer, H. 1932: *Aristoteles Schrift „Von der Seele" und ihre Stellung innerhalb der aristotelischen Philosophie*, Tübingen.

Caston, V. 1998: *Aristotle and the Problem of Intentionality*, in: Philosophy and Phaenomenological Research 58, 249-298.

- 1999: *Aristotle's Two Intellects*, in: Phronesis 44, 199-227.

- 2005: *The Spirit and The Letter: Aristotle on Perception*, in: Salles, R. (편집): *Metaphysies, Soul, and Ethics in Ancient Philosophy*, Oxford, 245-320.

Cooper, J.: *Aristotle on Natural Teleology*, in: M. Schofield/M. Nussbaum (편집) 1982: *Language and Logos*, Cambridge, 197-222.

Craemer-Ruegenberg, I. 1980: *Die Naturphilosophie des Aristoteles*, Freiburg/München.

Devereux, D./Pellegrin, P. (편집) 1990: *Biologie, logique et metaphysique chez Aristote*, Paris.

Dierauer, U. 1977: *Mensch und Tier im Denken der Antike*, Amsterdam.

Düring, I. (편집) 1969: *Naturphilosophie bei Aristoteles und Theophrast*, Heidelberg.

- 1961: *Aristotle's Method in Biology*, in: Mansion, S. (편집): *Aristote et les probelmes de méthode. Communications présentées au Sympo-sium Aristotelicum tenu á Louvain*, Löwen/Paris, 213-221 (독일어 in: G. A. Seeck (편집), *Die Naturphilosophie des Aristoteles*, Darmstadt 1975, 49-58).

Ebert, Th. 1983: *Aristotle on What is Done in Perceiving*, in: Zeitschrift

für phi losophi sche Forschung 37, 181-198.
Everson, S. 1997: *Aristotle on Perception*, Oxford.
Fortenbaugh, W. W. 1975: *Aristotle on Emotion*, London.
Frede, M. 1987: *The Original Notion of Cause*, in: 동일 저자, *Essays in Ancient Philosophy*, Oxford, 125-150.
Furley, D. J. 1967: *Two Studies in the Greek Atomists*, Princeton.
Furth, M. 1988: *Substance, form, and Psyche: An Aristotelian Metaphysics*, Cambridge.
Freudenthal, G. 1995: *Aristotle's Theory of Material Substance, Heat and Pneuma, Form and Soul*, Oxford.
Gill, M. L. 1989: *Aristotle on Substance. The Paradox of Unity*. Princeton.
Gill, M. L./Lennox, J. G. 1994: *Seif-Motion. From Aristotle to Newton*, Princeton
Gotthelf, A. (편집) 1985: *Aristotle on Nature and Living Things*, Pittsburgh/Bristol.
Gotthelf, A./ Lennox, J. (편집) 1987: *Philosophical Issues in Aristotle's Biology*, Cambridge.
Granger, G. G. 1976: *La theorie aristotelicien ne de la science*, Paris.
Heath, T. 1949: *Mathematics in Aristotle*, Oxford.
Horn, H. J. 1994: *Studien zum dritten Buch der aristotelischen Schrift De Anima*, Göttingen.
Horstschäfer, T. M. 1998: *Über Prinzipien. Eine Untersuchung zur methodischen und inhaltlichen Geschlossenheit des ersten Buches der Physik des Aristoteles*, Berlin/New York.
Jedan, Chr. 2000: *Willensfreiheit bei Aristoteles?*, Göttingen.
Johansen, T. K. 1998: *Aristotle on the Sense-Organs*, Cambridge.

Judson, L. (편집) 1991: *Aristotle's Physics. A Collection of Essays*, Oxford.

King, R. A. H. 2001: *Aristotle on Life and Death*, London.

Kosman, L. A. 1969: *Aristotle's Definition of Motion*, in: Phronesis 14, 40-62.

Krämer, H. J. 1968: *Grundbegriffe akademischer Dialektik in den biologischen Schriften von Aristoteles und Theophrast*, in: Rheinisches Museum 111, 293-333.

Kullmann, W. ²1979: *Wissenschaft und Methode. Interpretationen zur aristotelischen Theorie der Naturwissenschaft*, Berlin/New York.

Kullmann, W. 1998: *Aristoteles und die moderne Wissenschaft*, Stuttgart.

Kullmann, W./ Föllinger, S. (편집) 1997: *Aristotelische Biologie.* Intentionen, Methoden, Ergebnisse, Akten des Symposiums über Aristoteles' Biologie vom 24.-28. Juli 1995, Stuttgart.

Lear, J. 1982: *Aristotle's Philosophy of Mathematics*, in: Philosophical Review 91, 161-192.

Lesky, E. 1951: *Die Zeugungs- und Vererbungslehre in der Antike und ihr Nachwirken*, Mainz.

Lewis, F. A. / Bolton, R. (편집) 1996: *Form, Matter and Mixture in Aristotle*, Oxford.

Lloyd, G. E. R. 1961: *The Development of Aristotle's Theory of the Classifications of Animals*, in: Phronesis 6, 59-81.

Lloyd, G. E. R./Owen, G. E. L. (편집) 1978: *Aristotle on Mind and Senses*, Cambridge.

Lloyd, G. E. R. 1996: *Aristotelian explorations*, Cambridge.

Le Blond, J.-M. 1939, ³1973 : *Logique et methode chez Aristote. Etude sur la recherche des principes dans la ‚Physique' aristotelicienne*, Paris.

Meyer, J. B. 1855: *Aristoteles Thierkunde: ein Beitrag zur Geschichte der Zoologie, Physiologie und alten Philosophie*, Berlin.

Modrak, D. K. W 1987: *Aristotle. The Power of Perception*, Chicago.

Nussbaum, M. C./Rorty, A. O. (편집) 1992: *Essays on Aristotle's De anima*, Oxford.

Nuyens, F 1948: *L'évolution de la psychologie d'Aristote*, Paris.

Pellegrin, P. 1982: *La classification des animaux chez Aristote: statut de la biologie et unité de l'aristotélisme*, Paris.

Preus, A. 1975: *Science and Philosophy in Aristotle's Biological Works*, Hildesheim/New York.

Ricken, F 1998: *Zur Methodologie von Aristoteles De Anima B 1-3*, in: Bijdragen. Tijdschrift voor filosofie en theologie 59, 391-405.

Robinson, H. M. 1974: *Prime Matter in Aristotle*, in: Phronesis 19, 168-188.

Seeck, G. A. (편집) 1975: *Die Naturphilosophie des Aristoteles*, Darmstadt.

Solmsen, F. 1960: *Aristotle's System of the Physical World*, Ithaca/New York.

Sorabji, R. 1972: *Aristotle on Memory*, London.

- 1980: *Necessity, Cause, and Blame. Perspectivcs on Aristotle's Theory*, lthaca/New York.

- 1983: *Time, Creation, and Continuum. Theories in Antiquity and the Early Middle Ages*, London.

Theiler, W 1924: *Zur Geschichte der teleologischen Naturbetrachtung bis auf Aristoteles*, Berlin ^{2}1965.

Wardy, R. 1990: *The Chain of Change. A study of Aristotle's Physics VII*, Cambridge.

Waterlow, S. 1982: *Nature, Change, and Agency in Aristotle's Physics*, Oxford.

- 1982: *Passage and Possibility*, Oxford.

Wieland, W. [3]1992: *Die aristotelische Physik. Untersuchungen über die Grundlagen der Naturwissenschaften und der sprachlichen Bedingungen der Prinzip ienforschung bei Aristoteles*, Göttingen.

(4) 제일철학 혹은 형이상학

Albritton, R. 1957: *Fonns of Particular Substances in Aristotle's Metaphysics*, in: Journal of Philosophy 54, 699-708.

Arpe, C. 1938: *Das ti en einai bei Aristoteles*, Hamburg.

Aubenque, P. [3]1972: *Le problème de l'être chez Aristote*, Paris.

- (편집), 1979: *Étud es sur la Métaphysique d'Aristote*, Paris.

- 1983: *Sur l'inauthenticité du livre K de Ja Métaphysique*, in: Moraux, P./Wiesner, J. (편집), 1983: *Zweifelhaftes im Corpus Aristotelicum*, Berlin/New York, 318-344.

Burnyeat, M. (편집), 1979: *Notes on Book Z of Aristotle's Metaphysics*, Oxford.

- (편집), 1984: *Notes on Book ta and Theta of Aristotle's Metaphysics*, Oxford.

Elders, L. 1972: *Aristotle's Theology. A Commentary on Book Lambda of the Metaphysics*, Assen.

Fine, G. 1993: On Ideas. *Aristotle's Criticism of Plato's Theory of Forms*, Oxford.

Frede, D. 1970: *Aristoteles und die 'Seeschlacht'. Das Problem der Contingentia Futura in De Int. 9*, Göttingen.

Frede, M. 1978: *Individuen bei Aristoteles*, in: Antike und Abendland 24, 16-39.

- 1987a: *Substance in Aristotle's Metaphysics*, in: ders., Essays in Ancient Philosophy, Oxford, 72-80.

- 1987b: *The Unity of Special and General Metaphysics*, in: 동일 저자, *Essays in Ancient Philosophy*, Oxford, 81-95.

Frede, M. /Charles, D. (편집), 2000: *Aristotle's Metaphysics Lambda*, Oxford.

Gill, M. L. 1989: *Aristotle on Substance. The Paradoxe of Unity*, Princeton (N.J.).

Graeser, A. (편집), 1987: *Mathematics and Metaphysics in Aristotle-Mathematik und Metaphysik bei Aristoteles*. Akten des X. Symposium Aristotelicum, Bern/Stuttgart.

Graham, D. W 1987, *Aristotle's Two Systems*, Oxford.

Hafemann, B. 1998: *Aristoteles' transzendentaler Realismus. Inhalt und Umfang Erster Prinzipien in der „Metaphysik"*, Berlin/New York 1998.

Hager, F. P. (편집), 1975: *Metaphysik und Theologie des Aristoteles*, Darmstadt.

Happ, H. 1971: *Hyle. Studien zum aristotelischen Materie-Begriff*, Berlin.

Hartmann, E. 1977: *Substance, Body and Soul. Aristotelian Investigations*, Princeton (N. J.).

Heidegger, M. 1958: *Vom Wesen und Begriff der PHYSIS*, in: *Wegmarken*, Frankfurt/M., 1967, 237-299.

Hübner, J. 2000: *Aristoteles über Getren ntheit und Ursächlichkeit. Der Begriff des eidos choriston*, Hamburg.

Inciarte, F. 1994: *Die Einheit der Aristotelischen Metaphysik*, in: Philosophisches Jahrbuch 101, 1-21.

Jaeger, W. 1912: *Studien zur Entstehungsgeschichte der Metaphysik des Aristoteles*, Berlin.

Jansen, L. 2002: *Tun und Können. Ein systematischer Kommentar zu Aristoteles' Theorie der Vermögen im neunten Buch der „Metaphysik"*, Frankfurt a. M. u. a.

Krämer, H. J. ²1967: *Der Ursprung der Geisrmetaphysik. Untersuchungen zur Geschichte des Platonismus zwischen Platon und Plotin*, Amsterdam.

- 1973: *Aristoteles und die akademische Eidoslehre. Zur Geschichte des Universalienproblems im Platonismus*, in: Archiv für Geschichte der Philosophie 55, 119-190.

Leszl, W. 1975: *Aristotle's Conception of Ontology*, Padua.

Lewis, F. A. 1991: *Substance and Predication in Aristotle*, Cambridge.

Liske, M.-Th. 1985: *Aristoteles und der aristotelische Essentialismus. Individuum, Art, Gattung*, Freiburg/München.

Loux, M. 1991 : *Primary OUSIA. An Essay on Aristotle's Metaphysics Z and H*, lthaca.

Manuwald, B. 1989: *Studien zum Unbewegten Beweger in der Naturphilosophie des Aristoteles*, Stuttgart.

Mesch, W. 1994: *Ontologie und Dialektik bei Aristoteles*, Göttingen.

Nortmann, U. 1997: *Allgemeinheit und Individualität. Die Verschiedenartigkeit der Formen in „Metaphysik Z"*, Paderborn.

Oehler, K. 1973: *Der höchste Punkt der antiken Philosophie*, in: E.

Scheibe/G. Süssmann (편집), *Einheit und Vielheit*, Göttingen, 45-59.

- 1984: *Der Unbewegte Beweger bei Aristoteles*, Frankfurt a. M.

Owen, G. E. L. 1960: *Logic and Metaphysics in Some Earlier Works of Aristotle*, in: Düring/Owen (s. 1), 13-32.

- 1965: *The Platonism of Aristotle*, in: Proceedings of the British Academy 51, 125-150.

Owens, J. [3]1978: *The Doctrine of Being in the Aristotelian Metaphysics. A Study in the Greek Background of Medieval Thought*, Toronto, Pont. Inst. of Medieval Studies.

Preus, A./ Anton, J. P. (편집), 1992: *Aristotle's Ontology*, Albany.

Rapp, Ch. 1995a: *Allgemeines konkret. Ein Beitrag zum Verständnis der Aristotelischen Substanzlehre*, in: Philosophisches Jahrbuch 102, 83-100.

- 1995b: *Identität, Persistenz und Substantialität*, Freiburg/München.

Reale, G. [6]1994: *Il concetto di fi losofia prima e l'unità della Metafisica di Aristotele*, Mailand.

Reiner, H. 1954: *Die Entstehung und ursprüngliche Bedeutung des Namens Metaphysik*, in: Zeitschrift für philosophische Forschung 8, 210-237.

- 1955: *Die Entstehung der Lehre vom bibliothekarischen Ursprung des Namens Metaphysik. Geschichte einer Wissenschaftslegende*, in: Zeitschrift für philosophische Forschung 9, 77-99.

Scaltsas, T./Charles, D./Gill, M. L. (편집), 1994: *Unity, Identity, and Explanation in Aristotle's Metaphysics*, Oxford.

Schmitz, H. 1985: *Die Ideenlehre des Aristoteles*, 3권, Bonn.

Spellmann, L. 1995: *Substance and Separation in Aristotle*, Cambridge.

Steinfath, H. 1991: *Selbständigkeit und Ein fachheit. Zur Substanztheorie des Aristoteles*, Frankfurt a. M.

Sykes, R. D. 1975: *Forms in Aristotle: Universal or Particular?* in: Philosophy 50, 311-331.

Tugendhat, E. [4]1988: *TI KATA TINOS. Eine Untersuchung zu Struktur und Ursprung aristotelischer Grundbegriffe*, Freiburg i. Br.

- 1983: *Über den Sinn der vierfachen Unterscheidung des Seins bei Aristoteles*, in: E. Tugendhat, *Philosophische Aufsätze*, Frankfurt 1992.

Wedin, M. V. 2000: *Aristotle's Theory of Substance. The Categories and Metaphysics Zeta*, Oxford.

Wiggins, D. 1980: *Sameness and Substance*, Oxford.

Witt, Ch. 1989: *Substance and Essence in Aristotle*, Ithaca/ London.

(5) 윤리학과 정치학

Allan, D. J. 1963/64: *Aristotle's Criticism of Platonic Doctrine concerning Goodness and the Good*, in: Proceedings of the Aristotelian Society 64.

Anagnostopoulos, G. 1994: *Aristotle on the Goals and the Exactness of Ethics*, Berkeley 등.

Annas, J. 1993: *The Morality of Happiness*, Oxford.

Aubenque, P. 1963: *La prudence chez Aristote*, Paris.

Barnes, J./Schofield, M./Sorabji, R. (편집), 1978: *Articles on Aristotle, Vol. 2: Ethics and Politics*, New York.

Bien, G. 1973: *Die Grundlegung der politischen Philosophie bei Aristoteles*, Freiburg i. Br./München.

Bostock, D. 2000: *Aristotle's Ethics*, Oxford.

Broadie, S. W. 1991: *Ethics with Aristotle*, New York.

Buddensiek, F. 1999: *Die Theorie des Glücks in Aristoteles' „Eudemischer Ethik"*, Göttingen.

Charles, D. 1984: *Aristotle's Philosophy of Action*, London.

Cooper, J. M. 1975: *Reason and Human Good in Aristotle*, Cambridge.

- 1999: *Reason and Emotion. Essays on Ancient Moral Psychology and Ethical Theory*, Princeton.

Dahl, N. O. 1984: *Practical Reason, Aristotle, and Weakness of the Will,* Minneapolis.

Davidson, D. 1980: *How is Weakness of the Will Possible?* in: 동일 저자, *Essays on Actions and Events*, Oxford (독일어 in: 동일 저자, *Handlung und Ereignis*, Frankfurt a. M. 1985, 43-72).

Detel, W. 1995: *Griechen und Barbaren*, in: Deutsche Zeitschrift für Philosophie 43, 1019-1043.

Dihle, A. 1994: *Die Griechen und die Fremden*, München.

Dirlmeier, F. 1962: *Merkwürdige Zitate in der Eudemischen Ethik des Aristoteles*, Sitzungsber. d. Heidelb. Akad. d. Wiss., Phil.-Hist. Kl.

Engberg-Pedersen, 7: 1983: *Aristotle's Theory of Moral Insight*, Oxford.

Gosling, J. C. B./Taylor, C. C. W. 1982: *The Greeks on Pleasure*, Oxford.

Hager, F.-P. (편집), 1972: *Ethik und Politik des Aristoteles*, Darmstadt.

Hardie, W F. 1968: *Aristotle's Ethical Theory*, Oxford.

Heinaman, R. 1988: *Eudaimonia and Self-sufficiency in the ‚Nicomachean Ethics'*, in: Phronesis 33, 31-53.

Höffe, O. 1979: *Ethik und Politik*, Frankfurt a. M.

- 1987: *Politische Gerechtigkeit. Grundlegung einer kritischen Philosophie von Recht und Staat*, Frankfurt a. M.

- 1990: *Universalistische Ethik und Urteilskraft: ein aristotelischer Blick auf Kant*, in: Zeitschrift für philosophische Forschung 44, 537-563.

- [2]1996: *Praktische Philosophie-Das Modell des Aristoteles*, Berlin (München/ Salzburg 1971).

- 2003: *Aristoteles: Ethik und Politik*, in: Buchheim, Th./Flashar, H. / King, R. A. H. (편집), 2003: *Kann man heute noch etwas anfangen mit Aristoteles?*, Hamburg, 125-141.

Hutchinson, D. S. 1986: *The Virtues of Aristotle*, London.

Irwin, T. 1992: *Who Discovered the Will?* in: Philosophical Perspectives 6, 453-473.

Joachim, H. H. [2]1962: Aristotle. *The Nicomachean Ethics*, Oxford.

Kamp, A. 1985: *Die politische Philosophie des Aristoteles und ihre metaphysischen Grundlagen: Wesenstheorie und Polisordnung*, Freiburg i. Br./München.

Kenny, A. 1978: *The Aristotelian Ethics*, Oxford.

- 1979: *Aristotle's Theory of the Will*, London.

- 1992: *Aristotle on the Perfect Life*, Oxford.

Keyt, D./ Miller, F. D. (편집), 1991: *A Companion to Aristotle's Politics*, Cambridge (Mass.).

Kraut, R. 1989: *Aristotle on the Human Good*, New Jersey.

- 2002: *Aristotle. Political Philosophy*, Oxford.

von Leyden, W. 1985: *Aristotle on Equality and Justice*, London.

Loening, R. 1903: *Die Zurechnungslehre des Aristoteles*, Jena.

MacIntyre, A. 1981, [2]1984: *After Virtue*, London (독일어 *Der Verlust der Tugend*, Frankfurt a. M. 1987).

Meikle, S. 1995: *Aristotle's Economic Thought*, Oxford.

Meyer, S. S. 1993: *Aristotle on Moral Responsibility*, Oxford/

Cambridge, Mass.

Miller, F. D. 1995: *Nature, Justicc and Rights in Aristotle's Politics*, Oxford.

Milo, R. D. 1966: *Aristotle on Practical Knowledge and the Weakness of the Will*, The Hague.

Moraux, P./Harlfinger, D. 1971: *Untersuchungen zur Eudemischen Ethik*, Berlin.

Mueller-Goldingen, Ch. (편집), 1988: *Schriften zur aristotelischen Ethik*, Hildesheim/ Zürich/New York.

Mulgan, R. G. 1977: *Aristotle's Political Theory. An Introduction for Students of Political Theory*, Oxford.

Pakaluk, M. 2005: *Aristotle's Nicomachean Ethics: An Introduction*, Cambridge.

Patzig, G. (편집), 1990: *Aristoteles' „Politik"*. Akten des XI. Symposium Aristotelicum, Göttingen.

Price, A. W. 1989: *Love and Friendship in Plato and Aristotle*, Oxford.

Reeve, C. D. C. 1992: *Practices of Reason. Aristotle's Nicomachean Ethics*, Oxford.

Rese, F. 2003: *Praxis und Logos bei Aristoteles*, Tübingen.

Rhodes, P. J. 1981: *A Commentary on the Aristotelian Athenaion Politeia*, Oxford.

Rorty, A. O. (편집), 1980: *Essays on Aristode's Ethics*, Berkeley/Los Angeles/London.

Reverdin, O. 1965: *La politique d'Aristote*, Genf.

Ricken, F. 1976: *Der Lustbegriff in der Nikomachischen Ethik des Aristoteles*, Göttingen.

Schleiermacher, F. 1817: *Über die ethischen Werke des Aristoteles*, in:

Sämtliche Werke, Dritte Abtheilung, Dritter Band. Berlin 1835, 306-333.

Schütrumpf, E. 1980: *Die Analyse der Polis durch Aristoteles*, Amsterdam.

Schulz, P. 2000: *Freundschaft und Selbstliebe bei Platon und Aristoteles. Semantische Studien zur Subjektivität und Intersubjektivität*, Freiburg/München.

Sherman, N. 1989: *The Fabric of Character. Aristotle's Thcory of Virtue*, Oxford.

Simpson, P. 1998: *A Philosophical Commentary on the Politics of Aristotle*, Chapel Bill.

Sparshott, F. 1994: *Taking Life Seriously. A Study of the Argument of the Nicomachean Ethics*, Toronto.

Stein, S. M. 1968: *Aristotle and The World State*, London/Colchester.

Sternberger, D. 1980: Der *Staat des Aristoteles und der unsere*, in: 동일 저자, *Staatsfreundschaft*, Schriften Ⅳ, Frankfurt a. M., 35-52.

Stern-Cillett, S. 1995: *Aristotle's Philosophy of Friendship*, Albany.

Strauss, L. 1964: *The City and the Man*, Chicago.

Swanson, J. A. 1992: *The Public and the Private in Aristotle's Political Philosophy*, Ithaca/London.

Teichmüller, G. 1879: *Neue Studien zur Geschichte der Begriffe Ⅲ: Die praktische Vernunft bei Aristoteles*, Gotha.

Urmson, J. 1988: *Aristotle's Ethics*, Oxford.

Walsh, J. J./Shapirn, H. L. (편집), 1976: *Aristotle's Ethics: Issues and Interpretations*, Beimont.

Wolf, F. 1991: *Aristote et la politique*, Paris.

Wolf, U. 2002: *Aristoteles' Nikomachische Ethik*, Darmstadt.

Yack, B. 1993: *The Problems of a Political Animal. Community, Justice, and Conflict in Aristotelian Political Thought*, Berkeley/Los Angeles/London.

(6) 아리스토텔레스주의, 신아리스토텔레스주의, 아리스토텔레스 연구

Arens, H. 1984: *Aristotle's Theory of Language and its Tradition*, Amsterdam.

Badawi, A. 1968: *La transmission de la philosophie grecque au monde arabe*, Paris.

Bianchi, L./Randi, E. 1990: *Le verità dissonanti. Aristotele all a fine del Medievo*, Roma/Bari.

Blumenthal, H./Robinson, H. (편집), 1991: *Aristotle and the Later Tradition*, Oxford (Oxford Studies in Ancient Philosophy, Supplementary Volume).

Booth, E. 1983: *Aristotelian Aporetic Ontology in Islamic and Christian Thinkers*, Cambridge.

Brink, K. O. 1940: *Peripatos, in: Realencyclopädie der classischen Altertumswissenschaften*, Suppl. 7, Sp. 899-949.

Burnett, Ch. (편집), 1993: *Glosses and Commentaries on Aristotelian Logical Texts: the Syriac, Arabic, and Medieval Latin Traditions*, London.

Clagett, M. 1961: *The Science of Mechanics in the Middle Ages*, Madison.

Düring, I. 1954: *Von Aristoteles bis Leibniz. Einige Hauptlinien in der Geschichte des Aristotelismus*, in: Antike und Abendland 4, 118-154 (추후에 in: P. Moraux (편집), *Aristoteles in der neueren Forschung*, Darmstadt 1968, 250-313).

Fidora, A./Niederberger, A. 2001: *Von Bagdad nach Toledo. Das „Buch der Ursachen" und seine Rezeption im Mittelalter*, Mainz.

Flüeler, Ch. 1992: *Rezeption und Interpretation der Aristotelischen ‚Politica' im späten Mittelalter*, Amsterdam/Philadelphia.

Green-Pedersen, N. J. 1984: *The Tradition of the Topics in the Middle Ages. The Commentaries on Aristotle's and Boethius' 'Topics'*, München/Wien.

Gutschler, Th. 2002: *Aristotelische Diskurse. Aristoteles in der politischen Philosophie des 20. Jahrhunderts*, Stuttgart/Weimar.

Höffe, O. 2002: *Aristoteles in der Politischen Philosophie der Neuzeit. Bausteine zu einer Wirkungsgeschichte*, in: Internationale Zeitschrift für Philosophie 2, 205-227.

Kenny, A. 2001 : *Essays on the Aristotelian Tradition*, Oxford.

Joest, W. 1967: *Ontologie der Person bei Luther*, Göttingen.

Kohls, E. W. 1975: *Luthers Verhältnis zu Aristoteles, Thomas und Erasmus*, in: Theologische Zeitschrift 31, 289-301.

Kretzmann, N. (편집), 1982: *The Cambridge History of Later Medieval Philosophy*, Cambridge.

Liber de causis 2003. *Das Buch von den Ursachen. Mit einer Einleitung von R. Schönberger*. A. Schönfeld 번역, Hamburg.

Lohr, Ch. 1988: *Commentateurs d'Aristote au moyen-âge latin, Bibliographie de Ja littérature secondaire récente*, Freiburg i. Ü.

Lee, T.-S. 1984: *Die griechische Tradition der aristotel ischen Syllogistik in der Spätantike*, Göttingen.

Lynch, J. P. 1972: *Aristotle's School. A Study of a Greek Educational Institution*, Berkeley.

Merlan, Ph. 1955: *Aristoteles, Averroes und die beiden Eckharts*, in: 동

일 저자, *Kleine philosophische Schriften*, Hildesheim/New York 1976.

- 1969: *Monopsychism, Mysticism, Metaconsciousness. Problems of the Soul in the Neoaristotelian and Neoplatonic Tradition*, The Hague.

Moraux, P. 1973: *Der Aristotelismus bei den Griechen: Von Andronikos bis Alexander von Aphrodisias, Bd. I: Die Renaissance des Aristotelismus im I. Jahrhundert v. Chr.*, Berlin/New York.

- 1984: *Der Aristotelismus bei den Griechen: Von Andronikos bis Alexander von Aphrodisias, Bd. II: Der Aristotclismus im I. und II. Jahrhundert n. Chr.*, Berlin/New York.

Minio-Paluello, L. 1972: *Opuscula. The Latin Aristotle*, Amsterdam.

Oehler, K. J 968: *Aristoteles in Byzanz*, in: P. Moraux (편집), *Aristoteles in der neueren Forschung*, Darmstadt, 381-399.

- 1969: *Antike Philosophie und Byzantinisches Mittelalter, Aufsätze zur Geschichte des griechischen Denkens*, München.

Peters, F. E. 1968: *Aristoteles Arabus. The Oriental Translations and Commentaries on the Aristotelian ‚Corpus'*, Leiden.

- 1968a: *Aristotle and the Arabs. The Aristotclian Tradition in Islam*, New York.

Schmitt, C. B. 1983: *Aristotle and the Renaissance*, Cambridge (Mass.)/ London.

Sorabji, R. (편집), 1990: *Aristotle Transformed. The Ancient Commentators and their Influence*, Ithaca/ New York.

van Steenberghen, F. [2]1955: *Aristote en occident. Les origines d' Aristotélisme parisien*, Louvain 1946.

Wehrli, F. (편집), 1944-59: *Die Schule des Aristoteles. Texte und*

Kommentar, 10 Hefte und 2 Suppl., Basel.

- 1983: *Der Peripatos bis zum Beginn der römischen Kaiserzeit*, in: H. Flashar (편집), *Die Philosophie der Antike (Ueberweg) Bd. 3*, 459-599.

3) 그 밖에 인용한 문헌

Arendt, H. 1960: *Vita activa oder Vom tätigen Leben*, München.

Bubner, R. 1990: *Dialektik als Topik. Bausteine zu einer lebensweltlichen Theorie der Rationalität*, Frankfurt a. M.

Dihle, A. 1985: *Die Vorstellung vom Willen in der Antike*, Göttingen.

Ferber, R. 1981: *Zenons Paradoxien der Bewegung und die Struktur von Raum und Zeit*, München.

Höffe, O. 1993: *Moral als Preis der Moderne. Ein Versuch über Wissenschaft Technik und Umwelt*, Frankfurt a. M.

Höffe, O./Pieper, A. (편집), 1995: *F. W. J. Schelling-Über das Wesen der menschlichen Freiheit*, Berlin (Reihe Klassiker Auslegen).

Horn, Ch. 1996: *Augustinus und die Entstehung des philosophischen Willensbegnffs*, in: Zeitschrift für philosophische Forschung 50.

Lausberg, H. (편집), ²1973: *Handbuch der literarischen Rhetorik. Eine Grundlegung der Literaturwissenschaft*, München.

Maclntyre, A. 1990: *Three Rival Versions of Moral Enquiry*. Encyclopedia. Genealogy. Tradition, London.

Mayr, E. 1984: *Die Entwicklung der biologischen Gedankenwelt*, Berlin.

Quine, W V. O. 1950: *Identity, Ostension, and Hypostasis*, in: 동일 저자, *From A Logical Point of View*, Cambridge/London.

Raaflaub, K. 1985: *Die Entdeckung der Freiheit. Zur historischen*

Semantik und Gesellschaftsgeschichte eines politischen Grund begriffs der Griechen, München.

Salmon, W C. (편집), 1970: *Zeno's Paradoxes*, Indianapolis/New York.

Seidl, H. [2]1986: *Thomas von Aquin. Die Gottesbeweise*, Hamburg.

3. 찾아보기

1) 인명

2) 개념